宋代寺院碑文集成

蔣媛媛 點校

第五册

天津出版傳媒集團
天津古籍出版社

目録

程珌

釋居簡

釋道璨

牟巘

繆君寶

荀申

荀申，紹熙初在世。

法濟寺僧悟杲碑

住持僧德熙名悟杲，荀，其姓也。方丱角時，不事作業，絶俗離垢，乃束經問道於釋氏之門，從敕賜法濟院僧繼淪者游，久之遂許可。以杲天姿謹願，善自植立，足堪傳法之嗣，乃爲經營度牒，歲在庚申，敕下，遂得篴圓頂方袍列，自是鎔冶俗障，内照返觀，知與一劫人結歡喜緣，一毫不與比比者較，故知院事。時朝廷用兵，調度日迫，凡釋道度牒悉責其直，悟杲内竭諸己，外資於人，乃得一，而遽爲師兄道曉者詭謀取之，以度其門徒智謙，遂忍爲其取，不以爲憾。至本院更造不一，皆能發勇猛心，以贊厥事，建藏宇，修鐘樓，莊塑彩繪無不與焉，其費甚劇，皆所不吝。凡佛迹所寓，尤不敢坐視其敗，一日，忽嘆曰：『侄保義荀宏建觀音堂於東嶆之上，日久漸隳，當修舊起廢，力爲一新。』既而告成，因語人曰：『僧非俗比，一文以上不可吝其藏，蓋將以無盡力，與佛結無盡緣也。』吁，持心如是，悟杲真無負於釋氏教哉！其門人有祖覺者，心明行潔，既出家而先逝，乃復與童行祖會營度牒資。奈何此緣幾就，而悟杲遽以告終矣。方疾革時，命同院僧祖圭、祖印曰：『童行祖會，盍爲我戒持之！』遂命筆親書付二僧，偃然而化，其年七十有八，實生於甲午，政和四年之三月，而化於辛亥，紹熙二年之二月也。

祖會即於佛之修行，以忍辱故。發是心已，轉頭即悟。佛家者流，捨此奚之？念念不移，影將形隨。得是法門，其爲悟杲。一忍所在，無物無我。諸佛行處，在在結緣。施法施財，一無慊然。既持此心，究竟何若。漆桶磕睡，視今猶昨。七十餘春，了此幻身。去兮住兮，遺流後人！《宋代蜀文輯存》卷七六。

姚伯永

姚伯永，紹熙初在世。

沖相寺禮佛碑　紹熙二年五月

舟過寺下，絜屬登閣，炷香掃塵，仰定光佛像。姚伯永、羅西仲、道士杜師成同到。紹熙辛亥五月晦。沖相寺中住持傳法賜紫沙門守一上。光緒《廣安州新志》卷三九，民國十六年重印本。

商逸卿

商逸卿，字羲仲，台州臨海（今浙江臨海）人。飛卿弟。淳熙八年進士，歷國子監主簿、大理寺丞，通判南劍州。嘉定中知嘉興府，除刑部郎中，終朝請郎、主管冲佑觀。見《嘉定赤城志》卷三三，雍正《福建通志》卷二四。

真如教院華嚴閣記　嘉定五年八月

嘉興之南門外數里所，有精舍曰真如，湖光塔影，映帶摇蕩，絶無俗塵，合是佛境。繫船其下，登臨静深，杰閣在巔，俯瞰荒忽。至其棟宇精密，化樂天宫之幻成；步履安平，堅牢地神之擎戴。金碧晃曜，位置森然，晨香夕燈，霧横星燦，信一方之殊勝也。閣距地凡幾，布丈六金身繪象，并其旁之西方聖人者二，如懸度然。每歲之春，有般若之會，少長咸集，以數千計。衆宣佛號，隱雷盤旋，皆諸閣之所覆也。匪假神運，可想人力，戒月之志勤矣。予勸農真如，所謂戒月者，其主僧也。兩目巉巉，宜有强幹。故人黄君安止交游餘二十年，昨得之於武昌，去載，再見於都城，今來此，則戒月囑其求余記。黄固佳士，月亦非庸俗緇徒矣。真如爲賢首十方教院，唐至德時號至德院，本朝大中祥符改賜今名，偕之言云然。寺有題名石刻，建中靖國之初，郡守領客自資聖禪院過真如，烹茶賢首教院，則其間固鼎峙也。真如繼是當以閣夸，傳道嘉興，而問僧坊之盛，願梯雲者誰勇往？寺自紹興間，有僧用智者，草草重蓋於兵火之餘，號智華嚴令。戒月自淳熙二年爲主席，遂有意建華嚴閣，心不退轉，迄臻於成。凡五間，闊六丈二尺，高六丈五尺，深四丈九尺，他如廬舍那殿、十六觀堂及僧之居處一新之，至其具體有不可闕者，總爲屋四十八間。戒月謂未嘗持疏登人門，特以講説所得襯施不爲己有，摶塗塞海，始若茫然，聚毛成裘，久乃見效。爲費約十萬四千餘緡。寺無常産，戒月又辦田，歲可收米三百斛，今之仰食其香積者已百五十餘人。月不爲誑，衆眼具知，予不溢美，隨喜涉筆。嘉定壬申八月旦日，朝散郎、權知嘉興軍府兼管田勸農公事商逸卿記。《至元嘉禾志》卷二二。又見光緒《嘉興府志》卷一八。

薛子法

薛子法，祖籍河東（今山西境）人，紹熙間在世。

浯溪寺題名記

河東薛子法、祁山李亨時、江南夏小原、東魯褚彦淵、長樂陳亨仲涉江覽古，過浯溪寺。紹熙壬子仲春中浣。同治《祁陽縣志》卷五，同治九年刻本。

周甫

周甫，字次山，號無礙老人，平江府常熟（今江蘇常熟）人。淳熙十年秋試爲解魁，後弃舉子業。窮經史百家之書，精於漢史，所著《韓生傳》《章華臺記》《石頭城歌》，皆膾炙人口。參政宇文紹節嘗館之，以邊功累官不就。卒年六十二。見《重修琴川志》卷八，《宋元學案補遺》卷七二。

吴塘接待院莊田記　慶元五年四月

姑蘇距常熟百五里，介于中曰吴塘。建炎間，有顯師者造浮圖七級，不克備而亡。歲久且剥蝕，乾道初，有諸氏發大勇猛，裂塵網以爲僧，曰懷果，因其舊址，崇飾塔廟，薙草萊，以迄于成。一椽一瓦，皆手自創，慨然念曰：『吾徒之往來者，無所共其困乏。』始議所以爲接待院以居焉。慶元丁巳，不幸以殁。有嗣正妙，以精進心而爲佛事，視師有加焉。今居像有廬，説法有堂，合徒有室，鳴鐘有樓，函經于藏，崇啓對峙，金碧絢爛，浸浸大備矣。雖然，物之興也有時，當果師之造始也，無粒粟以資其徒，於是有戴氏崇者，割膏腴以胚胎之，其子宣，又以克大先人之志。

未幾而沈氏、華氏復相與助成其美，以濟其不逮。然則是刹之興起也，其機緣幸會豈偶然耶？噫，人之情夫豈相遠哉〔一〕！或者休于樹，餓于道，有饋一漿，餉一簞，隱然猶不敢没其德，况日暮途遠，當風雨霜露百舍重趼之際，其至如歸，飲食床第，不移而具。當是時也，何止一壺千金哉？宜夫中夜以思，以何因緣承彼恩力，一至於是。使如負笈西竺，問津臺山，捩去柴栅，以求曠徹之地，是則師之心而戴之志也。苟謀之道路，某處而飲饌豐美，某處而居處便適，憧憧往來，老死而不悟者，吾獨奈何哉！是可悲也。正妙又將闢其址，益增大之，而人之有以戴氏爲志，捐夫田以續食者，則附之左方，以傳不朽。有宋慶元五年四月初吉，都梁周甫記。《重修琴川志》卷一三，宛委别藏本。又見康熙《常熟縣志》卷一三，《海虞文徵》卷八。

〔一〕哉：原闕，據《海虞文徵》補。

勝法寺佛像記　嘉泰元年正月

去常熟東北兩舍而遠，有大蘭若曰勝法，正宇佛像一日不觸自仆，實慶元三年四月也。得其識，乃石晋天福間所造。蓋歲久而後隳，無足怪者。時妙喜嫡嗣紹南主其席，蔚然有道譽，一方實宗仰之，踵不及門，而施者雲集。有嗣寶蓮慨以自任，爲之出力幹蠱。會得杰手曰僧净慧，意匠夙成，出相妙好，一歲而嬴，與繪飾之功，晢然以訖事告矣。今觀大雄如來巍處正座，迦葉、阿難拱侍左右，普賢、文殊以次導旁，二大神厲色禦侮，尊者一十八列坐其次。觀大自在涌出後堵，金珠間錯，丹碧輝晃，香華浮空，幡幢羅樹，緇侶旋繞，梵唄清暢，鐘磬時奏，殿廡肅然，是爲大道場甲於南沙。于是一邑若少若艾奔走作禮，起敬起慕。嗚呼，此豈人力强之哉！嘗觀佛之有像，猶吾學校夫子之設。佛者有大營締，雖累巨萬，指期而集。至於其徒甘心服役，精苦自厲，雖至老死亦不叛去，是豈宗主其師之教，日夜灌漬其心，挻及吾民之故歟？及觀天下郡縣學校，敞麗嚴邃固不能一如佛者之居。春秋祭祀，一切取具臨時，以應故事。正旦月朔間，一會于庭，旁者唱曰：『訖儀以就位』，俯伏而退。意鄉之間邈弗相屬，又非若佛者之於其師懇切深到。方且從事簿書期會敲朴之末，以爲大故，及立一事、出一令，而必責其先意以承，何哉？夫儒之道，豈不盡善？位天地，育萬物，鳶魚天淵，莫不適從，况民乎？使夫如其徒之於其師，其效可勝量哉？今不責之躬，反以尤夫人，曰：『是安取諸彼？』及其欲勝之也，又將曰：『夷狄之教〔一〕，以害吾道也如此。』人其人，火其書，廬其居。』其説哆然而四出矣，豈不甚悖矣哉？吾因是益有感而嘆息於斯，故并以書之云。嘉泰元年正月望，都梁周甫記。《重修琴川志》卷一三。又見《海虞文徵》卷一四。

〔一〕夷狄：原闕，據《海虞文徵》補。

趙汝談

趙汝談（？——一二三七），字履常，號南塘，臨安府餘杭（今屬浙江杭州）人，太宗八世孫。年十五，以大父恩補將仕郎。登淳熙十一年進士第，歷添差江西安撫司幹辦公事。佐丞相趙汝愚定大策。汝愚去國，與弟汝讜力上疏乞留汝愚，斬韓侂胄。歷湖北、江西提舉常平。理宗立，授江西轉運判官。端平初，任禮部郎官，改秘書少監兼權直學士院，遷宗正少卿，權吏部、禮部侍郎，權給事中，權刑部尚書，嘉熙元年卒。後謚文懿。著有《易》《書》《詩》《論語》《孟子》《周禮》《禮記》《荀子》《莊子》《通鑒》《杜詩》等注及《南塘先生四六》。見《宋史》卷四一三本傳，《咸淳臨安志》卷六七。

保壽院記　端平三年

出臨安城而南，沿江西行十餘里，又支行逗入山崦五里，峰巒錯峙，前後環立，如屏障複重，保壽院於是在焉。院山源發天目，龍行騎奔，派爲五雲，又别爲保壽之山。鞍旋轡迴，至是始就坦，迤四旁諸山聯絡圍繞，如拱如顧，如與左右，輔翼皆秀媚可愛，此保壽山之大略也。院創始不可考，惟額乃治平二年所賜。夫以此山之勝，建爲寶坊浄刹，宜其粥魚齋鼓，傾動一方，而香火寂寥，人迹罕到。大雄氏之宫，鞠爲藜藿鼪鼯之墟，院僧或浮寄他舍，數議興復，闃無應者。永嘉薛君始徙籍錢塘，疏通而喜施，僧聞亟見，具以復院告。屬君有悼亡之悲，乃捐錢二百萬，俾議興葺，且以資其室人金氏冥福。材葦既集，斤鈇叢轃，閲月，堂廡略具。然力殫粟乏，不績於成，乃議鬻寺旁閑地，君復高其估酬之，爲葬金氏之地。凡院之田若山估而入於豪家者，皆按其籍貲復之而歸諸寺。由是傾者畢支，敗者畢葺，級之闕者廉以正，塗之榛者甓以廣；屋之廢不存者，宇而增壯。凡丹黝彩堊之漫剥黯暗者，一鮮明之，始稱其爲佛菩薩仙釋之廬。然予聞瞿曇之學，本以苦空寂嘿、離物觀心，以求所謂圓覺了義，視其身如夢幻泡影，猶且不顧，而况土木色相，變滅俄傾，又幻之尤者，於釋氏何有？然世奉佛者，必高敞宏麗如仙宫，化人之居而後已，豈象法之傳，欲人先敬信而後可與入道，不如是不足以起其敬信歟？今薛君又以是資福於其室，夫福豈由外鑠，得非欲因一念之精，致其敬慤，以求著存，使幽爽不昧，而後福爲可致歟？然則莊嚴梵唄，雖非所以求福，而一念之精，由是以積，則所謂福者，蓋不離乎莊嚴梵唄。此佛之徒所以極其嚴麗，與薛君之樂於施舍者，其意固出於此歟？薛君名夢桂，常預進士舉，以文字游諸公，多愛重者，故予記寺之興，并及之。寺之僧幹緣者，曰圓、曰源。其興役以乙未十月，迄工於丙申之三月。《咸淳臨安志》卷七七。又見《西湖志》卷一一，民國《平陽縣志》卷八〇。

孫應時

孫應時（一一五四——一二〇六），字季和，號燭湖居士，紹興府餘姚（今浙江餘姚）人。早年師事陸九淵，入太學。登淳熙二年進士第，爲黄岩尉，與常平使者朱熹定交。歷海陵丞、遂安令。丘崇帥蜀，辟入制幕。後知常熟縣，坐負倉粟貶秩。開禧二年，起判邵武軍，將赴而卒，年五十三。見楊簡《孫燭湖壙志》，張淏《會稽續志·孫應時傳》（《燭湖集》附編卷下）。

慈溪定香復教院記　紹熙二年正月

慈溪縣之西境，有精舍曰定香。繚山阿，瞰澄湖，蕞爾一區，而氣象幽勝。其始唐天復中，浮圖道恩所築，里人張氏實以其地界之。宋淳熙己酉歲十二月，張氏裔孫執中偕耆老數十詣縣言：『定香，故教院也，更爲律七傳矣，不振益衰。今兹律亡其師，環視一方，獨教師子淵最賢。有如迎致定香，訓譯其書，復爲教院如初，宜可，敢以爲請。』縣言於州，州之群律師惡其厲己，合辭沮之。當是時，長樂林公栗由兵部侍郎出守明，號當世耆儒，敏於决事，造次必有詞采。既核定香故籍，命大浮圖議之，明黨相攻，莫敢質言。公嘻笑曰：『教與律一浮圖法耳，何以争爲？且其辭不及子淵，子淵之賢審矣。』爲判其牘者再，皆數十言，卒如執中之請。明年，子淵遂主定香，其徒日集，而院復興。執中等悦公之賜，而慶其有成也，相與摹公判於石，謁余記之。余儒者，雅不道浮圖事，而挾余宗家固請，不得已，因謂之曰：『古者司徒之教，一道德以同俗。後世老、佛并駕，與儒爲三，不已病乎？而佛之學則亦教、律分立，與禪爲三，不愈病乎？吾將有問乎彼，彼必曰其本一也，吾亦曰其本一也，而一果安歸哉？若夫末流愈下，操戈同室，嗇嗇蚩蚩，攽攘衣食，類多若此，夫又何足致詰？然則林公之判，有司之職耳，余之記，事之實耳。有游定香而問其故者，當亦循其本而思之。』又明年，紹熙辛亥正月壬子，孫某記。影印文淵閣四庫全書本《燭湖集》卷九。

福昌院藏殿記　慶元二年二月

余里舍之東二十里，其鄉曰上林，其溪塢曰游源，有佛氏之居曰福昌院者，唐長慶四年僧衆曜之所基也。例毁於會昌，復於大中。其始曰永壽院，錢武肅王時改焉。至宋紹興初，僧惟岳更其殿而大之，法蓮者爲輪藏而屋之，體修者募其藏之書，皆未就而死。於是其徒中暐等五人相與謀繼其役。鄉土寒嗇，無所貸乞，中暐獨苦心强力，寸累銖積，不弛不亟，四十年而畢成。今其藏宇囷囷隆隆，金碧玲瓏，函書滿中殿，則翼翼鱗鱗，周楯重軒，像飾一新，蓋其費緡錢二萬焉。里中長者嘉其勞也，屬余記之。噫，佛之入中國千載矣，其宫室滿天下，瑰侈窮人力，或百倍於兹，儒者病焉，欲排而去之，莫能也。余思之矣：蚩蚩之民，其心思、智慮、耳目、精神不能自主也，而主於習。習斯信，信斯久，久斯化矣。古者禮樂達乎天下，民朝夕習而化之，而後世之民不復知禮樂爲何物矣。今自通都大邑，以及窮鄉荒聚，必有佛氏之居爲之依歸，則猶三代黨庠遂序之所也。其鐘鼓儀物，諷誦講説，則猶三代弦歌鄉射之具也。儒者不能以道得民，而佛氏得之，將誰責歟？古今道術之變，而關乎天地盛衰之運，將誰能任之歟？然則凡佛之徒盡心力於其法者，余方嘆且愧焉，奚暇訾也。乃不辭而爲之記。初與暐并力者曰從六、從本、從德、宗鑒，其佐之者曰中秀、中閏。慶元二年歲在丙辰二月甲戌，餘姚孫某記。《燭湖集》卷九。又見光緒《餘姚縣志》卷一一。

法性寺記

餘姚之佛寺三十有五，獨法性舊爲禪刹。址縣之東岸，江之陽，瞰嚴灘，揖南山，門廡翼翼，殿堂耽耽，浮圖崇崇，像設嚴嚴，稱其地勢，爲邑壯觀。里中父老顧瞻太息，而謂余曰：『子知其廢興之詳乎？建炎庚戌，是寺毀於兵，大士有靈，栖塔僅存，餘皆瓦礫之場也。名僧行持芟舍以説法，其徒贏糧儩宇而從之耳。歲累月積，痻瘵兹役，然良遇者立經藏，葺浮圖矣，清敏者營庫庖矣，了可者、清譽者啓丈室，作山門矣。其大且難者，睥睨逡巡，莫敢任也。今長老廣惠，實行足以孚衆，强力足以習事，不弛不亟，以漸以久，大士之殿，雷音之室，次第奏功。蓋甓丹堊，内外畢飭，前所未備，一如其志。蓋自淳熙之甲辰，迄嘉泰之癸亥，居二十年而後登兹。人睹其今之成，豈謂其昔之墟哉。寺之田裁一頃，僧鉢尤不足，惠募於人，則有長者董遷捐膏腴五十畝爲之倡。非輕畀也，賢惠故也。惠於是刹誠大有功，匪今斯今，計及無窮，善不可没，是宜得書伐石請子，子其許諸？』予曰：『凡天下之廢興成壞，莫不有數存乎其間。數必有其時，時必有其人。是刹之興，數也，亦時也。廣惠，人也。夫數與時難知，而人不可不自盡。人事果盡，則數與時皆合矣。士大夫任國家之大事，如惠之勤勞，愈久而不懈矣乎？功業不建，則曰時、數然也，非誣天歟？噫，七八十年之間，毁而未復者，可勝惜哉。』吾於惠有感焉，遂爲之記。寺名所起，與其大士之靈，則文昌樓公之殿記在。《燭湖集》卷九。又見光緒《餘姚縣志》卷一一。

泰州石莊明僖禪院記

淮南在承平時，盛麗甲天下。兵興逾六十年，無事益久，而城池、塗巷、學社、官府，凡州縣之制度，與夫疆理圖籍、生聚教訓之政，圮廢苟簡，十居七八。吏往往工於自謀，刻日待滿，問所當爲，輒委曰難。平皋沃壤，荐灌莽榛，率數十里無居人。其居者葦屋土床，雖名爲富人大賈，亦不事墻屋林園，爲樂生寧處之計。吏偷民疑，形氣寒凉，豈其數之未復歟。而其爲浮屠法者，則方經營披攘，興壞圖新，以績於成。彼其慮事獨不與吏等，何哉？石莊在如皋南九十里大江之瀕，空荒窮僻之處也。有明僖禪院者，靖康間所賜名，火敗水嚙，故墟爲江。紹興中，或撤江之中流摩訶山之廢佛殿徙置今所，稍屋其旁，殘僧守之，陋且益隳。主僧至者搜拾囊橐，無何弃去，前後相踵。淳熙十年，蜀簡州僧希問至，笑曰：『吾無待於寺，而寺乃有待於我，殆命然耶？』則悉捐衣貲，斂財募工，累積毫芒，寢廬靚深，齋堂明寬，重門外嚴，别殿旁峙，栖鐘之樓，舍客之室，廡庾庖湢，具體不侈。爲之五年，無不如志。環松柏數千，欝然以茂，以其餘力市田十頃，築室謍稼。貯緡錢數百，貿易諸物。其徒日增，而用日饒。又曰江水益蕩而北，异日復嚙吾寺，則買高燥田三十畝於他所，亦藝木環之，備徙築焉。蓋其廉勤不懈，而爲計久遠至此。嘻，余嘗行海陵、如皋之間，以訪石莊矣。其始也，望遠而神傷，吊古而意悲，不知是寺之可游也。今入其門，恍然异之，爲之灑然以喜。希問年纔三十餘，魁梧端爽，有智慮人也。惜其失身异端，無用於世。其所植立，儒者所不道。余獨因是以思：使淮南之州縣吏皆以若人之用心，職思其居，勇就厥事，雖經遠之功未可立見，要之日葺月增，規隨後先，實民固圉，稍追承平之舊觀，以佐規模之大略，豈誠難哉。爲浮屠則能爲，士大夫則不能，似不宜爾也。既希問請記，遂書余意以諗觀者，庶有激云。

《燭湖集》卷九。

舒琬

舒琬，字傳正，明州奉化（今浙江奉化）人。璘長兄。登淳熙十一年進士，授迪功郎。紹熙中以從事郎爲鄂州崇陽縣尉，升福州簽判。見《宋元學案》卷七六。

重興岩頭碑

崇陽縣西南行五十里，有山曰岩頭，實爲德山真子清嚴禪師全奯道場也。山有二岩：一曰羅漢，峻拔幽敻，非梯崖不可入；一曰寶陀，上圓而下平，蒼壁抱合，狀如庵廬。深五十尺，其廣亦如之。前若立屋，以爲堂室之限，地方正與岩口等。合中外可容數百衆。諷誦梵唄，谷虚而應，宛然撞鐘擊磬。舊曰石崖山院，號資國。本朝治平初元，改錫今名。中間禪律更易不定，以故無顯者出。淳熙己亥，主僧法臻嗣學清嚴，裴徊四顧，僅見古殿如魯靈光。披荆榛而進之，狐兔虎狸據爲窟宅。慨然曰：『非大福德者，恐未能起此廢。』遂下山，訪若人者以補處之。洎到黄龍，一見典藏僧如暖，與之語，大喜曰：『吾將以岩頭諉子矣。』暖不許。歸謁縣大夫留君清卿、郡將檢詳丘公崇，奉疏牒，且率道俗數十人挽之來，暖猶有難色。臻曰：『空岩老屋數椽，誠不足以相辱，得不爲清嚴一動心乎？』暖不得已就法席，鐘魚寂莫，院雖有田，舊令尹王君溉碑其籍而初未嘗耕也。師謂其徒曰：『古人拈一莖草建大法幢，安有遺址巋然而不可以中興乎？』願力感動，檀那雲集，首定華嚴堂，且作善知識五十三頌。宗旨既揚，法堂草浄，倒用祖師之印，游戲世諦之場。於是百役齊舉，募殿閣，營香積，創經藏，新盧隱堂。惟雲堂雄杰，獨殿衆作。經始於淳熙辛丑之夏，落成於紹熙庚戌之冬，餘無一不就緒。師□得道浄慈水庵師，一爲維那僧。重華帝玩意禪悦，嘗召徑山心潛、靈隱慧遠、浄慈、師一、中竺、中仁入侍。浄慈入見，有旨互相問答。師問中竺：『見身圓月相，以表諸佛體，説法無其形用辨的？』竺顧眄良久。進云：『何不答話？』竺曰：『汝問阿誰？』師云：『中竺長老。』竺云：『已答了也。』師云：『金龍連玉馬，大地盡陽春。』竺云：『爾向什麽處去？』師云：『法法不隱藏，古今嘗堂堂。』竺云：『且喜領話。』師云：『龜毛拂子衲僧冤。』竺云：『兩重公案。』師云：『岩頭跨德山門，便問是凡是聖。山震威便喝，頭便禮拜，意旨如何？』竺云：『此話盛行。』師云：『喝下鐵圍山倒走，草偃風行四百州。』竺云：『不妨快活。』師云：『縮却舌頭。』竺云：『靈利衲子□□。』上喜□□□□仍賜以御用器。淳熙乙未四月八日也。是時，余侍先君官行在所，嘗遇師西湖，叙鄉曲之好，迄今□□□復見師於岩頭□□爲之嘆惋。先□俗傳清嚴有云：『冬笋成竹，吾再來矣。』師未至之冬，出塵塔前，忽有是瑞，故寒溪□詩刊□□，有『雪滿新篁，此道重光』之句。繼有自雪峰携清嚴畫像來者，蓬髪虬髯，師貌甚與類，人益信其夙契也。師屬予爲□造記，因爲□其道業及所以不偶然於岩頭者云。從事郎、鄂州崇陽縣尉、四明舒琬記，承直郎、充總領湖廣江西路財賦所幹辨公事史涓書，修職郎鄂州崇陽縣主簿都夢與題蓋。紹熙二年正月，典藏□□維那如□知事慧堅、住山傳法下缺承議郎、知鄂州崇陽、主管勸農營田公事、賜下缺朝奉郎、通判鄂州軍州兼管内勸農營田事劉光祖督修。大中大夫、集英殿修撰、知鄂州事兼管内勸農營田使、莆田縣開國伯、食邑下缺。同治《崇陽縣志》卷一二，同治五年刻本。

鄒非熊

鄒非熊，字宗望，號竹岩，撫州宜黄（今江西宜黄）人。淳熙十一年進士，授樂昌尉。紹熙中知韶州曲江縣。擢邵州通判。嘉泰元年知汀州，移知象州。後除廣東提刑，未赴，卒。著有《竹岩集》。見所撰《太和院塔記》《龍泉院新塑佛像記》，《永樂大典》卷七八九三所引《臨汀志》，《萬姓統譜》卷六二，雍正《江西通志》卷八〇，雍正《福建通志》卷三二。

太和院塔記 紹熙三年

紹興十有二年二月，創佛塔於縣南，始有塔也。粤有大居士施隟地，穴土定基，瘞佛牙舍利，俾浮屠氏智明率衆鳩工，輦土運甓。其累七層，下廣上鋭，周阿峻嚴，飛檐列檻，雄峙屹立，丹堊炳焕，亭亭太空，闔境贊仰。爲殿，爲堂，爲廡，爲佛像，數月而畢。五月，郡守徽猷張公滉定其額。隆興癸未，紫微張公孝祥正其籍。淳熙丁未，值塔之前，建華嚴閣，函經其上，翬飛映帶，蔚爲偉觀。智明徒弟正一、海月、慕宗繼宣其勤，用能表鎮一方，垂耀無極。居士之子日彰偕孫巽貽書曲江曰：『歲月贕積，塔記未作，顛末弗傳，願識金石。』余聞命曰：『記憶宿老言，凡官廨皆南嚮，吾邑治獨面東。兹塔位鎮丙丁，顯越離明，當有奇才輩出，軒輊昭代。迄今文物彬彬不乏，斯言其將驗乎？』天地無有壞時，此塔不隳，居士之名不朽。居士姓涂，名中，字和叔，爲宜黄甲族云。紹熙三年秋，邑人從仕郎、知韶州曲江縣鄒非熊記。同治《宜黄縣志》卷四五，同治十年刻本。

龍泉院新塑佛像記　嘉泰三年

龍泉寺住僧宗信過余曰：『有鄉善士胡汶，出橐錢二百萬新佛像，飾佛宇，敞層檐，護綺疏，潔几皿，藻繪晶熒，丹髹焯焕。工告備，乃大設水陸，供以蕆事礱石。請記之。』余每暇時，徜徉僧窗，浥林泉清風。寺環兩山，背倚高峰，面鳳臺石，下瞰芙蓉，距縣密邇，環翠葱蘢中峙佛宫，真勝地也。聞諸宿老言，宣和己亥歲，嘗廢今天王寺爲神霄宫，緇流散徙。僧祖仁化緣兹山，於羅才結屋數椽，以安其徒。居亡幾何，天王復舊，祖仁歸故栖，而俾智燈主之。智燈詣臺府，請新寺額曰龍泉，極力營辦，建崇佛之殿，演法之堂，鳴鐘之閣，儲經之藏，積稔乃克底於成。流虹慶節，官吏民庶祝釐於此。繼智燈者曰海瑩，續葺累之勤。今宗信又能續海瑩未就之志，遂振起之，誠可書也。然物有興必有廢，有成必有壞，廢壞有數，興成有緣。予問：『今日寺之復興，宗信能保其不壞乎？』曰：『不能。』余曰：『有如必誠者，嗣爾能幹蠱，繼繼不絶，復有善信如胡汶者，能不靳施，更閲數千百載，可以勿壞也。』宗信曰：『佛法無盡，聖壽無疆，雖與天地相爲無終窮可也。』予嘉其説，遂書以爲記。嘉泰三年秋，朝散郎、新知象州軍州兼管内勸農營田事鄒非熊記。同治《宜黄縣志》卷四五，同治十年刻本。

吴柔勝

吴柔勝（一一五四——一二二四），字勝之，宣州宣城（今安徽宣城）人。登淳熙八年進士第，調都昌簿。嘉定初，主管刑、工部架閣文字，遷太學博士，又遷司農丞。出知隨州，爲京西提刑，復以湖北運判兼知鄂州，改知太平州，所至皆有政聲。後以秘閣修撰奉祠。嘉定十七年卒，年七十一，謚正肅。見曹彦約《昌谷集》卷二〇《秘閣修撰吴勝之墓志銘》，《宋史》卷四〇〇本傳。

正覺寺記

建康之溧水有官圩曰永豐，永豐有寺曰正覺，其開山僧妙玲以狀來屬予曰：『寺故密邇江寧縣之新亭，後燼於兵，遂廢不復建。自政和因三湖爲圩，圩之吏民歲有事於祈禳，則爲堂而佛之，繼之者不能有加焉。玲竊不揆，思大其所居，蓋泣血辛勤，不懈晝夜，數年然後官予之額爲正覺，給之規爲甲乙住持。』夫釋氏之學，儒者不能知，余嘉玲之心志堅决而刻苦，卒能以堂爲寺。使推是心以求其師之道，則道心洪，又使學士大夫能用心如玲，雖著爲體國經野，大爲經天緯地，固未有不可能者。今郡縣纔官置一學，然其半具文爾，家無塾，黨無庠，遂無序，抑嘗有動心者乎！彼其教化之不明，人材之闕如，究所從來，有非一日之積矣，故予重有感於玲之事而爲之記。光緒《高淳縣志》卷一四，光緒七年刻本。

章光大

章光大，慶元間進士。見雍正《浙江通志》卷二五八。

無垢院記　慶元六年

蘭溪之西鄉曰瑞山，去縣三十五里，有古刹曰無垢，父老遞傳居士杜函捨所居爲寺。有岩深廣可三十丈，曠闊明静，無嶔欹坎險、懸崖怪石可驚可愕之狀。中有井曰夢泉，方僅五尺，四圍皆石，水常不竭，夏冷而冬温，修竹喬松，森陰蔽日。有水從北流而南，清泚如藍，縈繞如帶，無一點塵俗氣。士之尋幽好奇者多此爲勝游之境云。光緒《蘭溪縣志》卷三。又見雍正《浙江通志》卷二三二。

戴燧

戴燧，慶元府鄞縣（今浙江寧波）人。寧宗時進士。見《絜齋集》卷二一、《咸淳臨安志》卷八四。

遷釋迦像記

後二百七十五年，當巨宋之嘉泰三年癸亥，寺廢已久，像亦隨壞。於是清豐晁百談宰邑，政成，適浮橋接待院開山沙門宗浩新作朝陽閣，乃命加雅飾而遷焉。肖形甚古，觀者起敬。鄮峰戴燧從旁嘆曰：『吾佛以寂滅爲樂，諸有皆空，有相無相，若不足計。然二百七十五年之間，世代人物之變，何可勝道？像廢復興，非偶然者。昔東坡居士與參寥道人徜徉西菩群山中，其徒至今以爲重，而名永長存。今接待古佛，又托侯以不朽。山高水長，我侯盛名將與佛法俱無盡矣。』因喜而書之。《咸淳臨安志》卷八四。

鄭岱

鄭岱，慶元間以迪功郎爲常州晋陵縣主簿。

乾明寺古殿記〔一〕

志古以存古，著已往爲勿忘，詔方來□意也。事固有前此數百歲，規模故在，若足以爲來世興起，而影響之僅存，記述之□考，是可使終□。乾明爲寺，隸晋陵，自唐儀鳳二年額以緣梁，至皇宋太平興國三年而錫今名。中更唐武、宣，廢□而佛殿重建，起緒於大中九年之冬，落成於乾符六年之夏。以其時之多故，而寺之人乃能成就如□殊勝。嘻！亦勤矣。余近以邑簿行田入鄉，憩寺間，游目四眺，見其寬閒乎闌基，宏□乎造端。□佛有□樓皆若甚古而不苟簡，私竊偉之。又從而循其西廡地藏堂後，有肅其香火，則唐營殿。釋子公瑾□余爲敬慕，問鐘樓所從立，則子不可省。雖乾道中釋仲殊者倡易四大柱，瓦木高下，新治，可□公就柱爲志，然不果詳。余咨婉良久。住山祖賢識余意，進而言曰：『寺本星居，自淳熙庚子爲□紀移轉泛掃，已有十二人，去來鷹颺，飢飽自便，莫或作佛事。夫傷今思古，彼大中遺締，歷年□回克如許，是殆不可日視其泯，無文存記，以爲方來勸也。邑大夫幸賜臨寵，能借鴻筆垂示無極，□忘何如？』余諒其衷，入其請，乃爲之書。祖賢有願力，自其南□□業景德院來主寺事，歲成再期□雖庖湢亦以塵顧慮，工用如響。爲屋恍十餘楹。僧伽所舍傾圮□敗，改覆增葺，是墍是藻，其它補□弊而更新者，又將次第而舉。寺之常産，以石計者六百有二十，而徐氏所施抑在外焉。前此主□多弗之察，欺隱於田吾田者有之。祖賢之來，按圖籍，訪耆老，得歸其侵疆十有四石，而租錢以□五六，觀其志似亦可嘉。使後之人皆能心賢之心，則寺奚患其不振？余故并書以告來者。慶元己未望日記。徒衆祖暹、祖逵、祖忻、智壽、仲亨、慧通、元俊、了智、道思、道岩。頭首智昌、道素，知事永山。苾蒭祖賢立石。《江蘇通志稿》金石卷一三。

〔一〕題後原署：『迪功郎常□縣主簿鄭佡撰。奉議郎、知常□主管勸農公事周堪書丹。迪功郎、□巢縣主簿鄒鎡隸蓋。』

朱著

朱著（一一六〇——一二三〇），字公明，福州閩縣（今福建福州）人。以恩補承務郎，調龍溪縣丞。淳熙十四年登進士第，堂除西外宗院監左藏東庫。歷太學博士、國子博士，出守道州，持湖右庾節兼提刑。寓直中秘，分帥夔路。召還，歷刑部、度支、尚右三曹，權直舍人院。嘉定十三年，除將作監、秘書少監兼國史院編修官、實録院檢討官，遷太常少卿，起居郎，權刑部侍郎。十六年，升兼同修國史，實録院同修撰，除吏部侍郎。理宗即位，擢兼侍讀，除兵部尚書，守吏部尚書兼修國史、實録院修撰。上章告老，除顯謨閣學士、知潭州、湖南安撫使，奉祠卒，實紹定三年七月二十四日，年七十一。著有《愛賢集稿》《續稿》《經筵進讀》《西掖制稿》。見安徽省博物館藏拓本朱著壙志。

太和院續建塔記　嘉定三年春

聖天子御極之三十年，歲嘉定癸未春，被旨同知貢舉。訖事奏名，客有踵門者，坐相目語予曰：『撫之新進士十有一人，而宜黄居四之一，前所希有。豈其建塔之徵應乎？』且喜且异，余蓋未解也。未幾何，邑大夫程君有俊書來諗曰：『自僕詣治斯縣，縣不綱，罅當窒，蠹當剔，仆當興，漫漶當振刷，縣乃治。朝冰暮蘖，左繩右度，以動此心。凡一毫髮惠利於人，赴之若弗及，而人以信考且閱月屢矣。違道干譽，固平生之所甚戒。維縣之南有寺，寺有塔，曰太和，面直縣庠。相傳曰文筆，建自紹興壬戌，纔六十有八祀，而塔輒壞。戊辰以後閱四科，詔而奏名春官者寂無聞焉。人心驚疑，士氣思振，咸曰：「豈文筆未聳乎？」故合詞來請規復其舊。因以委貢士許德新、邑士劉炎、僧宗信、宗安、道燈、妙端，乃址乃築，乃材乃石，乃陶乃冶，群力畢鳩，隨喜響答。其爲費也三百萬，縣家實贊其成，而民不知。其層也七，其高而尺也百三十，其中七寶、佛牙、舍利藏焉，其上石載國朝以來登科者姓字，釋氏千號與俱，目曰千佛塔。規模巨麗，翬飛輪奐，視昔堅好，見者嘆仰。首事於壬午秋，而春甫訖功。南宮捷聞，有曰許君夢齡、涂君恢、萬君開名聯選中，則又曰：「文筆之應如是其速耶。」嘗考之，縣治縣庠宅山，來自兑，兑，金也。塔挺立巽巳間，實居生養貪狼之位。貪狼，斗魁也，實主聰明、文章、官職、孝義之事。陰陽家之説誠多緒矣，而文筆之驗信而不誣，幸爲我志之。』因書，始悟踵門者之語。竊謂宜水黄山，一縣宅勝，峰奇石异，連亘嶒峨，雙溪匯流，環抱清徹，明秀所鍾，發爲人物。异時論思有人，風憲有人，封駁有人，爲監爲郎有人，其偉節清標，凜凜如存，觀風宣化，時亦不乏，凡以儒科奮者六十有七人。况一塔之興，輒復開祥，是亦可書也。雖然，士方潛居約處，未得施用，涵育義理，周旋禮法。及其仕而用也，自一身推之一家，而一鄉，而天下，相觀而善，風俗乃成，見之宦業，視古不愧。南豐先生之記興庠也，所謂正心修身爲國家天下大務，在其進之審乎。此則地靈人杰，又豈特今日之所觀。因其請不置，書以復之。至若長夜燈光破暗，一方信向，用植福田，釋氏所謂人天之果，不復詳云。嘉定三年春，大中大夫、權尚書刑部侍郎、兼同修國史、實録院修撰朱著記。同治《宜黄縣志》卷四五。

白玉蟾

白玉蟾（一一九四——？），本姓葛，名長庚，父亡，母改適白氏，遂爲白氏子，改名玉蟾，字如晦，號海蟾，又號海瓊，瓊州（治今海南瓊山）人。少學道，師翠虚子陳楠于羅浮山。嘉定中游歷江南，常居武夷山。徵赴闕，對稱旨，詔封紫清真人。紹定中猶在世。博學善屬文，工書畫，自謂『平生翰墨半天下』。道教奉爲南宗第五祖。見《歷代真仙體道通鑒》卷四九，《栖真志》卷四，《圖緒寶鑒》卷四及所撰諸文。著作今存《常清静經注》《九天應元雷聲普化天尊玉樞寶經集注》《上清集》《玉隆集》《武夷集》等，後人又輯有《海瓊白真人語録》《海瓊問道集》《海瓊傳道集》《紫清指玄集》等。見本集卷首彭耜《瓊海玉蟾先生事實》。

福海院記

瓊山居士白玉蟾曰：嘗謂象者數之體，數者象之用。經言建立存乎象，興廢盛衰存乎數。惟佛也超乎象數之表，其所立之教無乃囿於象數之内歟！天下名勝福地曰廬山，距潯陽以南。山前後庵岩三百六十，其尤勝者，今福海也。昔自梁朝，有謙禪師，不知何許人，杖錫東來，誅茆結草於鐵船峰之下，修《法華》行，德亶道腴，遐邇皆北斗之。武帝錫以御札、蓮華、貝葉，仍賜福溪，以名其庵。由梁而唐，改溪爲海，庵爲院，遂以山腹秀麓之中，址厥院焉。聖宋靖康間，適丁元二，紀碣不存。紹興之初，無相長老谷堂彦詳禪師，禪德馨者，度僧六七人，以甲傳乙，流水住持。詳既寂，弟子雲庵光譽大德趾其往勛，造佛塔，塑佛像，設香燈供具，種種莊嚴。譽亦西歸，上足惠月嗣其道，兢兢業業，勤儉柔和，樹法堂，建僧舍，將謀一新。未遂志而厭世。月之長子志勤，嘉泰初挾複江浙，遍參耆宿，發明心地，密印機緣。已而賦式微，省侍月老，將復有湖海志。無何，月老圓寂。是時此山未有宰者，徒弟四五人義遜夷猶。前太守今文昌袁公燮帖僧録，集其徒詣鈐齋，躬自勘辨，選可主者。次與志勤論議，一問一答，如印圈契鑰，函蓋符節。公首肯之，即席命筆給符，請董是刹。勤初視院事，耻表裏未完，廊廡凋敝。蓋其疇昔游方，眼闊志大，觀此隘陋，未愜意也。繇是罄囊竭技，擇材運甓，刻棋雕甍。月斧交飛，星槌競舉，丹青粉堊，中外一新。今焉佛有殿，僧有堂，行有寮，客有舍，爨有厨，粥有魚，齋有鼓，茶有板，警有鐘，坐有軒，寢有室，儲積有庫，粟麥有倉。舉動經行，各得其所。周載落成，儼然一化樂天宫也。見者聞者咸加敬嘆，謂言山陰諸律，比其甲也。院之田不過二頃，院之徒日食不下三百指，常仰給於斯。朝翻奥典，暮演靈詮，法律森嚴，香燈汗漫，規行矩步，濟濟蹌蹌，皆勤之繩墨也。雲衲憧憧，延迎不倦，來者歡，去者贊。院之居林巒環抱，松竹周遭，狀若鸞翔，形如燕處。院之左則有月輪雲頂，羅漢祥雲，翠巘千重，峨峰萬叠。是真法窟，如幻龍宫。院之右則有碣石之門，錦綉之谷。茶香山緑，花媚草靈。河伯飛輪，文殊現相。天池聖燈，萬顆呈祥。爲瑞屋頭，妙音窣堵。七層倒影，分形水底。錦雲密布，彩霧輕舒。居其前則有崇岡一七里，巋嶔二九峰。龍侯虎溪，連珠東西；大林映帶，面乎淮甸，皆彼鐵船。萬壑風清，千岩月皎。野猿獻果，仙鳥銜花。桂子飄香，水奴燦彩。雲霞不老，水石長秋。是院也，始創於蕭梁，中振於李唐，迄於有宋，至是僧勤始大盛歟！豈其象不因數也？物换人非，不知其幾歲；興墜起廢，不知其幾人。嗟乎，勤公何其高也！佛言：五百世後，荷擔如來續佛慧命，建佛塔廟。當知是人莊嚴劫中，曾供養千二百轉輪王，有大功德海，大福量海。其勤公之謂乎！塵沙劫中，嘆莫能盡，聊書小偈，以祝南山云。

廬阜新蘭若，龍天右道場。殿妝金彩焕，佛放白毫光。竹長真如翠，花開般若香。禪波風浩浩，慈蔭日穰穰。鼻祖其謙老，中興乃谷堂。僧勤今繼志，萬載一爐香。同治《德化縣志》卷一三。又見同治《九江府志》卷四九，民國《廬山志》卷一〇。

王補之

王補之，祖籍澶州（治今河南濮陽）。紹熙二年爲大理評事。慶元初通判臨安府，知嘉興府。嘉泰中爲淮西總領，召知臨安府，兼太府卿。四年，理作宫觀差遣。嘉定十年除知紹興府。見《宋會要輯稿》職官四一之六四、職官七三之三四、職官七四之四五、選舉二一之五，《咸淳臨安志》卷四八，雍正《浙江通志》卷一一四、一一五，《南宋制撫年表》卷上。

惠寂院觀音記　慶元三年

補之猥以疏庸，蒙恩假守，到郡之初，時適閔雨。既視事，德薄不能召和，遍祈靡應。於是恭詣惠寂行道觀音致禱焉。未及城而雨至，優渥霑足，農不失時，他郡雖接壤亦不及。非大士之力而誰歸？行殿闕典，創而新之，以嚴將迎香火之所。涓日奉安，已訖厥事。雖然，祈而必報，人事固不敢不盡，若智慧無邊，豈一物所能報哉？因命祥符主僧師源恭寫瑞相，刊諸樂石，以廣其傳。不特以祈豐年，且將記圓通感格之速，以堅後來之信。或謂大士與上天竺靈感聖像同出而异體，故雨暘之應若出一軌，斯言必有自來，故并書之，使一方知所歸嚮云。慶元丁巳閏月望日，朝奉大夫、知嘉興軍府事澶淵王補之書。《至元嘉禾志》卷二二。又見嘉慶《嘉興縣志》卷九，光緒《嘉興府志》卷一八。

彭　擇

彭擇，隴西（今甘肅省境）人，嘉泰間在世。

上方教院募到檀越置辦點心碑

伏以釋迦世尊接引娑婆衆生，有异方便，説《華嚴經》。塵塵佛刹，大千經卷，不可窮盡。善財參請，逾百十城，見五十四位大善知識，求解脱法門，直欲明心達理，救末世衆生。粤有上方教院每月傳《華嚴經》，四遠男女雲集生然，念佛殷勤，飢餒疲薾。有一信人陳藴同妻朱氏妙智發心，傾囊竭力，置辦點心，供給四衆，助其精進。始從歲旦，直至季冬，周而復始，無有窮盡，福報非輕。隴西彭擇稽首贊嘆。民國《江蘇通志稿·金石》卷一四。

程珌

程珌（一一六四——一二四二），字懷古，自號洺水遺民，徽州休寧（今安徽休寧）人。紹熙四年進士及第，授昌化主簿。調建康府教授，改知富陽縣。除宗正寺主簿，歷右司郎官、秘書丞。求補外，除江東運判、浙西提舉。入朝權尚書吏部侍郎，兼同修國史、實録院同修撰、兼權中書舍人，徙禮部侍郎、兼直學士院。理宗即位，兼侍讀。寶慶改元，試禮部尚書，明年權吏部尚書，拜翰林學士、知制誥，兼修玉牒官。紹定改元，出知建寧府，奉宫祠，起知寧國府、贛州、福州。以端明殿學士致仕，淳祐二年六月卒，年七十九。程珌立朝有守，風義淳然。著有文集六十卷、《内制類稿》十卷、《外制類稿》二十卷。見吕午《程公行狀》、程若愚《程公墓志銘》（均載嘉靖本《洺水集》附録），《宋史》卷四二二有傳。

富昨寺記

海寧之南，里名太清，溪山虚曠，川源衍沃。其民秀醇，其姓皆平陽氏。有名漸，字進之者，急義樂予，里中號長者。其奉慈氏教眔篤，古招提有名齊祈、名富昨者，皆進之立焉。初，富昨爲寺甚古，毁於臘寇。紹興七年旱，進之率里人禱於遺址，雨不旋踵，歲以稔告，於是進之飾宫造像，命沙門以奉之。今駸駸百祀矣，而有祈輒應，歲不知水旱，遂爲此方垂福之地。故進之之孫與曾森森秀發，詩書之澤，禮義之風，藹然於平川廣谷之間。其曾孫曰三鎮者獻名天府，曰瑀者待補太學弟子員，曰大信者登癸未進士科，曰雄飛者亦將以武功入仕。餘皆穎茂，方興未涯。非進之一念之造耶？然寺介山間，施與不時，炊烟頻冷，主席屢曠，屋且老將弗支。進之之孫曰弼，倡而新之。其曾孫瑀施十畝，其孫如松施五畝，彼視儀聽倡，洋洋動心者，又將不一而足，則寺之浸盛亡疑也。然則瑀之是舉也，豈惟續佛燈，實能嗣祖意。此寺無窮，則進之此意亦與之爲亡窮也，然則瑀也豈不賢哉！質之舊牘，進之之再造也，有頑弗良，訴之州者，州下之縣，縣證以紹聖石刻，乃信其爲古，而又備坐崇寧之法，寺院之無額者爲民存之，以便祈禱。至紹興三十年，又有妄詞者，時右丞相洪公遵實守新安，爲故府，將妄詞者撻而屏之。自是外障悉降，僧徒乃安。紹興間寺方成，進之以密多院僧炤燈主之。燈既老，進之之子名子才，字文德，又度德惠繼之。是後去來不常也，至慶元乙卯，進之諸孫始以方興正乙主之。正一化，智嵩又繼之。今瑀與如松又將度程普潤以後之，則正一之派將永有傳矣。嗚呼！百年之間，祖孫四世，一意所傳，綿綿弗墜。嘗觀世變之推遷，驗人事之興廢，而後益嘆瑀之善述也。雖然，豈惟四世哉，將進之之家若聞若來，與其雲仍，此意承承，千載一日，則如來氏所謂因緣果報，使其子孫繁衍昌碩者，又烏有終窮邪？余非佞佛者，即事而紀之，不敢没其實焉耳。其視世之人狃囊錢困穀之資，以并吞愚弱、憑凌里閈者，則進之與其曾孫瑀，豈不尤爲可書邪？明嘉靖三十五年程元眪刻《程端明公洺水集》（簡稱《洺水集》）卷一一。

齊祈寺釋迦大殿記

頃予記富昨寺，嘗并及齊祈矣，然未詳也。蓋齊祈作於唐武宗會昌之時，閱九十餘年，後晋天福間程玗復新之。宣和火於方寇，紹興間汪進之再築焉。然址于平地，形勢弗稱。有老禪净曇者徙而置之夾山之半，雖山實平，林壑幽勝，甚宜其爲瞿曇家也。若門若堂，以及輪藏〔一〕，皆曇傾橐。然大雄殿則未也。於是里有孫居士諱藴字茂達者，倡而具之，費以巨萬，獨任十之二三焉。惟五天竺諸佛所聚〔二〕，爲衆説法，初無定所。山林江河，人天鬼國，七寶池中，大千刹土〔三〕，凡屬法界非法界，三十二恒河沙界，無所不説，何必殿邪？曰〔四〕：不然。入度千年，垂教萬劫，不假莊嚴妙勝，安能感發群心？所以香滿六天，殿開千柱，波羅奈國猶施萬寶之筵，佗化天宫尚啓千蓮之座。乃知寶殿尤重法門，所以老曇欲爲居士證明殊果，垂諸方來，而居士懇辭，不矜己力。今其孫祖印遠紹曇心，作爲集善之堂，臚列布金之士。居士家子曰持，聞之欣喜，既施緡以訖其役，復殖産以奉其祠。父所欲爲，子則不可不爲。君子謂是舉也，其善述志也夫，抑能顯親也夫！雖然，金仙氏之説，予所不知，然或知所向焉，則其人之不可爲惡也審矣。居士疏明博雅，推重儒紳，於浮屠書亦復旁暢。唯能了十二因，故能滿四十八願。顧此大雄師，丈六黄金色，巍巍忉利宫，神光照夾山，具此三禪，絶風水火，此方士庶永作福田。持以書來，謁記於予。予之從姑實歸居士，持子中表也，而持之弟中立又予同舉進士也，其得而辭乎？然持欲記堂，予則記殿焉。堂生於殿者也，記殿則堂見矣。初，相殿之役也凡七人，皆賢而樂施者：程雱、孫顥、孫文瑞、孫作孚、孫士清、洪儔、吴文思，而曇亦居其一焉。寺之比鄰有汪澤民者，賢士也，三子皆亡。予憫其乏嗣也，市田入寺以祠之，又慮久而奉之不虔也，故附書于此，使後世并有考焉。《洺水集》卷一一。

〔一〕輪藏：原作「輸藏」，據文淵閣四庫全書本《洺水集》（簡稱「四庫本」）改。

〔二〕諸佛所聚：原闕，據右引補。

〔三〕上句「寶池中」，下句「大千刹」，原闕，據右引補。

〔四〕「無所」至「殿邪曰」：原闕，據右引補。

重建方興寺記

有唐貞觀十三載，寺實始建于孫祈，龍紀紀元水蕩之，咸通十四遷今地。施其地者程從約，經界紹興官牘具。乃至淳熙歲丁酉，融風扇火夜生光，有一長者作鐘樓，巋然獨在餘埃滅。自是偏叩布金人，若門若殿若千佛，工緒相仍三十年，始復莊嚴還舊觀。住山永慶老比丘，領衆作禮來請記。我聞萬法本來空，世間無物非虚假，而況樓臺諸殿閣，以及黄金兼紺碧，是故如來一彈指，以大圓覺爲伽藍。汝今要見黄金屋，在汝一念起滅間。善財當日出胎時，七寶樓臺誰所造？顧我又聞金剛劍，斷除障法無量極，或爲劫水或劫火，種種變相壞津梁，而我一切等觀之，化魔入法成大道。汝今須認白蓮花，猛火焰中元自在，向來劫水與劫火，自然化作清凉池。卓哉此寺建千年，現在方衣三十衆，人人各修菩提坊，此屋萬劫永不壞。此屋既不壞，更念彼衆生，顛倒是非場，出没煩惱海。一切貪求心，一切屠殺心，現業上薰天，華屋如露坐。念昔天帝釋，一鏡照四洲，月轉寅午戌，當照南贍部。衆生業深故，了不知怖畏，願燃大智燭，破彼昏暗衢。更調甘露漿，消彼熱惱病，令彼得安居，此屋遍大千。我亦懺悔者，師歸刊之石。《洺水集》卷一一。

歙縣黄坑院記

我聞西方有智人，甚仁且剛，拓拔自立，欲驅六合内外皆一信善。其説茫洋闊大而卒不可泯絶者，吾儒之道實行乎其中也。若夫累亢重郎，藻棁畫楹，元階堤塘，千步十鍾，百步兩魚，大約江左又不若浙河之盛。郡之南五十里曰黄坑，環黄坑十里僅一刹，唐太和建也。皇朝大觀間僧特盛，屋不足容，析三小院居之。迨臘寇咸毁焉，今獨黄坑院耳。紹興戊寅，以次經理，至淳熙乙未乃得智愚主之，始有説法之堂，然猶未備也。智愚寂，法文嗣之。文才幹通敏，若三門，若方丈，若鐘臺，若大士閣，若華光祠，暨夫香積之林、食息之舍、伽藍祖師之奉，靡一不備。南溪如帶，北巘若屏，嵐靄紆環，已占名勝，而又樓觀突兀，金碧輝映，周旁鮮儷焉。予樂其地之曠幽，且嘉文之起仆也，爲之紀厥由來，且市田施之。他日乞身而還，岸巾横策，歲一游焉，如來以遂衆生願欲爲法者，使予亟還歸田，亦豈無法哉！自今當朝夕以俟。《洺水集》卷一一。又見《歙縣金石志》卷二。

饒州明教禪寺重建應真閣記

予與阿羅漢，若有大因緣。念昔己未歲，嘗夢入松林，深處有精廬，金碧交輝焕。五百阿羅漢，環坐各自如，或耳挂金鐶，或手持玉印，或容開菡萏，或眉散雪毫，或猛服獰龍，或安乘馴象，或金刀裁剪，或藥臼摩挲，或天女獻花，或龍王貢瑞，千態復萬貌，種種德難量。其中虚一席，意若俟予來，殷勤叙間闊，挹予使即席。予既即席已，相顧若慰喜。久之夢乃覺，追記絶了了。所以辛酉歲，方興像羅漢，予乃爲莊嚴，持軸山尊者。已而題其扁，具言前夢因。今有慧滄禪，書來自明教，謂我住道場，一切皆作新。再睹應真閣，隤敗亦已久，因發勇猛心〔一〕，今幸得員滿。上可摩星漢，中住五百尊，硉矹如喬岳，彈壓此山川。亦如紫雲閣，崔嵬瑣聖居。願得公提筆，此閣永不壞。予以因緣故，亟諾不復辭。往聞能仁師，遍滿無常住，時住人天海，亦住彼虚空。而我阿羅漢，親授正法眼，故住水晶宫，亦住烟蘿樹。應供閻浮提，亦復住此閣。又如布金園，無在無不在。稽首山中人，勿作此閣觀。如在石窟山，親見密多羅，如在旃檀林，親見摩犀那。復念阿羅漢，曾受佛囑付，常令在世間，如醍醐甘露。我今與羅漢，本不隔微塵，一念若到時，吾百人增一。師傳佛照衣，醒處不待曉，安知他羅後，最後無度者？今我請與師，及與番陽人，及與天地衆，精進無退轉。四大海水融，但均一濕性，山林及江河，月光常充足。此心如此閣，無壞亦無新，他時至番陽，更當問閣訊。《洺水集》卷一一。

〔一〕『亦已久因』四字原闕，據四庫本補。

净慈山重建報恩光孝禪寺記

西方有异域，宫殿皆天化，鷲嶺布金園，則以人力故。惟以人力故，則有易與艱。然而願力堅，雖艱亦能就。崔嵬净慈山，東南推甲乙。鋤荒不計年，吴越號慧日。道潛與延壽，相仍坐教席。皇皇太宗，更號壽寧。紹興有制，追嚴佑陵。載易今名，厄度中更。佛智道容，再堂應真，曇密法進，寶殿經營。孝皇御歷，賜金趣成，既成臨幸，震動山林。嘉泰之四，埃于鬱攸。退谷義雲，載吼龍虬，杰閣層空，天畫雲浮。河沙真諦，輒賜龍樓。唯是羅漢之林、大雄之殿，費大莫興。吴霜幾换，嘉定庚午，起禪老崧，一顧慨然，孰振祖風。爾議擇材，爾謙程工。規置堅定，一朝屹立。都人駭嘆，謂出神力。無礙廣修，尤奉尊者，五百巨人，耽耽廣厦。功緒方延，合而未全，乃以小嫌，引去翩然。自爾八年，住牒四傳，丹漆金碧，迄未之員。辛巳有命，以崧再至，至不期年，始克竣事。於是濕紅映地，飛翠侵霄，檐轉鸞翎，階排雁齒。星垂珠網，寶殿洞於琉璃；日耀璇題，金椽聳乎玳瑁。良由千秋紀節，召入闕庭，賜號賜衣，殊渥亡倫。椒殿邃嚴，天賚亦均，風動八表，歡喜見聞。施以金繒，川委雲蒸，佛行有橐，亦復自傾。嗟此突兀，其工匪易，凡二十年，始終乃備。眷言佛行，傳佛照衣，有行有法，聲傾一時。昔去今來，了無滯礙，以未了故，故復重來。今既了故，所説未了，一日杖錫，求我説之。顧惟天賦寂蔑，興墮清幽，往來錢塘諸山，渺然不記歲月。凡劉道真之所記，顧野王之所書，鴻漸之所經，坤元之所志，莫不披宿嵐而挹爽，玩夕照以含和。或偕釋子道人，俱度風篁之嶺；或與高人勝士，同登月桂之峰。或忘歸而屢宿石橋，或乘輿而獨瓢冷澗，或遇葛翁於北塢，或逢仙許於南泉，或賡遵式之留題，或聽智僧之長笑，或近見法真之張寶帳，或遥瞻釋遇之上驪峰。蓋因前世曾游，所愧今生失脚。已而又循赤嶺，過慈雲，乃見寶蓋法幢，威儀隊仗。雲行雨施，再生彌勒之峰；勢就形全，雙踞石龍之首。更分餘脉，復過穿珠，一結雷峰。穹窿寶塔，聳熏爐於前應，護一氣以中涵。三阜横陳，雙龍後伏。勿輕加於營築，庶永閟於靈奇。雖然，六一居士更有偈言：『東南地秀絶，山水澄清光。餘杭幾萬家，日夕焚清香。烟飛四面起，雲霧雜芬芳。其俗事宫室，佛屋擬侯王。五采瑩丹漆，四壁金焜煌。上垂百寶蓋，宴坐以方床。南方精飲食，玉粒甘露漿。晨興未飯僧，日昃不敢嘗。』惟今净慈林壑之幽，宫室之盛，群心之歸，視此偈言，了無一异。但未知雲堂千衆，坐卧食息，何所解入？三世諸佛，數千羅漢，受此供養，果報云何？若能以了義度無邊，以圓教垂無窮，證無生忍，造不二門，則食息自如，坐卧何歉！至若諸佛以及羅漢，能堅初誓，化度衆生，消一切聲利，斷一切疾苦，滿一切願欲，昆蟲水旱永絶灾异，山河大地悉得安寧，則持答國王大臣，是名果報。雖然，如上莊嚴，如上功役，猶爲有底禪，未是離世法。須於光明藏中化出白銀地，現七寶樓閣，如光明如來，方爲實相。咄一彈指頃，遍滿十方，如山巍巍，永劫不壞。以此功德，是爲净慈。鄰峰唤起辯才，今日同聞知見。禪師俗姓徐氏，名妙崧，賜號佛行禪師云。《洺水集》卷一一。又見《咸淳臨安志》卷七八，《西湖志》卷一〇，《敕建淨慈寺志》卷二。

臨安府五丈觀音勝相寺記

予比年焚綺研，不復作羨語。今壽來千里，門之不去者逾月，勉即其録而次第之。其録云：寺負錢塘龍山，唐開成四年建，曰隆興千佛寺。後有西竺僧曰轉智〔一〕，冰炎一楮袍，人呼紙衣道者，走海南諸國，至日本。適吴忠懿王用五金鑄千萬塔，以五百遺使者頒日本，使者還，智附舶歸。風鳴海洶，舟且傾，智誦如意輪咒，俄見如意珠王相，十首八臂，度高十丈，風息遂濟。智謀揭高梁，可容十丈勝相，以答佛施。時千佛寺乃僧光主之，有閣高八丈，光請於忠懿，以閣爲殿，立五丈之像者二，合爲十丈。皇朝治平中改賜今額。建炎間灰於膗寇，唯勝相一閣屹然雲際，不墮劫火。紹興初，光之嗣孫曰清中興之。清有子琦、珍，珍之子性，奕世經理，乃克大備。乾道間，光堯皇帝聖子神孫三殿臨幸，肦賚甚渥，由是聲益振。今師壽者，性之法子也。清峻自厲，壯耄一日，架鐘缭廊，宿仆盡起，金碧輝煌，增光疇昔。至蒙東朝出内帑賜之，風動邇遐，舍予日至，且有施田以惠亡窮者。嗟乎！現十丈無影之形而奪海航之人於魚龍之腹，要爲奇事。至於動三殿之臨幸，感東朝之恩錫，豈偶然哉〔二〕！自是此山當爲錢塘勝境，福被民生，當與長江爲量數矣。備末之功等乎開山，然則壽也實屹立乎三百九十四載之下，來者勉諸。紹定己丑仲夏記〔三〕。《洺水集》卷一一。又見《淳祐臨安志輯佚》卷五，《咸淳臨安志》卷七七，《武林梵志》卷二。

〔一〕轉：原脱，據《咸淳臨安志》《武林梵志》補。

〔二〕豈：原作『尤』，據右引改。

〔三〕『紹定』句原無，據右引補。

重建福全禪院記

福全老禪，寒碧如淵。姓羅氏，新安人，故龍圖閣學士、吏部尚書汝楫之孫，故通判福州顥之子。受律六十年，冰霜峻厲，其徒有過，面數不避，里中敬憚之。一日偕其徒請於予曰：『福全故空山也，吾師岩室紹達，紹熙間移額建焉。無幾輒毁，又建之。三門兩廡則韜谷慧雲繼之。然未有殿也，吾與正嚴始作之。嚴，昌化民家子也，與吾同此戒，故同此果，不幸化矣，幸爲吾記之。』予曰：『若之所以爲寺爲殿爲諸佛像者，何也？』曰：『吾祖也往者之住善法堂也，其屋皆金銀，其器用琉璃碼瑙。今吾弟子不能變化，唯以杉松桐柏爲材，以漆丹鉛黄爲飾，相與奉吾祖而事之耳。』予又曰：『然則事之者何也？』曰：『吾祖自炎劉乘白馬入中土，始建伽藍。是後役神功、驅人力造塔八萬、蘭若四萬、大寺四千，鳴魚撞鐘，十方嚮答。蓋設像施化，睹物悟心，望吾祖之居，僭吾祖之容，庶幾一世之人，變熱惱而爲清凉，脱輪迴而超净界，所以貴乎在在大海水，處處須彌山也。』予曰：『善哉，善哉！受而祖之法如吾師者，亦何病於法？奈何法之不勝人也久矣，吾欲焚之蕩之，使之空虚，至於無空虚而無所容其人焉，不亦善乎？』曰：『不然，其法在則其人舉，其法廢則其人亡，人敝法耳，非法罔人也。』予曰：『吾以若等爲忘而祖之法也，今乃未忘焉。然而祖之所謂法者，不以心亂性，不以意生情，無妄見，無狂華，無兩舌，無嫌妒，無殺心，常認光明，毋令退轉。如其不然，從無始際，未滅無明，雖名出家，猶隔日翳。此則沙門、比丘尼之所同忌者。至若身爲女人，氣稟太陰，若欲證佛，功力更倍。根塵既深，縛脱有二。使汝輪當出生入死，所以若五戒，若十戒，若善信菩薩二十四戒，若沙門二百五十戒，獨比丘尼至五百戒，若能分别，斯爲第一。知我出家，從佛入道，雖具戒律，入三摩地，心常散動，未獲無漏。今從正攝，心覺内明，令我虚净，猶如琉璃，口相漸消，鼻息全白。以此妙香，充滿法界，普令一切，咸證妙相。若能如是，則杉柏皆金銀，丹漆皆衆寶。譬如得水，不在月珠。我性圓明，如空行月。』於是如來阿難與羅漢衆，與人天龍衆，悉皆歡喜，作禮而退。乃書而授之，以爲記。殿作於嘉定十一年三月，成於其年五月，糜金錢三千緡。施之者武節郎陳起宗、其子訓武郎陳遵，宣城居士汪士隆。西方念佛堂作於十六年，主其役者無礙道鑒。其年孟冬朔日記。《咸淳臨安志》卷八二。又見《西湖志》卷一一。

釋居簡

居簡（一一六四——一二四六），字敬叟，俗姓王（一云姓龍），潼川（今四川三台）人。依邑之廣福院圓澄得度，參别峰塗毒於徑山，復往育王見佛照，機相契，自是往來其門十五年。久之，出住台之般若，遷報恩，英衲争附，錢厚、葉適皆折節問道。時真德秀爲江東使者，虚東林命之，以疾辭，乃於飛來峰北磵掃一室以居，人以『北磵』稱之。後出主鐵佛、顯慶、碧雲、慧日諸寺，嘉熙初奉詔主杭州净慈寺，所至道化大行。淳祐六年卒，年八十三，臘六十二。見《補續高僧傳》卷二四、《新續高僧傳四集》卷三。

杭州鹽官縣開福寺圓滿閣記

淳熙十五年十一月二十九日，杭之鹽官開福寺圓滿閣成。横陳半空，俯瞰百尺，莊嚴像設如紫金山，廣博宏麗如白銀闕，檐楹飛動，闌楯衡直，意匠出巧，如經所説。嘉定庚午冬，予再至是，樓閣門開，入已還閉，見所未見。恍如夢居内宫，聆四辯之音；又若池涌浮圖，瞻滿月之好。莫不心死意消，平生狹陋之地，蕩然無復畦畛。更上一層，洞開八窗，霜天澄明，一目千里。平蕪盡處，海門駕潮，沙鷗風帆，滅没浩蕩。方是時也，將憑虚而遐征，浩乎其忘歸也。民於農隙，爰來止兹，禱禳屢豐，求福不回。心與境冥，善念油然而作，潛耻隱慝，不訐而露，各於衆前密求自新，盟於生生，不蹈往轍。更相警飭，舉爲善人。僉曰：『浄慧阿闍黎修己，是閣之作也，陰贊潛翊，不既多乎？』或曰：『翼翼飛甍，厦屋渠渠，費以萬計，盡自我出。蠹我孰甚，夫何益哉？』已聞而喟然曰：『是不足以語此也。吾謀之於喜捨，度其有餘而取之，否則去而之他，不較疾遲，志其成而已。以吾善幻之巧，起其本心之所固有，與人爲善，何蠹乎！不聞苛政之誅求乎？錙銖不充，棰楚立至。民賦有常，其竇無底。娱耳目，豢口體，苞苴利，子孫没没弗顧，使人狗蛇虎，僥斯須之生以苟釋重斂，與夫樂施孰愈？』豈不足追議哉，置而勿論也，而説偈言：報化非真佛，依真立報化。法身亦非真，真佛安在哉。一月在空虚，皎皎千江同。溟渤與蹄涔，圓缺隨所印。影與光爲二，二俱從月生。若謂一即二，未免墮諸數。重門開樓閣，所見與心會。如一蹄涔中，具此圓滿輪。作如是觀已，反觀即忘我。我以忘我故，不壞世間相。世間成壞相，亦與報化等。離相而求真，與真長相違。文淵閣四庫全書本《北礀集》卷二。

承天寺僧堂記

嘉定八年，予與常熟長竹岩錢德載自西湖來姑蘇，借榻承天，問藥於可文。文新成僧堂，可容三千指，曰：『是堂也，九年之功耳。微夫子，孰能爲我記之？』是夕，篝燈對壘，筆敏風雨，俄頃而成。大抵取韓愈送暢師之説，抑揚商評之，衮衮數百言，頗瑰偉。主僧元韶不知講明，謂其佐韓而肆詆。居無何而文蜕，竹岩亦死，記不知所在。愛堂既至，尋訪無有，閲其家集，亦復遺逸。哀其落落不諧俗，朣朣明月，弃置不售，因些而申之曰：『僧堂非古也，霜花枯木，象骨留香，雖爲老病，設已見笑於冢間樹下。雖然，在則人，亡則書，孰謂古已不復見。拂其迹，疏其源，求吾所以無愧於古，斯可矣。』或曰：『四大，吾堂也；五藴，吾室也；十二處，吾床坐也；十八界，吾應量器也。然則此堂可即也，可離也？』則又爲之説曰：『堂之成，成既難。三條椽，七尺單。粥則粥，饘則饘。坐則坐，眠則眠。毋求妙，毋求玄。毋談道，毋參禪。毋將心，求人安。毋將法，求人傳。實自實，權自權。頓自頓，圓自圓。夫如是，黄金爲瓦，白玉爲壁，汝尚堪任，善乎無盡居士之爲言。反是，粒米寸絲，便須具角尾，償宿負，則翠岩遺訓凛乎在前。不自勉旃，其誰勉焉？』《北磵集》卷二。

承天水陸堂記

梁武夢神僧得齋之標目，閱藏於法雲殿，而齋儀成。宋推官潼川楊諤則增廣之，東坡上下八位贊則附楊後。金山初筵山北，寺再振，自是哀冥福，覃法施，舍是則奚適？姑蘇承天能仁革律而禪，閱住持者莫知其幾。湛愛堂之來也，凡廣大壯麗之興建，咸落成於其手。嘉定八年秋，余謝丹丘報恩光孝事，隱居飛來之陰，愛堂遣侍僧志福持疏來言曰：『設冥無堂，何以待檀施？子爲我著一語付化人凈球，使扣檀度。』後六年而成。畫梁飛虹，璇題垂雲，花欄種玉，風欞吐月，廣袤嚴好甲三吴。聞者悦，見者喜，問其故，曰：『球始語人，人以爲難。至昆山，遇大施者許某與其室人嚴氏，捐負郭二頃，斂歲入基厥功，堂成則以田贍衆。日走市廛，不務速，務其成而已。』亦既就緒，復求紀歲月，乃謂球曰：『事不避難，衲子智勇也；受不辭鮮，衲子等平也；叢詬負謗，衲子忍力也。具是三者，綫溜穿岩岩之石；不然，强弩之末，弗穿魯縞。子誠知此，是以成此大役而不見其難，遂爲四方無盡福田，俾後之有事於振墜起廢，知舍是三者無獲焉。』《北磵集》卷二。

釋籤岩記

天台法華三昧之所流出，與修多羅若合符節，如破竹，如建瓴，非心思意度識識而指陳也。今之三十卷，九牛一毛耳。宏遠微密，淺聞單見，往往不能句讀。天寶間，荊溪然公避寇，眷此窮獨，惕然而作曰：『《易》演於羑里，《春秋》作於歷聘不遇合之後。吾以儒冠換伽黎，敢忘吾兩聖人所事哉？』岩栖磵槃，糁不逮藜，夜龕雲屋，拾葉記事。不數年，抱成書而出，名曰《釋籤》。妙玄之道，於是大明。它日妙樂輔行，則又釋《止觀》文句。天台以來，駕其説於文字，作者鮮儷。嘉定二年春，余陟華頂，度石梁，訪國清，憩佛隴。宜獨蒙養正速余登赤城絶頂，浣腸井胥，浚之則甘泉源源，有乳色。瞰書記岩，臨焚藁池，憩釋籤岩，周覽江山，徘徊不忍去。感昔人艱難殄瘁之所成就而光明卓偉如此，住山人普應請紀其事，以俟僧史大手筆。若流通大節，融攝宏度，則有唐補闕梁肅之言云。《北磵集》卷二。

戒珠寺重修卧佛殿記

蕺山擅會稽之勝，勾踐昔游，右軍舊處，一水一石，尚可仿像。唐大曆十三年，定光葬後，石裂龕涌，一再不已，聞空中聲，索肖涅槃像，奉以邃宇，則既安既固。於是用其説，舉此役，落成於開成五年。逮會昌之變，乃壞。大中初，再振於寺僧齊翰、里人謝乾。嘉定五年，真净則顯感楊賓夢像求浴六十年矣，又欲承通義師師覺先志，盡發所有而新之。卧脅吉祥，飛甍邃嚴，曲盡其巧，有加於舊。或曰：『佛者，覺也，示滅有諸？』曰：『有生非滅與？生滅世間相也。瞿曇不壞世間相，於生滅法中，直指所謂不生不滅者，天地不先，塵墨不後，雖有聖智，莫盡其際。區區淺聞狹見，管闚蠡勺，尺澤方北溟，疲精竭思，妄加揣量，只益自苦。盍嘗觀夫日乎？大明麗天，無所不晝；暝入於地，無所不夜。不有西崦之沉，則咸池之浴何自而入；無咸池之浴，則扶桑之照何自而升？故曰常在靈鷲山及餘諸住處，是以信蜕凡胎聖之報雪巘，不知所以孺慕也；酬勝幢覺樹之依大權，不知所以悲仰也；外侮怡然，不知所以適其適也；厥類躍然，不知所以樂其樂也。雖愛惡之不齊，揆之於理，皆妄也。愛惡在己，則内制於私，外蔽於物，淪於生滅也；克諸己，不生不滅者出焉。』辭曰：『皇覺不作，作必有則。修無所修，得無所得。惟一真實，不一不二。何以明之，入生出死。并報盡矣，趣裝前途。倏然去留，傳舍賈胡。春之方中，鳥啼花笑。我則示之，漏盡鐘曉。背時之宜，解其愛縛。援溺拯迷，舍是奚藥。幻出空聲，像亦幻出。以幻修幻，而迹其迹。莪山崇崇，可磨可礱。矢辭刻山，與山始終。』《北礀集》卷二。

普照寺重修西方前殿記

華亭具體蘭若，莫如普照。其間莊嚴壯麗，莫如無量壽殿。殿之殊特，莫如孟春之月會。千萬人繫惟心自性之念，事理冥契，人境兩忘。浙江以西，邈然寡儔。複道橫陳，以翼邃嚴，曲盡其巧。以盡巧故反見窒隘，蓮坐高廣，僅覩其趾，眉毫宛轉，鮮克彷彿。遂徹其舊，别敞修楹。軒豁前榮，八窗玲瓏，佛與四衆咸得相見，如明鏡中見其面像；又若帝網交光相羅，如擊其蒙，如發其蔀。費倍萬計，談笑而集。真懿大師忠信、崇教大師祖祥，善巧誘，倡徒屬，各致其力。作於嘉定九年正月，落成十二年之四月。北磵起於座而告之曰：『鄉也窒隘而不見佛，不見之見，初不加損；今無窒隘而得見佛，所見之見，初不加益。見見之時，雖佛亦物。見不能及，非物非佛。』或曰：『佛固自若也，吾見固自若也，有見不見也，何故？』則曰：『罔克在念，狂聖由是。即見離見，徒問傍睨。』書以授真懿，使喻入社之净信者，俾知窒隘宏敞未始二焉。《北磵集》卷二。又見康熙《松江府志》卷二六。

九功寺記

南齊建元末，會稽刺史榮穎文項施第建寺於餘姚之西，薦冥福於其子秘書正字、給事中、京兆尹休，秘書正字、太子舍人光。梁天監初，錫休光爲額。吴越時，武肅王目眚，寺僧惠清精禱有瘳，改曰光明。忠懿嗣興，振墜起廢者九，彷九功惟叙，作今額，俾清住持。清，清源人。參見雪峰，逮神爽常顯，則以波羅提目義律衆，自是曰明、曰交、曰真，遞迭而出。開禧初，學衡台者曰道源、文圭，訪余於飛來隱居，時法堂權輿於住山妙璉，而策勛於其徒思齊。辟支舍利塔，則餘姚令杜高舊所造，重修於敬復者，久復壞矣。大殿乃了聰與其徒勤苦諸行，再造於方臘燼餘，壯麗與堂稱，司農丞李端明記與新昌長虞似良書在焉。吾聞會稽之地左鑒右浙，帶明衿台，佛仙所廬，輒擅幽勝。象耕鳥耘，未必皆有虞之田也，而農勤以孳；浚井完廩，未必皆有虞之居也，而子孝以友。故家遺俗，猶有存者，一水一石，尚想見王、謝釣游處。源與圭能爲余言之，源已矣，後來如源者未見也。而説偈言：齊梁之間，竺墳孔章。梁不永祚，曰吾亡梁。陳隋之亡，吾固在兹。試問諸野，亡如何其。矧二三君，逾矩越度。不曰匡救，伊臣惟具。好爵厚廩，吾何與焉。危吾不持，吾童吾顛。猗歟榮公，愛不忘子。求福其冥，易第作寺。錢氏有國，像設日嚴。冉冉緇雲，淵珠出潛。繩繩逮今，方軌聯躅。榮公願輪，康莊轉轂。咨爾來學，是討是論。冀此勝幢，不騫不崩。

《北磵集》卷二。

寶林寺普賢堂記

普賢堂之作也，爲登大峨參禮普賢大士者化城，禪榻長連，拓飯食經行之地，若枯木留薌之制。中奉大士，代陳如尊者。幢幢雲水，爰憩爰止，咸曰大峨大士所都，庸知夫銀色提封，玉象步武，果在是乎。吾聞普賢行願境界，大無外，小無間，虚可塵析，溟可滴數，惟此境界不可盡際。巋然大峨，萬仞凌空虚上，出雲雨，磅礴數百里。其間生植飛走與夫此山，孰非是中一塵一沙？而此大士身量壽量，亦復若是。游觀之人，信種善本，及本所願，亦於是中，不即不離，日用不知。昧夫心求，務以目睹，反謂大士與我异致。宿舂糧，橐糗粻，或三月儲，跋山涉江，披蒙茸，攀巉巇，幸而至其上，莊視肅瞻，澄慮斂紛，極其所見。野鹿遠導，靈鳥逸響。晨霏夕嵐，萬變陰晴。或矚光相，或光攝身。天燈暝升，天鐘曉撞。見聞會心，則喜而加信，不則謗且怒。其不信自心，不見自心，見量所造，而以喜怒爲用，滔滔者皆是也。顛山夏冰，廪不可留，匆匆言歸。薦來至茲，主是堂者，猶妄冀其曹溪一宿，鰲山半夜，俾知夫大士無乎不在，非此山，非他山，非近而易企，非遠而難致，塵塵爾，刹刹爾，曾不遠人，人遠之爾。然則某人圖成，嗣先振始，普光肯堂，某人施地，區區之心，有在乎是，是不可以不紀。《北磵集》卷二。

華亭西寺無盡燈記

作光明供，供養中最。獵人之箭，洞犀貫革。塵龕佛燈，耿耿欲灺。箭以剔燈，天眼證通。況夫南畝膏腴，基一蘭若，無盡光明。吳氏子某有田一頃强半，耕而穫之，數十口可以無飢。不以養數十口之家，而以爲一燈之施者，獨何如？蓋其疇曩有事于補陀大士，如谷答響，如水涵月。苟其棼慮雜想，隱慝潛耻，不盡澡雪，而欲造夫純誠之地，何以感格玄覺如此其著？施所難施，不爲難者，殆非偶然。咨爾妙朴，盍思其難，謹終如初，俾冥者明，明終不盡。日月薄蝕，此燈長照；風雨如晦，此燈不夜。蒙斯光明，若徹蒙覆，若披雲霧。作此施者，心華發明，照十方刹。爾時妙朴從座而起，稽首北磵，請説是法。北磵默然，遣化菩薩，其名曰穎，於四衆前作如是言：『田而耕，續光嗣明，乘月之虧，持月之盈。耕而稼，智燭弗灺，轉空爲晝，破暝於夜。稼而穫，是諏是度，以綿以延，毋止毋作。穫而廩，歌豐慶稔，受者無心，施者奠枕。』時化菩薩作是説已，舉以授朴。既授朴已，作禮而去。《北磵集》卷二。

瑞岩開田然無盡燈記

净名大士既授萬二千天女無盡燈法門，從而諭之曰：『冥者皆明，明終不盡。』伊尹所謂以先覺覺後覺也。後世焚膏繼晷，號無盡燈，非净名心也。日夜相代爲明者，日月也。大厦既夕，風雨如晦，瞭然者將眊然，待燈而見，燈亦豈無待焉？惟有待故，運行於人，日月則運行於天。運之之殊，不息則一也。瑞岩丹丘勝處，燈失常運，貨殖取羸，使此燈不夜，莫知幾興廢。住山道全謀諸衆曰：『貨殖取羸乎，墾土收穫乎？』智紹曰：『是或一道也，顧主之何如。主之有常，則皆永傳，不然則勺海爲膏，伐山爲炬，徒爾爲也。』僉曰：『善。』紹則請命出山，旋浙絶淮，積錙累銖，閲四年而歸。僦工闢荒，視歲入爲無盡光明。茁霜蕭蕭，隻影婆娑，焦心勞思，恐蹈貨殖取羸之轍。求余記其成，爲將來之勸。《北磵集》卷二。

平江南翔懺院記

南翔懺院成，會其費緡錢，以數萬稽。某謀於檀越顧君某，捐金振廩，權輿於某年月日。和而施者，響如谷聲，落成於某年月日。高廣宏敞，極一時壯麗。正修之地，幻普賢懺悔主，如雜花法華所説；燕寂之所，則闢禪觀，攝散亂，如留香枯木之制。設椸於閣，則以備盤礴解衣；注湯於室，則以戒宣明妙觸；課日用於薰沐，則以振其怠；裕歲修於阡陌，則以致其久。整整翼翼，倫次攸敘，浙江以西，輪奐鮮儷。於戲！虛空無邊，故世界無邊；世界無邊，故衆生無邊。普賢則悟夫無邊衆生所同者，始一善至無量善，卒踐等覺妙覺，以覺後覺；衆生反是，始一惡至無量惡，卒踐鬼畜苦輪，輪轉不息。苟悟夫與普賢同者，歸六用根，息諸妄初，如陷如阱，如賊如冤，克此一念，如彈指頃，則銀色界應念昭徹，六用諸妄皆助道法。昔所作業，雲點太清，雲散夢掃，即一切空；今所懺摩，如湯銷冰，無別有冰，即一切假。斷空假邊，一前後際，不動本際，即一切中，一心鏡空，三觀鼎峙。法萬其緒，即三而知；離三而知，即名邪説。不即邪説，是謂正因。正因精明，是真懺悔。空界衆生，可知其際，此懺無邊，不可究盡。昧者昧此，脂三毒車，策四倒乘，蹈八邪轍，掉百非鞅，疾驅於六塵之墟。聚族而謀曰：『是可罔下愚，知者不道也。』則詰之曰：『過而不改，是謂過矣，不知也。知者改過乎？』曰：『改過。』『然則改過與懺摩有以异乎？』曰：『無以异也。胡爲乎知者不道也？仲虺之美成湯曰：『改過不吝。』傅説戒高宗曰：『無耻過作非。』孔子曰：『丘也幸，苟有過，人必知之。』詎知此懺未出竺西，二三聖賢已行之於此土矣。故表而出之，俾從事於斯者，知夫所謂罔下愚者，下愚也。《北磵集》卷二。

南翔僧堂記

連長榻，敷廣座，容數千指，開單鉢，必搜梁棟，選柱石，然後可以栟幪震風陵雨。雖然，非古也，古之人一生打徹於冢間樹下。古已往矣，若今食息於冢樹，鮮不瀕洞觀聽，曰怪曰誕，曰奸偷鬼物，嘯族呼類，水灑梃逐，使不在吾境乃已，而奸偷之徒往往托以沮吾法。元祐間，端師子所勘、辯才所拒之妖回頭，慶元間，趙京兆所黥之風道隆，咸其類也。此堂之建，於以見前輩慮後世者若是，作五觀法，俾食於堂者作如是觀。吾嘗謂五觀具四端，猶四體也。請論其目：一曰計功多少，量彼來處。無惻隱之心，則勤不知耕，勞不知炊，享非正命，漫不加省。二曰忖己德行，全缺應供。無羞惡之心，則酣嘻終日，無所用心，盤樂怠傲，蕩而不反。三曰防心離過，貪等爲宗。無辭讓之心，則饔豐潔，饕珍美，却疏糲，縱口體而極其所嗜。四曰正事良藥，爲療形枯。無是非之心，則舍靈龜，觀朵頤，道不腴，日以羸，氣餒而不支。五曰爲成道業，故應受此食。無是四端者，何以深造而自得之？自得之，雖層冰峨峨，精瓊而靡；列鼎萬鍾，不素餐兮。是故縉紳五觀，黄太史作而象其因。南翔寺僧某求紀其師某年月日雲堂之落成也，爲具載其設施，使知某振篋垂橐，不徒其爲。《北磵集》卷二。

南翔寺九品觀堂記

蓮社作於東林，般舟之道至是鼓行於晋、宋。由晋逮今，衣冠緇褐，菩薩行人，策勛净業，載諸紙上語者不勝數。嘉定四年仲春之季，昭文錢公象祖易簀之際，吾猶及見之。佛聲未斷，怡然垂訣，天香天樂，隱隱户牖，其聲其臭，皆非常聞。是時諸孤擗踴號慟，荒迷惝怳，不暇知聞。予時承丹丘報恩之乏，與三峰大長老蒙宜獨在焉。蒙憎凡子以吾浮圖爲誕哤，使予勿言。前所謂紙上語，信不可誣。按經中説，有佛取土，曰清泰國，無地問津，心能知津。不皇不王，太古自若；不令不申，至神自化。七情不鑿，九品成列。塵刹幢蓋，樹林水鳥，法音宣流，佛願力故。極惡重障，報相現時，瀕於九死，一念知反，力不暇給。遇人教令，憶佛念佛，十念成就，宿負俱泯。即生於此，雖下下品，皆不退轉。上善種性，觀法精密，想念純至，一念相應，斷前後際，不動本際。正遍知海，皆從想生。如指標月，月因指見；見境想滅，得月指忘。月與境冥，忘性亦滅。滅無可滅，所滅亦空。見彼導師與二大士及彼四衆交臂如故，悟惟心上，非中非邊。此觀與堂，亦非中外。文貢勸發，罄竭而助。修印振始，不徒其爲；從節承終，亦既其力。嘉定三祀，爰舉是役，丙子之秋，遂落其成。刊諸琬琰，昭示來學，俾敏厥修，毋怠乃訓。《北磵集》卷二。

南翔寺大殿碑陰

南翔大殿成於某年月日，而後造像，亦既久矣。古野與殿不胥稱，頽圮不可治。後某年月日，寺僧文杲改作，如七金山，炫耀赫奕。佛像慈而威，恭而安，給侍菩薩則威而慈，天神則威以恭，其不敢安則一也。巧麗尊特，所謂皆有聖人之一體，佛則集大成也。即佛之大成而得吾心之廣大悉備，即吾心而指衆人之心，心、佛、衆生三無差别。文杲辦心，李某辦力，工之薦巧，亦心、佛、衆生之所同者。殿有記，兹不重出。《北磵集》卷二。

華亭白蓮寺記

熙寧元年歲薦饑，溝洫間老羸枕藉。邦人吴世榮相景德寺僧宗喜收斂而火於此，蓋不知其幾也。法林嗣興，律部謹嚴，道俗向化，土木金碧，咸極其巧。藏以庋經，堂以容衆，憧憧水雲，挂鉢息肩。大殿鼎新，則思度受其成；幻佛與天，則思坦悉其力。閲二十一寒暑，得今額。度既老，謂戒空曰：『力不逮志，日暮途遠，然則奈何？』空憤悱而作曰：『將九仞者虧一簣，緊我父祖創業未既，了此緒役，非我而誰。』乃益自奮厲，撙節於寒苦寂寥中，不疾不徐，爰度爰諏。化爽塏於重淵，封沮洳爲茂林，向背衡直，各得其所。俾於農隙報功植福，物不疵癘，民胥適悦。歷年四十，策勛於戒空之手，則又屬諸妙惠增其所未至。惠遍求紀述，莫予爲宜。予謂惠曰：『若知夫是剎之成，資喜與空，久而彌芳者乎？异乎吾所聞於今之貨殖，於營繕而務速以駭愚驚俗者遠矣。苟利其速，必不以誠格人，而以傀劫也。至於然頂然臂，煉指瀝血，凡所以鼓吹閭閻，傾動觀聽者，鮮不勇爲。治其荒唐謬悠之言，聾瞽匹夫匹婦而敚其心，使妄冀夫所不當得，皇皇規毛髮之利，汲汲濟其所欲施。如給漁者，亟縱亟釣，而求好生不殺之益。小不如意，則籲天疾呼曰：「施果不足恃，而善果不足爲。」不幾於龍斷與？盍亦觀夫古之建幢樹剎，過千百年，更廢迭興，苟冒其地，輒愆於厥躬，以逮其後人，吾不知胡爲乎而然耶？揆以吾法，則必以爲誕唬，落落不偶俗。故吾罕言，以俟忘言者。』辭曰：

澱湖北鄰，機山以西。喜來相攸，開此招提。乃振溝洫，燎骼燔胔。不知幾何，動以萬計。一再有傳，至於法林。林學南山，右規左箴。像設有嚴，以相鐘鼓。建大寶輪，以授思度。度拜稽首，謂坦與空。權輿非難，難惟厥終。繼自乃今，罔敢或墜。念兹在兹，事乃克濟。我觀白蓮，澄净不垢。名是蘭若，亦曰弗苟。咨爾來學，當如是觀。毋求安心，求心所安。《北磵集》卷二。

大雄寺記

行在所直北四十里，寺曰大雄，舊曰上保安。後晋開運四年，鄧氏作鎮時建，治平二年賜今額。地接良渚，峰嶺秀野；水通安溪，沃壤綿亘。山無潭湫，蜿蜒汹靈。嘉定八年夏大旱，港斷潢絶者數月，群望不孚，此山出雲雨，近畿有秋。朝廷寵嘉，封爵建祠，錫賚鼎至。始郡祥符寺僧覺定偕方外友慶端相攸居之，經始之志，克艱克勤，壯規宏模，儼然在目。三門兩廡，再造於建中靖國元年，則子殊、有方起廢於風凌雨震之餘；懺堂之作於崇寧三年，則子純悉力於時和歲豐之後。高敞堅好，州里鮮儷。肖無量壽像，作懺悔主，爲衆庶澡過雪非，宅心純想之方。子欽晚出，才具絶人，喟然嘆曰：『是刹之作也，亦既久矣。殿者，所以舍佛，表出尊特，其可缺乎？』度才僦工，遍扣檀施，祁寒隆暑不小休，卒有成於政和三年。越四年，使有常、有威造佛、菩薩、天龍、給侍，如七金山，與殿胥稱。至是，凡所宜有，不可以加矣。先是有常結界以落之，以禦諸非律儀。其法曰：『天可陟，吾界不可入；地可陷，吾疆不可犯。應不吉祥，不俟禁呵，勇自退舍於廣漠之野而無何有之鄉。』此常之心也。若夫三灾彌綸，心爲本根，弗鋤其根，圖蔓難既。乃於是中自焚自溺，窮盡未來，庸有了時。毋使吾常徒用其力，故并書之以授愛堂，俾告來者。愛堂雅善予，如湛其名，嘗主黄檗十二祖大道場云。其辭曰：

幢刹之興，存乎其人。其人伊何，駕大願輪。南渡以來，寺滿山谷。願輪不馳，器滿則覆。惟我大雄，一燈相尋。百祀策勛，逮于雲礽。厥惟艱哉，如此其久。豈不務速，務以不朽。龍蟄于山，實寄豐凶。繄爾正直，相吾鼓鐘。《北礀集》卷三。

常熟縣大慈寺鐘樓記

千鈞之鏞，不梁百尺之高而簨虡之，則停輪息苦，警昏導迷，何所妄冀？寒山夜半，聲到客船，非衲子明心，即詩人得句。昧者往往以是爲迂闊不切，不知美教化，移風俗，王者先務，而心華發明，照十方刹，亦豈細事。大慈爲福山望刹，創梁天監中。長江横陳，五峰擁環，古木夾道，童童如幢。寺昔中微，木亦就槁；及其再振，木則重茂。大鐘横撞，僅在平地。厥聲弗鈜，不足以發深省。文遠欲造樓，未幾而寂。其徒如寶了此緒績，不日而成，嘉定九年三月既望也。翬飛半天，遐眺無際，寺與樓稱，鐘又稱之，費幾萬緡。始遠欲市田爲山家經常計，幡然而作，曰『市田非比丘法』，則又反諸檀施，施者不受，願聽所欲爲。至是舉以權輿其事，餘出於其父母昆弟。飛錫來北礀，竭紀歲月，余語之曰：『昔昭默大士云：「身爲比丘，不導父母於佛法中，謂之不孝。」是後也，于以繼先志，又豁父母昆弟施心，一舉而兩得。雖然，曩見子擔簦負笈，問天台之旨於諸老之門；今復見冠冕多衆於古靈山，晋進不已。至於厭飫心初而流通所學，以壽佛祖，夫如是，又豈特孝於其父母哉？』萬緡之樓，土木之事耳。吾所紀者，在彼而不在此。《北磵集》卷三。

又見《重修琴川志》卷一三。

彰教法堂記

土必腐，木必蠹，堂則有成與虧。法存諸其人，未始有成，庸虧耶？彰教法堂五間，第十七代法中建，歲月莫可考，寺無耆宿與夫識載也。猊床屏陰題云：『元豐七年十二月二十五日，住持修穆造。』屏植于堂，堂必先，豈七年前所造耶？隆興元年九月十三，第二十七代師寂翻蓋，則見於梁題。逮寶慶二年，弊而不可爲矣。鼎新之權輿於十一月十五，成於三年三月初七。柱踏舊礎，崇增二尺三寸，敞小閣，支寢堂之上楹，挾以兩祠宇，則鄉所未有。惟堅罔惟侈，惟壯罔惟麗，雕刻文藻皆勿用。取材於家山，取飯於家田，取財於施者，不足則貸。相是役者，豫章西山碧雲庵四明如潔。落成之日，四衆聳瞻，謂余爲能，殆不知余方將謝不能也。噫！美輪美奂兮固非余心初所由志，危而不持，顛而不扶，盍亦求余所謂『法存諸其人，無成與虧』也，何故？《北磵集》卷三。

泉州金粟洞天三教藏記

黄老於漢，佛於晉、宋，二氏之書滿寰宇，聚則充棟，載則汗牛，何其多耶！問其數，各五千餘卷，與秘府牙籤相上下。巾冪嚴秘，往往過之。金粟洞天在泉南勝處，住山人凝雲黄去華總三家之書于山中，置諸大輪藏。所謂藏也者，藏也，涵藏之謂也。藏諸名山，古也。或病其以二氏之書亂秘府，妄意求合孔氏。噫！合其可求乎？求而合，不勝其不合也；苟不可合，雖孟賁、烏獲之勇之力，不可牽糾而使之合。不可離也，雖强分之，視勇力烏乎施？然則離合有常理，不在呶呶齒舌間也。天地間大物莫如海，百谷東輸，未始見其盈，尾閭泄之，未始見其虧，而與百谷同一味，曷嘗求合於百谷？既至於海矣，海則曰：『爾江耳，河耳，淮、濟耳，盍各安爾甲乙之序；涇也，渭也，亦正爾清濁之分。』然後去貪取廉，旌芳潔，驅洿濁，俾各從其類。雖蹄涔之陋，罔不藐夫海失長百谷之道，强爲是區區之别，不可得也。夫如是，庸詎知吾求合於外耶？善乎，荆國王文公答曾子固之爲言也：『善學者讀其書，惟理之求。有合乎吾心，樵牧之言不廢；苟不合諸理，周、孔吾不從。』吾嘗紬繹斯言而志夫學，隱然得之於中。東海有聖人出焉，此言合也，此理合也；西海有聖人出焉，此言合也，此理合也。故萃天下之書，使天下善學者博觀約取，離乎其所離，合乎其所合也。《北磵集》卷三。

書東禪浴室壁

僧園四事外所當有，莫先浴室。大火三伏，金石流，土山焦，汗浹浹如雨。執熱不濯，必鬱濾熬燥，懵懵如酲，冲和之微幾何而弗傷？傷則病，病則欲爲毫末之善，了不可得。東禪浴室新於紹定五年冬，起數十年廢於寺僧惟一之手。一之爲也，亦難矣！萃銖裒錙基此役，未嘗開口語人，有施輒受，受輒適義。所受既義，人樂其施。東薪如桂，得三十畝負郭於章氏女，爲樵采之直。費緡逾萬，弗務速，弗侈靡，弗規圖以豐橐囊，弗勤衆以淫土木。區區求紀載，爲鑽貴扳勢之具，有正因衲子調度，乃策其勛勞，識諸室之壁，爲是數者之勸。越明年季秋既望，潼川北磵云。《北磵集》卷三。

千佛院記

距余故廬未逮一舍，縣曰東關。縣之西，岡阜秀整，龍矯鳳闖，一峰横溪陰，作怒猊狀，矗石飛峙。其上層出千佛，莫知幾何年。岩間有刻，漫不可讀。里社禱水旱，禳疵癘，如響答。慶曆二年，彭氏造殿舍佛，號壽聖院。某年月日，改廣福。子原者，張氏子。蚤穎异，走南方，叩耆宿，執侍天童宏智覺禪師，爰得其旨，沉潛燕默，以晦其所有。余四五歲時，大父行輩指以示余曰：『是有道者也。』創大閣於淳熙丙戌，擬内院以奉慈氏。垂成而死，法會實終之。慶元庚申，敞新閣以伫舊殿之千二百應真，輪奂與原所創儷。居無何而會亡，紹圓舉緒役，然後大備。兩閣翼然烟霏間，與溪山相領略，補空缺而來粹爽，部勒一丘壑。鍾英毓華，豈獨發爲人文，抑又以境攝人，起其所固有之善，油然於心。初善益善，惡罔敢不悛？此原之志，而會與圓之善巧。會之徒了因訪孤山南岩隱居，言其詳而請紀述，故書之。余老矣，浩然有登樓之思，尚須杖策倚檻，遐眺幽尋，援毫而賦，賦罷而歌，以呰原與會，而與圓相勞苦。《北硐集》卷三。

福昌院記　餘姚

游源溪塢間，當重山之陽，寺擅其勝。建於唐長慶四年，逮會昌五年廢。錢吴越時號永壽，大中祥符元年賜今額。後一百九十二年，結九夏制，方會食於堂，則自顥詮始。杭之普濟師鑒者，發蒙於此，晚歸自方外，與清凉行仔圖振厥緒，先輪藏而鐘閣、法堂、兩廊次第皆輪奂。市田三百畝，歲入七百餘斛，可給千指，刷數百年已廢之羞。嘻，亦勤矣！然廢興有數也。長慶之興也，莫不欲子孫世世壽域中一善之成；會昌之廢也，莫不欲父祖世世壽域中一善之敗。成則長慶成，敗則會昌敗，福昌固自若也。然則再造於吴越，策勛於巨宋，豈偶然哉！咨爾鑒，洎爾源與仔，爾維一乃心，毋維罔予聽。守成之難，難於圖成。燕安之毒，毒於艱勤。謹終如初，率人以誠。扶此勝幢，勿欹勿傾，勿負節衣輟食以爲施者，是謂報吾君以及吾親。《北礀集》卷三。

資壽寺盧舍那閣記　平江

崇閣華觀，祇樹之制，相望皆有大莊嚴藏之一體，苟以土木之役傾動觀聽，則不耕不桑，何自逃祖宗之誅？蓋依經所説，以境攝心，起其所固有之善，油然作於外物轇轕之際。俗日益下，相陵相競日益勝。方其忿時，莫知自懲，亡其身及其親，不暇顧。雖嚴刑峻罰不足威，過塔廟必稽顙舉手，是孰使之然耶？隱然於中者，不自泯也。資壽之閣，嘉定三年，住持善通作。寶慶三年，無聚智涌登閣而喟然曰：『美輪美奂，昧者未必弗以爲游觀，爲燕晦，失創建厥旨。』遂實以琅函玉軸五千餘卷，一一牙籤標其目。中設盧舍那補陀大士，壯麗與閣稱。凡厥聞見，莫不善涌之爲，咸謂其無忝厥祖無著大士。故家遺俗而成就者如此，以偈贊曰：

報身圓滿輪，補陀小白花。琅函五千軸，一一懸牙籤。光敚日月明，複道出雲雨。哂乃如幻人，幻此如幻境。欲度如幻衆，成就如幻事。是事實非實，不實如空花。静寂單複圓，及與第一義。亦與如上事，非同亦非殊。洞開樓閣門，人已還復閉。童子斂念時，不隔一絲毫。

《北磵集》卷三。

資壽寺永豐莊記

市田非比丘法，馬祖百丈以十方共住爲叢林，則冢間樹下者有所歸宿。自是資生儲蓄浸成俗，建幢樹刹，施宅土，營厦屋，立常産，大如甲第，小若編户。有業則賦輿，衆多則用繁，必經紀於其能集事者，掌會稽，謹出内，制盈縮，不足則持盂四方。此姑蘇資壽禪寺永豐莊之所由作。慶元三年，常之無錫净慧禪寺僧妙瓊、妙祖倡二十人以次裒金，洎衆施，營膏腴一千八百五十四畝，縣官拆而復圍者半。田舍農器稱是。可裕數千指洗鉢之急。資壽有田，自瓊與祖始。方其心初發時，此田已具，微勇往精奮，忍寒苦，甘淡泊，確乎不可拔，百罹弗怨，順處逆境，尚何以集一事若毛髮比，况千五百畝有畸之田哉？咨爾衆欲登加行地，必先資糧。適百里者，宿舂糧；適千里者，三月聚糧。佛道長遠，久受勤苦，乃可得成，佛語也，百里千里之不啻。上上種性，則一超直入，鄉者大城。我所化作，爲止息耳，則《法華》具載所詣之地果安在？而中下之流，亦復小憩，所謂資糧，豈專在黍稷穜稑與夫禾麻菽麥？倘受此施，終日飯一米，未始嚼着，或不動口，已咬著沙，則瓊與祖畢命爲期，盡瘁於是，所成就者，戛戛乎其難也，何憾焉！故樂書其事而紀其歲月，又系之以辭曰：飢飢兮寒，粥兮饘。饘粥之餘，既磨既研。志斯堅，石斯穿，終之以得兔忘蹄兮得魚忘筌。《北磵集》卷三。

九龍山重修普澤寺記

梓邑十，山川俱秀整，發爲人文，蓋有所自來。唐盛時，文章顯者有之，智術顯者有之，迨今未已也。郪甲九邑，饒沃壤，美風俗，煮海之富供縣官，一水一石半在少陵品題中。九龍亦佳處，普澤寺踞山之陽，故老相傳作於唐，歲月莫可考，考於圖經無聞。殿最古，記不及創始。淳熙癸卯，祖輝新華構，擬天台方廣，舍半千尊者。丙午，復造重閣，煥麗擬内院，以奉慈氏。兩朵翼然，會二十八祖於其下，不十年策成績，至是盡瘁九年之功也。了相嗣厥志，不墜振始，吁，亦勤矣！方其權輿之初，無一錢直，費輒數萬計，莫非求人。求人之難，難於梯天，不知幾摧挫，幾頓抑，譏呵哂誚、斥辱困折之不顧，乃克就此種種莊嚴。使吝驕封蔽者，一歷耳，一屬目，蕩無畛畦，本有之善油然而起。善種芽甲，惡習殄殞，夫豈徒殫財力，傾觀聽，事土木丹碧，炫耀浮俗，然後爲得也。嘉定甲申季秋既望，輝諸孫宗印爲余言其詳。余方堅卧小朵之陰，鄉夢日栩栩，想念存注，歷歷冥現。如登春臺，心空目明，萬象掀露，了無遁形；又若翩然適華胥氏，不皇不王，淳古粹美。作是觀已，兩忘去來。如睡夢覺，如蓮華開。呼印比丘，執束授事，毫忽不遺，悉書以記。《北磵集》卷三。

妙湛延壽堂記　平江

疾病相扶持，無憾於養生送死，以明王道之本。佛世浸古，建幢刹，栖冷灰，槁株臘穹，德茂者却冢間桑下嵐昏霧蝕之患。又爲省行堂以別不老不病，欲其循省日用事。若學之正偏，業之勤荒，行之缺全，思之沉掉，好惡之失中，喜怒之或私，利養是崇，進修是怠，應病授藥，法惟一味，以治其内，劑砭鍼艾，以攻其外，正命小康，幻體亦寧。或又謂之延壽堂，延壽云者，延此者也，壽此者也，非人間世短修延促之謂也。今者反是，樂便安者巧圖其居，耽燕佚者曲求其處，先之以貨賂，申之以强援，弗知廉與遜爲何物。盡巧致曲，疇知志於道者，袖手旁顧，泚顙芒背，忍死不爲也。一念之忍傲睨，黄髮鯢齒累然困踣於其外，祖宗成憲遂爲具文，往往大叢林亦如之。今妙湛鼎新斯堂，故書近世叢林墜典，以告覆車在前，冀革斯轍。雖然，水沫芭蕉，匪石匪金；燕安鴆毒，少壯勿恃；美疢惡石，老病無忽。作如是觀，以度生死，則住山月岩某之宰制，耆舊執事某之裁割，勤勞百艱，不徒其爲。是役也，作於紹定三年仲夏晦，落之於冬書雲。《北磵集》卷三。

慶寧僧堂記　華亭

慶寧自某年月日智圓創建，若干年，殿宇廚庫，容衆之具，凡所當有，次第而集者，其徒師訓之力居多。又若干年，而僧堂之役未舉，緇白之有力者，未嘗過而問焉。今成於圓公之孫、訓公之子古鏡文杲。祖作之，父述之，子成之，君子曰善繼志也。僧堂之作，非古人意。古無招提，况堂耶？自枯木留香後，天下較奇策勝，翬飛炫耀，床榻窗几，惟恐不壯麗。耄耋疾疢無霧霾風雨暴露之慘，既適既寧，精勵勝進，當倍蓰异時冢間樹下不三宿者，何反無聞焉？方其滑扉疏欞，一單三椽，正因者莫不凛然反觀，惕然内求，絶意死生榮辱，外形骸於死灰槁木，志節獨苦於冢樹間不相下。充其所學，飫其心初，不忝先聖决定明訓，然後以其所覺而覺他人，答此信施。昧者反是，苟安宅形，冥冥烏鳶，念念臭腐，坐馳於庸鄙洿雜。今夕何夕，颯然白首入生死輪，出没异類，靡所底麗，展轉酬酢，無有窮已。於戲！釋籤岩迥，燕坐石冷，赤城華頂，萬八千丈，我念昔者峻躋巍陟，日死魅匿，草腥蛇落，百世之下，道震吴越。舉此話頭，夜款古鏡。惟此古鏡，是則是效，苦心松筠，制行冰檗，不獨居此堂無愧焉，抑又率人臻無愧之地。欲鑱余文，余則有愧。紹定四年良月旦，潼川北磵記。《北磵集》卷三。

崇聖院記　江陰

常距江陰逾百里，無招提，衲子暮夜投逆旅，與商賈雜。秋潦冬冰，宿再或信，實戾三尺，而百丈所呵，尤不小貸。刹樹於此，中流一壺也。丹丘智觀早出於外，見聞頗習，惕然不啻飢溺，歸白父母，願得所當予之産之直。父母予之，卷而來兹。既營薙髮，益自刻苦，裒錙銖，積分毫，相攸爽塏，插草成梵刹，凡所當有者，次第而集。作於紹定元年。越二年〔一〕，白禮部，給臨安府錢塘縣崇聖院廢額，甲乙焚修，以待雲水。訪北磵隱居，倫次其事，乞紀歲月，則謂之曰：『天地間寧欠爾把茆也？今夫人之子，「子曰」伊吾上口，必曰釋氏熾，王澤熄；王澤熄則害中國，蠹四民。又何汲汲此役，嗾其喙哉？』觀曰：『子何見之晚也！六騑渡江，扈而至者，矍起爲侯伯，戚里内侍，賜寺恩寵厥父祖，金碧照耀西湖南北，操撾入其門，一世閲幾興廢。洎烟冷燈燼之不嗣，與夫豪力盜據而不復振者何限？我之所作，拾其殘弃之餘，移置荒寒寂絶之地，俾緇白不相紊，避三尺、百丈之禁，孰曰不可？子獨不聞荆國王文公云：「方今亂俗不在佛，乃在學士大夫沉没利欲。」歐陽氏則曰：「修仁義以勝之，仁義勝，吾死無憾。」』余不懌其言，不能敚也。《北磵集》

卷三。

〔一〕越二年：原無，據抄本補。

興聖寺大悲閣記　華亭

具千手眼若兩目兩臂而不自多，登地已前未易議；運兩目兩臂若千手眼而不自少，等覺妙覺則多多益辦。過此以往，則佛地無量。聖身歷塵沙劫，作所難作，辦所難辦，從聞思修，入三摩地，獲二殊勝。始一目二目而千萬目，乃至八萬四千爍迦羅目；一臂二臂而千萬臂，乃至八萬四千母陀羅臂。目自鑒覺而不知鑒覺，手自執捉而與執捉忘，各安所安，不相違礙，手眼可盡，其應無窮。如風行空，吹萬不同，或不鳴條，濤山撞春，及其止也，土囊孰封；如月初上，清涵萬水，影分無數，月豈有二，及其入也，銀闕罔閉。如春在花，如意在弦。意兮不傳，春兮不言，倥侗小智，斟酌聖量。如囊流螢，擬熾燎原。又如敲空，欲諧金石，不知人人圓具此妙。借燈玉座，初非高廣，大莊嚴藏，本無關鑰。紹興九年十月，華亭興聖寺火，千手眼大士巋然瓦礫中，命婦衛氏載之以歸。居無何，夢好女子謂之曰：『盍送我還？』覺而异之，燒香拜像前，憶夢中女子惟肖，涓吉護其入，置諸僧堂。乾道初，議整綴殘缺，大參政錢公某實爲之倡，寺僧互相其事，像復完好，光燭霄漢。行恭惠輝者迹光所自，得之於蓮趺右趾，聚族而謀曰：『洪覺著靈，陰翊孝治，宜崇閣以尊事。』若雲、净藏、如瑩躍然相和。未幾，恭與雲遞迭而逝，瑩曰：『逝者如斯，志未嘗往也，願借一臂力以畢余志。』自淳熙初，訖嘉定癸酉嘉平，策勤茹苦三十年，乃克承奉大士於中，複道上安三世佛。藻梲燦霞，丹楹焕日，翼然横陳，出雲雨上，諸莊嚴事，莫不偉特。宜考績而嘉成功，故系之以辭曰：泠泠兮載熹，炎炎兮廩而。山移兮數莫移，玉石兮俱焚。玉兮温，其錢之信，由衛而敬。信既孚，所敬者盡。載飾兮載完，光奮夜兮斗寒。碧瓦兮層暈，複道兮雲齊。納月兮璇題，焕金碧兮陸離。同盟兮安之？俟如瑩兮一夔。《北磵集》卷三。又見康熙《松江府志》卷二六。

超果寺懺院記　華亭

懺不在堂，在乎本心至到懇惻。循省往謬，自愧自悔，一洗滌已，永斷相續，纔萌輒夷，毋使滋蔓，以事法顯，事融理遍，是則名爲真懺悔處。功用雖至，已第二月。佛言：世二健兒，一不作，一能懺。不作則自至於規矩準繩，視聽言動焉往而非中，焉往而非正；能懺則發露，發露則克己，己私既盡，白圭青銅一經磨拂，永謝塵玷。雖然，未若不作之爲愈也。懺摩，改過也。改過不吝，聖賢所贊，過而能改，善莫大焉，皆健者也。健生勇，大勇也。義理之勇，非血氣方剛，好勇鬥狠之勇也。不然，疇能一鋤，永盡餘蒂，如焦穀芽，如石女兒。華亭超果寺火後，獨懺院未復。比丘道元視祖居舊址久矣菑翳，乃斬蓬藋，剪榛棘。因其姐氏易簀時餘妝在奩，結奩付元，琅琅遺言，務成此段奇了，了不及其私，慨慷奇男子生死之際不是過。元感其誠，益罄其長，洎猶子某氏之施，市材選良，呼集梓人，作於紹定四年二月二十八。丁丁斧斤，不日成之。高廣雄壯，輪奂鮮麗。懺室嚴密，禪觀靚邃，飯食經行，解衣磐礴，各得其所。然後檀施市田，各爲行人了一日入期費，綿綿瓜瓞，與此懺利它自利相終始。因作而言曰：萬生擾擾，均爲目前之謀；一息惶惶，誰作身後之計。若元之姐氏者，目前身後俱無憾。微元，又孰使承其托？《北磵集》卷三。

九里法喜院佛殿記　吴江

塔廟之制，晋、魏所嚴，尚矣。斥像及殿，德山也，既而復其故，何前倨後恭也耶？吾嘗究其説矣，别傳之妙在直指，即吾心見佛性，天真萬德，無相萬間，皆吾性具見量。方其柄此能事，壁立千仞，設殽函之固，乃以兩雄不俱立爲之説，使大乘器一超直入，輩玄覺，向上人，遂有岩頭雪峰勃然作興，鼓行而南，昭昭揭日月。方是時也，斥斯振，仆斯起，是謂不壞世間相而操縱自若也。佛者，覺也。竺云佛，譯云覺，或曰能仁，以仁覺人曰大覺。中雖屢迍，不啻秦火。力排痛詆於雄辯之口而不加損，極崇盡敬於不世出之主而不加益。口舌狺狺，愛憎紛紛，只益自勞，匪戾吾正。法喜大殿之再造也，偉特壯麗，冠冕衆刹。爰有檀度葉爲著姓，富而知教，楷式里閈；寺之文顯、戒詮，素以質實格人，卒賴其族風動信施。五六比丘從而和之，作於紹定戊子某月，越二年二月而成。然後惠日師永造佛及侍衛，如七金山，十八開士序列左右，使見聞者若天台悟旋陀羅尼，於法華見靈山，儼然未散。既識其實，而系厥辭。辭曰：

空王嗣芳，遺像有嚴。世出世間，載仰載瞻。踞芬陀花，若聆其音。即而扣之，寂寂若喑。謂其果喑，則爲謗佛。曰其有聲，厥聽斯惑。有無兩忘，其聲琅琅。石湍激風，舌相廣長。遍覆大千，説塵沙偈。偈無數字，字無數義。沿字尋義，入海算沙。得一實義，如空中花。空花無蒂，義眇朕兆。歸根反初，十目并照。雲斂義天，洞然八荒。巍巍絶言，海印發光。《北磵集》卷三。

澄心院藏記　通泉

佛所説經一味之雨，三草二木所澤各异，根差性殊，豈雨之咎？車軸之滴，匪海莫容，大心溟渤，乃克堪受。涵攝其義曰藏，運行其説曰輪。舍藏無以藴其奥，非輪無以發其用。第二義門特出巧思，制成八觚。八窗玲瓏，面面層室，以貯琅函，以絢金碧，以擬睹史；大莊嚴藏，樞正厥中，以静以應。一機潛發，飄風疾旋，若翻地軸，使海水立，蕩胸决眦，倏爾如砥，曰此權道，會心以境。嘉定五年三月初十，通泉澄心蘭若殿以置藏，十二大士琉璃光熾，盛光幻出環堵岩石間，儼然大光明藏。各質所疑，又疑東方塵刹神力斷取，聞輒意消，况見者耶？此祖意覺證善巧所自出。法堯先造大部四合八百四十卷，祖意覺證又足以五千四十八卷。是役也，動以萬計，倒橐不留一簪直，餘出諸施者。落之於嘉定十五年七月二十三日。十年間關，亦勤矣。噫！經來白馬寺，止四十二章；先覺諸賢華竺接武所致者，半滿未具，取一闡提。生公受擯，再譯《法華》；什師蒙恥，壁觀沙門，則有《楞伽》四卷；新州樵者，止聞《金剛》半偈，小龍湫破句讀於海眼任灌家，未終軸。於圓覺藏乘之備，莫盛於斯，宜極玄臻奥，冥心契初，視前日相倍蓰，曷反寥夐無聞焉。雖然，舜何人也，予何人也，有爲者亦若是。余喜澄心龍藏無缺文也，亦作是説。《北磵集》卷三。

澄心寺華嚴閣記　通泉

佛富貴具諸雜花，雜花富貴備諸大莊嚴藏，不得其門，則重重帝網，歷歷鏡像，無邊刹境，何自而覩？閣名華嚴，作而象之。然則行布圓融，理隨事遍；圓融行布，事與理融。理事一如，事事無礙。而土木金碧，較奇薦巧，曲盡人爲，豈能彷彿！是故童子斂念，六扉洞開於慈氏彈指聲中。及其既入，六扉還闔。譬如壯士屈伸臂頃，果圓曠劫，不覺不知，身遍諸樓閣中，一一樓閣皆有彌勒，從初心至究竟處處種種事，得妙法門，與諸前聞，如海一味，得此味已無量差別，無量蘊奥。翻瀾之問二百，建瓴之答二千，於此味中，染指可了，是謂童子一生成佛。淳熙十五年，澄心院比丘覺如建大閣，造善才南詢百一十城與所詢知識於其上，繪二十五圓通於其下，則師照、智演爲之。微三比丘願力所成就，何以格檀度樂施而懋厥功也耶？越幾年，落其成而系之以辭。辭曰：

陽精升雲，岑樓先明。溟渤潮生，畎澮後盈。月印萬水，罔間渭涇。風鼓衆竅，飋飋同聲。法霆始震，蟄户撤扃。意大乘器，即覿厥成。如日之升，如海之渟。如月皎皎，如風泠泠。矧乃中下，其智挈瓶。既自滿假，又臧厥貞。各衒其照，爝火腐螢。揭來會中，瞽視聵聽。遂使巨鏞，噎於寸筳。是閣之作，惟儀惟刑。盍於是中，破塵出經。《北礀集》卷四。

善拳圓通閣記　宜興　代人

徹心心忘，執忘自戕。辨見見泯，執泯亦爾。瞿曇所以最初開示如來密因，爲新學修證之本。策勛密因，安住大乘，勵大乘器，擇圓通機，應圓通根，以教阿難及諸四衆。文殊承旨，領此妙選，二十有五，登地亞聖，各陳昔因。補陀大士青錢萬中，餘雖審諦，弗當其根。是故大士獨任斯托，眼既聞聞，耳亦見見，六用互舉，非證不識。此方教體，其惟音聞，聞性精明，所入常寂，風㢠偃溪，礫抵庭竹，若合符節，如空涵空。自昔至今，得此門者，其數無量，終盡未來，巧歷莫數。閣名圓通，蓋取諸此，俾圓通根從此中入爾。時北礀從座而起，駕言出游，步向上層，式瞻輪奐，倚楹晚眺。賀燕未乳，求友鶯老，悠然一聲，啼破幽寂。方是時也，普門不鑰，洞開六扉，八窗澄鮮，昭晰萬象，塵刹幢蓋，薿薿原隰，窈窕澗壑，嵌谷邃竇，山雲溪月，莫非大士，小白花岩，自它受用。境界種種，殊勝種種，如莊嚴藏，宏博壯麗，不勞彈指。如大圓鏡，物來斯照。如帝網珠，交光相羅。影見重重，無在不在。則是閣之作也，直顯勝妙家風，革人險隘邪僞，同歸廣大之正。惡習日賣，善日穎楙，更相漸磨，丕變風俗，帶牛佩犢，知所深耻。是道也，佛四智中成所作智之所成就。予佳住山某闖此妙而發明之，故申之曰：

透山兮泠泠，蜿蜒兮洳珍。璇題兮宿雲，呵護兮山之靈。《北礀集》卷四。

碧雲藏殿記　宜興

余視碧雲崇明篆旬有七日，會諸耆老及久於其事者，商略一家之政宜所後先，咸以經藏爲缺典。不覺喟然曰：經，佛言也。言，心聲也。在則人，亡則書，不尊所聞，何以見佛心？非藏何以庋經，非殿何以舍藏？矧事不避難，勞人自逸非是，是役也緊我職。取材之待用者振之，不足則市之，雖樸樕弗弃。斧斤一施，輪奂在目。作於某年月日，越明年九月日落其成。然後屈衆力於藏，雕甍涂楝，付擅時精巧者。八觚棱棱，玲瓏八窗，實以琅函玉軸承厥終。於戲！梵釋之居，殿止有嚴，堂止有容，廩出内庖，舂炊剪爨，衆法會稽庶務，止於所司。賓客檀施奔走給侍，止厥攸處。貴堅好，不貴侈靡，與其過制，孰若適中。樓層閣崇，戢戢璇題，凉觀月榭，炫耀浮俗，得非聚人而役之？何以聚人？曰財。財豈天雨鬼輸，必首之不可必有之怪説，中之以不可妄冀之甘言，蕩莽忽荒，詭誑譎誘。吾不知古龍象尸林冢樹間，逆旅天地，蘧廬千古，又何謂也？《北礀集》卷四。

密印寺記　湖州

或謂梁武崇佛不永祚，昭明造塔廟不永年。佞佛以祈益，何益耶？秦并六國，欲帝萬世，竟弗再傳。扶蘇、胡亥，壽考安在？不聞佞佛過秦，第云仁義不施，攻守之勢异也。密印，昭明所造，考訂舊聞，索斷碑殘碣無所得。埃壒埋古刻卧廡下，洗刷而起之。彷佛少師米公友仁小楷，西南大長老華嚴公祖覺序；寺僧行昭範銅爲萬二千斤之鐘所由鑄，大學馮公檝爲之銘。宏偉典贍，言太子施園造寺，今祠於東廂，爲護法主。掌寺事者云：『舊有記，聞諸故老，罔知誰爲，碎於廣明之盜，墜典未克舉。盍嗣華嚴公大手筆，俾二大士翰墨文采照耀於蕭寺？寺檀越常選文章貽後世，非暗投也，敢請。』於是受柬而作曰：此大道場，肇自天監二年。文孝皇帝居東宫時，用祇陀太子故事，以園爲施。時富名流江總、沈約在帝側，豈兩公文字乎？石泐於會昌例廢時，抑燼於張雄猖獗時，或廣明盜所壞，皆莫得而知也。樓殿崇崇，冠冕衆刹。跨龍庭，面樵李，翼車溪，枕青墩。梁曰報恩，唐曰咸通、悟空，吴越時曰吴興，皆禪居，我宋錫今額。會昌之禁解，鹽官安國師嗣子如縱昌厥由緒，克觀厥成，土木金碧，壯麗於前日。既老而寂，無著嗣子德會守成規惟謹。張雄肆虐，罵賊而死，白乳涌數尺，行欽與其屬三四輩整而完之。至是三學比丘未始乏，爲天台賢首之學者相半。曩聞清裕者神异卓絶，里社所嚴。神异吾所不道，由梁逮今，逾八百載，成虧有常數。武宗之廢，武宗之愚也。張雄肆虐，張雄之虐也。揆之廣明，亦莫不然，固已雲散夢掃，吾密印自密印，主之者存焉耳。辭曰：嘗聞蕭梁，以弱爲仁。仁吾不知，弱是用評。景臨天威，藐不及仰。惟其能然，夫豈弱喪。文孝夙慧，衡鑒古制。英搜奇獵，珠貫瓊綴。手開僧園，如祇樹林。呵禁不祥，池湯城金。弃德作威，身殞威逝。德明惟明，芳流世世。曰縱與會，真奇男子。縱舉百廢，會罵賊死。握拳透爪，嚼齒穿齦。易地皆然，不忝厥生。爾德爾心，洎爾四衆。高躅曷承，企會與縱。《北礀集》卷四。

江東延慶院經藏記

教有半滿，藏無小大。《般若》《寶積》《華嚴》《涅槃》，合八百四十一卷，自五千四十八卷出。近世蜀之昌州不動居士大學馮公以無量壽願，施五千四十八卷，凡四十八藏，八百四十一卷亦滿厥數。往往梯此有大小藏之目，非古也。藏也者，藏也，涵容融攝爲義。琅函玉軸，則有海宮龍伯之所嚴秘。密意玄義，則存諸其人。爰有大智，破塵出經，會於一乘，如海一味。一鉢香積，飽均四衆，貧女寸焰，不遺遐隱。師子手足一金也，江河支别一水也，諦審機器，利鈍隨應，玉象徹底，偃鼠滿腹，各稱其量。乘此大乘，至究竟地，豈丹雘金碧，雕礱塗棟，幻出龍鬼扶持淩空虛之所能彷佛？時有比丘名曰智日，聞如是言，矍然而作曰：『我之所居，康廬送青，彭蠡闖户。賜號延慶，巧當勝處。嘉定壬午，作此佛事；明年落成，實惟妙演；書四部經，則有智玉。矧二化士，厥惟艱哉！鐘鼓殷床，梵放薄雲，妙高四朵，夜摩諸天。如風忽旋，如海忽翻，樞應無窮，莫盡其極。一機休復，海湛天碧，八窗玲瓏，塵消鏡空，萬目仰瞻。夙負惡習，不鋤而拔；信萌善穎，油然發生。』審如所言，則徒取檀施，靡金粟，勤人勞衆，從事於不急之務哉？則語之曰：吾所陳理法界，彼所爲者事也。實際理地，彌滿清净，云何是中更容他物事？法界中或一其缺，單輪弗馳，隻翼弗飛。理隨事遍，則逢原左右；事得理融，則千差一照。理事無礙，事事渾融，則藏與經非一非兩，及破塵者三無差別。《北磵集》卷四。

通泉廣福院記

廣福皇覺院，制度小而最古。翠屏諸峰，皆歸彈壓。輪藏鐘閣，普門内院，複道翼翼，巋然門闥，立數級之上，焕燦照耀，靡不華好。古殿再新，諸莊嚴事，如開眉目，如被錦綉；又如李郭一交，旗幟十倍精明。紹榮倡於前，祖因、法一、紹粲、惠燈各致其力，相與應和，成此殊勝。法深、宗鑒遠歸自南，層砌重門，兩盡其巧，跨鰲以東，幢刹鮮僊。典午渡江時，异僧來此，鋤荒榛，斬蓬藋，草衣木食而大有爲。十數傳後稍弛，鄰邑惠門蘭若思静再振於唐之中葉。迨今鐘梵薄雲天，當一方宅心純想、進善悔過之地。吾廬距此僅一舍，淪弃江海，足迹未始至。端平改元秋，鄉州某寺某僧移書訪問生死，屬予紀歲月。噫！幾千年矣，世果有千年之國乎？歷年之多，莫如三代。夏商之曆莫如周，周之季建空名，惴惴立於地大衆富强有力諸侯之上，年不加少，豈能盡八百之曆哉？揆之操墁圬者之言，則百年之家亦復無有。然則樹一刹於深山邃谷，更歷如此，其久獨何如？由吾師淑諸徒，以戒定慧爲之主，慈忍精進爲之張，正心誠意發其用，以游人間世，利己利物，以成厥志，後世雖未必盡聞盡明，聞者不自弃，自弃者虐也，明者不矜炫，矜炫者賊也。故能通神明，行蠻貊，久於其道而綿世守。若夫焚蕩於强暴，毁斥於雄罵，如風吹花，如刀截風，持危扶顛，以大此宗，以承厥終。《北磵集》卷四。

禪龕院毗盧殿記

禪龕爲閩刹，自唐僧文公。文公道振，自杜少陵。由唐而宋，其道益明，自漢中師古修信。師因麟庵悟開繪公像，律者法印請紀其事，刻諸石。悟超者出，凡土木金碧壯麗，皆其所成就。晚乃作毗盧殿，幻華藏世界海，莫不備悉。權輿於淳熙辛丑，越九年始訖事，實麟庵策其勤。乃大作佛事，施百物於同衣而落之。芝茁龕趾，嘉應荐臻，不可以一二數。人以吾宗人喜言誕厖，故不録。超質而不文，游人間世，惟一真實，以真實故感人也深。苟不合諸心，必言其所不合者，侃侃不小下，雖負固好勝罔不服。故集事先難後獲，不計疾遲，志其成而已。殿之成也，榜曰『毗盧遮那』云者，竺梵之稱，中國譯曰遍一切處。語其遍則無乎不在，其在也無所不遍，大而無際，小而無間。《雜花》所謂三際悉在無有餘，作而象之，理亦左矣。雖然，盍觀夫遍與在乎？一滴一涓，具十香海，一塵一沙，彌盧咸在。十虚滉瀁而莫見其餘，毫忽微渺而莫知其欠。一椽一瓦，尺丹寸碧，孰非莊嚴。藏大樓閣，得其門者，雖宗廟之美，百官之富，何以加諸。不則，疏不云乎：積行菩薩，曝腮鱗於龍門；上德聲聞，杜視聽於嘉會。故系之以辭，辭曰：覺雄富貴，載諸《雜花》。帝網重重，幢刹振華。天人鬼龍，肅而不嘩。一音震潮，洗空萬差。爰及後世，模仿百爲。雲母水晶，琥珀琉璃。匪雕弗塗，匪巧弗施。美奂美輪，雲繞璇題。惟道人超，身如椰子。云胡成兹，大功德聚。惟其有忍，屹若砥柱。百阻不移，以願力故。一殿之作，曰惟艱哉。載賈餘勇，衆善克諧。民之秉彝，本自固有。攝以善境，日勉日懋。《北磵集》卷四。

寂照院記

幢刹盛於典午，大備於蕭梁。佛圖澄、天台顗所造幾百，尺椽片瓦，皆有深重願力，不計百艱而後成。視長安富貴人崇先香火，非不壯麗，勢穹力巨，氣雄焰熾，咄嗟可辦，畫檐綉棟，絢粲山谷。一再過之，已有間矣；又過之，則圮弗治；甚者逐其徒而家焉，更甚則撤椽梠，挑瓴甋，無所不至。勢力之與願力，遼邈如此！寂照院之作，惠通師因其先富儲蓄基造寺之役，君子謂其不負所托，遠近響應，百堵皆作。殿以舍佛，閣安千優曇，藏載三乘，堂庫廊廡容衆，四事凡所當有，靡不具。權輿於嘉定七年八月，越十三年而落之。浙江横陳，潮聲與梵放相答。吴山萬井，越樹如髪。風帆沙鳥，倏聚忽散。漁樵響沈，可禪可燕；車馬喧止，可誦可讀。延騷吟可以寫壯觀，待雲水可以暫磅礴。一香一燈，皆壽聖人，福兆庶。及其親族檀施之存亡，不留一簪，直使後人三常不足，驕吝不萌於胸中，却步反求以爲道，毋貨殖爲扳貴鑽勢之具，毋諂誑爲王化之地。惠通師，嘉興徐氏子，爲鳳鳴惠雲院清抃弟子，坐幾臘，年七十三。辭曰：稟宜充耶，或宜枵耶？不枵其充，豈真出家。猗歟所先，豐乃儲蓄。我則捐之，樹刹結屋。相厥攸處，大江之滸。匪侈惟壯，帡幪風雨。有來水雲，悠然憧憧。解腰午鉢，投栖晚鐘。七尺單前，疊足巍坐。月滿璇題，孰與分破。振策舍衛，肅容正觀。美見宗廟，富窺百官。我作是説，應無所住。拍枕潮聲，是真實語。《北磵集》卷四。

西亭蘭若記

誠禪師號船子，蜀東武信人。在藥山三十年，盡藥山之道。逮其散席，浮一葉，往來華亭朱涇上下百餘里林塘佳處，意所適則維舟汀烟渚蒲間，咏歌道妙。其言與志公、玄覺諸老脱略筆墨畦畛處若合符節。識者味其滿船載月，未嘗不嘆其汲汲於得人，以爲不負祖宗計。夾山去後，覆舟而歸，乃知佛祖在人間世，斷無他事。《西亭》三咏，照耀天地，雖乳兒竈婦能歌之。即其言觀其行，廪廪所不死者，不與凡輩共盡。自是松澤山水益明秀，至今稱水國名勝。一經品題，千古改觀。妙賢企遺烈，結茆於咏歌處，曰西亭蘭若。樊圃樹藝，一竹一石，皆有次序。菱芡浮實，蘋蓼交映，落帆半夜，荷笠亭午，開扉相延，抵掌嘯咏。冀遇如船子者，求一言之益而拔俗於千仞之上，使其徒若圭問予所以相遇之道，則謂之曰：『船子之昭昭，如日麗天；爾之拳拳，如水在地。彼以不息照臨，爾以不息流注，均具不息之道。故曰天行健，君子以自强不息。又何俟一語之益，然後爲得哉？』書以授圭，使歸以告賢。《北磵集》卷四。

雲安德英藏記

佛菩薩語無乎不在，窮山邃谷，曠敻遼聞，静勝林野，諸漏永斷者所住處靡不有。龍猛一嗅八十卷，則於龍伯宮，茫茫禹迹，一幢一刹，未始不具。純陀供後，則曰鹿苑初轉，鶴樹終譚。從始自終，不説一字，結集爲經，又復爲律，昭昭揭日月。後之論著，更相發明。合而言之，總曰三藏。琅函玉軸，焕粲心目，其不説者，了無餘欠。雙林大士特出新意，忉利夜摩，及與四朵龍天鬼物扶持凌空虚，載之以輪，發之以機，樞正厥中，其應無盡。自梁至今，説無有終。有大施者，是謂吴桂，住夔子國，聞此真説。既聞是已，宿習開爽，不謀不諏，欲顯此妙，擲金如泥，鳩工如雲。入林選材，作而象之。藏以度經，殿以舍藏，幻五十三大士於其間，諸莊嚴具，一一稱是。自乙酉春，逮庚寅秋，厥功告成，會建龍華以落之。衲子出三峽，罔不挂鉢問舟，能言此段奇，想象輪奂，莫不冥見。德英比丘訪予於飛來隱居，述經始之勤，信紀歲月之請，以侈吴君之施，爲之辭。辭曰：兩崖束江，萬馬駿奔。灔滪豪據，一涓不渾。溯流以西，江樓對飛。碧瓦參差，子規夜啼。翼然招提，薄雲梵放。籟虚不鳴，山沓酬響。龍藏斯作，爰載梵文。使聖人壽，轉如是輪。如轉金輪，王四天下。物物化成，賢罄遺野。幻小白花，與彌勒龕。俾一生佛，參五十三。此華藏海，莊嚴殊特。攝散亂心，以殄奸慝。峽山矗矗，蜀江流玉。此輪載旋，何千萬年。《北磵集》卷四。

欽山禪院記

建炎末，荆湖南北列刹燼於賊，環千里爲盗區。澧之欽山，在唐咸通爲大蘭若，最先罹此酷。時人命如葉，州郡閉關自固，坐視剽掠焚蕩，方迂辨曲談，聊忍須臾。一馬渡江，再造區宇，遺墟掃礫，剪榛棘，圖厥修復。當紹興初，楚安方來，創僧堂。藏殿、厨庫、大殿、法堂，則枯木誠作於乾道丁亥。紹熙改元，宗譯建三門鐘閣。逮嘉定辛未，善應又營諸天閣五百阿羅漢殿。至是稍復咸通之舊。閲數傳，歷百艱，摧折於奔馳，挫抑於留難，莫知其幾也，僅克成之。其他力弱寡助，遂爲强有力豪據而湮没者何限。先是，枯木鑿池，潴水溉田，使穀不槁。種藕，禁采捕，示人以好生之德。清心亭，古溪橋，則憩游觀者發奇勝於觴咏吟嘯。土木之役，至是不可以加矣。昔欽山負邁往之氣，死於德山，蘇於洞上。昧者以爲躍冶於德山，殆不知其從容駕兩雄之時，反睨直前，微岩頭孰能柔其剛、挫其鋭？雪峰逶迤曲折，養其胸中所未發，終全大究竟，後世仰之，如華山三峰，峭峙半天上，清風泠然，可望不可及。故書之，使講古尊德之士，知師友淵源之正。因作而言曰：三峰青中，雄酋三人焉，德可侔，是謂欽山、雪峰之與岩頭。白日西頹，黄河北流，天地所不能老兮，凛乎千岩之秋。《北磵集》卷四。

鹽亭藏經紀

非耳目所及，不近人情，苟可以澒洞觀聽，雖愚無識知，罔不曰怪曰誕。其事著，其迹彰，十指十目無遁形，則市虎投杼，何自而信？於是有志怪者焉。某年某月日，梓之鹽亭雲溪洲渚間，黑月夕如晝。溪民惶惑，聞有司，使即光所自發而觀焉。纔一尋許，得經一龕，貯《般若》《華嚴》《寶積》《涅槃》，合八百四十卷，屬李友賢安奉於家，粘綴完輯，歸於圓覺精舍。道隆比丘造殿建藏，護持維謹。幻十六應真環四壁，千手眼大士居其中，蜿蜒金虬，繚繞朱柱。慶元二年三月十二日樹，嘉泰三年九月十四落其成。予先人敝廬，距此兩舍許。淪弃江海，未始見此殊勝莊嚴。鄰里人來中朝，能詳其説。適契某人之請，爲之記，系之以辭。辭曰：什公翻經於秦，奘公載經歸唐。竺錫振華，華竺相參，分布海宇，雖三家市把茅鐘梵之地靡不具。較之五竺，十不二三。奘公之西，心傳賢公。賢以七象載貝葉華，其歸殑伽，遇風淪于河，譯於貞觀者，《般若》《楞嚴》《心經》諸部而已。太宗文皇帝序《般若》，房相國融筆授《楞嚴》。今兹水滸所出《般若》六百卷在焉，豈偶然也哉。言，心聲也。瞿曇、太宗之心，卓然獨存於天地間，天地可壞，此心自若也。豈一塵一沙所能錮，終使之潛照而不耀於世耶？揆之以魯壁、汲冢，非人力所能也。《北礀集》卷四。

褒能寺記

苕霅間雖蕞爾招提，輒擅林塘之勝。褒能邇南林，梵放市聲相喧寂。慶元二年，僧彦康白禮部，請今額於故宋少師恭敏公香火寺，首建法堂庫院。未幾而彦康寂。自是殿宇室廬翼翼，修廊廪庾，庖湢垣墉，四周栖衆之具罔不有。復敞華閣，擬天台方廣，爲半千開士分身應真之地，如佛世比丘日赴四天下，供作勝福聚。後先歲月，則載諸梁題，較千礎萬指大叢林，則具體而微，而一日必葺之戒，庸敢或墜？寸椽抔土，皆自普明出。嘗語予曰：『始予徒手來自鹽官，而僧於此，痛康之緒續弗嗣，遂然五指，繼以一目，誓續先志。志大力弱，曰惟艱哉。如蜂采芳，醞釀爲蜜，不務旨蓄，何以集事？珍苑名葩，籬落野叢，擷英獵奇，取不務多，昌歜餘裕。晨露夕霏，沾曝寒燠，日計不足，月計有餘，旦旦勞苦弗憚也。遲其成，割而藏諸，以足吾用。蓋嘗聞諸故老云，錢如蜜，一滴也甜。吾則曰，蜜如錢，一錢不浪費，盡以作此土木金碧、光明殊特大幢刹。吁！三十年矣，九年之功，精盡於此矣。于以拓壽域，墾福田，俾嘗獵之叢，一色一香，稱法界性，隨其心初，應所知量，根莖枝葉，華果敷實，與此山相終始。若夫掠功以美己，衒能以僥譽，規利以豐橐，肆誕以詭俗，皆非吾所謂道。明雖不敏，不忍爲也。爲我記之，俾後之有此居者，知厦屋之爲帡幪，儆懼修省，爲佛之所以爲佛者，以當施者之心思。』普明之經營結構之難也如此。《北礀集》卷四。

證覺懺院記　華亭

佛世淳俗如結繩，過則許懺。一經懺摩，永不復作；再則擯斥，不入衆數。佛滅度後，人無所依，乃詣上座，或詣佛菩薩洎諸天像，作佛在想，收攝散亂，肅莊六根，發過失因，絲髮無隱。

祈哀請命，洗濯刮磨，不由往轍。生則自列，死屬後人，掃清積瑕，不留宿蔕，絶輪回根，涸生死流。浙江東西，此法特嚴，長期短期，各有常軌。於戲！擾擾萬生，逐順而往，順輒弗常，必以逆濟，理逆則舛。於是輾轉成就黑業，初於涓埃，久而穹深，翻五欲瀾，增九仞巍。愚公漫移，精衛曷填，一跌一溺，沉墜罔測。於是有菩薩僧作長生懺摩，愍此淪没，晝夜六時，誓于生生。此錢公某、許公某長生觀堂所由倡，普照寺紹隆比丘所由和。遍扣諸檀，希六殊勝，經營結構，起已廢之刹於闤闠，是難能也。隆滅度，而修定作殿堂、廊廡、厨庫，凡所當有者悉具。然後敞華閣，舍無量壽，環以住世應真，樹千手眼大士，與閣稱。稼有田，樵有蕩。微錢、許振其始，隆何以奏厥功？微隆成兩檀越之志，定何以承厥終？舊寺曰無礙浴院，太平興國二年，施徐可溽舍宅建。大中祥符賜今額，今爲長懺觀堂。一法也，匪濯熱午氣必暍，不浣垢膚腠必廇，何自而知？妙觸宣明，成佛子住，懺浄心垢，悔滌熱惱，穢濁盡除，入清浄覺，莫非今昔正信願力冥契。而宿緣所追，再振法緒，扶此勝幢。惟此勝幢，如日之暹，如月朣朣，與國無休，與天無極。施者受者，亦復如是。《北礀集》卷四。

普照寺千僧堂記

堂容萬指，燼於某年之寇，亦既久矣。遠人偉其名，至是務先睹爲快。今也漠然，人以其名在而實亡也，乃與柳柳州鐵爐步志同。按崇教大師祖祥，寺之楨幹，愧此缺典，聚族而謀曰：『有志者勇有爲，樂施者不吝嗇。吾僧於此逾四紀，凡所興建，根椽片瓦，罔弗與舍，我事罔集。且吾生平不妄受，受則必辨禮義而不及私。信稍孚，將有以相吾志，暫鼎新以終吾老。』市材僦工，正信響答，輪貨惟恐後。權輿於嘉定庚寅春仲，輪奐於辛卯季秋。越明年而崇教寂。又明年雪脊界天，璇題闖檐，翼翼前榮，設坐備物靡不具。嗣孫智淵能繼其志而復其舊，成不愆期，美不逾制，惟壯惟固，弗事侈靡。窗牖洞啓，床榻衡直，匪雕匪琢，隨宜加飾。華鯨吼月，巨鏞横撞，鮐背在前，犀顱茁霜，旃檀無雜，檐蔔有序，本無位次，如法而住。十刹五觀，敢忘講明，以福君親，以康兆民。謂吾素餐，吾餐罔素。於昌明時，密贊潛輔。《北磵集》卷四。又見康熙《松江府志》卷二六。

華亭南橋明行院記

華亭圖牒載，春秋時，夫差三女子墓田曰三女堽，聲詩則播諸唐令尹詢、宋荆公王介甫、都官梅聖俞。邇堙之刹曰安和。石晋天福五年，蔣漢堿環堵中芬陀利花擢於陸，聚族而謀曰：『是八吉祥六殊勝處，盍施諸釋梵家？』遂基此役。楨幹於是者曰本立，病潮嚙岸址，白漢堿，議徙於此，改曰明行，用錢中令歸朝所請之額。堂宇樓殿，金碧焕粲，雲栖鴛瓴，月行璇題，具如經説，凡所當有，罔不具。藏乘二千餘卷，棗柏大士《華嚴合論》在焉。鐘梵壓萬籟，爲一方宅心純想之地，遷善遠罪者咸知嚮方。一燈長明，四檀委輸，規矩準繩，有條而不紊。五季方中，水立晝昏，真人應期，民登袵席。聖聖授受，逾二百年，未聞識載，固自若也，云胡慧日求紀述爲！日曰：『故國喬木，其大蔽牛，其高垂雲，可無封植，日冀懋長？風雷之鼓蕩，雨露之膏沐，而至此也。一刹百堵，容數千指，功倍封植，惠戒剪伐。人天之所瞻，龍象之所懷，不啻故國喬木。罔知創業之艱難，則將怠乃訓。盍講明以詔後世，不亦可乎？』因其説系之以辭，辭曰：五季中，民迍邅。沸如糜，號無天。中令君，吴越錢。奮一旅，圖萬全。玉節勁，金城堅。王海國，遮中原。振義聲，開福田。空寂崇，經象傳。幢刹建，泉貨捐。爲帡幪，持危顛。誓子孫，銘肺肝。摛錦綉，包山川。歸有德，同永年。帶如河，礪如山。與竺乾，無黨偏。《北磵集》卷四。又見紹熙《雲間志》卷中，《至元嘉禾志》卷二〇，雍正《江南通志》卷四五，嘉慶《松江府志》卷七五。

明行院結界記

余作《三女岡明行院記》於嘉熙初元，越二年結大界相成，薦請紀其事。其説曰：『天可陟，吾疆不可入；地可陷，吾疆不可犯。不吉祥及諸惡律儀自退舍於廣莫之野而無何有之鄉。』且夫天地之大，八荒之廣，縱而無際，横而無朕，雖吾廬千柱萬礎，磅礴川谷，包絡平野，眇而視之，一撮耳。吾身小天地，淵乎方寸者心也，至微也，至幽也，出入無時，莫知其鄉。三灾彌淪，心爲本根，不絶其根，滋蔓罔既，乃於是中自燔自溺。然則界相在此而不在彼。曩記錢塘大雄院創建之顛末，嘗究其説矣，今此舉行墜緒，補有寺以來闕典，故申言之。且嘉其事法精至，而秉法攝僧，攝衣攝食，唱相羯磨與波羅提木人絲毫不忒，皆寺之傳教比丘慧日講明而奏厥功，乃策其勛而係之以辭。辭曰：善乎！明行大界相之結也，瀰滿清净於其内，他莫我干也。噫，結固易與爾，守難乎哉！《傳》曰『重門擊柝，以待暴客』，備禦侮也。非擊柝戒嚴於其外，則猾闖狡闖，强侵暴陵，重門果何恃？譬夫倚界相之固，不希勝進，般樂怠傲，習宴安之鴆，自以爲安室利處，忘自求多福，則非吾所敢知。僧北礀居簡記。《至元嘉禾志》卷二〇。又見紹熙《雲間志》卷中，嘉慶《松江府志》卷七三，光緒《奉賢縣志》卷二〇。

彰教石雲板銘

兩朵雲峙，中可貫，考之清越而渾圜，刻詩五十六字，曰莫翁題，不書姓名。寺無耆宿可訪，訪諸野，曰：『建炎初，雲居隆藏主來住此山，過湖口，得於民。』或曰徐氏舊物。二説未知孰是。寺蓋李氏有國時徐魏惠王墓田。王，温第六子，名知證，字義明。距寺七里，有江南翰林學士常夢錫所撰碑，太廟令王崧所書，屹立驛路傍。元祐元年，龍圖學士蔣之奇制置江淮荆湖時所作碑陰，則在寺。物之隱顯固有數，嘉其暗而復震，銘曰：

切堅兮采英，剪雲兮賦形，在縣兮審厥聲。聲聞於人，人惟聞聞。寂寥兮歸根，塵消兮不痕。《北磵集》卷六。又見《永樂大典》卷八二六九。

慈感寺蚌珠羅漢銘

某年月日，苕溪漁者剖蚌得珠，而側視左袒，應真肖象，契神僧兆夢之徵也。臨流忽墜，淵涸珠明，水嚙檐趾，嵌空嶔崎，岌岌欲壓，示人以顛濟之急也。傳記雋永，聲詩清越，皆南渡第一流。珠璧照耀，俾嗜割烹，養口體，起惻隱之仁，知大德曰生也。爲之銘。銘曰：

精洞太陰，是孕厥靈。靈應不虛，現如是身。涎液不濡，長揖鼎俎。雲沉方廣，弗入衆數。彼漁伊何，箕裘在漁。先獲援手，夢仍合符。潢洿漫流，艟艨印蟾。汩汩自渾，棱棱弗潛。澄瀾渺瀰，碧甃空洞。半肩伽黎，萬目神竦。《北礀集》卷六。

福聖曇禪師通庵銘　法門行諸父

通之爲道，常不在君子。或曰：人衆者勝天，天定而後勝人。余則曰：天不可勝，而未嘗不定。作《通銘》。銘曰：

君子固窮，故通。小人反是，通而終窮。是故君子守道而謹終。《北礀集》卷六。

佛手岩善住禪院鐘銘　般若鄰封

扣無盡，應無竭。持寸筳，致其噎。惟洪其撞，厥聞乃鉉。聲沉響消，反聽絶聞。聞性斯泯，聽亦超瑩。是故此鐘，寂而常震。《北礀集》卷六。

濁港東禪寺鐘銘

大扣大鳴，吼鯨震霆。弗考弗擊，云胡弗聞。聞性常住，湛水不痕。由一精明，見六用根。淮山崇崇，谷虚有神。於昏曉間，互應迭陳。緊爾大器，晚而後成。獨山範金，使北磵銘。《北磵集》卷六。

梵蓬居塔銘

釋慧梵字竺卿，縛茆奉母，扁曰『蓬』，一時稱蓬居。生嘉興府崇德縣之石門顧氏家，父母以其無適俗韵，事高陽澄寂院僧守先三年，習經懺。十三剃落，具足，受毗尼。畢生持守有嚴。坐七十六臘，壽八十九。爲子孝，臨事敬，謹身節用，脱略世故，君子謂其壽考無愧。學性具宗旨于天竺如虎子，學詩于處士陸永仲。時東越律師之秀曰廉，曰持，伯仲也。廉口不輟佛名，少暇對人語；持有詩名，左藏張雪窗云『忍泪别僧持』者也，于卿异姓兄弟。徒皆先逝，孫空覺奉卿如卿奉母，死葬蓬中。後十七年，師謹橐卿詩藁來謁銘，乃亡友上方朴翁義銛編次，文昌毓齋李公沐則爲之序，以其先大參政有雅故，謂其詩似唐諸王孫李長吉，讀其詩者當不言而與。又嘗演唱于湖之開元智者，應侍郎、曾文清逮遴選。銘曰：

壽冠五福，卿八十九。孝先百行，卿使母壽。母子俱壽，天其與之。雪月風烟，一昌于詩。僦東西鄰，樹梅水仙。自食芳鮮，自寫幽妍。歡娛母慈，而送其死。母死不忘，以其有子。我不識卿，聞卿于銛。遺事可銘，幽光發潛。《北磵集》卷一〇。

金山蓬山聰禪師塔銘

寶慶元年三月十四，金山龍游禪寺住山人亡，龕留五日，奉全身葬于洪信松山庵。名永聰，字自聞，蓬山其號。紹興辛巳七月十八，生于杭之於潛徐氏。八歲剃髮，受具，服紫伽黎，爲縣東資聖寺僧行居後。還家塾，授五經。十五從父游徑山，別峰機辯警拔，白父曰：『人天龍象也，願學焉。』別峰器之。至育王、天童，當拙庵、密庵全盛時，婆娑兩翁間，或五六年，或四三年。既壯，掌肯堂之記于荐嚴。後游閩越、江東西、湖南北，凡緇白名流，反復博約，雖好夸務勝，惡聲相加，必雍容婉辭，盡底蘊乃已。嘗語人曰：『佛祖正印厥任重，今也奇貨矗矗如猬，辯而失宗，醒而掖醒，泛而多岐，眊而指津。豈無望於捷馳横騖者，掎角而婁其種落。』耕稼于台之净慧，開法于光孝。一香供別峰，記初友也，徙建康、保寧、蔣山、南徐、金山。在保寧時，制府講守禦甚急，師與幕府諸公議論，具有本末。异時敵入濠、滁、略蘄、黄，悉如所料。劉潛夫贈詩，有『聰老才堪將』之句。往往贋浮圖以識字議己，輒笑曰：『固犯是不韙。』死無長物，年六十五，臘五十九。度弟子四十餘。銘曰：

語而明，默而冥，語而忽冥，默而忽明。語默之不知，昭昭乎無遁形。樊然葛藤，我獨不能。愍然如喑，我獨苦心。疲精竭志，我愚益肆。僞飾外修，我則反求。或聚族而謀曰，佞壬擁腫，惝恍詼詭，罔人欺世，千礎萬指。有一于此，聯臂引類，及是則痛誣力非。廪乎人可罔耶，世果可欺？曰罔曰欺，播間餒而。蓬山寂寥，忍死不爲，是故北磵，銘而載之。《北磵集》卷一〇。

天童山息庵禪師塔銘

公名達觀，號息庵，婺之義烏趙氏子。高曾皆衣冠。年十二，喜佛書，勇舍世俗家，父母成其志。受業于縣之法惠寺僧正覺，欲超大方，凡鼎望利養非本色衲子住處，往往過門輒掉頭。若正因保社，窮鄉遐徼，越嶺海，犯霜露，趼足糗糧，尋訪不憚遠。參應庵于天童，見無庵于道場，後于天封水庵室中，明得二老垂手處瓣香，爲水庵有自也。水庵在閩，橫機峻峭，爲衲子一關，徑往扣之。一語不浪下，破的而後反。用覺圓據育王席端，氣蓋諸方。有從上爪牙，宿學所嚴，公分板首，一語一義，反復博約，必盡底藴，侃侃不相下。堅于長城，從容佛照。一語不契即去，至龍翔，柏堂虚第一座以俟，識者偉柏堂知人。開法嚴之靈岩，閲四五刹。晚自金山被旨靈隱，坐四夏，用大覺故事，上告老之請，歸天童。又六夏而蜕，嘉定五年七月二十七日也。臘五十，壽七十五。龕留七日，奉全身塔于玲瓏岩下，得其傳者守中、從禮。度九十七人，永澄、永隆，猶子也。隆先逝，大事實澄當之。機用播叢林，具眼者因言得人而印心，泮然一言而忘其所爲言，則此窣堵波可以銘，可以不銘。銘曰：

佛智冢嗣，圓悟靈機，後之跨竈，水庵崛奇，不則不足與有爲。水庵勝幢，隻手可支，鼎力在腕，危而不持，不則不足與無爲。無爲之爲，中下罔知，然則飯猫之盋、翻墨之衣，孰重孰輕，孰是孰非？《北礀集》卷一〇。

夷禪師碑陰　靈隱

石鼓既得銘于秘書、侍右郎官高公似孫，重逸抱銘泣于余曰：『先師貶剥諸方不小貸，所嚴者子一人耳，盍一言爲之發？先師關繫此山者甚至，子所見也，敢再拜而申之。開禧末，蝗蔽天，赤地連阡陌，列刹謝遺客。比丘主者心印佛衆自用，不推消息盈虚撙節而權其變，撞鐘伐鼓，延接方來如平居無事時，寺亦幾殆，爲倚城社者師齊敚而有之。是時高峰之鬼能禍福人，人嘉神休，莫敢不至，寺則頓裕，晏安易溺，前日之匱遻如未始見。深禪正修，漫不復理，以蟻蝨飽適爲龍象蹴踏，本色衲子掩鼻而過之。居無何，厭足心生，去而之它。先師來自乳竇，喟然曰：「昔問道于是，佛海、佛照故家遺俗猶有存者，今掃土矣。」遂收餘衆，因陋就簡，仆者支，漏者苴，尤無良者則去諸。尊耆艾，禮賢乂，寬苛細，謹程度，懷同志之士，稍刷前日因仍之耻，而舊貫漸復。則又曰：「僧者佛祖所自出，今也貨殖，賢不肖無禁。」乃博訪檀施，爰諏爰度，選能誦《法華》《楞嚴》《圓覺》洎馬鳴、肇師言者，謂之合格而得度，冀昌厥善類。然則日暮途遠，盡瘁而止矣，銘則缺書。』余聞而哀之，繫之以三字八章，章四句。辭曰：

綱有綱，萬目張，法依人，建勝幢。人壞法，人自壞，法常住，竟安在？譬諸谷，谷有神，彼不呼，胡能聲？聲既沈，響斯絶，鎮長靈，廣長舌。刓石鼓，章厥號，曰希夷，洞玄奥。奥入玄，昭昭然，謂不見，誰樊垣。生曷勞，死奚息，所不死，靡有極。草芊芊，泉濺濺，天在水，月在天。《北磵集》卷一〇。

禪鑒法師塔銘

禪鑒法師名思義，月室其別稱也，杭之鹽官馮氏子。生有吉夢，母奇之。甫十有三，依縣之開福寺僧宗顯，刺血書《心經》，與緇籍。年既加長，扣天台性具之旨，一時宗工若覺庵言、車溪榮、霅川規、空相秀、慧光訥，皆有徵詰言句，獨于慧光針水無疑。闡法于阜陵淑妃陳氏寧親蘭若，爲十方傳天台宗第一代。二十餘載，凡三却三就，卒蜕于此山。壽六十六，臘五十三。度僧二十餘。嘉定九年六月初七。是月二十有二，廣如、廣修卜慈雲迤邐梯嶺之原葬焉。吾嘗謂三學諸師，均稱嗣祖，其名曰祖，行解相應。解不逮行，大車無輗；行盈解虧，小車無軏。無輗無軏，其何能行？維禪鑒師壯則學解以昌其説，晚乃不言以著其行。一行三昧，常坐不行；佛立三昧，常行不坐。于斯二者，既三期修，半坐半行，非行非坐，始終次第，收效桑榆。豈但小智嵬頂觀聽，蓋亦自謂能事畢矣。是宜得銘。銘曰：

台衡正傳，可默可説。默固難窮，説亦不竭。二威之際，緘授而已。左溪、荆溪，千偈翻水。後世競辯，异夫所同。以其异同，倒戈自攻。緊爾禪鑒，以身代舌。四種三昧，寂而非滅。既滅幻影，非幻者生。爰淑諸徒，繩繩以行。慈雲以西，梯嶺之下，一燈長然，冏此塔户。

《北磵集》卷一〇。

護國元此庵碑陰

此庵大導師正三峰之席，分座提唱，屬之於應庵大士。示寂時，二三子方畏知聞，未露文采，故應庵受以死托，凡火化穴藏之役，舉無遺力。或謂葬禮因仍簡陋，不足以圖永久，應庵從而語之曰：『竺西葬大浮圖，自有制度，示尊法也，又何以侈麗爲哉？此庵光明盛大之傳，有子若孫嗣而葺之，谷可爲陵，塔固無恙。』嘉定紀元孟夏既望，大丞相止庵致師第三世宜獨禪師于五峰雙磵之濱，復正三峰之席。未幾，師之藏已一新于宜獨之手，亦既完好，議者以應庵爲知言。師於應庵行諸父也，商今評古，潛鞭密鏈，不啻己子。其警拔可紀者，大參政松窗已爲之發，茲獨以宜獨增修之歲月書于碑陰。《北磵集》卷一〇。

圓明寺慧通大師塔銘

建炎四年，圓明厄于火。未幾，門閫皇皇，廊廡翼翼，樓觀翬飛，堂宇靖深，有像有經，有師有徒。復還舊物者，慧通師師默與佛光師景韶之力也。公杭之鹽官郁氏子，十五出家，二十得度于清捷。捷以大父事景韶，公于景韶爲第四世。幼而穎悟，超然有四方志。韶方鋭意起廢，固尼其行。既從事土木，而顛沛造次不忘叢林，自經始至落成，未嘗苟取于檀施。莅事臨衆，凛然秋霜；平居閑暇，藹然春風。韶亦嚴憚之，凡所欲爲，必從之稽疑而後行。韶無恙時，已嘉成績，既而大備。嘉定二年正月初八日，使諸徒環立，付以未後事，語訖而蜕。龕留三日，奉全身於寺之東，狀其行來，謁銘于北山之東磵。銘曰：

才難之嘆尚矣。有才具者昧于因果，明因果者不曉世緣。善乎鄭禹，功之爲言，猗歟慧通，不墮兩邊。不昧正因而與世相周旋，即瓦礫煨燼而開睹史夜摩之天。既息幻景，西歸翩然。有窣堵波，深鎖雲烟。樹此新鐫，庶乎岸遷谷變兮尚有考焉。《北磵集》卷一〇。

雁蕩飛泉寺豁庵講師塔銘

天台教觀鼓行吴越間，假之以鳴者卓然有稱，獨未聞稱豁庵，乃今得之于嘗聞道于公者。使其九原可作，駕其説于諸子，詎知夫把絳幡東鄉而立者非公也耶！公名净悟，字機先，東嘉樂清李氏子。幼超俗于雁蕩之飛泉，十九受具足戒，以圓覺爲受業師，定庵法統則傳法師。初訪天台教觀于定庵，後見休庵可舟，舟曰：『定庵何以示人？』公曰：『演索車義章。』舟曰：『寂光土索車否？』公不領，頓覺礙膺，不遑寢食。舟拊之曰：『疑端發露矣，實所近也。』居無何，果默識于雙磵寂寞之濱，本宗疑難，迎刃而解。吴越講席，高視縱觀，排闥而入。因作而言曰：『此心無愧，折鐺煮飯，借大空口，對萬象説，吾事濟矣。所學不充，因人成事，執數行紙上語，聚千百雛道人，大厦廣居，食前方丈，甚于乞墦，吾弗忍也。』應緣之地，若雁宕之東安、飛泉，天台之净土，皆一新于百廢之餘。指陳要奥，穎脱乎言象之表；吟咏情性，蟬蜕乎塵埃之外。綜群書而擷英，黼黻乎藏通别圓；御新學如養駿，筌蹄乎牝牡玄黄。由其言與之俱化，而不知熏陶於春風和氣中。晚歸故山，屬疾，大書示徒曰：『吾將默觀其變，問藥尋醫，撓吾化也。』明日巍坐而蜕，開禧丁卯季秋二十有六。年五十九，臘四十一。其徒文虎哀衣盂之長以奉闍維，耳齒儼然于煨燼之末。後三七日，樹塔于飛泉之西麓而瘞焉。銘曰：

是爲豁庵聽説、總持兩種不壞之藏。言爲虎山，行爲龍岡。夫惟言行之不騫不崩兮，愈于左右龍虎之騰驤，而宅夫教觀之玄堂。雖微吾言，其所以自著者隱而彌章，久而彌芳。不然，由吾言以探其微，异世而同心者，將墮泪于雁山之陽。《北磵集》卷一〇。

湖隱方圓叟舍利銘　濟顛

舍利凡一善有常者咸有焉，不用闍維法者，故未之見。都人以湖隱方圓叟舍利晶瑩而聳觀聽，未之知也。叟天台臨海李都尉文和遠孫，受辭于靈隱佛海禪師，狂而疏，介而潔，着語不刊削，要未盡合準繩，往往超詣，有晋、宋名緇逸韵。信脚半天下，落魄四十年，天台、雁宕、康廬、潛皖題墨尤雋永。暑寒無完衣，予之尋付酒家保，寢食無定。勇爲老病僧辦藥石。游族姓家，無故强之不往，與蜀僧祖覺大略相類。覺尤詼諧，它日覺死，叟求予文祭之，曰：『於戲！吾法以了生死之際驗所學，故曰生死事大。大達大觀，爲去來，爲夜旦，顛沛造次無非定，死而亂耶？譬諸逆旅，宿食事畢，翩然于邁，豈復滯留？公也不羈，諧謔峻機。不循常度，輒不逾矩。白足孤征，蕭然蜕塵。化門既敞，一日千古。迥超塵寰，于譚笑間。昧者昧此，即法徇利，逃空虚，遠城市，委千柱，壓萬指。是滉瀁無朕爲正傳，非決定明訓爲戲言。坐脱立亡，斥如斥羊。欲張贋浮圖之本也，相與聚俗而謀曰：「此非吾之所謂道。」靈之邁往，將得罪于斯人；不得罪于斯人，不足以爲靈所謂道也。』叟曰：『嘻！亦可以祭我。』逮其往也，果不下覺，舉此以祭之，踐言也。叟名道濟，曰湖隱，曰方圓叟，皆時人稱之。嘉定二年五月十四，死于净慈，邦人分舍利藏于雙岩之下。

銘曰：

　　璧不碎，孰委擲，疏星繁星爛如日。鮫不泣，誰汍瀾，大珠小珠俱走盤。《北磵集》卷一〇。

圓訓二大師塔銘

修證大師法圓，姑蘇昆山縣之江灣談氏子。年十二，禮青龍隆福寺僧妙義爲受業師，二十二祝髮，受具足戒。陳君清浩見而奇之，遇之若子弟，圓亦折節父事。陳歸南踰，從容而作曰：『吾欲造寺，舍子不足與計事。』相攸閑曠，築室廬，市田疇，凡所宜有者畢備，圓力居多。至是水雲幢幢無逆旅，况味香火社，遂冠一方。晚節精修愈力，長期六年。壽七十七，臘五十五，嘉定十三年十月二十五，跏趺説偈與衆訣。龕留七日而闍維。弟子師訓，同里周氏子。九歲來侍巾錫，十七爲比丘，能大其家而竟其緒業。學天台宗旨于北禪榮，度弟子七人，曰文秀、文質、文杲、文達、文拱、文焕、文蔚。秀、達、拱、焕，不克奉大事而蜕；質與蔚承其終；杲號古鏡，得性具之要，講貫淵源，操履潔修，學者稱之。孫如松等二十餘。嘉定三年九月二十將示寂，慷慨長嘆，諸徒屏息以俟，則曰：『風霜龜手，暑雨黧面，盡瘁創建，所以一多衆、革庵居。今也反是，是吾憂也。』言訖合掌而逝，先圓十有一年。嘉定十五年十二月二十二昧爽前，峙雙石于西廂，偕修證遺骨藏焉，銘而列其石。銘曰：

窮佛祖心，持佛祖權，權衡在兹，而傳其傳。降斯以還，建幢樹刹，于有爲功，不弃毫髮。去此二者，曰冒吾氏，食前方丈，素食尸位。猗歟修證，手開慶寧；訓也掎角，遂臻厥成。吴松以南，原隰薿薿，悠然梵放，遥夜天際。善蘖日滋，暴俗改習，王度卓然，默相潛翊。《北磵集》卷一〇。

慧日宗元谷目齒兩種不壞之塔銘

劫盡時火乃扇災，自九地逮初禪皆燼餘，信夫火之爲力也大矣！竺西闍維法曰火浴，灰百骸四支，所存者舍利，見諸傳記。余舊贊五種不壞者，鐔津明教大士頂、耳、舌、童真、數珠。近又贊薦福璉舌，銘湖隱濟舍利，與傳記合。宗元谷，信州周氏子，受業于月岩新興寺僧守忠，得吾佛照末後句。慧日敞門，歸隱萬壽之西堂，遂蜕于此，年六十六，臘四十二。越二日，依西竺法闍維，火聚蜚辯，失一隻眼，齒三十六。丙丁童子，憑陵奮虐，死眼頓活，齟齬没齦。反睨童子，灰飛烟滅，明毫屬天，旁屬彰教。住山上人了此瑞事，不起于座，銘銘以告衆〔一〕。銘曰：

眼如月，齒如雪，火烈烈，瑩而徹。定業難逃，自暴醜拙。《北磵集》卷一〇。

〔一〕銘銘：疑衍一『銘』字。

道場山北海禪師塔銘

淳熙初，保福住持證公度弟子四，曰真、心、圓、明，上字同曰悟。在少城之東大聖慈寺中。九十六招提，最勝處四五禪刹，外皆鐘梵花雨，三學講演。一日，四比丘屏息侍證，曰：『咨爾真與心，爾毋滯名相家，盍遍參乎？爾圓爾明，則掌余藥石服御。』翌日歸白父母，其母鮮于氏賢，謂曰：『自我歸爾楊氏家，禱于白衣大士，願得佳子俾學佛。爾生喪明，禱而復明。爾其念哉，行矣毋踟躕！』乃束包下三硤，尋訪本色宗工，見松源岳于報慈，扣無用全于天童，遂識無用之用，而悟岳之不已欺。分座于雙徑石橋宣之席端，開法于四明天王寺。邇海衲子不稱心而稱北海，聲獵獵叢林中。瑞岩大同全以金山薦諸廟堂，希夷、如净在南北山，掎角沮勝己者，止秀之本覺。老坡昔三過此，所謂『三過門間老病死，一彈指頃去來今。』爲鄉老人文公發舊有堂曰『三過』，余爲之記。居無何，夷、净之沮不行，移湖之道場凡若干年，振墜起廢，一新土木金碧，九年之功也。忽瞑倚禪板謂衆曰：『轉息隔生，勿虚度日。』書四句偈而寂，某年月日昧爽前。龕留一七日，全身瘞寺西岡，壽六十一，臘四十四。度弟字若干人。大觀從余游久，惟余言是信，懼人飾虚譽美厥師而誕後世，直致其事求余銘。銘曰：

既生而眇，母禱而瞭。粤如所禱，俾皇覺紹。及見報慈，其瞭復眇。智厥常明，發以内照。遐香闃迴，重昏而曉。用晦藏晶，扣玄體要。日漸月摩，靡不炫耀。嗟嗟末流，以竊以剽。自罹顓蒙，瞑視盲眺。其蔽可撤，其窒可竅。其愚可啈，其昧可吊。反睨高蹈，訕謗嘲誚。鶁安卑枝，鷃止蓬藋。爬搔餘粒，族類相嘯。視九萬里，控地淺料。大方無外，不直一笑。幻緣盡矣，一瞬而了。了無可了，月涌寒嶠。《北磵集》卷一〇。

劉宰

劉宰（一一六六——一二三九），字平國，號漫堂。鎮江府金壇（今江蘇金壇）人。紹熙元年賜進士出身，歷江寧尉、真州司法、泰興令。開禧間爲浙東倉司幹官，尋告歸，監南岳廟。理宗即位，以爲籍田令，屢辭，改添差通判建康府，又辭，以直秘閣主管仙都觀。端平元年，升直寶謨閣，祠如故。未幾，遷太常丞，遷將作少監，又以直敷文閣知寧國府，皆不拜。進直顯謨閣，主管玉局觀。嘉熙三年卒，年七十四，謚文清。宰隱居三十年，於書無所不讀。著有《漫塘文集》（存）、《語録》《京口耆舊傳》（存）。見《宋史》卷四〇一本傳、《漫塘文集》附録。

京口正平山平等寺記

正平山在京口城西一里，俗以正爲蒸，以平爲餅，謂名以形立，若牛首、鷄籠然。甚矣，爲兹山之羞也。按京口三面依山，闕其一以臨大江。是山峙於江岸，無嶠崒之勢。憑高而望，不傾不倚，式正且平，若巨靈惡洪濤之洶涌，遺此鎮壓。則名固實之賓也，無微辭隱義。俚俗遷就，音訓俱訛，猶以澎浪爲彭郎，可嘆也已。山故無寺，建炎初虹縣人王氏子避地來南，振衣山椒，識其當興，既祝髮爲僧，更名祖華。歲紹興癸亥，杖錫重來，訪地之主。主者范氏素奉佛，且曰是弃地也，乞與不靳。華始經理寺事。越五年，堂殿告成，室處庖湢咸具。乃因故待制陳公桷丐名于府〔一〕，得金壇廢寺之額曰『平等』。一傳而道圓，復爲門、爲殿、爲閣、爲藏；再傳而法清，又爲堂、爲丈室，凡向之室處庖湢皆斥而廣之。清未老退閑，今其繼者了宗復大爲閣，以爲閱習梵唄之地。中間法修、了明、了海亦以甲乙相承，迭爲領袖。雖淺於歷年，咸無廢日，用能使棟宇翬飛，金碧絢爛，來者目動神駭，若御風乘雲游仙人之宮。嗚呼盛矣！寺之盛宜有述，以旌作古，顧諉弗切。會今駐劄本府御前水軍統制張侯邦達閱武江上，便道入山，問締建之由，左右視無所取證，昉知墜典。侯既許施堅珉，俾圖不朽，清乃奉命來謁余文。清故吾邑人，其所介以爲容者，又所善也，故不得辭。抑余聞數之在物者有極，欲之在人者無窮。是山也，向焉榛莽之區，狐兔之宅，六紀之間七更主者，畚築不廢，斤斧之聲相聞，以迄於成，其爲力勤矣。居於是而求佛之道，不啻足矣。不然，勝心横生，悦目是競，余懼兹山之藴無餘，而去佛之道逾遠也。余儒家者流，口不讀釋氏書，既爲清識其始，復爲清誦所聞。若曰命之矣，則三綱五常之所以維持斯世者，尚爲具言之。影印文淵閣四庫全書本《漫塘集》卷二一。又見《至順鎮江志》卷九。

〔一〕桷：原作『桶』，徑改。陳桷曾爲敷文閣待制。

重建龍泉布金寺記

升、潤間山多而泉少，方山望二州，其麓東北走，即金壇縣境，泉出石竇，清而甘，水潦降不加多，旱久流益駛。土人以爲龍寶宅之，乃建精廬以妥靈，命曰龍泉寺。寺之南三十步，有唐僧宗鸞之塔，刻曰『貞元間頓錫于此』，則寺蓋德宗前所建；石獅猊臥草中，載唐保大十三年建門若廡凡十有七間。保大南唐紀元，上距貞元已百五十餘年，其所更造，惟門惟廡，或者殿猶存，若魯靈光歟！鐘鑄於南唐顯德六年，蓋唐自故歲已用周正。其取義佛書，益名布金，則前無可稽，當斷自本朝始。某總角侍先君雲茅居士省先祖雲陽府君塋於亭子谷，先君指叢薄間茇舍而言曰：『是布金龍泉遺址，蓋寺之廢久矣。』某問可興乎，先君曰：『廢興由人，而是寺之難有二，民貧而嗇於施，賦重而窘於輸，非巨有力者主之，未易興也。』後二十年，先君弃諸孤，治命葬薛村，距亭子谷五里，寺介其中，故往來在望。一日輂木石相屬于道，而翕然出於紫翠間者，陶烟也。知寺且興，問主之者誰，則故吏部尚書曾公喚。公時以世德名流出藩入從，以其曾大父文昭公之夫人及其大父諫議公葬寺之前後，公擬自爲藏，亦在寺之左，故施財助役而和者衆，上請蠲租而從者輕。吾先君所謂巨有力者，於是乎在。又謀於其弟從政郎、山陽縣令隰，而得僧祖傳，傳復内舉於族而得其徒慧鑒。傳一盂一衲外無贏求，鑒亦以應供得贏爲耻，惟自食其力。凡寺之荒岡斷壟，悉樹以松。其級而下者爲田，農者去之，曰是不可稼。乃薙其蕪，乃窒其疏，而瀦其上游以溉，歲甚儉，亦克有秋。化榛莽爲寶坊，更雨濕烟昏爲高明爽塏。嘻，其盛矣！某俛仰盛方，悵吾先君之不及見。傳與鑒忽來前，曰：『吾欲使來者無忘曾公之德，必托之石，而能壽吾石者文也，君其賜之。』某聞人道之所以立曰不忘先也，釋氏之所以興曰不忘施也。若曾公其不忘先者歟！傳與鑒其不忘施者歟！書之石，識其兩得也。若夫是寺前之可考者貞元，而貞元間外阻内訌，君臣凜凜。後之可考者保大、顯德之間，真人未作，海宇未同，茶然遺黎，籲哀無所。獨學佛者得逍遥山林，賓送日月，又以其餘力斥大厥居，是可喜也，亦可嘆也。《詩》曰：『普天之下，莫非王土。率土之濱，莫非王臣。』誦此詩而回想先王盛時，大一統，居四民，可勝喟哉！可勝喟哉！曾公字茂昭，世家南豐，没贈少傅。傳宋姓，溧陽人，年八十不衰云。《漫塘集》卷二一。

慈雲寺興造記

漢以古行人之官爲鴻臚，以鴻臚寺待四方之客。永平中，浮屠氏始自西域來，即其居名白馬寺，蓋并緣鴻臚之故。厥後滋熾，凡塔廟之建皆曰寺。自京都以達，凡都邑之會必有之。蓋嘗求其故，自周之衰，喪祭禮壞，舉古先聖人所以維持人心之具悉翦弃之，而良心之在人者未遽泯也，則其不幸而罹於變故，與凡感於霜露而不能無怵惕，對諸天地而不能無愧怍者，必將求有以自致。而禮已亡矣，則是心也，固悵然無依，摇摇然無所終薄也，而浮屠氏之説乘之。以人之旨於味也，彼則止牲殺。以人之安於偶合而居也，彼則去人倫。以哀至有時而奠臨之或闕也，彼乃使之七七而祭，百日而卒哭。以生不終養而死無以報也，彼則曰福可追也、罪可懺也。之人也，似非嘗有聞於吾道，則推其怵惕愧怍之本心，發於慨慕信向之誠意，如失而獲，如去鄉之見似人，雖非其故，不暇計也。此寺之所以興，浮屠氏之説所以張而不弛也。慈雲寺建於梁之大同，而金壇置縣在唐垂拱間，先後蓋百有五十年。今郭内之寺三。曰報恩，興於久廢，草創未具。曰篤忠，在郭之隅，建炎有旨，專以奉故中書侍郎忠穆張公之祀。其宅邑之中，爲衆所向者，慈雲而已。固宜棟宇日闢，像設日嚴，而渡江之初，衣冠流寓，梵唄息而家人爾汝，陛級圮而鷄犬睢盱。其徒去之，晨香夕燈，灰寒爐冷。開禧中，承務郎趙君汝璔丞邑，承直郎鄧君謙之徯新城，次于里中，乃相與謀，欲遂改作。保義郎趙崇謀、登仕郎潘炳、將仕郎唐大明、進義副尉茅拱與路璛、段康民聞而和之，僧法榮、善慶、如松、祖賢奔走其間，金穀之施，來者接武。既勸相寓族各適有居，乃薙厥蕪，乃屏厥翳。乃撤廟貌，更其朽蠹而新之；乃飭院宇，聚其徒衆而居之。院析爲四，而虚其左之前以須來者。外繚周墻，中聳雙塔，承平舊觀，遠矣復還。父老嘆嗟，兒童驚喜。又以役之未竟，而施者之難常也，歲以七月既望，合衆建齋，籍其羸以充費。遂新兩廡，餘五十楹峙其後，爲齋祭之堂。雖庖湢之舍，亦更新之。既成而康民與僧如理、兆信、普應、師逵偕來，求余文以記。余學孔子者，於浮屠氏無考焉。而康民閲再歲請不懈，作而問事之顛末，則自經始以迄于今，蓋十有六年矣，而康民等汲汲然惟役之祗，忘其寒暑之遷，鬢髮之改，其持久不倦有如此者。汝璔旋代去，鄧、趙、潘、路諸君與法榮、善慶、如松、祖賢皆前死，康民等方盛推其功曰：『微夫人不及此。』其成功不居有如此者。至於以其術自售而不丐於人，以其贏爲費而不私於己，皆與他爲浮屠學者不類。故不辭而爲之書。若夫考論禮經，闡明世教，使皆歸而求之，則有當世搢紳與吾黨之士在，余老矣。

《漫塘集》卷二一。又見《至順鎮江志》卷九。

醫僧宗可塔銘　紹定四年

釋宗可張姓，字與之，家故金壇大族。祖從才，由太學出官，主温之平陽簿。父汝爲，子多而貧，命可出家，禮故醫僧文範爲師，以慶元丙辰得度。範庵居既死，可繼其業。人以醫招必往，用藥謹審，不以貧富二其心。平居凈掃一室，焚香默坐，雖蔬畦竹徑繚庵後，足迹罕至。紹定辛卯，可於是年六十有一矣，素無疾，忽沐浴更衣，趺坐而逝。越四日，弟子師順奉其喪葬於所居之西望仙門外範之冢次，漫塘叟爲銘。銘曰：

謂可僧耶，居與人同，矮屋竹籬。謂可非僧耶，狀與俗异，祝髮披緇。招醫必往吾不忍，治藥必精吾不欺。六十行年已過之，有來必往理則宜。臨分沐浴更更衣，跏趺不動神色怡，謂可僧耶此無疑。《漫塘集》卷三一。

蘇林

蘇林，字伯茂，眉州眉山（今四川眉山）人，居婺州。蘇轍長子遲之曾孫。以祖恩任嵊縣簿，中漕舉，知建德縣，監都進奏院。通判秀州，幹辦諸軍糧料院，司農寺主簿，將作丞。寧宗時知衢州。又任福建提舉，除通判，轉朝散大夫。見《敬鄉録》卷七，雍正《浙江通志》卷一一五。

觀音閣記　嘉泰四年

蘭溪邑東二十里，有山曰靈洞，栖真院據其巔，喬松龍蟠，怪石虎踞，古木參天，修竹拂雲，山勢環抱，奇峰屹然。循嶺而上，左顧右盼，領略之不暇。由寺之東，登山三里餘，有洞穴焉。洞中石乳自罅而溢，滴積爲山，瑩白可觀。趾有天池，水淺深常自若，旱溢曾不增減。池上直北，有石植立如屏，人目之小飛來峰，實占一邑之勝。邑令觀耕，歲率一至。紹興乙亥，曾大父侍郎去世，葬於院東之辛穴，撥田常住，俾奉香火，節朔祀享。乾道丁亥，兩廡頹圮，諸父鳩工擇材，僧堂香積，撤舊而新之。葺東廡以爲子孫拜掃宿泊之所，予實董其工。積歲三十有九，東廡傾欹。嘉泰甲子，住持子隆易之爲閣，以奉白衣大士。取於山，不日而成，弗高弗隘，與寺相稱，輪奂翬飛，咸壯觀之。閣成，隆以書來屬予爲記，故書之。光緒《蘭溪縣志》卷三，光緒十五年刻本。

栖真教院記

父老相傳，舊有石關寺僧如契，貌肖泗州，常誦泗州菩薩不輟口。人有疾病來禱者，刺指血書泗州號令，佩之即愈。後寺廢，契深入於山，見林莽中有洞穴焉，意喜之。其下有泉，清洌可燭鬚眉。泉側有枯木數根，因誦泗州，泉爲之涌。酌泉以灑枯木，默禱曰：『枯木再榮，吾即此居。』三日，枯木一根忽敷榮，枝葉茂盛，父老咸异之，捨金鳩材以建寺。光緒《蘭溪縣志》卷三。

林時發

林時發，福州閩縣（今福建福州）人。開禧中爲羅山縣學諭，紹定五年特奏名進士及第。見《淳熙三山志》卷三一，乾隆《羅山縣志》卷八。

散陂寺碑記　開禧三年

嘉泰壬戌，予于庠試罷，謁張羅山，見吾閩昂上人。其年住散陂，予首訪焉。與邑中三二友聯□□□□□平疇參差，修阺溶濤，其中有岡，㕦牙横梧，狀似伏虎。上至寺側，箕踵漫衍，古木杆枝，與塔爲朋。形勢嵱嵷崔嵬，隱隱有佳氣。及觀招提四壁立，累傳莫克負荷，堂宇傾欹，茅瓦相低昂。予謂散陂曰：『有□□□何以使人刮目間，五年重來，氣象已大异矣？』塔之南有藏，寶藏有經；藏之南有鐘，藏鐘有樓。輪一轉而心性明，杵一送而聾瞶開，懷惡者羞赧，持善者怡懌。予亦欣然，徘徊經夕。時有居士從衆中出，揖予言曰：『羅山自靖康兵革後，四方雜聚，朝營暮逐，苟偷不暇，何能傾囊倒廩如閩浙間薦賄不倦者？况經藏鐘樓，糜金錢不貲，寺無東皋半畝入，乃能悉力圓就，華陳珍怪，種種炫耀。意者住持遜詞苦躬，朴愿忠誠，善遇來者，使人起敬，凡有錙銖，樂推無吝，是故經以內轓，聲外播如是迅耶！又國朝去夏以來經理恢復，其冬諸將次于五關，不果進。虜俄犯信陽，蜂房蟻穴，悉遭掠劫。獨羅山人民無恙，而茲寺鐘鳴藏動、制禮作樂如平時不少衰。先生通達古今，謂何道臻茲？』予答曰：『茲事至易曉，奚待予言。方虜之逼城下也，使勤王者抱平原節，則城不陷，民不散。前之交鋒失援，莫有後之應援，寡謀隨衄。微邵使君松柏挺操，曷使羅山有泰山之安！帥義勇二千餘，僅及李陵之半；却胡虜四百騎，已邁張巡之功。光、黄數郡，倚若唇齒喉舌之爲〔一〕，繄公之功〔二〕。今聖天子□□□□五秩□參軍事，剪奸奬善。信陽駿駿復業，而羅山砥柱卯翼下，寒食清明如昨駢闐雜遝，其合掌信眉于此寺，□□□無自若，晨昏皈命惟謹，即得如來憑五衍軾，開八正門，推三十七品，□□□□□□□□□翹微乎微，各得生育。矧被禮服義膽，天戴□□，詎不熙熙愉愉如祖宗承平時哉！』居士曰唯唯。凡在列者，口誦心唯，共生慚愧。乾隆《羅山縣志》卷八，乾隆十一年刻本。

〔一〕唇：原作『辱』，據文意改。

〔二〕繄：原作『緊』，據文意改。

趙康年

趙康年，潼川府中江（今四川中江）人。自號不欺子。嘉定間爲文林郎。

重新龍懷梵刹砌路記〔一〕　嘉定九年閏七月

飛烏縣南一置一候中，有敕賜龍懷院。實黄南衮初捨地基，因以成寺，俗名黄忠院，實衮之曾孫繼施常住寺，因以名。東川俗厚民淳，畏法好善，寺宇最多，屋背相望。惟其畏法，例被科需，弗克存濟；惟其好善，舉子數多，必捨出家，所以此寺屢廢復興，欲絶復續。懷楚歸自雲頂，德詮來自靈岩，相望住持，僅存如綫。前乎懷楚，亦衮之苗裔；今之圓鑒，亦忠之支屬。自隋以來，無慮六百祀，而創始成終，傳燈護法，不離黄姓，名豈浪傳哉！山曰龍懷，面勢褊窄。樓觀不甚多，一一雄壯；像法不甚偉，一一具備。大抵自内及外，諸佛莊嚴，以至殿堂供具，無非鼎新。舊多圮壞，無復存者，觀王大夫碑可知梗概，餘皆鑒師同衆營辦，觀者起敬，識者增嘆。又有可大書者。寺當孔道，地鄰資、普，車馬冠蓋，往來如織，遇暑則憩，值雨則止，次舍信宿，視此如歸。然衆所咨怨，將至而倦，松徑彌望，未易捷出。夏秋水潦，窮冬雨雪，深泥積石，相輔爲害。如是者百步有餘，陟降太艱，負者顛踣，行者騰藉，未嘗五十步而後止也。師以擔佛法爲己任，以紹先業爲己憂，欲夷此路，誓不干衆。發願以後，醫道遂行，活人雖多，所得么麽，銖積寸累，成此功德。凡長五百尺，廣一尋，用工二千餘，爲費四萬二千錢。運心畢力，凡一百二十旬。石功落成，當途建門，榜顔龍山。築土依石，土厚石堅，平險成夷，過者如砥。橋梁道路皆可觀政，有以也。自内而出，樓觀新奇，門庭壯峙，昂昂焉如偉人盛飾而始加冠屨。自外而入，山明窗紺，宇闢鎖長，松揚揚焉如驪龍睡覺，手玩珠寶。縣之寺共五十四，莊租之夥，聚指之衆，此固靡爾下風。嗣續出一家，修設若一手，以活人所得，出以利人，成我諸佛弟子本願，他處亦當望風辟易。康年於尊相，系鼻祖銀青創建，傳世七八。中佛維摩相好丈室，爲余先世所造。康年雖入仕二紀，未能添置一椽，才謀效績，便遭魔障。因鑒來言，敬爲作記，且以傳世，亦自警云。有宋嘉定九年太歲丙子閏七月二十六日丁未，後溪不欺子謹志。小師行堅、師孫傳妙、首座圓鑒。民國《中江縣志》卷一六，民國十九年鉛印本。又見《宋代蜀文輯存》卷九二。

〔一〕題下原署：『文林郎趙康年撰，進士高光祖篆額，進士姚燿書丹。』

錢德謙

錢德謙，字牧仲，泉州晋江（今福建晋江）人，慶元二年進士。知無錫縣，以五法裁豪右，諸司號强項令，竟罷。復知華亭縣，益有聲。寶慶中歷秘書郎、著作佐郎、秘書丞、秘書少監、軍器少監。紹定五年除秘書監、兼侍講，六年除右文殿修撰、知建寧府，卒於官。見《南宋館閣續録》卷七、八，《萬姓統譜》卷二七。

静明寺記　嘉定元年正月

佛貴無爲，教貴有傳。達磨西來，隻履空歸。彼視其形骸如泥沙糞土，何假屋宇堂殿、金碧像設以侈其居？佛教所以傳者，固欲派派相承，燈燈相續，是必有所待而行，有所寓而顯。雪峰輥球，禾山打鼓，以大願力建大道場，居者見法見僧，求者起敬起信，精廬之設，是不容已。静明，舊金壇廢寺，淳熙九年，步帥劉公超請于郡，移城西之僧惠稱廬焉。其徒宗誾游方于襄陽，定慧得度，出大願力建五輪藏、諸天閣。僧行有堂，得度有次，削髪凡一十一人。未幾，寢室、丈室、香積厨、祖師堂、宣明堂皆落成，于是尼妙正綉羅汗諸天施之，鐘磬幢幡，香火瓜花，種種莊嚴矣。

獨一殿未立，闍慊然，積累閲十載而就，曳材堊土，以身率之，檀衆用勸。規摹井井，一旦粲然争雄于京口諸刹。寺之未創，或謂其地神光晃耀，諸賢聖恍惚示現，今果爲大叢林，兹豈偶然哉！天下之事，開端創始難，自無兆有尤難。兹寺之建，使有地以爲基，有田以自給，取材有所，供力有衆，而吾獨一身經畫之，其功已不易易。初無寸土，輸僦地直，閣基磨坊也，藏基魚池也，今幻爲布金地矣，佛相之、人與之乎？德謙不得而知也。按寺經于淳熙之壬寅，竣于開禧之丁卯。雲水方來，衆常千指，佛教有所寓，佛法有所傳，功尤難者也。宗闍，三山人。寺雖開山于闍而推稱于祖，又不遠三千里，迎其師襄陽歸養，然則闍之知本忘己，抑吾儒所聞見者，僧云乎哉！闍欲以傳不朽，乃以命余，即所叙顛末志之。今小師法海實爲立石。海事祖師謹甚，宰堵之塢，林木拱矣，皆海手植也，今于是又見其教之得所傳，故并記。嘉定元年春正月。《至順鎮江志》卷九。

王日益

王日益，開禧、嘉定間爲於潛縣令，有政績。見雍正《浙江通志》卷一四九。

崇壽院敕額跋

浮溪之湑有山曰岝㟧，瑰石嵌岩，拔地千仞，繚徑危磴，盤空百折。椒有精廬，縹緲雲木之表。負陽崖結屋，以凌空闊而納沆瀣，是爲曠軒。轉而西，則爲雙溪叠嶂。暇日領客登眺，溪橋横卧，野木旁拱，倒景流光，下上相屬。前峰後巘之奔伏，遠洲近溆之分合，霽日陰雲、朝霞暮烟之開斂吞吐，莫不盡於几席之上，窮天地之奇變，遺氛埃之溷濁，長嘯激烈，谷應水涌。因訪主僧宗照以山中勝事，纚纚可聽，至立刹之顛末，則曰知其爲崇壽而已，他無考焉。潛號山水邦，而岝㟧爲最，管領勝概，是刹居多。固宜宏扁詳紀，以聳秀偉杰特之觀。顧缺不著，得非時移事改，漫漶而失其傳歟？抑游者徒耳目之玩，隱者惟仁智之樂，而不暇及歟？退而求諸故府，得天聖錫額之敕，始以是山具飛來之體而微，故因鷲峰之廢而起之。端拜肅睹，榮光晃蕩，遺珠獲於赤水，藏簡出於魯壁，駭愕疑喜，恐得之夢寐而不敢自必其真。刊諸琬琰，日星絢爛。蓋欲侈熙朝之賜，補曠世之闕，而發山川之靈，以慰鳧鷖麇鹿之思也。夫天地之於景物，往往珍其勝而嗇其全，故名山佳刹、清泉异石，多在隱僻荒翳之境。或得之近郊，而奇觀又不能皆稱矣。非托之名雋，榮之錫命，雖奇猶未重也。岞崿去縣跬步，截立溪流，既已清曠絕特，而玉局老仙之精爽，復往來隱見於其間。衆美畢具，而寵額之錫猶晦而未彰，意天鑒地秘，果不以全予物，而今盡得之，要必有陰相之者。故作而爲之書。《咸淳臨安志》卷八四。

白雲庵記

去縣治餘百步，有山横亘於左，上舊有庵曰白雲。屋數間，西向。以僧主之，僧亡而守者弗虔，一夕而燼，惟鐘樓獨存。余來爲縣之明年，鳩財更創，且南其户。仰顧山翁，俯瞰東圃，岞崿桃源，拱揖敷映，而井邑廛里之綢繆，盡在其下。余朝而登，望炊烟前後之出没，則曰：『吾民庶幾有一飽之適歟。』退而食爲之甘。夕而登，睹燈火遠近之明滅，則曰：『吾民庶幾有室家之樂歟。』退而寢爲之安。民情舒戚，吏治臧否，皆不逃於目擊之頃。則是役也，豈徒爲游觀具哉！若夫月上山椒，寒光逼人，風在木杪，琴笙自韵，與夫雲獨留而悠曳，雨半霽而空濛，則又當屬諸登高能賦之流，而余則謝未暇。《咸淳臨安志》卷二六。

李心傳

李心傳（一一六七——一二四四），字微之，一字伯微，號秀岩，隆州井研（今四川井研）人，舜臣長子。慶元元年下第，遂閉户著書，不復應舉。寶慶二年以魏了翁等薦召入朝，補從政郎，充秘閣校勘。賜同進士出身，爲將作監丞，兼國史院編修官，專修《中興四朝帝紀》。紹定間除秘書郎，以直寶章閣出通判成都府。遷著作佐郎兼四川制置司參議官，許辟官置局，踵修《十三朝會要》。書成召赴闕，權工部侍郎、兼史館修撰。後奉祠居湖州。淳祐四年卒，年七十八。心傳通故實，有史才，著有《高宗繫年録》二百卷（存）、《學易編》十五卷（存一卷）、《誦詩訓》五卷、《春秋考》十三卷、《禮辨》二十三卷、《讀史考》十二卷、《舊聞證誤》十五卷（今存四卷）、《建炎以來朝野雜記》四十卷（存）、《道命録》五卷（存）、《西陲泰定録》九十卷、《辨南遷録》一卷以及詩文一百卷等。見《南宋館閣續録》卷七、八、九，黄震《戊辰修史傳》，《宋史》卷四三八本傳。

崇福院記

龍山崇福禪寺者，紹定壬辰歲開山僧宗明所創也。在杭都之南、浙江之上，郭璞所謂『龍蟠鳳舞』，指其地也。建炎以後，自川峽荆湖閩廣陸道入京者，皆渡濤江而來，由西興抵龍山，最爲衝要，而傍江東西曾無次舍之地，行者病焉。明雖方外士，而慨然有濟人利物之心。前是十年，首建明化寺於西興，以爲延待往來之所。及是又創於龍山，已而浸至衢、建、泉、福、南劍諸州，爲寺者二，爲院者四，爲庵者二十有三。起衢逮劍，凡山溪之嶮峻皆平治之。買田種山，以贍守者。俾祁寒暑雨之際，倦思憩、渴思飲者，各有所之，蓋其所接納行道之人咸及焉，匪直緇黄而已。既又推其所爲，病者有藥，死者有竁，厥惠浸廣，人多稱之。合庵寺供給之所資，田之以畝計者二千有七百，園林之在山而以畝計者千有六百，稻米之以秤若斛計者四百，益以子本之錢，歲入有差，皆明衣鉢之所自營，未嘗求諸外也。崇福既成，旋被堂帖，俾其徒世守之。御史府文移閩浙，部使者下令申飭焉。明復因新會稽郡通守鄧堋殊求余文以爲記。余考先王盛時，及民之制甚備，郊遂都鄙之間，十里有廬，二十里有市，薪芻委積，所在隨之，蓋濟窮補乏，而使行旅樂出於其途，實王政之一事，非但邦郊爲然也。逮及唐季，猶有巡宫。至於國朝，亦著驛令。渡江多事，此制殆廢，雖士大夫或露宿風餐之不免。明也以一浮屠氏，乃能彷佛昔人之遺意，舉有司之所未暇及者，而盡力以行之，豈不可尚哉！嘗聞河南夫子因游僧舍，值其食時，顧而嘆曰：『三代禮樂，盡在是矣！』夫子之嘆，蓋有感也。余願學夫子者，福田利益之報非所敢知，顧以其能充惻隱之端，似可爲國家仁政之助，而士君子之得位者又因以勸，則王制可以漸復。此余之所以重感也，於是乎書。《咸淳臨安志》卷七七。又見《西湖志》卷一一，《宋代蜀文輯存》卷七七。

安吉州烏程縣南林報國寺記〔一〕 端平元年八月

自佛法入中國，而海内山水之勝，率爲浮屠氏有之。逮隋唐而尤盛，今六百年矣。浙俗好佛，故阿蘭若之在浙者滋益多。余爲史官時，有介僧宗偉來見者，曰：『吾永嘉人，開禧間尋師學道，至湖烏程之南林，愛其風土，結草庵居焉，時未祝髮也。南林一聚落耳，而耕桑之富甲于浙右，土潤而物豐，民信而俗阜，行商坐賈之所萃，而官未嘗譏征焉。此宜爲帝釋梵王之宫，而未多有也。吾嘗血指書《報身佛所説經》一七卷，口不訖誦，鄉人胥信，乃相與築祈年之地。今敷文閣學士眉山楊公時領祠部〔二〕，益捐金錢以爲吾助。由是佛法僧之所寓，經鐘財之所舍，與其他所以爲叢林之制者次第而舉。又度吾之徒積十有六人，俾傳香火之奉。顧獨未有以名之也，乃請于禮部，得「報國」舊額而名焉〔三〕。』因求余文以措諸壁。而余爲儒者也，自計不當放浮屠氏之言，久未之許。已而，余西歸得請，治艦于湖，偉求不已。余攬其書而嘆曰：國家立郡縣之學，以明人倫，此儒者所當務也。而庠序之設，返弗若僧廬之盛，何哉？爲浮屠氏者心志專勤，願力堅固，故以誅茅刈卉，衣荷食檜之餘，而金碧翬飛，土木勝麗，成於年歲之頃，通都大邑或以百數而未已也。若郡縣之學一耳，而爲牧者往往視爲弃物，曾不訾省，惟園亭館宇之爲尚，甚弗獲已，始捐其毫末以爲支傾補壞之計。其弗若一也。浮屠氏之徒，其用財也一髮不欺，以爲欺則有報也，故人亦信之，而予之也易，甚或空囊鉢之儲而無所靳。今之教者莫大於夫子之學矣，而養弟子之貲，或乃移之以供校官之雜費，至於郡縣之間，則周親故、資游謁、入私用者，無不有矣。其弗若二也。瞿曇之道，非可用以理天下國家者也〔四〕，然其徒之教人，乃顓以識心見性爲事。而學校之所謂課試者，特不過爲聲病剽竊之文，以償利禄温飽之願而已。蓋皆浮屠氏之唾弃而不顧者，故□爲士者亦耻居之。其弗若三也。今偉之營是刹也，一錢之施，弗敢私有，銖積寸纍，迄于成就。世俗之士當知所愧，而又奚議哉！昔國師爲崔趙公言：『出家是大丈夫事，非將相之所能爲。』李文公問藥山戒定慧之説，藥山云：『欲保任此事，須高高山頂立〔五〕，深深海底行；閨閤中物捨不得，便爲滲漏。』今之士大夫考其所爲，滲漏多矣。故名雖將相，而實不能爲大丈夫，此浮屠氏所以下視而高勝之也。余歸伏田里，方將營葺鄉校，與門人朋友講習其理，以淑一鄉之士。蓋嘗感於欽儼之言，而猶懼其弗逮也，故因偉之請，悉書余所感者遺之，俾歸刻之，傳于四方，庶有儆也。端平元年秋八月吉日記。宋嘉熙元年歲次丁酉三月清明日，開山住持僧宗偉立石。《兩浙金石志》卷一一。又見《南宋文録録》卷一二，《南潯石刻文考》，《宋代蜀文輯存》卷七七。

〔一〕題下原署：『奉議郎、□書省著作佐郎、兼四川制置副使司參議官李心傳撰。朝散大夫、起居郎、兼侍講李性傳書。朝奉郎、試中書舍人、兼權吏部侍郎、兼同修國史、實録院同修撰洪咨夔題蓋。』

〔二〕領：原缺，據《南宋文録録》補。

〔三〕名：原缺，據右引補。

〔四〕也：原缺，據右引補。

〔五〕須：原缺，據右引補。

釋道虞

道虞，號鏡庵，嘉定中比丘。

妙嚴院碑記　嘉定元年正月

自興元東底味溪，取道北行，凡六十有五里，步西北岡，登斗峰，山高千尺，松植萬株。山之巔有蟾蜍之窟，山之腹有松檜之樹，山之根有婿谷之水。截水作堰，别爲五門，漑灌民田之利，蓋甚溥也。岸之北稻畦千頃，烟火萬家。乃有古迹妙嚴佛氏之宫，不知其創自何代，隸城固安樂鄉，嘉祐八年，詔賜今額。地望爽塏，卜築奇勝，疏篘翠柏，烟籠雲靄，面揖斗峰，在目睫許。嘉木千尋，斷崖萬仞，靈禽韵美，野草花香。四顧山川，風景佳麗，殆勝地也。乾道丁亥，院寺將絶，檀越齊普明等聞諸有司，與善濟，沙門道深者主之。始深之來，敗垣破屋，弗堪其居，補敝修新，漸加增葺。其徒祖興、祖俊相與周旋輔佐之。厥後祖俊南游，師孫海源等協力無倦，化富者財，誘貧者力，伐杞梓木，選斧斤巧，三門兩廊，翬飛幻現，法堂佛殿，位置莊嚴。是役也，經始起於艱難，成就資於衆力，歷年既久，今始落成。嗚呼！經之營之，可謂難矣。受業於是者，甚無忘前人之勤辦，則無愧於廣厦之庇矣。嘉定改元戊辰上元日，鏡庵比丘道虞記。康熙《漢南郡志》卷一八，康熙二十八年刻本。又見光緒《城固縣志》卷九。

張方

張方，字義立，號亨泉子，資州資陽（今四川資陽）人。慶元五年進士，爲簡州教授。嘉定間歷國子正、權發遣邛州、知眉州、成都提刑。累官兵部郎官。著有《亨泉遺稿》百卷。見《宋會要輯稿》選舉六之二一、職官七五之三三，《宋元學案》卷七二，《宋史翼》卷二二。

梵業院重建佛殿記　嘉定十年八月

吾先子雅尚丘壑。資陽溯江而上，有梵業院，群山赭禿，中娟秀特出。院旁，諫議大夫王子淵、中郎將董文伯之墓在焉。自漢兩賢出於此，水石更爲之清明。先子嘗與友人榜舟謁墓，憩寺中，掃洞掬泉，摩挲石壁，忘其歸。嘉泰壬戌，方爲簡池教授，經行，先子滋眷眷焉，屬寺僧增植竹柏。後十一年，方爲果州，而先子没。葬未食，卜，方曰：『必梵業左右可。』卜之，吉，先志也。院創於唐大順元年，號西林。國朝治平元年，賜今額〔一〕。累築岩要，瞰江木末，而中殿久頽。僧悟嵩、清應、悟圜請新之，方諾。會江出巨材，藉以爲倡。夜半，忽爲大漲所漂，方偕弟嵩午留江廬，圜走告，色沮。方語圜曰：『物之債起，遲速有數。此殿若成，木當復還，不則止。』厥明而果得之，其興有祥。江出巨材，人益獻力，寺僧節口以共厥事。方既捨所有，又爲求助於列郡之相知者，經始於嘉定八年秋，明年夏訖工。費錢三百萬，規制磊砢，鐘鼓鏘鳴，山鬼川靈，莫不歡動。又插萬松，呼吸烟雲。先是，嵩嘗修寺門，建經藏，應作三士殿。是役也，圜之功居多，其徒亦競，内外大略備矣。且曰：『院古未有記，實待今日。』方曰：一氣動静，川岳流峙，不知幾劫。吾與爾相逢清江之上，自不偶然，而所以區區致力於兹者，凡以爲先子也。院之興廢相關，其可無以告？夫佛道高明虚妙，爾師言之不少矣。真空則佛，頑空則魔，能了世間，即出世法。達摩雖以無爲而顯，大鑒實以專勤服役而得。或草衣土食，形羸面垢於薪水井臼間，乃漸入地。若曰吾師空法也，弃戒律，惰四肢，養一體，而失肩背，豈不殆乎哉！且吾鄉自王、董以後，卓然不磨者能幾？智詵蓮根尚在，今六百年，寥乎亦未聞其次者。吾與爾營營飽食以度日，何以謝江山？吾聞院舊有講僧，苟未能斷薪續床，坐見四海，盍求叢林明眼，礱錯諸根，作究竟事？吹米雜沙，吞咽不成，何由得飽？有金在礦，抱寶泣窮，何由得富？業分垢净，毫厘千里，一切善根，生於愧懼，而死於安肆。今我與爾常作是念。宇宙之間，萬生同胞，或風雨無庇，而吾起居金碧；或糠籺不厭，而吾坐受鑿粲；邊壘多虞，赤子罷敝，而吾逍遥林泉，怖難不知。積此愧懼，造此净業，支傾扶墜，忘彼是心，長善消惡，斷虚妄想，使此廣居，自今盡未來世，無雜無壞，不亦久且大乎！

我爾不同道，其成功一也，願爾勉焉。异日退居先壟之下，相與煮丁東岩泉瀑布，坐奢靡他庵，垢盡滌除，四體不言而喻。雙峰居士如在，尚爲證之。十年八月既望，奉議郎、權發遣邛州兼管内勸農事、新知眉州張方記。咸豐《資陽縣志》卷四七。又見光緒《資州志》卷二七，《宋代蜀文輯存》卷七七。

〔一〕今：原作『金』，據文意改。

黃公振

黃公振，福州（今福建福州）人，在寧宗世。見民國《吴縣志》卷三六上。

福源寺田記　嘉定十二年二月

福源肇於梁之大同，廢於隋之大業，復於唐之貞觀，火於國朝之紹興。殿宇巋然，古迹僅存東西廊廡。寺初未有阡陌，慶元改元，比丘志寧營浮屠宫，里人勞某慨施錢三十萬，歸今典寺慧通，置田二十一畝有奇；明又募衆，積勤累年，合爲八十餘畝，歲有常産，以充净供。嘉定十二年二月望，三山黃公振撰。民國《吴縣志》卷三六上，民國二十二年鉛印本。

錢象祖

錢象祖，字伯同，號止庵居士，臨安（今浙江杭州）人。端禮孫。以祖恩補官，嘉泰四年賜進士出身。歷官太府寺主簿、刑部郎官，知處、嚴、信、撫四州，江東運判，知婺州，侍右郎官。慶元元年，除工部侍郎、知臨安府；四年，以華文閣學士知建康。五年奉祠。嘉泰四年，自吏部尚書除同知樞密院事。開禧元年，除參知政事。次年，以諫用兵謫信州，未幾除知紹興府。三年，復拜參知政事，進右丞相兼樞密使。嘉定元年，除特進、左丞相兼樞密使。兩月而罷，以觀文殿大學士判福州。官終少保，封成國公。見《宋宰輔編年録》卷二〇，《嘉定赤城志》卷三三，《咸淳臨安志》卷四八，《南宋制撫年表》卷上。

天童無用净全禪師塔銘

越之暨陽有大比丘，名净全，翁氏子。無用，其自號。樸野無儀飾，風神秀异，面目奕奕有光。幼失所恃，長與父兄躬耕，凡至林壑泉石間，必宴坐忘歸，人已异之。甫冠，從大悲山神辨禪師出家，復以典略無所解，乃幡然入徑山，投大慧杲公。公問曰：『汝有何能？』答曰：『能打坐。』曰：『打坐何爲？』師曰：『若問何爲，直是無下口處。』大慧已知爲法器。時有王族以一度僧牒施，杲命其給侍者十輩各探籌以卜其分緣，師信手拈出而首得之。師時韜光不耀，人以爲椎魯，故列下陳。九人者意皆不能平，謂師非其倫，不應倖而有之，更相評語。杲復命探之如初，師再獲，若是者三探三得之，衆始駭服。遂師杲公，祝髮具足戒。嘗請益，杲曰：『但起滅不停處看。』師夙夜參究，曾不少懈。一夕，聞山門宵邏者傳呼照管火燭，忽有所警省，乃疾趨方丈。杲喝云：『去，得之本有，失之本無，宜息狂躁。』師不覺泪下，寢食俱忘，若有所負。因入室，杲舉『靈雲見桃花，那裏是他不疑處』，師擬開口，杲遽批頰一擊，豁然頓有契悟，即説偈曰：『靈雲一見兩眉横，引得漁郎良計生。白浪起時拋一釣，任教魚鱉并頭争。』杲復哂曰：『汝既知老僧不瞞爾，宜自善護。』因顧侍者曰：『這拙漢披剃未幾，便能性躁如許，三十年後，人望其風不及。』在杲公既未寂時，瞎堂遠、無庵全、水庵一門庭角立，師咸往扣焉。入閩見木庵，舉『有句無句，如藤倚樹』。師云：『燋磚打着連底凍，忽遇樹倒藤枯時。』『如何？』師云：『正在半塗。』『因甚溈山呵呵大笑？』師云：『忍俊不禁。』水深相契重[一]，以大法炬許之[二]。自是問答勘辨，與師無不機投道合，多所發明，因留數載。後出嶺嶠，游吴中，拙庵光公居靈隱，延師典賓。混源密公主净慈，命分半座，爲衆入室。師志在晦藏，無應世念，然天禀夙成，不假師授。雖不識一丁字，而吐詞發語，形爲偈頌，老師宿學所不能及，斯亦奇矣！尚書尤公袤、寶文王公厚之過門神出，部使者相與勸請主狼山，師勉爲一出，淳熙十六年開法。師嗣大慧，移錫蘇之承天、宣城之廣教、建業之寶寧。師之住寶寧也，余時守籥，病在丐閑，得請將歸，師退院事，許以相從，爲天台游。病中日得晤師，聞法音如藥石。天童適虚席四明，首聞師道價，亟馳書逆師，自是法道逾行，衲子風趨座下。余假守會稽，時復杖錫相過。公退之暇，猶得共説無生，多至夜分。遠還山未幾，已報示疾，説偈而寂。開禧三年六月廿九日也。其徒用師治命，遠持其壞衲袈裟以見遺意，且侍奉師軀於寺之西麓，應庵華禪師香火同龕，對峙浮圖以瘞之，號雙塔。蓋應庵與師爲伯仲，亦法門殊勝事也。行春秋七十一，夏臘四十五，度弟子五十，從師入道者駸駸見於湖海矣。師機鋒峭峻，惟以單提直截鍛煉學者，住持未嘗泛應同衆，清風凛然，其法行未盡遍録，而已流傳大千。其門人思卓以余有舊且厚善，遠來需余銘。銘曰：

師振宗風，作獅子吼。妙法無邊，空諸所有。優鉢羅花，開揚啓後。爲世導師，禪林日茂。太白峰前，雙窣堵波。亘千萬年，高風不磨。《吴都法乘》卷五上之下。又見《天童寺志》卷七。

〔一〕水：似當作『永』，即前文所云『木庵』，法名安永，見《新續高僧傳》四集卷一五。

〔二〕以：原作『時』，據文意改。

幸元龍

幸元龍（一一六九——一二三二），字震父，號松垣，筠州高安（今江西高安）人。登慶元五年進士第，居家十餘年，出爲京山縣丞，調隨州州學教授。寧宗末爲當陽令，遷朝奉郎、通判郢州。理宗寶慶二年，上書論國是，忤權貴，爲京湖制置使陳晐奏劾，勒令致仕。紹定四年，又上書劾宰相史彌遠，乞戮其首，籍其家。明年卒。著有《松垣文集》。事迹見本集諸文及《萬姓統譜》卷八七，雍正《江西通志》卷五〇、七一，《宋史翼》卷二二。

奉新縣延恩寺記[一]

形勝之地有金碗相，有玉碗相。金碗裂可以復新，玉碗裂舊不可復。若新吴之延恩寺，其金碗相乎。寺頓縣治之東，養寺之田散於三鄉。未經靖康兵火，殿栖臺藏，金碧焜耀。法城有田，田入歲七百斛奇。新興有田，田入歲八百斛奇。奉新有田，田入歲三百斛奇。雲水栖止，魚鼓叩鐘，震風凌雨，凡爲次、爲信、爲舍與在家等。繇紹興來，棟宇毁於寇，土田奪於勢，僅存顯德所建大覺金仙殿、韓忠獻王像碑。嘉泰辛酉，余於資福寺〔二〕，僧紹祖以廬山東林知事道新吴，經是寺，閔其叢瓦礫，荒草萊，慨然有復興之心。時攝邑楊君正一見知其上，固委之主寺。居無何，創法堂；法堂成，創鐘閣；鐘閣成，創靈藏；靈藏成，創以兩廡，冠以三門，祀山張王，祀雲會僧；行寮庖湢器用各以次就。三鄉之田，久假弗歸，紹祖出其資與有勢者角，有司明諸我直而歸之。開禧甲子，始修稼事，寺日以贍，度僧凡五十指。一區鼎新，視靖康之先有光矣。寺基于唐俶名羅漢，治平四年改賜今額。興而終廢，不終於廢，不謂之金碗相可乎？寺有可興之相，紹祖有能興之才，而其信道之篤，用心之剛，則執吾之轡焉尼吾車。使吾儒而皆紹祖之心，則學問而閫奥洙泗，行道而帡幪海宇，不可乎？昔余倅郢，檄紹祖住大陽，紹祖憚遠弗至。余歸，屬予以延恩寺記，故并及之。

國家圖書館所藏清抄本《古筠洪城幸清節公松垣文集》（簡稱《松垣文集》）卷五。

〔一〕題下原注：『宋寧宗嘉定元年著』。按文，乃寶慶二年元龍自郢倅歸家後作，疑作於理宗紹定元年。

〔二〕此句有誤，疑『於』當作『寓』。

奉新寶雲寺上善堂記　紹定五年

五通之神，載屈原《九歌》矣，釋氏崇之以護佛教。寶雲寺在奉新縣郛之内，切觀觀音一寮，頓寺之衷。寮之裹有上善堂，紹定五年僧宗道所創，專以奉五通。晨熏夕燭，虔不敢懈。神兄弟二人，長曰雲霄五郎，次曰山魈五郎，其父曰東皇君，第行皆五，故後世訛而爲五人。雲霄五郎在《九歌》爲雲中君，山魈五郎在《九歌》爲山鬼，東皇君在《九歌》爲東皇太乙。山魈，獨足鬼也。木石之怪謂之夔，韋昭注云：夔，一足鬼也。今越人謂之獨足繅，又謂之山繅。魈、繅聲相近，而韋昭吴人，所傳當不誣也。按《澧陽志》：五通之神出屈原《九歌》，巫祝呼其父爲太乙，其子曰雲霄五郎、山魈五郎。則流源可考矣。佛之立教，不言而自信，不化而自行，孔子以爲西方之聖，又何假五通之護焉？世道愈薄，不言則不信，不化則不行，佛以慈悲，不假五通之威，則人必玩化歟？《易》曰：『分剛上而文柔，故小利有攸往。』此釋氏之巧也，兹上善堂之所以不容於不創也。《松垣文集》卷五。

高安靈山寺記　開禧元年二月〔一〕

高安郡治之南三十里有鈞山焉，其麓有寺曰靈山，距西澗先生劉公凝之故宅十里許，唐建山上人剪之草萊，駐錫以鬯宗風，故舊名建山。宋治平間賜今額。初，西澗未徙康廬，杖履來游，愛其川阜環拱，林木陰翳，枕寺傍半里，築堂讀書，以時其游。予嘗讀蘇欒城哀凝之之詞、張宛丘

《冰玉記》，慨慕其高情峻節。以嘉泰四年冬十月道鈞山之陰，挹餘風逸韵於松蘿縹緲間，因頓轡靈山釋子師誠輅。山徑深窈，殿堂門廡，金碧霄漢，花竹杉桂，映帶籬落，可憩可玩。而書堂故址頽廢，樵牧縱横，蕭艾華只，杜衡瘁只。予喟然觸物以感。時師誠俶考飛雲閣，與予落之。鈞山前峙，望叠峰涌，浪雲吐氣，内愈感。師誠意余志在青山白雲，干予曰：『架層樓而金懸奏焉，辱漕使華文愈公爲摘杜工部《游龍門寺》詩〔二〕，扁曰「深省」已，獨是閣與法堂之東有廳，未名，辱在執事，敢請。』余懷此地西澗故里，閣取六一翁贈凝之《廬山高》語，書曰『嵐翠閣』。閣下有軒，軒下有巨竹千挺，取東坡《送道原歸覲》詩，書曰『古君子廳』，取山谷《拜凝之像》詩，書曰『清净軒』，將以存古，諒慰我心。嗟夫！昔李公擇讀書五老峰之白石庵，庵以山房名，天下實馮焉。今圜高安境寺凡數百，獨靈山寓西澗遺躅，揭而新之，久且不朽。有玉在山，草木受潤，惜也其父子之祠像未立焉。明年仲夏，師誠如桂岩屬余記，余憫其書堂故址荒蕪，而幸其餘躅在寺，不可泯没，記是以不果辭。師誠新塘人，游氏子也。展力興廢，培其田畝，豐其入焉，寺宇之圮壞者，輪奂鼎新，周亘蒔栽，繕費皆己力，不緣於人。第寺上人啓山林，衣鉢爲丞，至於道琳始孤，紹興中告老於郡，太平興國寺僧清徹因之，有子雲超因之，子祖紹因之，而後子師誠因之。規模弘於紹，而誠之功又倍也，誠不欲没其實，故總書以示方來。《松垣文集》卷五。

〔一〕題下原注：『宋寧宗嘉定乙丑年仲春月著』。按嘉定無乙丑年，『嘉定』乃『開禧』之誤，乙丑即開禧元年，今改。

〔二〕愈：疑當作『俞』。

白雲山超果寺記 嘉定四年九月

高安郡治之北，抵新吴縣界，有白雲山，嵬然霄漢。其麓有寺，曰超果。水石之勝環萃。東一溪自富坪注爲珊瑚泉，西一溪自章山注爲冰花谷，兩溪合流於龍爪泉之上。寺枕兩溪之間，始舉於唐僧慧海，英宗皇帝改賜今額，蕪於紹興兵火。山靈不妥，歲多弗秋，凡六十七載。歷開禧丙寅，天灾流行，遍諸祠，莫雨。先府君率鄉民禱其所，谷風驟興，甘霖隨應。其夕夢一僧，龐眉豐頤，來謁。詢其來，徐曰：『予超果寺開山野人也。寺廢久矣，待君而興。』先府君驚悟。一二年間，爲是夢者再來，乃許之。翊夕，夢一青袍烏帽拜庭下，曰：『吾白雲山之神，以公長者，來拜。』先府君感悟，屬意起廢，力未及。嘉定戊辰冬，疾革，遺命諸子。庚午孟春，既終先府君喪事，即與諸弟遵舉治命，鳩工度材，鼎新法堂，翼以行廡。佛殿衷巋，兩祀肘植，華以像貌，表以門墻。井廩庖湢，以次具舉。落以冬十有一月。明年季春朔，奉郡邑之檄，至百丈監之寺，召僧宗壽開山住持。以寺側腴田百畝，命寺僧歲會所入爲祝聖香火之供，以其餘奉先君祠。宗壽福之長樂人，受業於高安之延慶寺。入超果，嚴振慧海規模。魚鐘鼓磬，響動山谷。仲秋首建後堂，翬以東西二閣，蒔杉植松，山川改觀，其興未已也。姑記其俶，以詒不朽。《松垣文集》卷五。又見雍正《江西通志》卷一二六。

超果寺水石記　嘉定四年春

高安之地，水石絶勝，扃於林藪，未遇發揮。嘉定辛未春，因修超果寺，疏剔數處廬阜，有漸包。一日杖策，谿皋上涉田及澗，歷於崇元觀，沿渠逆流，至於石津。群石横列，澗水流石間。厥石崱屴，厥水清泚，厥徑屈曲，樵牧往來，馬牛病涉。崇山挾澗，入於原矩。石壁巋然山齊，高仞廣半，可磨可鎸。至於銀浪灘，石皆黑玉，巉岩瑰怪，錯峙在澗，猶琢猶塑。泉躍石罅，水吼若吱。逆灘涉隄，至於擷玉石。兩石峻平，亘鎖澗流，泉潰而傾，汹涌淙浄，優於漱玉。逆石攀援，至於雪峽。規石囷立，石高可二丈。一石方廣，踞澗，閣小石上，倚一巨石，石下玲瓏。日光照水平流，涌出峽巔，萬斛傾瀉，峽之兩傍類匠斫，撞擊飛灑，優於玉淵。建瓴溉稻，下流滚湍匯淵，异物潛宅。峽畔羅石參差，或壁或級，草木迸石縫。峽上澗環一石洲，石皆青白色，間見英石。靈草仙花蒙密，栱雪夾山房。隔岸石峰枕澗，崔巍烟霽，藤蘿蘿絡，樵斧睥睨，懸絶峰下。假岩磬折，可避風雨。溯峽過小橋。橋挂於大石。砥石澄渚，山鳥憩浴。涉水穿山，達於小村。野桃百花，岫嶂澗谷，田家炊烟間起。過清淺小渠，至于蒼玉澗，山徑曳澗上。峻嶺石麓，叠凑曲折，湫隘僅容水流。崖甃險峭，俛瞰澗底。百仞浮西山，洪井下平原，踏石涉慈雲。溜潔清紺，寒泉泠泠鳴琴。徑一峻山，羊角旋陟，至於石牛關。山石自門，門下山腰兩源挾一山如囷。過石山嘴，叢石森擁高峰，草木暢茂，蘢蓯葱蒨。至於龍爪泉，泉流石上，水分四道。溯龍爪而上，石砌渡水橋，至於白雲山。厥田惟腴，厥木惟條，厥産惟薑苟蕨，蹲鴟錯雜。青山後跪，兩澗合流，至於超果寺。晨鐘暮鼓，雄據山麓。面峙一峰，狀類僧跪。門揖小圓阜。溯原而西，至於鴉鴟，梯黑石百級，水淙梯眼，黑白間錯。玉茗遠揚，俟疆鱗布。梯杪縣崖，玉龍怒奔。登涉既峻，至於柳絲泉。雪瀼萬絲，舞風高下。至於水花谷，瀑布尋丈，瀉於石坳，水舂沸騰，噴於石匣。石首當澗，泉攧於石，翼布髯戟。巨石突澗上，古木槎枒，野挂幽芳，蒲劍竦翠。石下隱羅漢岩，瀑泉環繞，像瑶池瓊室。沿崖至於雙玉匣，泉曳馬尾，下涵丹井。返溯東澗，至於珊瑚泉。飛流跌石，躍珠擎花，水晶璀璨岩下，石類太湖。緣山尋幽，巨石粉白，狀肖氈笠。至於五行石，金木水火土隱見。至於水樂洞，异石崔峨，飛練千尺。源深益遠，佳處未竟委，寺僧啓閟。余少耽泉石，放浪蕭散，欲先湖海逸豪。今逾四十，始欲休官，與同樂游，姑記所見。北望羅武峰，雲泉萬折，東距吴田澗，瀑布千仞，兹不與載。余幸未老，他日當歷覽以賦。《松垣文集》卷五。

惠燈寺雲版記

惠燈沙門靖牧，既傳衣鉢，葺理院事，規法整嚴。舊有雲版，破缺不鳴，載命治工新之，來屬予記。因爲之説曰：是器也，寂乎其静，扣之則應，自體以致用，即吾道之感焉遂通者也。使釋氏之學能即是器之用，而得是器之理，則猶天不言春生而雷，海不驚風生而瀾，其與吾聖人之道果有間乎？《松垣文集》卷五。

新昌縣天寶鄉寶蓋院輪藏記

新昌，瑞之支邑；天寶，新昌之屬鄉。鄉有寶蓋寺，有飛輪法藏，主是寺僧惟一所創也。夫冥昭曹暗，惡乎極之？馮翼惟像，惡乎識之？圜則九重，誰其營度之？西方之人有聖者焉，吾夫子謂其不言而信，不化而行，蕩蕩乎民無能名。則西方之法聞於諸夏尚矣。西方之人，所覺者圜，故創輪以像天。斡維之所繫，八柱之所當，隅隈之數，十二辰之分，日月列星之徹，皆備於一輪。周天赤道。凡一百七萬四千里，一晝一夜。適周一匝，而釋氏之輪頃刻數百，其法抑超乎造化耶？出於暘谷，次於大蒙，周而復始，與一輪同。惟一創時之輪，使有目共睹，知天依乎地之形，地附乎天之氣，一往一來，一晦一明，旋轉乎無窮，而深得幽明之故、死生之説，不淪於六極，不迷於七情，則輪之有功於人大矣。不言而自信，不化而自行，如天之圜，四時行焉，百物生焉，蕩蕩乎其難名，如吾夫子所謂西方之聖，則陰生於《姤》而消於《夬》，陽消於《剥》而生於《復》，靜極復動，動極復靜，如環之循，亦釋氏之輪也。明明暗暗，惟時何爲？陰陽三合，何本何化？德宇泰定，天光發生，自然圓覺。《松垣文集》卷六。

林岊

林岊，字仲山，福州古田（今福建古田東北）人。紹熙元年特奏名。嘉定中歷知撫州、全州，入爲都官員外郎，累遷太府少卿，兼國史院編修官、實録院檢討官。紹定中以朝議大夫、直敷文閣知漳州。所至多有惠政，鄉人懷之。著有《毛詩講義》十二卷（存）。見《南宋館閣續録》卷七、八、九及所撰諸文。

湘山寺鐘樓記　嘉定十四年五月

鐘古樂也，今祀事用焉，而寺觀以警朝昏。佛宫有大小，鐘亦稱是。時异方殊，製不必同，而撞鐘以警衆，其所由來舊矣。杜少陵詩曰：『欲覺聞晨鐘，令人發深省。』信哉斯言乎！湘山寺無量壽古佛道場有洪鐘巨樓，榜曰『鯨音』，前通守張孝忠書之。問其本末，則清湘竇氏一力成之。粤若淳熙辛丑，於羅漢閣創毗盧像，又紹熙辛亥，於殿東偏屹創斯樓。曁於壬子冬，去小鐘，治洪鐘，會士女以落之。度錢四千餘緡，寺僧之經營，邦人之相助，亦各有力，而竇氏之施十七八。噫！是欲贊大雄之教，以發朝殷暮者。竇氏諱文杰，字邦俊，一鄉之善士也。年八十垂殁，屬於子孫樂善。其子元來京師，談舊事，與予昔游山中日所問概同。書詔來者，俾有覺。嘉定辛巳夏五月甲午，朝散郎、守太府少卿兼國史院編修官、實録院檢討官林岊記。承直郎、新差充慶元府府學教授韓補書。承直郎、充荆湖南路提點刑獄司幹辦公事諸葛十朋篆蓋。《湘山事狀全集》卷九。

張侃

張侃，字直夫，號拙軒，揚州（今江蘇揚州）人，渡江居湖州。岩子。嘉定中監常州奔牛鎮酒稅。寶慶二年知句容縣，遷上虞丞。見本集及《句容王瑞圖并題記》（《金石萃編》卷一五二），《四庫全書總目提要》卷一六四。

乾元寺詩壁記　嘉定十七年三月

乾元寺在邑之前溪北岸。嘉祐中，受業僧妙圓刻大士像，奉事彌謹，遇雨暘禱輒有驗。又日與仙人游，即所居名曰似賢堂，雜端劉公述作三大字揭焉。中更兵燹，扁額不存，曾孫岑再書而刻之，額兩邊細書『初，此地齊茂林修行』。實紹興十祀夏六月壬子也，去雜端書額時甲子一周。予寓居邑西，聞寺有似賢堂，尋訪舊址，則已爲他僧寢室矣。每拊扁額，嘆繼者之難其人。嘉定癸未，予自常之金臺解組歸舍。寺僧師壽、了隱來曰：『明公前日所拊扁額，未足以見妙圓爲何等僧。今得詩碑四，陷於懺堂東廡壁間，願求數語記歲月。』予曰：『太守錢公、通守宋公、邑令王公雖未詳出處，誦其詩，則知贈妙圓也。雜端劉公直道清節，照映一世。有孫同鄉道鄉子侄肆習此堂，今廢不存，文人思士爲之扼腕。昔孫何未第，游徐州觀音院，其後陳無已記净佛殿，且曰：「物有盛衰，人有向背。」向非孫公曾游，無己未必有此語，予於是亦云。『師壽、了隱收拾舊碑，以幸好事者之觀。覽錢公詩題作『西院竹軒』，即似賢堂爾。堂後舊有竹。詩中又有所謂『頗聞靈泉象缺月』，當是游石壁山，因并及之。嘉定十七年三月五日。影印文淵閣四庫全書本《拙軒集》

（簡稱《拙軒集》）卷六。

唐隆宣大師開山記　嘉定十五年正月

通州狼山寺僧常滿同其徒常真、智懷游豫章，得巨木五千，導江至於京口，遇風濤，莫知其所。後游圌山，山通流，木盡集。鐵和尚五百年相待，與老傻指迦葉寺之言符合，乃作道場於兹山。工未即而寂，後人因而成焉。余嘗入東霞寺，東殿即常滿真身所栖之地，號隆宣大師，今曰滿菩薩者。土人保傅嬰孺，有求輒應，如僧迦圓應而名之。夫以元和之迎佛骨，會昌之廢佛寺，通二十六年，而毁譽相反若此，然其道不知果何如耶？常滿之開兹山，豈不欲通都大衢，顧乃於清閑寂寞之濱，謂不如是則非釋師之意也。寶曆在元和、會昌間，莫之前焉，莫之後焉。輪奂宫室，治田浚井，可謂善籌而爲悠久地也。廣了爲惠澤謁記，故詳其事，使歸而鑱諸石。嘉定十五年正月十五日記。《拙軒集》卷六。

趙崇暉

趙崇暉，贈右千牛衛大將軍仲球五世孫，嘉定間爲修職郎、臨安府鹽官縣主簿。見《宋史》卷二三六《宗室世系表》二二。

白鶴寺記

樂成勝甲東南，以雁蕩龍湫之在其境也。岩壑幽邃，其地回遠，類多緇流居之。游履之過縣者，往來如織。有丹霞山白鶴寺，距縣尤邇。世傳鶴鳴其上，因以得名。王子晋之吹簫，張文君之煉丹，王右軍之枉駕，皆此地也。溪流餘瀏，猶瑩金星，竹調遺笙，尚諧宫徵，是宜靈仙栖息，隱者之盤旋焉。唐郡守張又新，近邑人侍御王公，俱形爲賦咏，以侈佳致。兹寺也，庸可一日而弗葺哉！厥初締創，肇於文君之捨宅。繇晋逮今，垂八百祀，前之興替，邈乎難考。中罹魔焰，劫火洞然，焚蕩略盡。舊惟先甲次乙，迭領其院。紹興季年，廣聞、圓鑒二師始崇堂以資演法，峻殿以奉釋迦。其徒雖衆，猶誅茅散處。嘉泰癸亥，改爲十方禪林，蓋三易主席，獨蜀僧洪照頗知興復，而逋歎相仍，僅能疏鑿川麓，建一拜亭而止。衲子麇集，了無解包挂笠之所。有住持曰可升，實繼其後。頽垣敗屋，層蘚斑駁；荒畦古徑，庶草蕃蕪。至之日，隱然動心，苦節以帥，捐橐以給，絲縷寸積。會歲屢豐，盡酬宿貸，然後麇摭餘貯，爰究爰度，鳩工運材，增敞舊規，使浸壞者復全，未備者畢舉。於是佛僧所廬，先賢所舍，徒隸所聚，爨廪湢浴，以次而就。又建報本華嚴大會，憑藉施予，對峙修廊，鼎開高閎，旁及普同窣堵皆爲之一新。凡阿羅漢、金剛等像，繪塑藻飾，森列紺宇。雖微而供事之器，無不造設精緻。經營於壬申之春，斷手於癸未之夏。向之氣象湫隘，更爲爽塏；前日之鳥巢鼠穴，一旦金碧陸離，丹雘耀燦。士女和會，稽首瞻敬，如入寶花净域，莊嚴法界。若升者，信有功矣。或謂浮屠不三宿桑下，土木繕修，似非所先。不思童子聚沙，長者布金，佛皆樂於贊嘆。如佛復生，見升勞苦數歲，不忘其本，一念之烈，迄于有成，亦當善其所爲。不猶愈於方其袍，污其行，視常住於橐裝，等精藍爲傳舍，利益志盈，則束卷而去。以此較彼，寧不相倍蓰耶？予少嘗寓此，念其久廢，惜無有振之者。荏苒從宦，歲月易積。自廷屬出宰，過家之歲，偶造其寺，輪焉奂焉，動心駭目，异乎曩之所見。及叩而知，則升之力也。予方嘉之，而升來求文以識。既契於予懷，因隨喜作記，俾鑱諸石云。永樂《樂清縣志》卷五，天一閣藏明代地方志選刊本。又見雍正《浙江通志》卷二三四。

薛叶

薛叶，嘉定七年爲秘書省校書郎。

育王上塔碑記

四明古鄮峰，釋迦舍利涌現之地。自晋太康建東、西二塔，東塔處勢左，特孤峻海上，森衛陰翊，態度無不可悦。興造以來，中間興廢不可稽考。慶曆六年，住山常坦禪師更其舊制，始刻記銘。政和年間真戒大師曇振、紹興十二年無示禪師介諶、淳熙七年佛照光禪師皆嗣而葺之，獨於椽柱時雨陰漬，日久寖壞，卒未能易。命高僧擇微爲記，書題壁間，以告後人之繼其志者。嘉定二年春，温陵沙門大明一再登臨，環視塔院，方患其局促不足以表先佛遺迹，忽睹塵間文，嘆曰：『此記似爲我設，當與振起之！』是年夏五月，塔崩二角。明年八月大風擊屋木，拔者萬計，塔頂鈴索擺掣俱斷。又明年八月二日，風雨益號怒，塔益狼狽，堂宇殿屋周迴悉以頹，枕籍無有遺餘。遂募衆緣，革去心柱，更鑄相輪，重飾珠層級，斁敗悉從整治，開拓基礎，增築垣墻，爲屋凡一百五十楹，皆更造焉。塔殿前後塑爲十八應真補陀大士寶相，門檻莊嚴之具，靡不畢簡，崇奉之禮，於是爲稱，費緡錢一萬。落成之日，山中耆舊雲衲游睹瞻仰，贊嘆不復有前人之遺恨矣。明持住山如庵惠崇書來求記，余曰：『釋迦不出世，亦無有方所，育王無所造耶？舍亦非藏，無一法可以，無一法可捨，以何爲是塔耶？塔既不可得，又疇有隱者？四聖六凡，森羅萬象，帝網交光，重重海印，無縫寶塔，是處發揮，又何爲非塔耶？既皆舉是，疇有新故耶？當知是塔非有非無，非隱非顯，非是非非，非新非故，又何假土木瓦石、金碧丹青耶後爲是塔耶〔一〕？』明曰：『雖然，譬如琴瑟箜篌，雖有妙音，若無妙指，終不能發。我以無作之作，成此無功之功，其以無説之説，爲我記之，不亦可乎！』遂摘其言，爲記始末。嘉定七年八月望，秘書省校書郎凌雲薛叶撰。《阿育王山志》卷三，清刻本。

〔一〕上『耶』字疑當作『而』。

吕楚老

吕楚老，瀘州（今四川瀘州）人，嘉定中爲郪縣丞。

香積寺題刻　嘉定七年四月

縣江之南，有山横翠，連峰叠巘，葱蔚峭峙。下瞰深流，大類閬中之錦屏。中有六寺觀，曰布金、曰祇陁、曰玉虚、曰東寺、曰南寺、曰香積。縣宰寧川馮公子春下車閲年，吏畏民愛，庭雀可羅。一日，乘暇率邑丞瀘州吕楚老、簿眉山程子廉、尉資中黄良卿、兼監王□、趙冠玉偶游□□，自布金飯罷，同升羅漢殿，望□城，過宿雲洞，憩萬竹亭，□烏龍井，步松徑，造禪房，啜茶觀魚于方□小池，邐迤□春江□□山，誦少陵□□□□□痛飲於官閣，乘月而歸。翌日良卿命書使鎸石，以紀勝游，楚老爲之。嘉定七年甲戌孟夏初八日也。乾隆《潼川府志》卷九，乾隆五十一年刻本。又見民國《三台縣志》卷二。

釋了徹

了徹，嘉定間處州麗水普光寺住持。

題普光寺鐵鐘　嘉定十七年十一月

今上皇帝保國安民，普光院住持僧了徹仍再募緣，重新鑄造，福報四恩三有，奉爲□財施主增崇福壽。嘉定甲申仲冬謹題。小師祖隆、師孫慧明。婺州義烏縣修造冠梳何文貴，抽捨手工錢二十五貫，福保壽命延長、吉祥如意者。同治《雲和縣志》卷一四，同治三年續修刻本。

譙淵

譙淵，字同政，潼川飛烏（今四川中江東南）人，嘗舉進士，嘉定間在世。

尊勝石幢記　嘉定七年七月

蓋聞幽明二路，本自玄通，迷悟一心，遂生纏縛。□也須明於覺性，復何致害於生人？故混元皇帝謂道莅天下，可使神不傷人；而金仙教主亦法演真詮，俾□聞皆見性，用仗崇修之善，以明解釋之因。凡在沉冥，速宜諦聽。謹有大宋潼川飛烏縣陽池里居奉佛進士譙淵同政、楊氏越娘、男譙壬行、女益、孫娘一家等即日具誠意者。但淵切念叨恩造化，獲處人倫，自祖以來，住此寅申之宅，綿歷歲序，□福不常。歲在己丑，又於宅北建下阙。大宋甲戌嘉定七年中元日，奉佛進士譙淵夫婦一家等敬立。民國《中江縣志》卷一六，民國十九年鉛印本。

袁筌同

袁筌同，嘉定中爲成都府大聖慈寺華嚴閣長院都首座。

清凉寺碑　嘉定五年十一月

正法既没，象教陵夷，邪道亂轍，至理淵微。不有德人，兹孰綱維？卓哉明公，天人之師。非律非禪，不止不爲。作其教設，悠然而歸。功成弗居，軌遠難追。宋嘉定五年壬申冬十有一月，小師成都府大聖慈寺華嚴閣長院都首座袁筌同。進士譙復之書丹，進士馮觀篆額。民國《中江縣志》卷一六，民國十九年鉛印本。

涂禹

涂禹，嘉定五年爲迪功郎、監廣州西南道鹽稅。

重修澄心寺佛殿碑記　嘉定五年五月

距豫章郛東兩舍，有山迤邐，望儒陂之㕓而下，若虯龍騰躍，不可控制。宛轉西迴，樹林薈蔚，地勢蟠結。中有蘭若名咸通，蓋建立于唐懿宗之初元，今額曰澄心，爲天子所錫。前横方塘，縱以松徑，盱汝之東注，又支而入瀦其右腋。春夏瀰漫，水天一色，如坐鏡中，迴深闃清，真可爲衲子休景栖心、究徹法源之所。紹興石室祖琇禪師受業于兹，其後遍走諸方，依雲居真牧禪師咨參歲久，大蒙印可，霜果芬馥，帥垣漕臺，交相起敬。屢主名藍，深窮藏教，尤博極儒書，竊仿古史編年紀事而著《佛運統紀》，又法司馬文正公《通鑑》而爲《佛運通論》，撰述《皇朝諸賢明道傳》及《續僧寶正傳》，識者謂有補宗乘，今皆版行于世。丞相趙公子直、侍郎李公仁甫皆一時巨儒，見其書，賞識器重，與爲方外交，尺牘往來如織。故老相傳，寺舊堂殿、廊廡、齋厨、鐘閣，色色具備。建炎己酉，北虜亂華抵江右，寺空于一燼，緇徒魚驚鳥潰。惠圓、惠滋歸而嘆恨，乃束荆爲柱，覆以蓬蒿，聚居其上。昔之驚潰者稍還，皆躬鋤種田，舂炊以贍。未幾相與相卜，移舊基西十丈，爽塏寬閑，爲今院立寢堂數楹，且謀建蓋法堂。日積月累，而材畢集，魔惱遽生，縣官取其修梁，以爲聽政之堂，遂敗厥意。圓之嗣祖珍克念先志，掇拾以成，滋之嗣祖瓊又巾盂締造庫堂。今住持祖琛師承襲綱維，慨念豫章東來，浮屠老子之宫棋布鱗次，自經兵火，今皆還舊觀，惟是寺七十餘年，而佛殿尚闕，繄誰之咎。且思教云，除須髮而爲沙門，受道法者去世，貲財行乞，取足吾衣，橐有藏，藥□田，而佛所説，爲道之累。于是發勇猛心，傾倒售粥，斬木于海昏山中，礱石于閣山水涯，乃桴乃載，鳩徒傭工以興築。斧聲丁丁，杵聲登登，群工獻巧，如造物無痕，百夫就食，如春蠶空葉。經始于慶元己未秋，告成于嘉泰改元。鵠立摩雲，翬飛拂日，階除結甃，平夷如鏡，窗户髹漆，光彩蕩目，高三十尺有奇，周廣二十尋。四衆聚觀，萬口一辭稱善，如登睹史夜摩之天。有長者李君智政，一見有喜，願出錢五十萬，塑大雄尊像于中，菩薩善神，翼衛于旁。言脱口而病，囑其子文通、文遠，孫時杰、時舉：『吾亡當踐吾言。』其後子孫果無違祖父之命，僉曰孝哉！兹殿之成，李君塑佛外，費泉二百五十萬，皆出祖琛師之巾盂，一粟一縷，不及他人。盱江李泰伯嘗謂浮屠人盡心於塔廟者職耳，能不以禍福誘脅殫吾民之力者，蓋未之見，今祖琛師有焉。方時衲子輩嗜利如飴，晝夜九九，固藏吝嗇，出金以爲小善，如割截身體，視祖琛師能無愧乎！蓋師資稟灑落，歲游方當拙庵、水庵、密庵諸大老唱道于浙時，依時參扣，頗聞其要，故持戒如堅城，養心如止水，信其薰染有自，故能于佛法一切所在之處，應緣建立，略具于此。一日過我，款語移時，且曰：『吾老且憊，筋力窮于一殿，他不可爲矣。寺之修廊，姑待後輩，殿之成就，慮來者不知也。願施子墨客卿爲我記之。』禹應之曰：『佛之道以無爲爲宗，不假思維，何勞植立，迴光返照，即如來真身。下闕彌勒栖閣，所以德山折了佛殿，丹霞劈却木佛，此向上宗師不肯存形迹，以累兒孫。師之所爲，毋乃贅乎！下闕居士勵金剛寶劍，盡削葛藤。吾試言之：『昔舍衛國須達長者，造精舍十二所，講堂七十區，樓閣五百間，下闕住世時欽奉尊事者已見如此，況吾距佛二千餘歲，服其服，習其教，席其蔭，可不知恩所自，而忘須達之所云！』若于曠野中積土成佛廟，以至童子戲聚沙而爲佛塔者，皆可成佛道，然則吾之用工而不良下闕以授，使師刻之，師曰：『唯唯。』嘉定五年五月甲子，迪功郎、新監廣州西南道鹽税涂禹記，通直郎、新管勸農公事陶武書，奉議郎、權發遣南雄州軍州、兼管内勸農事鄒孟卿題額。光緒《南昌文徵》卷一三，民國二十四年鉛印本。

洪咨夔

洪咨夔（一一七六——一二三六），字舜俞，號平齋，臨安府於潛（今浙江杭州市臨安西）人。嘉定二年中進士第，授如皋主簿，歷饒州教授、南外宗學教授。嘗應博學宏詞科，直院莊夏舉自代。出爲淮東幕僚，歷成都通判、知龍州。入朝，爲秘書郎，遷金部員外郎。直言政事，忤權臣史彌遠意，罷職而歸。彌遠死，召拜監察御史。力請權歸人主，政出中書，復劾罷樞密使薛極等，一時朝綱大振。端平初，擢殿中侍御史，遷中書舍人，俄兼直學士院，復遷吏部侍郎、給事中，進刑部尚書，拜翰林學士、知制誥。三年卒，年六十一，謚忠文。著有《春秋説》三十卷（存）、《平齋文集》三十二卷（存）、《兩漢詔令》（存）。見《宋史》卷四〇六本傳，《咸淳臨安志》卷六七。

臨安真相院修造記　紹定六年正月

佛以大圓覺爲伽藍，非劫火所能壞也。而麗於有爲之迹者，則有壞有興。東天目之蘿山，翼若翥鳳。其下爲白佛院，治平中賜今額。開禧丙寅，臘殿廬堂廡院額僧牒俱火，唯門閈存。主僧清皎與其徒智月收合餘燼，集諸弟子，詔之曰：『魔事至矣，吾徒能以佛事處魔事，何不濟？汝文禮禪學而儒行名在諸公，其往復吾額；汝宗會鋭於世故，其往復吾宇；汝藴湘其相會出世間法，不離世間法，一念精進，勝妙現前。』因相與信受而退。明年冬，禮部給額據。嘉定庚午春，僧堂及廊廡成；己卯春二月己未，佛殿成；紹定戊子冬，佛像成，門閣鍾虡尋一新。近者倡其役，遠者勸其功，亡慮爲錢三千萬。會行乞于兩淮者七，湘亦再披攘經營，奮空起有，堅忍强濟，越二紀乃迄于成，而智淵募建善法堂亦就緒。佛氏願力，歷三生如一日，閱累世如一人。名山勝壤，塔廟之崇閎，樓觀之杰麗，切雲漢，亘崖谷，人力窮矣，猶以爲未足，大抵非一手足之爲也。皎之徒五世相承，人人以飭壞植仆爲己責，志念之烈，不爲饑渴寒暑變。穹如，奥如，繚如，闢如，煒如，卒不愆于素。世之貴家大室或不一再傳，而臺傾池荒，弗支弗治，沈沈渠渠，境變主移，何肯堂之難耶！會謁余志興造顛末，因著所感如此。若夫三十二相，孰相爲真，孰相非真，以是因緣而爲説法，有汝師滅翁廣長舌相在，余不能也。癸巳春正月甲子，於潛洪某記。四部叢刊續編本《平齋集》（簡稱《平齋集》）卷九。

佛心禪師塔銘　寶慶元年七月

寧宗皇帝在宥三十有一年，玄嘿無爲，以心學仁天下。聞主徑山如琰得即心非心之秘，賜號佛心禪師，屢命就山爲衆説法，錫賚甚寵，山川震耀。夫敬直義方，表裏兩盡，下學上達，顯微一貫，此自昔聖賢相傳之心法。釋氏得之，證其體而滅其用，以成之者性爲《圓覺》，以復則不妄爲《楞嚴》，以勿忘勿助長爲《金剛》第一義，以不失赤子之心爲《華嚴》最上乘。湛然太虚，本無增減，雲行月脱，隨有昏明。頂竅靈關，鼻端寂觀，一喚覺於意識智得之表，而大光明藏無欠無餘。南渡百年間，大慧杲以是説授佛照光，佛照以授師。師寧海國氏子，母夢神人遺大珠而娠，生有光瑞。能言時，母戲之曰：『人從何來？』曰：『人中來。』聞者异之。十五出家浄土院，十八祝髮，二十游方，卅一得法於佛照。初東包問津雙徑，見大慧高弟仁，扣以當時千七百衆咨决之要，得狗子無佛性話，默領去。江湖遍參，群疑塞匈，還求決佛照於台之報恩。夜參聞舉世尊鞭影語，曰見鞭影而行非良馬也，言下有省。旦日入室，問：『不思善，不思惡，正恁麽時，如何是琰上座本來面目？』師云：『佛手遮不得。』曰：『恁地也？』『未夢見在。』久之，從過靈隱，苦研精索，至忘食寢。佛照勇其進，痛施砭劄，師終以未徹憤悱，遂謁證老衲於番昜。聞旁僧商略雲門話墮語，云：『那裏是這僧話墮處！』豁然洞見佛照從前機用，義諦密融，智辯捷出，九萬里風在下矣。還參於育王，佛照迎呼曰：『大事辦耶？』尋復從過是山，朝莫激揚，極其造詣。佛照每語人曰：『我握佛柄以來，的契吾機惟琰耳。』其賞屬如此。繇育王分座，出主南劍之含清，歷越之能仁、明之光孝、建康之蔣山，皆迫而後應。最後天童與是山，宸命也。師見趣高深，提倡直截，所至禪衲川赴。平居簡默，似不能言，及籌室勘驗學徒，如驚雷忽電，不容湊泊。領衆嚴而奉己約，應物圓而處事定，叢林推敬，謂浙中尊宿獨此翁，因共稱浙翁。住山八年，春秋七十五矣，以退休請，未獲命。一日忽剡遺奏，遺書別素所往來公卿，抵莫問侍者曰：『鐘鳴未？』曰：『已鳴。』大書偈，擲筆端逝，寶慶初元秋七月戊寅也。越九日，塔于東磵之麓，其徒了阡以師《六會語要》介法戒謁辭圖堅。銘曰：

佛果有心，萬籟沉沉；佛果無心，萬象森森。靈明溥通，徹古徹今。契非其真，杳不可尋。佛照鉗椎，雲門芥鍼。是印非印，脱鑛鑄金。沕萬古淵，閉陽闢陰。炮車起雲，奮霹靂音。川魅澤怪，腦裂氣喑。須臾恬霽，天垂斗參。無去無來，谷高岸深。護窣堵波，龍公夜吟。爲蜜説甜，以詔主林。《平齋集》卷三一。

李仲光

李仲光，字景温，號肯堂，建安（今福建建甌）人。開禧元年進士，官雷州教授，調湖南幕屬，卒。見嘉靖《建寧府志》卷一五。

禪居寺記　淳祐三年

忠孝禪居，乃東陽名刹也；基其先者，渾山之廢寺也。觀夫乾坤造化，猶聞空缺之譏，日月輪迴，尚有長短之數。維我大覺能仁，湛然常住，歷八禪而分色界三昧超果，因法演一音，門開不二，根隨利鈍，教有淺深。歷劫火而不燃，指毗嵐而自息。時雍熙間，闢其地而易之，俶建於此，爲梁氏之香燈也。其梁君效吴洛陽興梵刹之宫，漢明帝信釋門之利，自此而佛教始興矣。撚指歲月遷，創於雍熙丁亥歲，至今庚午年，計二百二十三載〔一〕。建間〔二〕，昶公使器宇弘高，才名顯著，疏化於衆。及楊氏，革故鼎新。紹興間，儀公復新寢室。乾道、淳熙，佛殿鐘樓相繼頽敝，缺人住持，傾陋無所支補，兔烏奔兢，時代遷移，幾於不振。會里之梁君諸族雅有遠謀，且欲復興，幾傳燈於無極，乃就鄰之寺東山，擇其僧不凡者，卜請住持，時衆推惟紹祖師能當其人也。師遂領之，始來于此，以院之傾圮非所居也，乃新其材而擬之建，未果而順寂焉。其祖老只度小師一人，契深上人當充住持，更精梵宇。願深四海，學洞三乘，隻刀焚修，以勤其力。崇佛殿，以張皇象教，建寢室以居處衆緇。又建法堂、鐘樓，興葺門廊廢墜，凡事不一如度，翼然鼎新。經營之功，蓋無尚於此矣。棟宇顯然，智基尚在，住持有便，引化多方，使諸祖法有紹，實惟師之力矣。厥後度小師有杰、有朴、有懋。其三人也，杰擇其長，杖履閫歸；朴處其次，度子達爝、道堅、道瓊，緣懋師未度人也。深公浮華，緣盡果熟，年方八十有三，俄歸圓寂。以燈傳燈，上行下效，派下爝師復度道增、道垕，堅師度法日、法月，瓊師度法雲。有徒之繁，派分散居之，共有九僧者也。緣禪居、九日律寺，蓋此無出其右，可謂盛事矣。又況達爝師獨己囊不割，化衆鼎新，建茲佛殿，費一千餘，置田資，添常住，有產二佰七十文〔三〕。則丈室標南鏤名，永彰不朽，產種因果，塑繪七身聖像。南北皈依往來，瞻敬鹿野，始轉法輪。法即自心，佛惟本智，自他之利，善莫大焉。師之用力，可謂勤而切矣，固豈規規而因循，屑屑而吝嗇者比乎！俄聞相續焚修，代有其人，大教斯彰，法輪不墜，院有碩德，厥無文誦。自雍熙迨今，又經二百五十七年矣〔四〕。夫事之興替蓋有時焉，教之盛衰蓋存乎人也。時院之昔者豈以其時而無人耶，是院之今也豈有其時而有其人耶？然則其興建者如是之完，其度人者如是之衆，是不必有其時日矣。且欲遺後來者，知師以來，予爲文以紀其事迹〔五〕。余忻然嘆曰：奇哉希有！焚修締造，不難而難，盡善盡美，功迹于是。予固不獲辭，爲述其興建度人者如是。師之以操履者暴白四遠，辭稀及今，言唯效古。庶幾八字，永固金石，地久天長，永爲不朽，於是乎書。時淳祐三年歲次癸卯麥秋節，從事郎、前知雷州學教授李仲光撰。嘉靖《建陽縣志》卷六。

〔一〕二百：原作『三百』。按：庚午爲嘉定三年（一二一〇），上溯至雍熙四年丁亥（九八七）應爲二百二十三年。今據改。

〔二〕建間：疑當作『建炎間』。

〔三〕二佰七十文：當有誤。

〔四〕二百：原作『三百』。按：此文撰于淳祐三年癸卯（一二四三），作『三百』顯誤。説見注二。今改。

〔五〕句首疑脱『求』字。

錢時

錢時（一一七五——一二四四），字子是，號融堂，嚴州淳安（今浙江淳安西）人。幼奇偉不群。四十二歲，始悟於道，焚弃舊稿，拜楊簡爲師。簡嘗薦之於朝，不果，遂以講學爲務。江東提刑袁甫作象山書院，招主講席。嘉熙元年，時年六十三，以宰相喬行簡等交章薦舉，理宗召見，特賜進士出身，授秘閣校勘。求去，出佐浙東倉幕。後以李心傳薦，授史館檢閲。復求去，授江東帥屬。創融堂書院，日與生徒講道，爲世大儒。淳祐四年卒，年七十。著有《周易釋傳》《尚書演義》（一作《尚書啓蒙》，今本題《融堂書解》，存）、《學詩管見》《春秋大旨》《四書管見》（存）、《兩漢筆記》（存）、《蜀阜集》《冠昏記》《百行冠冕集》等。見《蜀阜存稿》卷首所載《融堂先生行實》，《宋史》卷四〇七《楊簡傳》有附傳。

神景寺記

古之爲民者四，而游者有禁。雖瘖聾跛躄，贏尪侏儒，亦各有職，以養於上，風俗之所以醇而王道行也。佛來中國，民之游者始托以歸焉。侈其宫，衍其徒，非天雨而鬼輸，焉攸取？持券遠走，飛奇釣貨，强名曰化；眩惑愚氓，乾没而入，强名曰捨。吁，忍矣哉！神景僧若訥乃不然，先是黄坂有庵，惟清師居幾歲，將徹而新之。乾道中里人方文毅捐地以栖屋，請於郡，得殿。若訥繼之，殿堂、門廡、祠肖、輪藏、鐘樓、佛閣與夫齋宿庖湢之室，整整咸備，而又買田一夫，飯僧七人。余每過之，未嘗不竊嘆。磽確之鄉，土殫民貧，一遇水旱，抉山而食不自給，又無豪家大族輕貲易撼可以化而捨者，其規模成就乃如許！訥也勤生而善殖，力田以供上，凡有所爲，悉取諸宫中而用之。嗚呼，是天子之良民也，何嫌於佛哉！其徒景恢走名山三十載，去年冬請記於余，許之而未暇也。春二月，遠求刊者踵門請益急，屬邦君行鄉飲禮。景恢不憚三百里，裹糧以隨。因念學絶道喪，風俗之所以不醇者，實由於禮壞。記之作不作未足計，使之一觀先王之舊典，而知王道之所以盛，顧不美與！禮畢，書以授之。一九二七年刊《徐氏家集七種·蜀阜存稿》（簡稱《蜀阜存稿》）卷三。

鄭清之

鄭清之（一一七六——一二五一），字德源，初名燮，字文叔，别號安晚，鄞縣（今浙江寧波）人。少從樓昉學，能文，登嘉定十年進士，調峽州教授。理宗即位，授諸王宫大小學教授，遷宗正寺丞。寶慶元年，遷起居郎，二年權工部侍郎，進給事中。紹定中，遷翰林學士、知制誥、參知政事，累官至右丞相兼樞密使。端平中拜左丞相兼樞密使。歷封申國、衛國、越國、齊國公。淳祐十一年卒，年七十六，追封魏郡王，謚忠定。著有《安晚堂詩集》六十卷（今殘存七卷）。見劉克莊《丞相忠定鄭公行狀》（《後村先生大全集》卷一七〇），《宋史》卷四一四本傳。

寶慶顯忠寺記

恭惟皇上以不世出之姿，憮億萬斯年之運。體元居正，洪濟大業，系紹乎藝祖；勵精聽斷，兢業時幾，治法乎孝宗。如大明當天，照臨九有。方其函曜暘谷，則羲仲寅賓之功，有不可得而泯者。粤惟我寧考享國日長，深念厥紹，乃命相臣史衛忠獻王選建周宗，以後沂邸，式固磐石，用弼我丕基。趙公希言以宗英掾西府，身任其事，以引以翼，厥勛茂焉。若時初潛，仁孝之德日聞，陰有以繫天下之望。寧皇憑几之際，親挈神器，授之聖哲。薄海内外，罔不欣戴，帝業之固，泰山而四維之。於是時，公不及見，此玉音所以語近弼，而重惜之也。既乃修我來功，追念舊德，特贈公宣奉大夫待制龍圖閣。猶以爲未稱也，再贈資政殿大學士，視儀政府，敕太常□□廷議，易名宗憲。表章舄奕，有曰：『忠存宗社，功繼前修。』蓋紹興初，孝皇鞠於禁中，公之高祖太師惠襄靖王實闓，其專有大功於帝室，前後如出一揆。於戲盛哉！公之子與歡即吉以廷評召，賜朝便殿，聖顔爲之感動，幸哉！有子足慰母心，天詔撫勞至矣。自丞郎試郡安吉，將峻用，而以宜春郡夫人憂去。上念之，奪情旨屢下，辭愈力。既祥即命召，以才業益簡上知。轍還法從，班亞樞近，三尹神皋，倚用莫與比。連四疏祈省瀧阡，詔自端明進資政，侍經帷，領史局，勉其留。疏五上，以殿學士奉京祠而歸，躬致禭典墓下。時公已贈太傅，宜春郡夫人贈齊國夫人。追榮薦寵，賁於林丘，人皆艷詫之，亦孰知佳城天畀，吉兆孔夙，有非人力所能與者。始，公之謀葬其親，陟崔嵬度隰原，足跰膚皴，遐觀幽討，卜不食。厥既得卜，實惟明堂岙，距城一舍而近，乃鄞某氏甫竁，疑弗用，全以歸之，若有待鬼谷之祠效靈，齊賢之夢是踐。既葬而封，咸曰美哉斯丘也。公浸華顯，念親深切，以白雲名山卓庵焉。嘗於儀曹丐錢唐廢院，額曰『寶慶』，將寺其庵，而公賫志往矣。龍飛改元寶慶，與寺名若合符節，噫，亦异哉！資政君篤於恭先，裂善畝贍薦嚴費，且揭善慶正規，振冢旁之貧無告者，喪不克舉者，所以思孝廣慈也。歸自京邑，將有以遂先志，不足於貲，乃悉出平時賚予，鳩工度材，上又賜緡錢萬以相役。寺成，不侈不陋，規制縶以密。朔望展墓，徘徊顧瞻不忍去者，敬敕備矣。寺膺天育瑞霞之衝，游方者所憩，會以執政恩，請□□□朝，得瑞岩山之開善崇慶皾大比丘，兼析其徒以來，分粟千斛供伊蒲，鯨魚鼓鐘，鏗鍧鏜鞳於浮嵐軟翠之際，浮屠迭至，□□如歸。今寺額曰『寶慶顯忠』，上親御翰墨書『寶慶道場』四大字以賜。公雖不及身見雲龍風虎之盛，而九重眷懷益深，恩徽奎畫，照垂天壤。公游箕尾間，亦必喜動色。資政君一日請爲之記，余謝不敏，則緒請益勤。思昔太傅公相與過從，資政君又聯事政省，其可以辭？乃最其凡而語之曰：國之將興，必有世德之臣，厚施而不食其報，然後其子孫能與太平守文之主共天下之福。富哉！蘇文忠公銘三槐堂之辭乎！忠憲以太支之秀纘襄靖之功，寅賓出日，壽我宋無疆惟休，宜享有豐報。而位不滿其德，辛木既拱，榮事賁濡，視槐蔭滿地者，固遠過之。休應既驗於前，流澤必衍於後。寶慶顯忠，當與我國家相爲無極，不占有孚矣。積善之家有慶，以孝事君則忠。資政君所以祇若先訓者在是，世世子孫尚謹旃哉！同治《鄞縣志》卷六八，光緒三年刻本。

妙峰善公塔銘

西方心法難思惟，真净妙明無一絲。廣長舌語包須彌，誰知認指爲月非？九年面壁老古錐，傳付不在鉢與衣。非佛非法非事爲，透地透天生光輝。餘塵明極兩若遺，悟者無有迷者誰？我識妙峰再見之，語真貌古無他奇。野鶴同往雲與歸，昭琴雖鼓何成虧？雪肥梅瘦扃泉扉，無邊春意一枯枝。作死生觀真游嬉，在旁知狀惟穹碑。《佛法金湯編》卷一五，續藏經第二編乙第二十一套第五册。

趙希錧

趙希錧（一一七六——一二三三），原名希喆，字君錫，宗室，燕王房八世孫。登慶元二年進士第，調汀州司户，破峒寇李元礪，升州推官。調主管夔州路轉運司帳司，改知玉山縣，未行，改授大理寺丞，遷大宗正丞，權工部郎官。换授吉州刺史，提舉佑神觀。授成州團練使，進和州防禦使。理宗即位，進潭州觀察使，又進安德軍承宣使。紹定六年卒，年五十八，追封信安郡王。見魏了翁《趙公神道碑》，《宋史》卷四一三本傳。

龍泉寺重建法堂記　嘉定十五年

撫之宜黄邑郭之北嶺名羅城，群山秀潤，一徑深窈，有寺龍泉，帝誕之月，闔邑官吏肅班墀下，祝聖人壽。异時西北流寓混處其間，上雨旁風，齏粥不給，浸以隳廢。寺僧宗信既祝髮，挾錫江浙，遍參尊宿，久而復歸，繼主寺事。慨嘆更造，力有未裕，閲歲滋深，戒行精虔，土俗信向。乃開禧丙寅，新演法之堂，棟宇峇嶢，高明爽塏，金碧照映，藻飾絢爛，於臣子歸美報上爲宜。嘉定己卯，敞其寺門，壬午盡徹東廡而新之。於是環寺内外，攲者正，蠹者易，敝者改，佛殿法輪，鐘鼓香燈，僧房樓閣靡不振整。山川神祇，頓發光彩。過者起敬，真附郭之甲刹也，何向焉庭序之荒蕪，而今則檐楹之華煥？何向焉苾芻之鮮少，而今則緇徒之森列？良由宗信用志勤勞，銖積寸累，靡假化緣，盡傾衣鉢，略無慳吝，斯能成就不朽功德，是可嘉也已。邑人新岳陽户掾鄒君燮比來都城，因訪希錧〔一〕，歷叙宗信之堅苦，而嘉兹寺之崇成，且出示先正提刑公所撰塑佛像記，屬希錧記修營之歲月，顧曷敢以詞語淺陋爲辭？若乃寺之始立與夫僧之得人，固已具載前記矣。竊念希錧曩掾臨汀，適公剖符是邦，荷公知遇，挈之底僚，辟致郡幕，遂得熏炙公之學問操履爲詳，鑒裁至明，豈輕許可？則公之舉揚宗信，偕其徒弟之賢，端有證矣，故樂書之。嘉定十五年夏，皇弟、成州團練使、提舉佑神觀趙希錧記。同治《宜黄縣志》卷四五。

〔一〕錧：原作「館」，據《宋史》改。

曹説

曹説，寧宗時人。

資福寺銅鐘銘　嘉定十一年

翠山寶積移忠資福禪寺，以戊寅夏五朔旦修治洪鐘，菩薩戒弟子曹説爲之銘。銘曰：

陽五經，一陰緯。集衆志，成偉器。實惟金，積乃備。水土和，火房沸。鯨鏗以木五行會，端而膗，虚而不匱。在五天，曰健椎，一擊聖賢萃，二擊鬼獄罷對，三擊萬物育、天地位。示有節於域中，廓無明於界外。成就不思議無量佛事，豈直清韵度山翠？

耆舊行初、志密、如寄、行嵩、志諶、志寧、志平、正肅，頭首行恢、志謙、可中、應昌，知事行堅、懷古、志宏、志蔄，住持懷堪，監作智性，富陽縣匠手何良能，男富成、志成，判縣羅季莊，比丘文靖、可止，沿海制置司兼知慶元府趙孟倬，朝散大夫張倞，恭人史氏百九八娘，將仕郎張初倩，安人鄭氏再三十娘，安人張氏重十一娘，安人周氏净堅。《兩浙金石志》卷一一。

張斑

張斑，處州龍泉（今浙江龍泉）人，嘉定間以宣教郎知常熟縣。

常熟縣慧日寺修造記　嘉定十二年

梁僧慧嚮造大寺三，在淮南曰慧照，在昆山曰慧聚，在常熟曰慧日。環常熟之境，他佛廬無慮數十所，或背岡巒而深隱〔一〕，或面江湖而舒曠，其得勝概固宜；獨慧日在縣西稍北九十步，臺殿屹立，檜柏葱翠，當闤闠中，乃有山林蕭灑意。鍾磬石鼓之音，時徹縣齋，爲令者藉以少清胸次，爲不易得也。院從昔名重甲諸剎，旃檀林率贍二千指，非但爲展鉢計，頗知相勉參請，或在定累日，無少懈怠。以故主席者必當世龍象，然後其徒心悦而誠服。嘉定丙子夏五，比丘子幸以少師樞使大丞相魯公之命，來住此土。始至之日，旱蝗積逋，舍宇就弊，緇袍稍稍雲散。幸與佛爲謀，奮空拳而一新之，凡所得施利，悉以助修設，毫髮無私焉。居無何，甑中之塵銷，而户外之屨滿矣。於是首興造事，聞者響答，富室至捐百金，其窶人子亦分錐刀。若法堂，若庫院，若浴堂，若衆寮，若華嚴閣，若水陸殿，既次第補葺，復製幡幢二十四首，以嚴冥陽之儀，創經函六百餘枚，以足大藏之數。山門兩廡，舊爲賈區卜肆，喧啾冗雜，亟聞諸公而盡斥之，塗以丹雘，輝如也。繼此來者，款門而容改，升堂而意消，便人折不善之萌者固多。謂佛法無益世教，不厚誣哉！斑揭來試邑，既喜與蘭若鄰壁，故因其求記而有考焉。自天監初，院爲十方禪林，幾千載于此矣。中更鬱攸，碑碣無有，老宿或謂三錫敕額曰壽聖、曰晏安、曰慧日，亦口相傳以熟爾。乾道間，僧宜意建佛殿。淳熙間，僧宗璉建法堂。嘉泰間，僧祖印、慧光又建寢堂〔二〕、丈室，皆未就去。間闕至今，乃迄于成，是必有數存乎其間，斷非偶然之故也。抑嘗誦《須菩提經》曰：『菩提莊嚴〔三〕，佛土不尚也〔四〕。世尊何以故莊嚴佛土者？即非莊嚴，是名莊嚴。』夫靈山六年，鵲頂蘆膝，佛自處也。金碧晃耀，十二由旬，人奉佛也。二者并行，初不相礙。今慧日奉佛之道至矣，若夫離相莊嚴，則在比丘反求而自得之。嘉定十二年解夏日，宣教郎、知平江府常熟縣、主管勸農公事、兼兵馬監押龍泉張斑記〔五〕。

康熙《常熟縣志》卷一三，康熙二十六年刻本。又見寶祐《重修琴川志》卷一三，《吴都法乘》卷一〇下之上，《吴都文粹》續集卷三四，《海虞文徵》卷八，光緒《常昭合志稿》卷一六，光緒《蘇州府志》卷四四。

〔一〕隱：原作『穩』，據《吴都文粹續集》改。

〔二〕慧光：原作『慧日』，據右引改。

〔三〕提：原作『薩』，據右引及光緒《常昭合志稿》改。

〔四〕尚：原作『不』，據《吴都文粹續集》改。

〔五〕『宣教郎』至『張珽記』，原僅作『撰記』，據右引改補。

吕午

吕午（一一七九——一二五五），字伯可，徽州歙縣（今安徽歙縣）人。年十五入郡學。嘉定四年第進士，授烏程主簿，次太平州當塗縣丞，次監温州天富北監鹽場。改知杭州餘杭縣，以言罷，自此名益重。紹定二年知龍陽縣，繼監三省樞密院門兼監提轄封樁上庫。嘉熙元年六月除太府簿。十月除監察御史。三年正月除宗正少卿兼國史院編修官、實録院檢討，二月差知泉州。淳祐元年除浙東提刑，三年再入爲監察御史，兼崇政殿説書，遷起居郎兼史院官。寶祐三年卒，年七十七。著有《竹坡類稿》五卷、《左史諫草》一卷，今存。見《宋史》卷四〇七本傳，《新安文獻志》卷七九《吕公家傳》。

休寧縣方興寺西院新建藏記　淳祐四年六月

佛入中國，不立文字，五千四十八卷，其徒相傳謂寶林大士哀憫閻浮提中淪墮迷塗，與所知覺，乃聚五千四十八卷以爲輪藏。藏取其静，静以明定；論取其動，動以明慧。由此動静，以悟定慧。佛之定慧，如吾儒之定應也。不知吾儒亦可效是輪藏，儲六經諸子百家于一運轉頃，遂悟所謂定應者乎！其徒又謂諸天鬼神、大地山河、龍宫釋梵，種種相好，具在其上。所以護持五千四十八卷，使横目而視，皆生信心。不知吾儒以古先聖刻諸輪藏，亦可護持六經諸子百家，以啓人之信乎！其徒又謂左旋象天，右繞象地，法輪一轉，鐃鼓周旋，凡旋一匝，當誦五千四十八卷一遍。不知吾儒諸子百家，不必手披口吟，惟以輪藏運即可精熟已乎！予聞寶林大士初意，謂五千四十八卷無非記佛善言，思所以寶藏之，而又爲機械輪轉，以便閲習耳。流傳既遠，此意浸失。狃于莊嚴，備極華麗，怠于誦習，托諸運轉。又自一輪，演爲五輪，金碧愈輝，心目愈駭。將使釋俗眩華忘實，插架貝葉，手未嘗觸，是猶吾儒有書不讀也，諸佛之説何由以傳，寶林之意豈不遂泯乎？粤有比丘，法名宗德，脱舊方興，遍參知識，隻履來歸，心有不懌。如此佛廬，無經可譯；如此佛堂，于法無得。發勇猛心，建大工役。殿宇外周，輪藏内飾。天竺經論，罔有遺失。咨我佛徒，稽首皈依，目擊道存，口誦心惟。寺閲千載，法興一時。黑白贊嘆：『善哉德師。佛中龍象，鬼運神移。是爲釋宫，天禄石渠。』德乃合爪：『吾何有能。藉諸檀那，不日而成。大施倡衆，力主此盟。遂濟登兹，程公端明。』德請予記，爲下一轉。兹舉也，始于有志，終之無倦。化無爲有，厥效立見。是則可書，以爲世勸。淳祐四年六月六日，朝議大夫、起居郎、兼國史院編修官、實録院檢討官吕午記并書。國家圖書館所藏《竹坡類稿》（簡稱《竹坡類稿》）卷二。

靈山院記　嘉熙三年二月

新安爲郡，環以萬山。山名甚夥，此獨以靈名，意其必鍾奇孕秀，是生英賢，以瑞斯世；不則雲興霧滃，降而甘澍，以澤萬物；又不則仙佛神人居之，爲禳禱皈依之所，而後可以爲靈。予家及松楸去兹山可十四五里許，常望見之，宛若屏障，釣游經行，率與俯仰拱揖。黄山諸峰，峭拔秀麗，從山背或見，極爲奇觀。聞諸長老，兹山有神，廟食其間，曰靈王；有甘露殿，時現光其顛，曰靈金；又有佛廬居其麓甚古，而以靈山之名扁其顔，則其謂之靈也固宜。予時爲舉子學，足迹未暇到也。𥘉一行作吏，隨牒四方，逾二十年，每見他山，必憶兹山。歲在丙申，里居，始偕文人汪翔甫游焉，時亦未能整屨登山，姑□諸山麓之佛廬。主僧繼遠師與予生同里，相稔，聞予歸，喜，見予來游，又喜，相勞苦，作清净供甚殷勤。予索筆賡壁間絶句云：『浪漫人間現宰官，東奔西走没遮闌。有時經歷名山處，便憶靈山是故山。』別去又三换歲，遠刊前詩見遺，且介翔甫來言曰：『五廬肇建唐天祐之三祀，我朝南渡，嘗爲禪院。慶元中香積屢空，垣頹壁敗，不可居禪子。里人汪仕周輩，以鄰邑休寧方興寺僧正果有龍象力，相與狀于郡，延主其席，而寺復振。自是仍爲甲乙住持，繼遠實嗣其後。今子智良、孫崇善，又嗣繼遠後，皆不敢不嗣葺也。顧歷年如是，廢興如是，而未有紀述，事若有待。君于兹山，不爲無緣，幸施我記文。』予方謀退處竹坡，日對湖山間，徜徉靈隱、天竺，以適吾性。又念信美而非吾土，鄉夢栩栩，未嘗不在靈山之下。縱不能效白樂天于香山大有布施，可無一轉以塞遠請？夫山以靈名，而寺以山名，則寺靈可知。遠謂斯靈也，廣殿長廊，掘山穿地，起樓架閣，鬥麗誇雄之謂歟！紫金七寶，像貌莊嚴，旃檀衆香，寶藏涌起之謂歟！抑魚鼓鐘磬，朝夕擊撞，香燈瓜菩，晨昏供設之謂歟！必有僧寶滄海珠而後地靈。雪山草山之靈固發爲寺之靈，寺之靈又係乎人之靈，寺而得人，靈乃生焉。如龍在淵，淵斯靈矣。遠在茲山，自祝髮爲苾蒭，今爲長老，截貪嗔痴，積戒定慧，將食針咒水，散花乘杯，使象教日尊，神通日廣，寺由是顯，山由是重，則其謂之靈也宜矣。果能此也，安有唐人靈山廢而法不傳之嘆？此一重公案，予欲以復遠請，可乎？翔甫點頭曰：『善哉善哉！當以語遠，俾刻諸石，永鎮山門。』嘉熙三年二月旦日，朝請大夫、守宗正少卿、兼國史院編修官、實録院檢討官呂某記。《竹坡類稿》卷二。

清泉院記　嘉熙四年五月

清泉院在歙縣西三十里，按《新安志》，唐大中二年建，入我朝，宣和癸卯釋常照始建法堂。建炎戊申，釋常富稍遷而西。紹興丁巳、庚午間，佛殿鐘樓次第以舉，皆富之爲也。至淳熙壬寅，得釋廣淨、惠修、惠宗，而僧堂、藏室、倉庫、庖湢俱備焉。紹興壬子，釋廣璇撤方丈而新之，軒窗玲瓏，藻繪蒨絢，寺至是始盛。越丙子，釋了初、惠訥又建諸天閣于門，益雄偉。今釋紹隆與崇燈實踵其役，謂諸天里中寺在在有之，將易爲五百羅漢。仿閩浙梵刹，環四壁，列岩洞，高下重複，嵌空蒼翠，雜以松柏，横以橋梁，佐以青虬、白象、狻猊、于菟之屬。要使是五百人者離塵出俗之姿，縹緲騫騰于其上，間見層出，金色照耀，行住坐卧，各各自在，如居天台、雁蕩山中。規模位置，已有端倪，行又爲一寺勝概。蓋自宣和至是幾百三十年，釋子相繼辛勤締創，以成此屋廬，爲西鄉招提冠，良不易易。故俊秀多琢磨于斯，鄉鄰多合成于斯，士女遇時節而嬉，官吏以公事而出，亦多憩飲于斯。友人方山甫家連端，相去二百里而近，好學喜賓客，有燕集亦必朝會于斯。如是者三世矣。近來訪馬城寓舍，曰：『君與靈山寺僅有一日雅，便效白樂天香山爲之記。清泉，君舊教游，乃闕傳遠之刻，獨無意乎？且燈之鋭志于閣也，君嘗惠以疏文，邦之名公巨人若善知識見輒樂施。顧工役艱大，未即既事。願并着一語，堅其勇猛，毋有退轉，亦成人之美也。』予念是寺實鄰外家，自孩提距今周一甲，予與諸舅親朋不知幾到焉。每見于影茂密〔一〕，野水縈紆，墨妙淋漓于壁間，鐘聲悠揚于木杪。珍樓寶屋，互相輝映。禪房丈室，各極清幽。往往留至信宿，徘徊不能去，而璇初之徒又皆相稔。今諸舅親朋與璇初零落殆盡，予亦老矣，寧不感嘆？向使其法衣無傳，肯堂弗念，梁桷摧剥，庭木雕闕，廢前功而羞鄉間，豈不令人重感嘆哉？兹聞輪奂欣榮，視前有加，喜當如何！夫釋氏、老子之居，其興廢何與我輩？然緣人情以交際，樂成事而紀咏，則亦有不容已者。韓昌黎于二氏欲火其書，廬其居，及遇大顛，則留連繾綣，殆不忍捨。泗濱浮圖跨虛突兀于掃地一空之餘，亦爲澄觀摛張發揮無靳辭，非所謂緣人情以交際，樂成事而紀咏者耶？予曩記紫極，近記靈山，亦庶幾昌黎之意而已。然則慨清泉興建之勤，思疇昔追游之舊，奮筆書之，以從山甫之請，可不可乎？寺本以方丈有泉，故號玉泉，是鄉之里亦以玉泉名。自寺稍遷，其泉故在，今寺後蔬圃中宛然也。然僧俗相承，寺不曰玉泉而曰清泉云。嘉熙庚子夏至日，里人朝請大夫、新知全州軍州兼管内勸農事、借紫吕午記。《竹坡類稿》卷二。

〔一〕『于』字當誤。

慈竺院記　淳祐元年正月

嘉熙三年某月某日，歙尼祖證狀于郡曰：『祖證俗家靈山之前，里中舊祠僧伽大士，有水旱疾疫必禱，禱必應。今頹毀久矣，過者太息。祖證不揆，不謀于衆，不丐于人，自輸家財，因其遺址以崇成梵宇，凡費錢五百萬三千而後成。與徒衆晨香夕燈，上祝聖人壽，下俾鄉人復有所皈依。顧昔焉榛莽，今焉道場，于吾佛法固善，而名額不得上賜，如國王法何！創而求之實難，惟因其廢于彼，而取以名于此，則亦條例之所許也。城南太平興國寺中有廢院曰慈竺，祖證願徙以榜之，惟慈悲幸聽。』郡嘉其意，爲上之部，部上之省，至四年月下，黑白衆瞻仰觀嘉，嘆未曾有。予友人汪翔甫述其顛末，來以記請。證，翔甫之諸姑也。自乾竺經法入中國，其徒備著天堂地獄之狀，廣張因果罪福之説，以爲人死爲鬼，鬼復爲人，隨善惡報，還復無窮。若善男子，善女人，悉當如是觀。故其誘人甚速，入人甚深。無智愚時趨之，婦人女子亦信嚮焉。然流弊有二，彼其朝辭房闥，暮宿禪寂，割父母深愛，絶男女大欲，離弃骨肉，瓦食壞衣，以自屏于山巔水涯、足迹罕到之境，而人道滅矣。復有曲眉豐頰，命薄志違，不得已發勇猛心，爲式叉摩那幸之，胥訓胥效，龍蛇污雜，而禮法闕矣。證則不然，幼則即茹蔬誦經，蕭然有物外意。嘗往師能仁寺尼如通，旋返其家，静居一室，日以焚誦爲事。或問之曰：『出家兒當如是耶？』證曰：『此吾教七衆中所謂優婆夷，道林師所謂在家菩薩，而金色女所謂名出家者，不必在阿蘭若處也。』已而户外之屨常滿，僧俗混處非便，始别營室廬以居之。而必于其族黨密邇之地，庶恩相愛，義相接，無异於在家時也。證雖以度人爲事，然不輕受，往往擇其家世之良，氣質之美，與其有以自給，無求于外者，乃與之進。懼不爾，則外誘内務，將不能相與以守吾教矣。此豈滅人道、闕禮法者所可同日語哉？向使其不具室羅末尼之相，而從事于君臣父子兄弟夫婦之常，則柔則懿範、婦德母儀當必有可觀者。士大夫平日于親故交際，繆相敬愛，一旦利害相及，名位相軋，反眼若不相識，而彎弓下石者有之。苟可以求富貴利達，不背公死黨，則左右詭隨，雖行不顧言，壞名敗義，弗恤也。聞證之風，寧不少愧？昔韓吏部于謝自然深致其告戒感傷之意，至咏華山女頗獨假借，得非以霧閣雲窗，追攀不可，其持守甚嚴，有以自拔于流俗者歟！彼有證之一，猶見取于吏部，吏部而遇證，當如何其稱予也？予故因翔甫之請，極陳其事，以警世之爲尼者，且以警吾黨之士，而亦以自警云。淳祐元年正月日，朝散大夫、新知全州軍州兼管内勸農事吕某記。《竹坡類稿》卷二。

吴泳

吴泳（一一八〇——？），字叔永（一作永叔），號鶴林，潼川府中江（今四川中江）人。嘉定元年進士，累官軍器少監。理宗朝歷秘書丞、著作郎，遷秘書少監，兼權中書舍人，遷起居舍人，兼直學士院，權刑部尚書。出知寧國府，進寶謨閣學士，差知温州，改知泉州，以言罷。著有《鶴林集》。見《宋史》卷四二三本傳，來可泓《李心傳著作事迹編年》頁二一三（巴蜀書社一九九〇年版）。

徑山寺記

國家駐蹕臨安，自西天目，龍翔鳳舞，舒岡布麓，盤結而爲帝王之都者，錢塘也。自東天目，能騰馬奔，淩深拔峭，發越而爲梵釋之宫者，徑山也。山以徑名，乃天目之徑路。其地尊，故鬼神不敢宅；其境勝，故凡庶不得居。必也建大道場，作大佛事，然後能儲精會秀，接光景而納於其中。始國一禪師卓錫於此，興廢逮今，蓋已四百餘年矣。先是慶元己未冬，龍王殿灾，精廬佛宇一夕而燼，住持僧元聰治故而復新之。後三十五年夏，再毁，無準師範慨然嘆曰：『曩在育王時，曾夢一神人偉衣冠，盛儀衛，馳騎而前迎。疇昔之夜，又夢前神人者持二十一寶珠以相授，曰：「謹勿訝。」或謂夢之神即山之龍，珠之數則火之日也，豈住止成壞皆數耶？』師於是以精進心轉不退輪，以勇健力撾無畏鼓。披榛塞，窺高深，度材於山，視昔所封植，可以爲榱、爲梁、爲宋、爲桷者，適飽厥用。則鳩工聚糧，命幹方之僧相其役。一念纔起，諸天響合。上方頒賚甚渥，公卿大夫士樂施舍，南國之好善者，不祈而獻力。越三年考成，曰殿，曰堂，曰門，曰廊，曰樓觀，栖客之廬，齋庖之所，庫庾井廐，靡不畢具。最是龍游閣居翠峰之頂，畫拱璇題，承雲納日。而虚欄外曰凌霄之閣，天空宇迥，若與灝氣者游。循而下曰殿，曰寶所，曰靈澤殿，曰妙莊嚴閣，不但如飛來涌出，而宸奎麗畫，寶鎮此山，實振古所未有。舊兩僧堂，初學者居外，久習者居内，殆非不二法門。今則統二爲一，楹七而九，席七十有四而衲千焉。矧翼五鳳而開離門之虚，建萬物而補艮山之缺，皆以大用勝服之。若夫乘金相水，西奉多聞，异僧所云，更不道也。比年以來，歲數不登，諸方寺宇兵殘火毁，荒基斷礎相望，百不能興一二。師乃於艱棘之秋，廉以克己，勤以募衆，竟乘願力成就兹事，豈不謂釋中之杰耶？雖然，予嘗聞瞿曇氏之爲教也，旅泊三界，木下一宿，穴土爲廬，編茅爲庵。達磨之不屋也，德山之無殿也，包攝之不設佛像也，楊岐之不蓋僧堂也，風穴之不葺破院也，林洋泰布衲之不飾寺塔，不占檀那地也，瓦石擊竹無非道，山桃開花無非禪，地上水、庭下柏無非佛，安得有宫殿樓觀之華哉？無準曰：『否也。了性者，真幻皆性；證實者，權假皆實。一大寶藏，半説莊嚴，一部《華嚴》，只言現量。有是身非旅亭也，有是物非寓宇也，有是居處室廬非假觀也，有是宫殿樓閣非化城也，於密屋可以識無陋，於鏡壁可以見因果，於廣大樓閣可以觀三生。立一枯木爲像，可以起人敬心；以一團泥塗地，可以使人不墮惡趣。莖草建刹，具足大智，聚沙爲塔，皆成佛道，安得爲無范金合土、塈茨丹雘之事哉？』予謂：『由前之説，則一切有爲之事俱落虚無。由後之説，則諸祖無上之宗悉成斷滅。泥空則如盲人摸像，黑山窟裏修行；墮有則猶跛鱉困泥，濁海波中起没。二説皆非也。道有則一塵不立，道無則一法不捨。於真空而不着頑空，於妄有而轉歸妙有。信圓而不偏，念活而無弊。合體性名貌融乎一源，其庶乎道哉！』師曰：『兹事且止。普樂院火，永邦建之，記者張無盡也。圜通寺焚，師序復之，記者周益公也。己未之厄，聰亦求記於樓學士。子，舊詞臣也，盍爲我識之？』歲丁酉登山，師首請。守寧國，又請。奉祠龜溪，請益勤，且曰：『上累朌金幣，賜御書，復賁範以金襴法衣，佛鑒師號。蓋自靈山付囑以來，未有如今天子神聖慈武，清心寡欲，篤行善道，扶立教門如此之力。子尚可得而辭耶？』『某不嘗醍醐，不嗅薝蔔，枯藤敗筆，何能鋪述盛美！然學自孔氏，所求乎子以事父，臣以事君，嘗恐不盡其分，無以報國。汝等捨世俗家，出形色界，辭親割愛，不拜君父，飯以珍厨，栖以大厦，將於何所求以報國恩？持經誦咒，不足以報；談空説妙，不足以報；殫子之力，盡未來世，以無量寶，聚無量莊嚴不足以報。惟敷揚大旨，警悟群迷，具如來眼，踏毗盧頂，掘二祖髓，印大梅心，標俱胝指，破馬師欽師惑，使一切衆生成等正覺，此真是報國恩處。』範曰〔一〕：『唯。』乃爲之記。

文淵閣四庫全書本《鶴林集》（簡稱《鶴林集》）卷三六。又見《咸淳臨安志》卷八三，《徑山志》卷七，萬曆《杭州府志》卷一〇〇，《西天目祖山志》卷一。

〔一〕範：原作『鑒』，據本文及《咸淳臨安志》《徑山志》《杭州府志》改。

王公振

王公振，福州（今福建福州）人，嘉定間在世。

福源寺田記　嘉定十二年二月

田疇利天下尚矣，神農作耒耜，后稷教稼穡，一或去食，人類絶矣。釋氏雖以虚無爲教，至饑食渴飲，未嘗與人殊。鐘鳴鼓奏，展鉢待哺，非有田疇，則何以哉？福源肇於梁之大同，廢於隋之大業，復於唐之貞觀，火於國朝之紹興。殿宇巋然，古迹僅存。東西廊廡映帶，皆比年草創之規模也。寺初未有阡陌，慶元改元，比丘志寧奮發宿心，營浮屠宫，抵儀真，會里人勞公檀越相與言曰：『學道無有自虚空入者，常住二時，盍謀饘粥之計？』乃慷慨興念，與錢三十萬歸。今之掌事慧通，戮力營置田二十一畝有奇。惠明又募衆積勤累年，合爲八十餘畝，歲有常産，以充净供，始免謀食之憂。有金穰之應，無水毁之菑，彼給孤施園，知末而不知本，妙意設食，可暫而不可常，視此孰勝？恒沙有竭，此食無竭，勞氏之德溥矣。予游西山十二年，知寺僧亦不妄食人之施者，於是乎書。嘉定十二年二月望日，三山王公振撰。康熙《具區志》卷一〇，康熙二十八年刻本。

杜仲午

杜仲午，眉山（今四川眉山）人。嘉定中由迪功郎、梓潼縣主簿差資陽縣令。

廟山新開三伯佛記　嘉定十三年五月

凡天下名山洞府、聖迹所在，沿路必爲佛像，所以示聖境也。惟七曲洞天未有。仲午到官，即欲爲之。父老云：『去廟南不里許，有懸崖揭道旁，其高如闕，其方如切，俗傳謂之神印。往年有匠欲鑿之，斧鑿纔動，雷雨即至，如是者數四矣。』仲午曰：『嘻，有是哉！此殆帝君之意，欲留以爲今日用，試以之爲佛，帝意可占矣。』遂命工鑿爲巨像者三，小像者十有一，雷亦不動，雨亦不作，衆然後信。因命沿道五六里内，凡懸崖所在，皆鑿爲佛，得三伯尊，自是道路鳴指聲不絶，豈非視聽之間，有以起其善心使之然耶？繼自今，吾蜀士夫謁七曲者，入是境先睹雙松佐神之威嚴，繼睹沿路松官之森列，繼睹夾道諸佛之顯見，雖未見帝君，起敬起畏之心已肅然萌于中，跬步不敢懈矣。此尚區區今日鐫佛之意也，其可不書！嘉定庚辰五月日，迪功郎、隆慶府梓潼縣主簿、提振廟事、新奏差資州資陽縣令、主管勸農公事眉山杜仲午記。《金石苑》卷六。又見咸豐《重修梓潼志》卷四，《宋代蜀文輯存》卷九二。

朱舜庸

朱舜庸，江寧（今江蘇南京）人，免解進士。嘗辟爲建康府校正書籍、學正，好古博雅，編金陵遺事積二十年，自里巷口傳仙佛之書，無不綜研。慶元中吴琚爲之銓次，目曰《建康續志》，十卷。見所撰《方山上定林寺之記》，《直齋書録解題》卷八，《景定建康志》卷四九，《至正金陵新志》卷一三下，乾隆《江南通志》卷一六五。

方山上定林寺之記　嘉定十三年正月

古者四民各有所居，故居士於學，居農於田，居工於肆，居商於市。是時釋老二氏未興，其奚居？此王政之所必無也。逮漢之東，始居僧于寺，歷代相因。訖于今，釋教之盛極矣。凡城郭山林，寺之占勝者多，而其徒之居山尤爲人所重。豈不以是道之妙，非求於寂寞之濱則不可得？苟其徒不以精勤枯淡爲心，亦必不能久安於此，其取重以是乎？方山上定林寺，蓋即山而居者也。當乾道末年，有秦高僧善鑒始來是山，結廬行道。未幾，遠近慕施者踵至，于是率其徒疏泉蒔松，徙石闤塗，土木之工，次第而舉。無何，有殿以奉佛，有堂以會法，有室以安衆，以至門廡庖湢，莫不畢具。方其事之權輿也，即詣府，請移鍾山梁朝廢寺『上定林』額于此。其地故有山川登臨之美，爲荆榛所蔽，爲狐狸所嘷，爲樵夫牧子所過而不睨，不知幾年。一旦雪脊朱甍隱然出於烟霏空翠閑，號清凈伽藍，信其地有待歟。鑒尋示滅，其弟子義瓊主之，已而今義珹代焉。繇薦得人，閲三十稔，隄瀕河之田而歲有計，建轉輪之藏而日有資，此其師疇昔之志，卒待瓊、珹而後成，其勤至矣。洎珹領事，猶以身先人，蓋思備其所闕，壯其所居，以稱其山之高且大也，駸駸乎與諸雄刹亢。一日，踵僕門告曰：『寺之成已久，曾無紀述。惟累世經營之難，恐浸就曖昧，子與我善，且習知其詳，盍記之。』僕固辭不獲，則爲叙其本末，又從而爲之説。釋氏以寂滅爲宗，以苦空爲行，以慈悲爲願，以遠去塵囂爲高。從上諸祖師，以是道密相付屬。故其建立，往往在岩谷荒寒之境，疑若過清難居，而必栖其徒于此者，蓋使其朝夕所接不見异物，無害於心，惟佛法是求。如此則於一切經行坐卧去處，覺水鳥風林無非宣揚第一義諦，惟恐山之不深，林之不密，此所以爲真實堅固，不可退轉也歟。今定林爲寺誠得其所，而鑒之遺範，所謂向钁頭邊取人者耶。嘉定庚辰正月望，免解進士建康府校正書籍朱舜庸記。迪功郎、新平江府録事參軍秦鑄書。從政郎、辟差充江南東路安撫司準備差遣危和篆額。住山義珹立。民國《江蘇通志稿·金石志》一五。又見《金陵梵刹志》卷一〇，《江寧金石記》卷五。

程公許

程公許（一一八二——？），字季與，一字希潁，號滄洲，叙州宣化（今四川宜賓西北）人，一云眉山（今四川眉山）人。嘉定四年進士。歷任華陽縣尉，知崇寧縣，通判簡州、施州。端平初授大理司直，遷太常博士，歷尚左郎官兼直舍人院，遷著作郎。淳祐元年遷秘書少監，拜太常少卿，爲言者論罷，知袁州。召爲宗正少卿，遷起居舍人。累官中書舍人、禮部侍郎。忤鄭清之，退居湖州。起知婺州，權刑部尚書，授寶章閣學士、知隆興府。卒，贈宣奉大夫。有《塵缶文集》。《宋史》卷四一五有傳。

興聖寺記　淳祐十一年五月

天以皇朝世有明德，惠洽黎民，申眷命於高宗，中天立極，用再造我區夏。孝宗夙自秀邸，毓質少海，以承堯禪，祇若慈訓，誕保此丕丕基，積一執中之傳，有光往牒。維今嘉禾興聖禪院，則上聖載育之地也。斗樞繞電而壽邱輯慶，赤龍游河而慶都孕靈，帝命溥將，百神先後，父老傳頌，可考不誣。慶元更元，州升爲府。迨嘉定戊辰歲，昉因守臣希道之請，加賜軍額。仍即其所規作梵宫，扁以今名，所以紀長發之祥，示四海以有尊也。地接縣治，位置褊淺，無以肅視瞻。甫及四紀，而支傾植仆之不暇，守土者何以辭其責？今皇帝在位之二十八年，郡當擇牧。上念畿輔股肱，烈祖在天之靈不忘顧歆，命大臣差擇其可寄以赤子者，得太府丞臣與訔於班列，即日佩以章綬。始至，款謁廟廷，退而諏之僚吏曰：『漢制，郡國得立祖宗原廟。我國朝陪京及車駕嘗所臨幸，咸即寺觀創殿以奉於神御，而洛師之應天、啓聖，則又即誕生而紀瑞也。維兹興聖，伯父臣希道實倡之。粤四十有五年，而臣與訔嗣領郡寄，臣與弼同時持常平使者節按部浙右。前此苟有而未全者，若有待焉。失今不圖，人謂斯何！』往復究度，舊基之左右，乃牙民産，倍其直以償之。由殿堂門廡以及庖庫，皆革其故而取其新，不侈不陋，十閱月而崇功成。捐官莊田地二百七十有七畝，合舊田地爲一千八百二十有八畝，畀寺僧以給齋厨。費出於臺郡撙節之餘，不以勞民。是役也，大宗正、嗣秀王臣師彌實主其議，拜疏闕下，上爲援筆大字書『流虹聖地興聖之寺』八大字，命鋟梓塗金，揭之新刹。龍蟠鳳翥，日麗星暉，耆老聚觀，感慕灑泣。臣師彌被旨袖香奏告，道霅川，以圖示臣公許曰：『此國家盛美。君嘗以簪橐陪法從，秉鉛槧，掌内命，盍爲之記，庸詔久遠。』臣固謝不能，而竟弗得辭。竊惟藝祖以神武膺圖肇造，繼統以太宗，而天下宜定。高宗以艱勤紹復，遜位於孝宗，而駿命以凝。至公無私，與天同運，孫謀詒遠，配天無極，册書所紀，曠古鮮儷。小臣固陋，何敢妄以管窺？惟是隆、乾、淳熙盛德大業，得之面命心傳，見之躬行實踐，近接耳目，爲法可傳於天下者，蔽一言曰仁曰儉而已。惟仁故見善明，用心剛，愛惡是非得其正；惟儉故處己約，待人恕，刑罰賦斂得其平。自陟大位，以訖倦勤授禹，惟日乾乾，祗畏於民岩，中外乂寧，風俗淳厚，士大夫咸以禮義廉耻自修飭。紹熙、慶元之際，國家賴以扶顛持危者，猶昔日所作成之人才。此無他，仁儉之德積於躬者厚而化於人者深，其培養之道，感移之機，自有不期然而然者。盛矣哉！若夫篤於尊親，謙以自牧，雖震夙之所，未嘗一語及焉。逮寧考御圖，遹追來孝，始克舉行曠典，道隆德盛，而退藏於密。業巨事閎，而民無能名。刻辭豐碑，所以侈盛美於無窮，示來世以必葺也。臣謹拜手稽首而述以頌曰：宋受命古帝，有十一世。篤生孝皇，神武哲睿。藝祖之孫，高宗之嗣。毓德青宮，揖遜以有帝位。丕顯丕承，克順克比。厥初發祥，秀水之涘，帝實啓之，百靈萃止。若昔壽邱，樞電薦祉。慶都河流，赤龍紀瑞。有開必先，古今一軌。於赫梵宮，作鎮星紀。昔臣希道，以宗室子，來宣藩條，兹焉經始。敝弗之圖，鮮不心愧。臣旹假守，臣弼將指。同是肺腑，同所出自。諏之嗣王，典宗正事，老臣師彌，奏聞九陛。皇帝曰吁，天命匪易。念我烈祖，宵旰致理，德巨業閎，道洽政治。.積慶有源，涵洪演迤，施及曾孫，式承式繼。伸紙濡墨，爲八大字，鳳舞龍蟠，星輝日麗。欽仁飆游，聿嚴嗣志。皇靈赫奕，百神翼衛。心法所傳，仁儉而已矣。惟仁足以祈天命，惟儉足以承天意。於時保之，夙夜敢替！小臣作頌，庸侈休美。莫高匪天，莫厚匪地。於千萬年，作宋元祀。淳祐十一年龍集辛亥仲夏初吉謹記。中大夫、寶章閣待制、新知婺州軍州事兼勸農使、眉山縣開國子、食邑五百户、賜紫金魚袋程公許撰。《至元嘉禾志》卷一八。

重建開寶仁王寺記

仁王院舊隸東京開寶寺，藝祖皇帝六龍御天，沙門智曮奉敕興創，奕葉纂紹。至慧照大師法暉領徒從高宗大駕南渡，奏疏行闕，請即錢塘七寶山改建，主大内祈禳事如故典。制曰可。五傳而爲文坦。嘉泰歲甲子，以民居火延毁。坦議起廢，而未暇也。綿十有七祀，易四主僧。逮及祖仁，以坦嫡傳得次補，念先志未就，慨然以肯堂自任。不數年，浸復舊觀。再燎於紹定辛卯之季秋，瓦礫堆阜，諸比丘衆托身靡所。祖仁仰天而泣，籲曰：『凡囿形數，成壞有時。惟大願力，歷劫無盡。矧兹梵刹，肇開寶朝。以心傳心，同一悲濟。河沙可算，虚空可量，而此至仁，不可勝用。誓以堅忍，期復厥初。申祝帝圖，配天其永。』今皇帝嗣履大寶，祗畏於天，顯民碞，躬寶儉慈，内帑羨儲，絲粟靡耗。有以祖仁所發弘誓轉而上聞，帝若曰：『嘻！兹惟我祖，受佛心印，貽後之人，忽而弗圖，寧不忝厥紹？』亟命司藏輦畀金幣，爲之經始。豪貴風動，叶相其成。古石佛像、觀音臺殿宏麗，與三門鼎立相望，雲堂丈室，庖湢帑廩，饌僧之所，作務之寮，繚繞周回，纖悉畢具。萬石龍虡，架以層樓，晨昏鏜鞳，則端平元年尚方之製作也。六字飛白，揭之前榮，奎壁焜耀，則淳祐元年宸翰之賁飾也。三頃上腴，擇之餘杭，香積屬饜，則三年上命之頒賚也。清浄檀施，佛所護念，乃若經律論鈔，覆以寶藏，運以飆輪，金碧莊嚴，天龍圍繞，儼然雙林一會未散，無非宮闈錫予，及近侍之臣捐金喜捨，出納具圖籍，可覆考也。祖仁殫勞土木，幸汔於成。介靈隱禪者宗禮謁直學士院臣公許曰：『仁王名寺，加以開寶、紹熙詔旨，與聖天子藻翰，罔不惟皇祖是憲，匪但爲宗門龍光而已。子執鉛槧，直禁林，盍爲之記，期以塵露，增益海岳。』臣稽首拜手，作禮稱贊。

昔在覺皇住靈鷲峰，爲波斯匿等説菩薩摩訶薩現諸王身化導之事，住百佛刹，修百法門，等而上之，爲千爲萬爲億，爲百億千億萬億，爲百萬微塵數，百萬億阿僧祇微塵數，乃至不可説，不可議。從初一地至後一地，自所行處及佛行處，修證具有階降，化利各有多寡。然以甚深般若波羅蜜多，照見一切法皆如，則隨所應現，利樂有情，最初發心與正覺無相，殆未可以差別觀也。然則佩法王印，位天王位，爲天下一切衆生之所依怙，非佛菩薩本所誓願，疇克擔荷？贊寧《僧録》對藝祖言：『見在佛不拜過去佛。』豈亦有見於此乎？梵語釋迦牟尼，華譯曰能仁。繇今觀之，唐末五閏，豺狼恣睢，生齒凋耗。大聖人者作揚仁風，掃其荒穢，灑甘雨蘇其疲瘵，揭慧日爍其幽昏，然後天統以正，地維以張，人極以立。惻隱一念，施及無窮，歷三百年，銷眚厲，却魔怨，繫人心，奠國步，莫非此念之推也。豈若蕭梁、李唐諸君規規乎因果報應、名相有爲者比哉。大梁夷門，佳氣鬱積，安知嗜殺之醜虜不爲我驅除？六飛吉行，言旋故都，奠九鼎於中州，復宏規於開寶，梯航萬國，仁壽八荒，盡十方世界，同一道場，無有一衆生非我眷屬。顧瞻吴會，岌立寶峰，以智眼觀，奚别遠近？可使職方氏擅會稽、維揚之鎮，豈惟奉高宫，聞山呼萬歲者三？先佛世尊住三昧，定證我所説真實不誣。於是祖仁偕其徒侣彈指贊嘆，歡喜無量，請以斯文伐石摹刻，昭示未來。

《咸淳臨安志》卷七六。又見《淳祐臨安志輯佚》卷二，《西湖志》卷一三，《宋代蜀文輯存》卷八三。

岳珂

岳珂（一一八三——？），字肅之，號亦齋，又號倦翁、東兒，相州湯陰（今河南湯陰）人。岳飛孫，岳霖子。嘉泰中初仕監鎮江府户部大軍倉。嘉定中歷知嘉興府，司農寺丞，守軍器監、總領浙西江東財賦淮東錢糧軍馬。寶慶、紹定間累遷司農少卿、權户部侍郎，總領如故。珂嘗居嘉興府治西北金佗坊，痛其祖爲秦檜所害，作《鄂國金佗稡編》二十八卷、《續編》三十卷上之。另著有《桯史》《愧郯録》《寶真齋法書贊》《玉楮詩稿》《棠湖詩稿》（以上今存）等。事迹略見《宋史》卷三六五《岳飛傳》，《南宋文範作者考》下及所撰諸文題署。

鎮江普照寺記　紹定四年

京口爲浙右一都會，金、焦兩山與北固鼎峙，俱有佛廬據其巔。杰觀雄臺，金碧晃輝，晨鐘暮鼓，鏜鞳應荅。而又遍闤闠，環江湖，列刹櫛比，緇衲之流肩摩袂屬，蓋皆憧憧如歸矣。壽邱介域之中，坡阜纔數仞，遺屋無十數楹，在陳以後爲慈和，在本朝爲延慶上方，雖古蘭若，而毁于兵火，名存實亡。維彼泗水有等慈師闡化前朝，禔福民庶，累聖尊其行，錫以顯謚，崇之塔宇。自是始有普照之民，道俗麇集，築塔寺南，而所謂能華者相與依而事之，殆與舊寺判而爲二。寺之蔬糧顧及資之以自給，然則屢葺弗振，因陋以居，于浮圖氏之教初未至闕典也。寺之主僧清顯者歷久授受，經營二十年，謂大雄之殿未剏，伽藍之門未立，奔走于里閈、于舟車，儲金繒，募工師，斤木坯陶，銖積寸累，前遺後承，靡懈益堅，而績大費宏，迄未能如其所欲。嘉定辛巳秋九月，予弭節饟臺，迄于今日，歲息且一周，目擊主寺之更易者，曰智清、曰至祥、曰宗茂、曰冲希，日矻矻不輟，惟求貲繕材，是圖是究。最後冲希者以詩從予游，間進之席間，捐緡粟，斤材費以助之，使傛工自殿始，以及于門廡。繼復馳書近輔之嘗僚于兹地者蘇台守吴淵及其弟嘉興守潛、江陽守史嵩之，旁丐諸聞見樂施，共相其成。殿高四十四尺，縱廣五十尺，耽如翼如，像設畢具。門與廡列左右，備扃鐍，又凡十有五楹。自寶慶丙戌始植殿屋，至于紹定辛卯，蓋又六年而後竣事。用述始末，以貽方來。《至順鎮江志》卷九。

徐冲

徐冲，寧宗時人。

保寧寺鐘樓記 嘉定十六年八月

樂一歲爲十二鐘，武事以鐘爲伐，蓋鐘與鼓等。鼓陽主進，鐘陰主退，樂以鐘配地，戰以金爲斂，吾儒用鐘大矣。西方教尚金聲，鐃鈸鉦磬亦梵部樂，寂滅之訓，宜有取于静退之音。其書謂罽賓叱積罪化爲九頭魚〔一〕，刀輪舞波，斷首復生，循環不息，聞鐘少停，此緣起也。流入中國，則曰魄行中陰，假聲進步，人死不滅，業通三世，悉爲因果設。余童時見鄰有虎適野者，童聚戲，泥其竅，將困，鐘一聲出雲杪，遂闃然。弱冠侍親謫婺，爨獲自經，夜出罔蒙，鄰寺鐘鳴始去，扣一夕少止，良驗矣。世習以鐘警迷，暴戾潜消久矣，猶樂通和、鉦退師比也。况佛祖誓願，天龍統攝，通神明，齊生死，皆由人心發。鼎鑄奸屏，鐘鳴山應，吾儒不爲奇，佛家藉以立教。士不揣本，羡之曰『吾不及也』，鄙之曰『吾耻言也』。是皆不知倫類。出姑蘇葑門，沿吴江，百匯爲青龍江，距海三十六里曰商量灣。三精藍，獨保寧以石晋天福建，屋老而大，長廊重樓方一新。有吴越鐘四百斤，開寶九年，諸葛氏爲報恩山中峰寺作，不知何年歸于此。舊樓且隤，法喜聽天台觀嘆曰：『吾徒二千指，號聾聵。司昏曉者庳陋若斯，可耻也。』猛欲撤而新之。裘媪申明爲倡，檀施趨和，遂以嘉定壬午歲嘉平上浣成。廣三尋，縮二尺，高七尋，盈六尺，栱藻重檐，四牖咸備。予頻年以王事往返，一夕，法喜炷香瀹茗，求爲記。余指樓而告之曰：『幻土木之奇，焜金碧之輝，揭盛時之聲鐘，懸百尺之崔嵬，穿逸響于天外，振阿含之執儀。昔爲墜典，今登濟斯。爾所以歡喜，衆所以難息歟？』曰：『然。』又告之曰：『東鐘西鼓，尚陰折陽。示無生意，以柔剛腸。暮息萬籟，静而清長；晨鷄未嘒，作而鏗鏘。息者付道業之全缺，作者抑妄念之披猖。痴扃破鐍，夜景發光。律心萬法，豈徒釋争訟于曲直之場；施形百斛，何啻罷怨懟于矛盾之傷。繼今以始，午鼓并鏜。食輪轉，法輪翔，入耳著心，化凶反良。兆我一身，爲世津梁。此示衆未盡知，其以語而宣揚。』合爪曰：『法喜作樓本心也。敢垂樂石，四衆受持。』嘉定癸未八月既望記。《吴都文粹續集卷三四。又見正德《姑蘇志》卷三〇。

〔一〕罽賓吒：按《付法藏傳》卷五述此故事作『月支國旃檀罽呢吒王』。『罽賓吒』似當作『罽呢吒』。

姜元鼎

姜元鼎，嘉定中人。

新遷崇因院記　嘉定十六年九月

婺之支邑曰浦江，邑治北去三十里，皆倚山緣溪，蓁莽叢雜，爲樵采牧畜之地。橫溪側徑又十里，有山刻峭，獨峙而鋭上，名曰大孤。傍巒朝伏，映帶清流，蒼翠翔舞，姿態萬狀，蓋騷人墨客屐齒之所不到，誇奇耀美之辭莫得而付托者，浮屠崇因院獨占之。院舊坐孤峰之南麓，基趾湫隘，規模劣小，佳山秀水逃耳閃目，不足以呈偉觀。歲月既久，棟宇摧剥，駐錫者苦之。紹熙甲寅，院僧了新歸從天台，顧而嘆曰：『惜哉，天造地設，而人無以成之也！』於是相陰陽，易面勢，去舊院前三百步有奇，斫山陶土，開基立木，殿堂樓閣，輪奐飛騰，然後山水之奇狀，一眺而得。峙者如傲，朝者如揖，伏者如拜，鳴泉漱玉，潺潺有聲。其朝融暮變，疑與重檐杰棟競麗争妍。嗟乎！是其真瞿曇之佳境，而了新目力之所到也。余游崇因，見其徒而諗之曰：『院之開基何始乎？』曰：『李唐開成五年，賜額曰崇福；至國朝治平三年，改今名。』『前此未聞者，抑新之卜遷，藉衆力而爲之乎？』曰：『罄囊篋資，其俗家之樂施者以補其闕。』『然則新安在乎？肇工於何時，迄何年而落成乎？』曰：『始於紹熙甲寅之冬，終於嘉泰四年之夏，百役告畢，志未立而新亡矣。』余聞而有感焉。夫自李唐開成接於治平丙午二百二十二年，而寺始改額；紹熙甲寅又一百二十九年，而寺始議遷；嘉泰甲子距前十有一年，而寺始畢役；迄於今直二十年，而寺未有志。上下幾四百載，其難如此！意者興廢有數，盛衰在人。興衰起廢者新，繼新之志而維持者，其徒也。居爾廬而不以經意者，惰也；經意矣而應故事者，是亦不忠於其師也。余嘉新之志而有望於其後之人，於是乎記。新姓毛氏，童年祝髮，曾主天台方丈，喜讀書史，亦剛介自立者。嘉定癸未重陽日記。光緒《浦江縣志》卷一五，民國五年刊本。

高羅月

高羅月，嘉定間知郴州。見其所撰《開元禪寺記》。

開元禪寺記　嘉定十六年

自佛法流入中國，千有餘歲，世無貴賤賢愚，奉之惟謹。凡天下名山勝概而浮屠之宫十當其七八，窮極土木之功，日增月益，務相誇尚。間有邃殿修廊，層樓杰閣，藻繪晶熒，金碧照耀，使人望之如珠宫貝闕，鈞天帝所幻化而成，非人間所有。雖耗費不貲，視之若無足靳，以爲不如是則無以侈崇奉之意而表佛之尊且神也。古今沿襲，未有祛其惑者。郴之開元寺法堂後有屋僅數楹，爲奉安無量壽佛之所。佛生於郴而闡教於湘源，今湘山寺宇之華、僧徒之盛，爲湖外甲刹，郴乃佛所産，顧卑陋弗若。蓋地瘠民窶，家無百金之産，市無千金之賈，人無捐金樂施之資，是以郴境之招提蘭若率不逮他處。余初領郡事，因祈禱詣寺，舊殿已圮，四顧蕭然，寺缺主僧，乃舉得僧法升焉。法升長沙人，嘗游岳山諸寺，及見叢林老尊宿，頗諳世故，守戒行，慨然以繕修爲任。先是，僧清詔欲撤舊屋而新之，功未遂而卒，升乃募衆緣以迄前人未就之緒。鳩工於嘉定壬午三月，落成於癸未之十月，請識其事，余進而告之曰：佛法虚無爲教，寂滅爲樂，緇衣疏食，窮居僻處，外形骸，絶羡慕，使一色相悉歸空界而無所修飾，乃名妝嚴，其於廣厦萬間與彌勒一龕等耳，彼誠有得於中而不顧其外也。今此殿苟完矣，使能遵佛之教，求佛之心，端居宴座，一念凝然，玄機超詣，則參乎其前，雖方丈之室有餘地矣。不然，則棟宇雄麗，金碧相輝，徒爲美觀，於道何有？升竦然而退，請書此言以告來者，遂爲之記。萬曆《郴州志》卷一二，天一閣藏明代地方志選刊本。

釋寶華

寶華，嘉定中江寧（今江蘇南京）治平寺僧。

祈澤治平寺建藏殿記　嘉定十六年

敕額治平，其來遠矣。因初師置覆鉢之地，故後人營環堵之宫。左眷金陵，傍鎮驛道，祝龍救旱，靈感六朝，蓋古石書有可考焉。自嘉定之己卯，有檀越李子清者，距寺不二里，占籍寺東，古彭城上團也。每出郊行，不厭入寺，家世潤屋，不慕經營，見聞慈善，雅所敬重。其先捐錢拔剃本寺之僧，日一十有餘人，法超、法起、法圓、寶海、寶江、善慶。而他刹又有公之施者，多不此紀也。與夫築梁通津，微恩涓惠，未易僂許。忽一日，入山修設，與族弟釋法超從容話次，乃曰：『此山僧衆足矣，但延置禪衲，歲無生計可供齋厨，不若闢堂左隙地而建藏輪焉。姑欲寡助常住，不亦可乎！現木植合用，吾廬有之。』既而諾請僧員法超、法起爲之幹，造次以命工，計慮獨啓，巨誠鼎新，創造天宫法輪寶殿一所，及下雕鑾像儀，毋容裒外工畢更飾藏輪佛金一面。其興事僝工，愈多愈費，隨胥隨有，略不憚煩。纔僅越期之月，已慶落成之舉，如土石竹木之工計者，奚翅十萬，以貲糧緡費之計者，奚翅一萬，而寺無毫髪之補，彼亦奚慮及耶！不虞幹造二釋殿成七八，相繼圓寂，悉以藏事委於寶華者。而寶華雖不能任，得代師起之衣鉢，不容辭焉。善哉！且人之一發慈言，則千里福應，况李君建佛塔廟者乎，其功德爲如何。念惟月浸歲深，日更時异，謹刊諸石，永爲善信之士之規鑒云。時巨宋癸未嘉定十六年七月十五日，攝藏事寶華記。《金石萃編》卷一五一。

又見《江寧金石記》卷五，民國《江蘇通志稿》金石一五。

傅自得

傅自得，字幼安，建昌軍南城（今江西南城）人。善爲文，尤擅四六及古賦，著有《燕石稿》。又嘗編杜甫、王安石、蘇軾、黄庭堅詩篇爲一書，名曰《四詩類苑》。後至高壽卒，景定間猶在世。見《隱居通議》卷四。

大覺寺長明燈記

盱江出郭西門，良疇衍沃，清流湍激，夾道巨石峙立，若怪獸奇鬼狀，是爲麻原第三谷。逾華岡，躡石磴，深入數十里，有精藍曰『大覺』，昉建于唐光化。開山師伾震，有道術。其始至也，伾而前溪，隨止卓錫，搜岩剔藪，以立寺宇，初名『靈隱』。皇朝治平中，始錫今額，既數百年矣。今寺僧妙珪節衣并食，銖積寸纍，又干長者布地之金以益之，市田爲長明燈費，歲入米以斗計者凡二千。且用佛屬付國王大臣故事，請文據于有司，勒堅珉以詔後，庶幾永終不墜。閑請記于予，客有謂珪曰：『而法中有掌中之光照十方者，有絜孔之光照一室者，有變見光景，輝耀崖谷，使人目眩神迷，若峨眉、五臺、天台、廬阜者。今而辛勤昏旭，增曲續炷，不亦勞且小乎？』珪曰：『若子所言，或者方以病吾徒之善幻，我法之正，不如是也。今吾以真實心，作無盡供，使幽明同一昭徹，聖凡同一歸向，日月經天，容光必照，吾燈不鑠；雷電晦冥，風雨總至，吾燈不暗；寒暑往來，星移物換，吾燈不斷；塵揚東海，灰出昆明，吾燈不滅。鑿大昏之墉，闢靈照之户，揭孤光以長存，破群迷而咸曉，使内外精粗，融會一法，顧不韙歟？』予以其言近道，遂書以爲記。

《隱居通議》卷一七。

袁甫

袁甫，字廣微，號蒙齋，鄞縣（今浙江寧波）人，燮次子。甫幼承庭訓，復師楊簡。以第一人登嘉定七年進士第。初簽書建康軍節度判官廳公事，授秘書省正字。累遷著作佐郎，出知徽、衢州，提點江東刑獄兼提舉常平，轉將作監，知建寧府。嘉熙元年，遷中書舍人，復遷兵部侍郎，兼給事中，累遷至權兵部尚書。卒謚正肅。甫歷仕州郡，所至以興利除弊爲意，救荒活民，建學崇儒，聲稱藉甚。立朝鯁介，不避權貴，數言大政，直切詳明。著有《孝説》《後省封駁》《信安志》《江東荒政録》《防拓録》《樂事録》《蒙齋集》。見《宋史》卷四〇五本傳。

衢州光孝寺記

光孝禪院在闤闠囂塵中，廛肆淆處，棟甍聯續，比鄰有警，幾爲延燎者數焉。寺僧恃天幸可常，滋玩弗飾。乃寶慶丁亥冬十月，鬱攸挺灾，寺果不免。念此朝廷崇奉名刹也，非他寺比，興復可緩乎？謹按：梁天監中，异僧卧雲結廬此地，因寺焉，號吉祥。國初仍之，錫以寺額。至我徽皇，更名天寧。高廟南渡，思念弗替，令天下天寧，悉名報恩廣孝，旋又以光孝名。臣某伏思我高皇之以孝名寺也，豈徒若世人追悼其先，徼福于佛而已哉！中原赤子，久苦烽燧，版圖未歸，仇耻未刷，卧薪嘗膽，亟思報復，以慰祖宗在天之靈。此志未嘗須臾忘也。名不虛立，緣志而生，存斯名所以存斯志也。天下後世，徒見寺以孝名，豈知志所不忘者乎，不忘徽皇也；不忘徽皇者，不忘中原也。皇上嗣服，以孝治先天下，推問安侍膳之心，爲繼志述事之心。臣子仰體孝思，宣明聖意，兹事之不可緩也昭昭矣。乃核圖籍，乃諏故老，則知曩時基址宏敞，面勢穹嚴，僧徒牟錙銖之利，附益邸肆，浸以隘狹。欲勿更革乎，則寺日廢，廢寺非所以昭聖孝也；欲大更革乎，則民必擾，擾民又適以累聖孝也。二者無一可，然則奈何？臣某又嘗伏讀《國朝會要》，紹興七年肆頒明詔，深戒工役之不可輒興，而復繼之曰：『本寺有能修蓋者聽。』夫不禁其興寺，而惟禁其擾民，聖訓蓋可見矣。今兹光孝之役，不以民興寺，而以寺興寺，庶幾不負聖訓乎！費莫廣于聖者閣，西山乾明寺所移也；工莫衆于廊廡，諸刹協力所助也。三門規制之恢拓，復寺基非侵民地也。上自佛殿，下至庖湢，出于官之所施者，百姓不及知；出于衆之所捨者，官司未嘗强也。然則于民奚擾，而于聖孝奚累也？曾子曰：『斷一木，殺一獸，不以其時，非孝也。』又曰：『夫孝置之而塞乎天地，溥之而横乎四海。』一梵宫之興，初若未足深計，而所以不擾吾民與所以祇承聖意者在是，所以不忘中原者又在是，是知塞天地、横四海之孝，皆自其一念充之也。兹記之作，特表而出之，使知關係之大若此，世世修之，永勿壞。文淵閣四庫全書本《蒙齋集》卷一二。

衢州石塘橋院記

石塘舊設梁，壞不時葺，病涉日甚。余欲命僧掌其事，僉言：旁有二刹，曰藥師，曰能仁。藥師歲收田租可百石，僅給一僧，僧耄矣，不爲衆與，疇其助之；而能仁僧道融魁岸有才幹，樂施者必衆。莫若并藥師歸于能仁，而專屬諸道融。余遂招道融與語，道融欣然願自力。乃爲置簿籍，給官書，上其事儀曹，爲永久慮，從衆也。《傳》曰『與人同欲盡濟』，余固喜于從衆者。方事之未定也，道融觀衆所向；今定矣，衆將于道融觀焉。勉之哉！异時或有朵頤其旁，欲敗乃事，道融其執儀曹符以往，必有明有司爲公議津梁者，道融其奚慮！《蒙齋集》卷一二。

劉克莊

劉克莊（一一八七——一二六九），字潛夫，號後村居士，興化軍莆田（今福建莆田）人。父彌正，寧宗朝吏部侍郎。克莊本名灼，嘉定二年以蔭補將仕郎，改名。初授靖安縣主簿，俄丁父憂。服除，注福州右理曹，改差真州録事參軍。嘉定十七年，改宣教郎知建陽縣，歷潮、吉州通判。端平中，除樞密院編修官、兼權侍右郎官。立朝正直敢言，爲人所忌，出主玉局觀。尋知漳州，改袁州，復爲言者劾罷。李宗勉當國，擢江西提舉，改廣東，升轉運使。淳祐元年，爲言者所劾，罷主崇禧觀。四年，起爲江東提舉。六年，召除太府少卿。面對言事，頗切時政，理宗嘉之，即賜同進士出身，除秘書少監，尋兼崇政殿説書。是年末，兼中書舍人，力沮史嵩之除職致仕之命。事雖施行，仍爲御史論劾，以秘閣修撰出爲福建提刑。淳祐十年，除秘書監。次年入京，兼太常少卿、直學士院，兼崇政殿説書、史館同修撰。同年十月，除起居舍人。復爲言者論劾，罷提舉明道宫。景定元年，除秘書監、起居郎、兼權中書舍人，復除兵部侍郎兼中書舍人，兼直學士院。三年，除權工部尚書，兼侍讀。同年八月，以寶章閣學士知建寧府。五年秋，以焕章閣學士致仕。咸淳五年正月卒，年八十三，謚文定。克莊於詩、文、詞皆工，葉水心至評其詩「當建大將旗鼓」。又嘗受學於真西山，頗得爲政之要。唯其文名太盛，故政績多爲所掩。著有《後村先生大全集》。見林希逸所撰《行述》、洪天錫所撰《墓志銘》（分見《後村先生大全集》卷一九四、一九五）及《宋史翼》卷二九。

雲峰院重修建法堂記

比丘尼之聚居于莆者，惟雲峰院尤嚴肅有規矩〔一〕。考舊記〔二〕，唐末開山由慧琛始，元祐請額由慧真始，紹興新佛殿由法界始〔三〕，嘉定作羅漢閣由體觀、端如始〔四〕。數百年間〔五〕，其徒心燈相續，崇飾所居如大叢林，惟法堂尚因陋〔六〕。余五六歲時，常侍先君、先夫人至焉。者危即是堂爲伊蒲供〔七〕，先君爲賦詩，有『橘堂竹閣』之句。後五十餘年〔八〕，淳祐之辛丑，聞新堂成，丹碧晃耀，與殿閣相稱〔九〕，又新其三門。是院無寸産，來者皆自賫糧，而興距役〔一〇〕，造偉觀，若化人所爲。蓋首施衣盂者師侃也〔一一〕，助賫願力者住山師默也〔一二〕。二師來請記。余聞古之求道者〔一三〕，或在雪山極寒、海岸孤絶之地，人迹之所不至，與鷙獸毒蟒爲隣〔一四〕，無所謂宫室之美也〔一五〕；或立雪平膝，或脅不霑席〔一六〕，或卧婆羅雙樹下而蜕，無所謂莞簟之安也；或持鉢行乞，或并日食一麻一麥，無所謂天厨之供也〔一七〕。今衲子居必華榱，食必精鑿，殁必唱衣，所以厚其身者至矣〔一八〕。二師致美斯堂，爲法筵龍象聽第一義，而設〔一九〕，不賢于厚其身者乎？初，參預莊敏龔公爲《殿記》，謂佛拒從母出家〔二〇〕，又謂維摩室中求女人相了不可得，其詞意之嚴如此。余則曰：文殊佛也，有三昧力，乃不能出女子之定；龐藴父也，至末後着反不如靈照之捷。二女豈不凛然烈丈夫哉！二師登堂，諗于大衆，以龔公語自警，又以余語自勉。四部叢刊初編本《後村先生大全集》卷九一。

〔一〕規矩：原缺，據清抄無名氏校本（簡稱『清抄本』）補。
〔二〕考：原缺，據清抄本補。
〔三〕紹興：原缺，據清抄本補。
〔四〕端如始：原缺，據清抄本補。
〔五〕數：原缺，據清抄本補。
〔六〕惟法堂：原缺，據清抄本補。
〔七〕者危即：原缺，據清抄本補。
〔八〕後五：原缺，據清抄本補。
〔九〕殿閣相：原缺，據清抄本補。
〔一〇〕而興距：原缺，據清抄本補。其中『距』似當作『鉅』。
〔一一〕侃也：原缺，據清抄本補。
〔一二〕助賫：原缺，據清抄本補。

〔一三〕求道者：原缺，據清抄本補。

〔一四〕與鷲：原缺，據清抄本補。

〔一五〕謂：原作『爲』，據清抄本改。

〔一六〕或脅：原缺，據清抄本補。

〔一七〕供：原缺，據清抄本補。

〔一八〕『其』字原缺，『至』原作『多』，據清抄本補改。

〔一九〕而：原缺，據清抄本補。

〔二〇〕謂：原缺，據清抄本補。

重建九座太平院記

院創於唐咸通間〔一〕，入宋香火益盛，忠惠蔡公大書『九座山』三字以表揭之。不幸毀于嘉定乙亥，再毀于寶祐乙卯〔二〕，緇流相吊，諉曰魔厄。太守潘公穉求名僧能聳動群聽者，得祖日，甫開堂説法，忽蜕去。他衲子莫敢行〔三〕，于是華嚴主僧法本以才被選，余爲作疏勸緣。本與其徒持鉢至泉，樂鄉蔡公次傳慨然曰：『此正覺師道場也，吾昔宰兹邑，禱雨暘必應，吾不敢忘。』誦言於人，泉之貴豪、旁境之檀信翕然樂施，得錢萬緡、粟五百斛。未幾〔四〕，曰殿，曰鐘樓，曰經閣，曰羅漢堂、大士堂〔五〕、僧迦堂、祖堂，曰法堂、僧堂、寢堂，曰方丈，曰官廳，曰庫堂〔六〕，曰鬱密寮、盧隱寮、壽寮，曰浴院，曰門，曰廡〔七〕，起乙卯冬，迄己未春，俱復舊觀。昔之建叢林者多在通邑大都，是刹介于仙游、永福、德化、龍溪萬山之間，去郡縣絶遠，人迹之所不至。夫與木石居，與鹿豕游者，聖人之事也，師以一僧能之，不亦大丈夫哉！惟其志念誠故歸嚮多〔八〕，願力大故靈异遠。歲入不能六百斛，而待飯僧行常二千餘指〔九〕；四面皆重崗叠巘，而數州之物利無脛自至〔一〇〕；滅度已數百載，而尸祝之者如一日。余曩至山中，覽遺迹、考舊聞如此。新刹既成，大衆述本之勤，請碑其事。余觀世之有權位者，作一亭，繕一橋，必有紀載。本奮空拳，造大刹，求記非僭也，記之非夸也。或訹本曰：居今之世，不惟仕者擇官趨便安而避敗壞，惟釋亦然。昔鍾魚掃地，龍象悲泣，俾升此座，既不謙巽，今輪奐美矣，蠱壞飾矣，將有欲得若之處者，如之何？余聞而笑曰：佛以山河國土頭目髓腦與人，了無吝色，本豈戀三宿而重一去哉？顧禪刹保障吾民者也，公卿貴人外護佛法者也，數易帖則刹貧，驟拘椿則衆散，刹之隆替，民之苦樂係焉。况彼宗有功德陰果之説，吾儒有食功食志之辨，若使盡力拮據者避席而去，傍觀夷俟者端坐而享，非郡家選才賞勞之義〔一一〕，亦賢侯之所必不爲也，本何憂？《後村先生大全集》卷九一。

〔一〕咸：原作『或』，據明小草齋抄六十卷本（簡稱『小草本』）改。

〔二〕句首原有『又』字，據清抄本删。
〔三〕莫：原缺，據清抄本補。
〔四〕未：原作『米』，據清抄本改。
〔五〕堂：原缺，據清抄本補。
〔六〕庳：原缺，據清抄本補。
〔七〕廡：原作『廉』，據清抄本改。
〔八〕念誠：原缺，據清抄本補。
〔九〕待：原缺，據小草本補。
〔一〇〕物：原缺，據清抄本補。
〔一一〕賞：原缺，據清抄本補。

史岩之

史岩之，字子尹，慶元府鄞縣（今浙江寧波）人，彌忠子，嵩之之弟。嘉定十年進士。端平間以將作監丞、大理丞知真州、揚州。嘉熙中歷軍器監、秘書少監、太府卿、刑部侍郎、户部尚書，均兼知臨安府。以敷文閣學士知隆興府。淳祐間，以龍圖閣學士知紹興府。遷端明殿學士、知福州。開慶元年爲沿江制置副使。終資政殿大學士。見《南宋館閣續録》卷七，《會稽續志》卷二，《咸淳臨安志》卷四九，《延祐四明志》卷五，《萬姓統譜》卷七四，雍正《江西通志》卷四六。

積慶教寺碑　寶祐四年四月

臣聞天子有善，遜德於天；人臣有善，歸諸天子。故天應以謙遜之福，而君人者亦將下下以成其政焉。天人上下之間，非相爲賜，所以示順也。《天保》之作，合《鹿鳴》諸詩以相成也。曰除、曰庶、曰宜、曰興、曰增，以祝君之福矣。又等之以山阜，尊之以日月，下至於禴祠烝嘗之事，苟可致其敬愛者，猶期以萬壽無疆之休，報之至也。既又望其如松柏之茂，舉群臣庶民無不顯承庇覆，以遂其千萬年尊戴之願，詩人祝嘏之旨，抑又深矣。臣恭惟皇帝陛下睿明天縱，聖敬日躋，以六經校德論功，不在五帝資材之下。與三后協心底道，欲同萬世家國之休。故賢臣嘉賓得盡其心，而群黎百姓詒爾多福。迨我今暇，不遺故舊之思；倬彼昭回，時侈雲章之賜。乃寶祐甲寅之歲，月旅蕤賓，清燕之閑，親灑宸翰，賜臣『積慶教寺』四大字，合梅梁、燭溪諸扁，爲字八十有一。紀光賁于□□，虹氣貫乎山川。臣捧拜之餘，感天荷聖，歡呼蹈舞，榮耀無極。退伏惟念，臣世受國恩，父子弟兄俱玷事任。而臣出藩入從，取數尤多。雖十年閑退於山林，而一飯不忘於君父。輒援李丹國清之比，以效韓琦龍興之祝。不謂上關睿聽，俯賚天題。嘉微臣報上之忱，有詩人祝嘏之義。臣之愚陋，曷克稱蒙？蓋嘗考之故典，厥有二臣。賀知章賜觀千秋，魏少游錫寺寶應。雖則寵嘉於臣節，未聞肇授於天書。伊今之逢，可謂千一。臣既祗若宸旨，昭揭寶坊，乃與梵侶開士，名香普熏，載拜稽首而揚言曰：天下無德外之福，故詩人祝君以福，必本諸德。天保定爾，既欲安定爾位，使之堅固也，俾爾單厚，俾爾多益，又欲每事極乎仁厚，多所益利也。蓋有一之未厚未益，非君德之大全也。厚則不薄於人，益則無所損於下。爲民爲物，安得不蕃且庶乎？天子之福在乎養人。積是不已，則受天之慶。宜君宜王，宜民宜人，無所往而不順矣，豈特微臣一門受陛下安吉之福哉？臣不佞，敢以詩人歸美責善之誼誦，爲陛下獻，惟聖明留神，臣不勝拳拳。寶祐四年四月吉日，正奉大夫、奉化郡開國侯、食邑一千五百户、食實封壹伯户臣史岩之拜手稽首恭書。

□□□同□奎刊。《越中金石記》卷一六。

徐鹿卿

徐鹿卿（一一八九——一二五〇），字德夫，號泉谷，隆興府豐城（今江西豐城）人。嘉定十六年進士，授南安軍軍學教授，歷知尤溪、南安二縣，召爲樞密院編修官，出知建昌軍。復入爲度支郎官兼右司，忤時相，主管雲臺觀。起爲江東運判，淳祐元年除浙東提刑兼提舉常平，知泉、贛二州。三年，以右司召，擢太府少卿，兼崇政殿説書。逾年，兼權吏部侍郎。以疾丐祠，遷右文殿修撰、知平江府。召權兵部侍郎，改權禮部，兼侍講，遷禮部侍郎。累疏告老，進華文閣待制致仕。卒，謚清正。有《泉谷文集》《鹽楮議政稿》《歷官對越集》《徐清正公詞》（存），手編《漢唐文類》《文苑菁華》。見《宋史》卷四二四本傳，《宋宗伯徐清正公年譜》（《清正存稿》附）。

雲封禪寺重修造記

大庾，五嶺之一也。逾横浦而南，陸行十餘里，山行五六里，盤迴繚曲，躋于嶺巔，界江廣之交，石壁對峙，是爲梅關。關南寺曰雲封，六祖大禪師之法區也。自漢元鼎庾將軍戍關，而嶺始名。自唐開元張曲江公刊山揚石，而關始通。自咸亨六祖得法，而寺始創。青山流水，環屋上下，蓋嶺嶠清絶處也。世言大覽傳衣法於黃梅以歸，僧徒追躡爭之，至是，師置衣盤石上，追者莫能舉，及卓錫地間，泉涌出。後人即其地爲寺，大宋祥符庚戌，始賜今額。中間寺宇興廢，紀載失其傳，莫可考詰。至於今老屋暗腐，住持永清勇猛精進，必欲自我一新之。以誠徧當路〔一〕，聞者傾施。則鳩工庀徒，逾越險阻，輦材於三百里外。中爲祖師殿，東爲霹靂泉亭，南爲靈官殿，西爲西閣。又西跨山兩崖，梁空爲僧堂，翼殿之右。隔歧道，面東爲官廨，扁以駐節，高明軒豁，罔不稱事。剗攘菑翳，幻出金碧。役始於嘉定癸未，成於寶慶乙酉，糜緡錢二千有奇。唯法堂、方丈尚仍固陋，亦且鋭意經度，凛凛向就矣。清自武其功，走南安城，謁記於郡文學南昌徐鹿卿，以紀歲月。余嘗試語清曰：『昔祖師樵采負薪，以足衣食。比其服勤碓下，密契無上菩提，言下了了，本無一物。當是時，萬境皆空，室廬政復安在〔二〕？一向從末法中作佛事，於祖師意云何？』清曰：『妙莊供誠非我事，然自我之居是山，數十寒暑矣。車之入乎關者，不知其幾千兩也；車之出乎關者，不知其幾千兩也。我從其後而問之，其人勉於職者，勤於政者，心於民而不敢苟者，則人必曰此賢者也、才者也。其或養蠹敝，偷歲月，媒身而職之弛，甘利而政之荒，則行路非之，氓隸仇之。夫吾教本於無爲，而或以有所爲見譏；子教職於有爲，而或以無所爲見疾。孰知道無精粗，無人我，無内外，無爲而不爲，有爲而未嘗爲，孔與佛不相悖也。子亦觀諸嶺上之梅乎，如是而生，如是而華，如是而實，如是而落。謂之有所爲可也，謂之無所爲亦可也。能具知識於其有無之外，則道在是矣。』余於是竦然驚，豁然悟，因嘆曰：『魯男子善學柳下惠，永清善學祖師，乃今日獲聞第一義諦。』因次叙其説，使歸刻之，以諗後之出入是關者〔三〕，俾無愧於嶺上，以貽清之笑云。落成之歲，六月望日記。民國胡思敬校勘豫章叢書疑《宋宗伯徐清正公存稿》（簡稱《清正存稿》）卷五。

〔一〕遍：影印文淵閣四庫全書本（簡稱『四庫本』）改作『告』。胡思敬校記云：『「遍」下疑脱「謁」字。』

〔二〕改：原作『改』，據四庫本改。

〔三〕諗：原作『志』，據四庫本改。

陳振孫

陳振孫，曾名瑗，字伯玉，號直齋，湖州安吉（今浙江安吉）人。嘉定四年爲溧水教授，三載去官歸。寶慶三年充興化軍通判、攝郡。端平三年，以朝散大夫知台州、兼權浙東提舉常平茶鹽事。嘉熙元年改知嘉興府，升浙西提舉。淳祐四年官國子司業。九年，以寶章閣待制、某部侍郎致仕，家居修《吴興志》。未幾卒，贈光禄大夫。振孫家藏舊書萬卷，官興化軍時又傳録鄭、方、林、吴等氏舊藏凡五萬餘卷，據以著爲《直齋書録解題》五十六卷，爲有宋著名目録學著作。惜全書已佚，今僅存永樂大典本二十二卷。事迹見《宋史翼》卷二九，余嘉錫《四庫提要辨證》卷九。

華勝寺記　嘉定四年十二月

嘉定初，余爲吏溧水，南出縣門三里，有寺曰華勝，間送迎賓客至其所。寺據南亭岡，右臨官道，爲旁出其南，則轤船、馬鞍諸山環列如屏障。北眺縣郭，市井屋木，歷歷可數。丈室後穉松成林，葱翠茂悦。由左而下，隙地十餘畝，井泉洌甘，仲竹半圃。其前稍空曠，誅茅爲亭，與向之諸山相賓揖。余樂其境幽勝，每至輒裴回不能去。顧寺猶草創，殊弗稱其境，僅有講堂、寢室及左廡數十楹而已。主僧宗應方聚材於庭，爲興造計。余因叩以建置本末，應言：『寺本在邑西佛子墩，久廢。當紹興十七年，吴興僧如日駐錫此地，得古井焉，浚之以飲行旅。縣民倪實爲卓庵其傍，至乾道五年，始請於郡，得寺之故名揭之。日年九十餘死，其徒嗣之者志常，常老以屬宗應。由紹興迄今六十餘年矣，邑無富商大賈，其民力農而嗇施，無深林壽木，作室者常取材他郡。寺無常産，丐食足日，斂其餘銖銖積之，綿歲月乃能集一事。故祖孫三世，所就僅若此。今將爲門、爲右廡，即廡爲輪藏〔一〕。所未暇者，佛廬鐘閣役最大，度未易强勉。以吾三世六十餘年所不能爲之事，而欲以一身數年之力爲之哉？姑盡吾力以爲前所欲爲者。幸而有成，則與求文刻石爲記。其已成者，以期其未成者，方將有請於君而未敢也。』會歲薦饑，弗果役。三年，余去官歸，其冬應以書來曰：『役且畢矣，向所言者今無不酬，石具而未有文，敢以請。』書再至，請益勤，余不獲辭。釋氏行乎中土千餘歲，余生長浙右，見其徒皆赤手興大役，捐金殆盡，聞者争勸。其規制奢廣，飛檐杰棟，金碧晃耀，往往談笑而成之，視應所爲，若不足乎紀。顧民俗有富貧，緣法有深淺，以彼其易，以此其難，所遭者固殊焉。要之釋氏之教以空攝有，所謂華嚴樓閣，克遍十方，毗耶室中，容納廣坐，回觀世間諸所有相，皆是虚妄，尚復區區較計於規摹之廣狹，功力之難易哉！均之以有爲法作佛事，而其艱勤積累，苦行勞力，視夫因順乘便，持福禍之説以聳動世俗，而爲偷食安座之資者，猶愈也，故樂爲之書。光緒《溧水縣志》卷二二，光緒九年刻本。

〔一〕輸：似當作「輸」。

許棐

許棐（？——一二四九），字忱夫，嘉興府海鹽（今浙江海鹽）人。理宗時隱居秦溪，築書室水南，儲書數千卷，四周植梅，扁曰『梅屋』，因自號梅屋居士。棐爲江湖詩派詩人之一，與陳起等爲吟友。著有《梅屋集》五卷、《獻醜集》一卷，今存。見天啓《海鹽縣圖經》卷一三《人物志》。

海鹽廣福永爲賢首教院記

竹軒住廣福之明年，榛薉芟夷，廊廡環接，學袍鱗萃，慈像金鮮，復舊觀之漸歟。一日，偕知寺浄喜來白梅屋居士曰：『君與寺鄰，吾爲君友，壞梁又有而祖監丞題墨。前因後緣，如此不絶，敢有請焉。廣福，賢首道場也。彼宗連住二三十年，教异事殊，隨葺隨毁，更久，燕雀亦無容身地矣。吾持此教，居此寺，是客去主歸，時也。一身當百廢，不敢不勉，第恐主席未煖，客單已侵，主退客留，寺興廢未可知也。浄喜援郡刹真如故事，聞於禮部，部然其然，符郡，郡帖縣及寺，一邑官吏士民又莫不然其然也。欲鏤帖以照來者，子爲我證明。』居士曰：『萬物興廢有數，而况寺乎？寺當廢，八萬四千母陀羅臂不能扶其毁；當興，九十五種外道心不能害其成。今寺廢數極，數極寺興，如冬株剥落，春陽必回，華孕芳舒，客寒不能遏也。然則華嚴世界，不從天隊，則自地涌。又其不然，舍金雲委，施力川增，衆妙混成，自然愜當。是時和尚趺坐一席，戒水澄源，慧燈韜焰，無佛無祖，天地一塵。昔未來，未嘗不來；今未去，未嘗不去。非來非去，是名常住。是帖也，何必刻？』净喜曰：『石已具，姑刻之。』《獻醜集》。

釋悟澈

悟澈，紹定間爲撫州崇仁縣禮賢鄉遵化里後山院住持。

禮賢鄉後山寺鐘文　紹定四年九月

大宋國江南西道撫州崇仁縣禮賢鄉遵化里後山院住持焚修僧悟澈謹啓：誠心奉佛祖意旨，非於庚寅年二月十五日兵火焚毁院宇一座，皆爲灰燼。春間疾病流行，人民灾患，遂乃謹同長悦坪、觀林坪、觀莊上下本廣保齋首信女欒氏守真，進士鄧相、鄧海、鄧從厚、趙時靡等，邀集十方檀信，修設吉祥浄供一筵，敬保各家清吉，人眷安寧。所收施利，鑄造洪鐘一口，歸就本院善正法堂，晨昏擊扣，永充供養。所集餘利，上祝當今皇帝聖壽無疆，佛日增輝，法輪常轉；次爲十方檀越預布津梁，增崇福壽，上報四恩，下資三友者。太歲辛卯紹定四年九月重陽日，焚修僧悟澈謹題。同治《崇仁縣志》卷九，同治十二年刻本。

孫德之

孫德之（一一九二——？），字道子，號太白山人，婺州東陽（今浙江東陽）人。登嘉熙二年進士第，又中宏詞科。歷國子博士，出爲建寧通判，擢秘書監丞。以國事不可爲，遂絶意仕進，築太白山齋，潛心著述。作有《續大事紀》及文集《太白山齋稿》等數百卷。見所撰《谷溪散人劉德甫墓銘》，《南宋館閣續録》卷八，《敬鄉録》卷一四，《金華先達傳》卷九及明代裔孫孫學《太白山齋遺稿後序》（《太白山齋遺稿》附）。

普濟寺記

普濟寺在候潮門外，欏木橋東。太平興國初，吴越所創也。錢氏崇尚佛教，基千餘丈，可謂盛矣，其後非復舊觀。紹興初，僧妙覺罷參諸方，歸於此，稍葺成寺。甲乙住持再傳，至紹定庚寅，毁於民燎。星源五王廟於寺左廡，巋然獨存，衆咸瞻駭，謂神通顯异，其寺復興之符。僧元净傾衣鉢爲率，遠近勸施，起兩廊，立佛殿，而遽示寂。嗣子道玄早夜經營，惟寺故無租入，若徒事廬舍，將無以得食。乃首置田百畝，以充香積。營長生庫子本，以資工役。淳祐戊申，鐘樓成，乃以院事付其徒守恭，而退居於塔院。守恭性節儉，一布褐寒暑不易，話輒當理，尤勤於理，頌聲徹廣内，先皇帝嘉之。淳祐八年，給度牒三十道，中殿而坐，各施錢帛，造法堂。寶祐二年，中殿復請給度牒、緡錢，造輪藏。周漢長公主錫所書《般若經》《藏經》五千餘卷，琅函玉軸，相與輝映。四月某日，特旨以崇奉元命、祈禳請禱之地，務在莊嚴，特蠲雜徭貼占等事。繼蒙頒御書，賜『祈永』二字。雲漢之章，爛然昭回，士庶聳觀，施者益衆。展拓開闔，增修廊宇，僧堂、厨湢皆新之。又二年，復建圓通寶閣，高敞鮮麗，上塑三十六化擁壁，下設大士應直佛像。咸淳二年，守恭趺坐而逝。今住持德中，其孫也，早侍左右，緣事巨細，備宣勞效。知省楊端朝集衆議，以開旨降都省，俾傳札住持。四月，上出内帑，建先皇帝神御殿，追嚴在天之靈。既而觀音閣、五王殿羅漢，諸天府冶銅爲鍾，錫所秘無量壽佛、觀音、羅漢、諸天畫像，以嚴供事。其所奉主上庚子元命扁曰『申祐』，壽和聖福皇太后己巳元命扁曰『順福』，并昭揭圓通寶閣。御題宸章帝藻，在在成飾，每遣使祈年，降賜修設，視前有加焉。夫通天下一氣耳。人之所以爲人，而爲神佛之王者，氣也；神佛之所以爲神佛，而爲人之所助，亦氣也。《華嚴經》亦謂諸天菩薩示現爲神，又云寶輪妙莊嚴世界有佛名功德海，光明輪，彼時爲五通仙，現大神通，其變化出没於天地之間，何往非氣之所寓，而未可以异觀也。普濟建寺，聖迹華著，水旱疾疫，靡禱不應。庚寅回禄，惟殿不毁，如魯靈光。景定、咸淳，鬱攸從之，以及檐楝，反瓦而息，可謂靈也已。恭惟兩朝尊崇優异，浚發綸音，增加位號，而守恭、德中輩亦獲際遇盛時，對揚顯休，仰祝皇祚，永永無疆，顧不偉歟！某嘗備員東觀，德中積事之本末，使之詳述。某衰晚，再三辭不獲，姑次第其大概，著於左右者若此。

道光四年翻明本《太白山齋遺稿》卷上。

廣教院重興記

出華亭東南二舍，潮汐匯於沙，内塘相傳嘗謂爲神界，今無所稽考。嘉泰初，忽景光夜見，里長者運幹鄒君椿候之，顯晦有時，其待我歟。貶損衣食，銖銖積之，苦三年，招北峰宗印相攸塘之北岸，風水磅礴，於創寺宜。乃嚴像設，置田畝，館苾芻之士，習佛隴之教。殿寢言言，閎閈洞啓。其徒覺先請於尚書省，以『廣教』故額徙焉。某之庵，百川繼董斯席，皆巨擘也，寺日以盛。倘自歲月逾甲子，潘紱級夷，弊於廐置。運幹孫登仕郎驥子於謀曰：『前人勞躬悉力，以有此寺。倘睨其委托而弗亟圖，豈不有靦？』采之輿論，前住持允澤贍智博習，衲子信尚，乃請於縣、於州、於計臺，俾主院事。至則盡屏他務，惟興葺是先。首修兩廡，免泥淖之害。未幾，説法有堂，方丈有室，僧行有寮，經籍有藏。繕修禪悦之觀，巍建挂鍾之樓，笯庾浴湢，門闥藩垣，次第而舉。惟大雄氏之殿，役最巨，費最夥，非倉卒可辦。盡備竹木丹漆之須，悉飭磚瓦金石之具，將涓日之吉，出以付匠。寺西有橋，江水奔注，操舟一失勢，舟與橋不俱全，往來告病。移居其左，亘四百尺，長如之，由是入寺，最爲深穩。壬戌冬，王公華甫建常平使者節，與僧澤有雅素，進而問故，告以寺經寇攘，契籍皆毁，深恐無以執嘩者之口。王公色然而駭曰：『是不難。若從官下文書，給據憑，便可不朽，奚慮？』是雖王公務爲利濟事，亦澤之虔誠有以感之也。澤具本末，使學者法燈徵記於余。余觀釋氏之教，方取重於世人，而其徒又善爲封殖，凡有所興舉，其用力也勤，刻志也堅，故能起仆植僵，無不如意，如澤是已。至於世儒爲孔子之學者也，出而任天下之重，往往無勤行之力，堅持之志，求其必世百年效，豈可復得耶？即是言之，其不及釋氏遠矣。予之記此，其有所感也夫，其有所激也夫！《太白山齋遺稿》卷上。

西山接待庵記

東陽地與剡接，涉嶺沿壑三十里之間，僧廬稀少，雲水輩倀倀焉，無所栖止。醫僧行忠居虎峰之巔，乃即西麓排蓬藋，創庵接待。屋僅三十楹，而堂宇、門廡、庖庾皆具，田不過數十畝，而地力肥饒，歲不至乏絶。游息相望，種藝疏鑿，各有位置。凡北入會稽、錢塘，南入天台、四明者，皆望以爲歸，曰『增一寮矣』。予與庵夾溪相望，故忠以記請。予聞撫之僧可栖者，以醫取貲於人，其創藥園院也，自度用力不任，持簿抄注而後就，曾子固作記，稱其用力勤，刻意專，故所爲無不如志。今忠不過痛自節縮，銖積寸累，辛苦數年，而底於成，未嘗有所丐假，則其勤其專殆過矣，予又感焉。《周官》道路有委積，而羈旅之供取之鄙野，此王政也，而漢以來猶不失此意。而今世顧一切不講，反使浮屠氏得借其名，以私惠其徒，則彼之所稱，乃此之可愧也。故備書之，將以爲仁人君子之在上位者告焉。《太白山齋遺稿》卷上。

裘由庚

裘由庚，隆興府新建（今江西南昌）人。登寶慶二年進士第。紹定間爲從事郎、德興縣主簿。見雍正《江西通志》卷五一。

雲蓋龍壽禪寺復田記〔一〕 紹定六年七月

教有廢興，時有衰盛，物有得喪，而理無古今。存亡之間，士君子平心揆事，權衡於予奪之際者，以其理也。山林枯槁之士，視外物之去來得喪何有？而有失則斯有復者，以其教也。繇物之往復以占其時，即時之隆替以觀其教，此吾《西山龍壽禪寺復田記》之所爲作也。寺興於唐天復中，鍾傳據豫章日奏置，以處光化禪師，官給田三千頃。至我朝祥符間，白石道者智新居之，徒眾益盛，易律而禪。當其盛也，唱道鳴教，宗主其徒，代有其人。時往事遷，人亡教泯，鐘魚如故，而瓶笠之游鮮至矣。雖在籍之田弃而不有，亦漫不復省。紹定壬辰，連帥李公壽朋因法席適虛，聞僧祖開道價，即具威儀迎致。開早參清簡庵，得臨濟法，隨後讀《華嚴》，入大自在法。□至之日，

□□藹聞禪□□集開知□□可復也。□歲大歉，食□□給，慨然□嘆。有言寺故有田濱樵□曰裏湖，爲居民侵冒者八百六十餘畝。開命閱籍，果不誣，謁諸邑大夫胡侯棿。侯仁勇士，委官按視，諗不妄，盡理而歸諸寺，開欲志侯之德不忘，踵門而謁至再。予辭不獲，則告之曰：『子之教以壞色爲衣，以行丐爲食，田於何有？』後之人始華屋廣居，豐衣美食，田連阡陌無藝矣。然其歸欲其徒一意精進，無衣食以累其心，則一也。有國者病其無藝之蠹吾民也，爲之經制，不得貨鬻，如世業比，則田之有者不可使無，失者不可不復，亦□其理然耳。君子之爲政，一揆諸理，起而正之，於民無怨，於僧奚德？子將安所志乎？爲子之徒，奉子之教，撞鐘伐鼓，敷座展鉢於一餐一供，思所自來，以山谷道人食時五觀自律，以無盡居士掬溪煮藜自警，不徒使大儒旁觀，有三代禮樂盡在是之嘆，則廢可興，衰可盛，侯之功不唐捐矣。吾既以爲開勉，然見姑蔑之旗者必取，呼餘皇之舟者必復。侯宰邑以最聞，將去爲郢州别駕，北望中原，志清河洛，得時與位，挈輿地而歸本朝，使乃祖忠簡公義不臣虜之志，一伸於六七十載之後，則功烈偉矣。吾重以爲侯勉。紹定六年七月日記。《金石萃編》卷一五二。

〔一〕題下原署：『從事郎、饒州德興縣主簿衷由庚撰。前奉議郎、知安豐軍六安縣事胡逸駕書。朝奉郎、改差充江南西路安撫司幹辦公事劉克遜篆額。』

林希逸

林希逸（一一九三——？），字肅翁，號竹溪，又號鬳齋，福州福清（今福建福清）人。端平二年登進士第。初爲平海軍節度推官，淳祐中遷秘書省正字、少監，出知興化軍，又知饒州。景定中官司農少卿，咸淳中終中書舍人。從同縣陳藻學，以道學名世；又工詩，善書畫，與劉克莊相友。著《易講》《春秋傳》《考工記解》（存）、《老》《莊》《列》三子《口義》（存）。詩文集有《鬳齋前集》六十卷，已佚，今存《續集》三十卷。見所撰《回新潮州林通判生日啓》《後村集序》等篇及《八閩通志》卷六二。

重建昆山縣廣孝寺記　咸淳三年

佛之始也，聚徒以聽法，必於長林茂蔭之下，未嘗爲之居。故從上所録，有曰某佛某樹者四，而龍樹又其一焉。祇園施地，致之城闉，是則竇方之萌芽，於是莊嚴之説行矣。自竺嶺之傳至吾中土，其始也亦然。余觀《高僧傳》，諸賢大抵皆草衣木食，班荆蔭松以爲之初。其道既行，其徒既盛，於是争爲壇宇，以居其師。于斯時也，患於無師，不患無居。其後上而公家，下而巨室，有崇貴其説而求以自托於佛者，又華絢金碧，以致其徒而居焉，故空王之宅遍天下。而莫盛於東南，則梁之蕭、閩之王、吳越之錢倡之也。今久而弊矣，爲之上者乃因其居而籍之，利其有而賦之，又從而多取以困之。故其居漸廢，而貧無以自復。余常以是慨之。今吳之昆山，有僧曰允親者，得台宗之旨於印北峰，游歷而歸，思有所建立，而未能也。寶祐中，因浚河茜涇，得石土中，有大字六，曰『崇慶寺大界相』，旁有小字曰『會昌元年僧興遠立』，他文磨滅不可讀。親喜曰：『此古寺基乎，吾得其地矣。寺之興廢，固失所傳，其曰「大界相」云者，即畫地之識也。』請於有司，易其名曰『廣孝』。余嘗備數儀曹，與聞其事。符下矣，親又規置田園，封培蘆蕩，以爲歲計。役方興而親歿，其嗣子思梵悲其師之志不遂，竭力以成之。景定壬戌賦功，越五年而畢事。相其役者，梵之子文熙、文泰與其孫良珪也。乃介余方外友若圭求記溪上。余既慨今昔廢興之故，而疑其將窮，親能立心於其廢滅既盡之餘，而欲一手作興之，難矣。梵爲此役，又能竭其毫縷之積，而無所資於人，又難矣。今夫世之爲子若孫者，能酬父祖之志，已艱其人。自親至珪，徒以教法相紹，而四世一心，共圖其終，豈不愈難乎？而且不求文於時之華華者，而即余之寂寂；不于其近，而于其遠，勤勤數千里，以是爲請，其趣尚异於世俗蓋如此。余既焚香而記之，且祝曰：若佛之徒皆能用心如思梵者，教道不益隆乎？已廢者不俱復乎？是寺也，親爲開山矣，梵今主之。文淵閣四庫全書本《膚齋續集》卷一〇。

重建斂石寺記　咸淳三年

僧寺之廢興，以吾儕視之，若於事無所損益也。然余觀江、湖、浙之和糴、運糴，淮東西之車馱、夫脚，其爲産家害極慘，而他科索不豫焉。以余所見，推所未見，概可知矣。獨吾閩之人衣食其田，自二税之外，無所與聞。問之僧寺，則上供有銀，大禮有銀，免丁又有銀，歲賦則有祠牒貼助，秋苗則有白米撮借。與夫官府百需，靡細靡大，皆計産科之。嘐嘐者但曰：『吾鄉地狹人稠，田之大半皆入諸寺。』然而穀之食者邦人也，豈輦而他出乎？糴必以錢，雖在諸寺，猶大家也。故前輩有曰『僧寺閩南之保障』，余常以爲仁人之言。數千年來，官病之，吏病之，大家亦病之。僧逃而屋敗者過半，其幸存者猶凛不自保，况已廢而求復興乎？于斯時也，有能獨力勤苦，以復其舊，亦難矣哉！玉融斂石在邑之陽，去通衢數里許，其扁曰『龍潭斂石禪寺』。唐僧知嵩創自文德，中廢矣，一殿僅存。嘉泰初，莆僧彌清首衆鹿門，郡倅劉君守仁以其賢，白府帥，俾居之。清辛勤經畫，自庚辰至癸卯，凡二十四年。殿既重瓦，法堂、彌陀閣、望拜亭、雲會寮則更造一新，藏屋亦成。寶輪方斫，以老而憊，畀之覺融。融去，丁未以慈榕繼之。金碧其輪，繪飾殿像，又爲堂爲廡，甃石砌寺前後地若干丈，成師志也。砧基失久，陳乞打量，丁巳始再給。榕之用力甚苦，今亦二十年。余雖未至其所，得之圖經，主山自石竹而來，左右兩龍湫，時興雲雨，隨禱隨應，載在祀典。朝家重農閔雨，亦與符免醋應權管科敷以優之〔一〕。清昔退老，晨夕課誦，猶十餘寒暑。年八十，夷然而逝。自號古澗，亦叢林可稱者也。榕以始末請記，且曰：『但以吾師之勤，恐遂湮没，某甲無冀焉。』余既嘉其父子之能，而又喜榕之言若此，故并書之。《𪸩齋續集》卷一〇。

〔一〕醋：國家圖書館藏清抄本（簡稱『清抄本』）作『酣』。

泉州重修興福寺記　咸淳五年十二月

温陵佛國也，中郡之城，有曰開元寺者，聚僧舍百二十所而居之，興福其一也。俗呼爲粥院，謂開山某師戒行嚴，誦《法華》得力，常主千僧粥，食於斯也。地居東北隅，始甚隘。元符中，圓覺師本觀主之，得鎮海超禪掌示之旨，道化盛行，學侶雲集，無所容。請于郡，并數剎而闢之，其寺始大。中毀於紹興，舊碑俱不存，其復也亦莫之記。余昔爲郡掾，屢嘗往來其間。淳祐辛丑，歲大飢，余領賑濟二局，朝則散粥開元，午則濟糶承天。兩寺修廊，東西各數十丈，食者列坐，糴者分給，皆容數千人不翅。時方隆暑，非此何所措？故嘗謂僧廬亦非無助於政也。時住興福者，前則善立，後則宗端。立以有爲稱，端以静嘿勝，皆可語，相與頗密。今僂指三十年，聞寺敝久矣。戊辰冬，忽得圓悟書，以重修法堂、香積諸因緣來請記。悟余里人也，向爲雙徑演溪記室，演以高弟許之，余嘗叙其《枯崖集》矣，而未知其志行若此。主此席未一載，而役於土木，不憚其勞。某月鳩工，某月畢事，縻金錢若干。吁，亦難矣！遂樂爲之書。獨惜寺之始事無所考。耆老相傳，但曰華嚴董粥事時，有兵官奪其桶飼馬，師取伽藍畫像，壓以磨石而訶責之。一夕，行廡下有人，身長八九尺，乞還位設。師曰：『寺失桶，而汝不知，汝職何事？』答曰：『即索之。』中夜，俄有叩門而還桶者，曰二馬俱斃，監者懼而歸之。一夕，又見，師曰：『未足言勞，何以廟食於此？』神曰：『願爲香厨屏鼠雀。』師許之，置祠焉，至今厨無此耗。神則神矣，非師何以令之？圓覺有傳，開山遺其名，其所傳竟爾，因并録于此。是歲實爲咸淳己巳，嘉平月，林某記。《鬳齋續集》卷一〇。

慧通大師真身閣記

金華大師名志蒙，生金華徐氏。初以永福懷悟爲師，三乘教典，不學而通。常披錦綉衣，去來闤闠中，里人呼以小舅師，亦自稱曰姊夫。得錢於市，即買猪頭以食，故號爲猪頭和尚。時言吉凶皆驗。或曰：『師聖人歟？』曰：『非也。』『凡人歟？』曰：『非也。』或曰：『如何？』師曰：『汝以我爲聖則聖，汝以我爲凡則凡。』人莫之測。周游其鄉三十年，景德丙午始居衢之吉祥院，即今天寧也。衢人尊信也。甫旬浹，沐浴書偈而化，危坐七日，异香不息。遂以真身爲閣奉之，遠近奔凑，事之如生，旱澇之禱隨應。清獻趙公嘗爲之贊，以散聖目之，信矣。元符己卯，敕賜慧通大師，實曹守公輔所請。至宣和甲辰始紀之，則廣信郡丞洪公芻也。閣屢毁而屢復者，先後賢太守也。嗟夫！釋氏之教亦幻矣。授法傳衣，聚徒闡化，此大乘正宗也。至如揚普化之鈴，曳彌勒之袋，飱蝦拾蜆，吞鴿吐鳩，如狂如痴，驚世駭俗，豈苟然哉。意曰，汝以趺坐寂照得禪乎，我不然也；汝以持齋守戒求佛乎，我不然也。掃其窠臼，納之爐錘，是又一機焉。方師之存，疑信已半矣。今其殁也逾二百年，天禧己未寺厄矣〔一〕，紹聖乙巳又厄，寶慶丁亥又厄，嘉熙庚子又厄。閣凡幾廢，而真身屹然，至於倉皇焮逼，逆而致之，至亦隨息，是孰使之然哉？由此而觀，則身前之變幻蓋可知矣。豈非莊子所謂『猖狂妄行，蹈于大方』者乎？今天寧主僧如玉寓書於余，曰：『大師靈迹著久矣，今郡侯趙公孟奎重創殿閣，賢良劉珙述夢捨田。雖有新記，而疇昔事迹未詳，舊碑朽敗，傳寫訛雜，來者何質焉？願有記。』余即其訛雜者而條理之，得其本末如此，因以其所以异於本教者索言之。抑師又云：『古貌昂藏，法中之王。猪頭千個，未始片嘗。陶吾真性，吾即定光。』然則其食也，果食乎？非食乎？世而有定光則知之。《膚齋續集》卷一〇。

〔一〕禧：原作『僖』，據清抄本改。

清風峽施水庵記　咸淳五年正月

柯山徐君伯東結庵於清風峽之下，又爲亭于左，以江月名之。庵儲茗劑，以俟行者，風月則自有樂也。屢以書來徵記，余曰：『義漿得玉，徐寅有賦，爲楊玄作也。知君盛心，施不求報，雖寅無取矣，姑以其所樂者商之。今夫風，薰兮時兮，固見於弦歌矣。自南華著論於《齊物》，而後有宋玉之賦。前喁後于，大小二和，與夫百竅之聲，是不可以圖見者，而周獨模寫於章句之間，毫端之巧，與造化爭。彼楚人之論，殆有激云爾，雌雄果何有哉！今夫月，皎兮皓兮，同列於《風》《雅》矣。自五言既興，子建詠於前，士衡繼於後，而後有謝莊之賦。流光徘徊，賦之高樓，照有餘輝，攬不盈手，語粹而味深，殆爲古今絕唱。彼西園托興，千里懷人，霜露沾衣，徒傷遲暮，是直齊梁浮靡之習，於義何取哉！爾其淫於溪谷，而泛我幔帷，行於素空，而入我懷抱，予於人者何私焉。見有遠近，得有淺深，皆夫人自爲之爾。千載而下，則有月到天心，風來水面，若康節所謂真趣者；吹者非風，照者非月，若伊川所謂滋味者。力生於所激，形生於所遇，盈虛者如彼，而卒莫消長，又有如玉溪所記，赤壁所賦者。興味之遠，前無古人，非知道者，孰知之？今君酷喜吟而有清思，披襟於峽，弄影於江，其於由前之趣，必有超然而自得者，僕何容喙焉。雖然，幡風非動，比倫無物，此又幽人野客一種見解，何當握手，嘗試言之。庵，某年某月作，某月某日成。君名某，字伯東，今爲淮西馬步軍副總管兼制置安撫兩司計議官。咸淳五年正月日，林某記。《膚齋續集》卷一〇。

重造應天寺記　咸淳五年三月

應天，古禪刹也。開山師諱智淳，白嶼人。初行江干，見水中青蟆爲苔所蔽，撞破而出，因此有省，遂弃家學佛。遍游諸方，聲價動江湖。崇寧四年，挂單京刹，帝知其名，擢主西寧州萬壽寺。師進偈力辭，久而歸閩，寄迹青鳳山。閫帥以巨刹致，不可，即其居訪之。兀坐蒲團，煨芋烟滿室，迎送不出户限。帥益賢之。歲晚還鄉，遂創此寺。此疇昔故老所傳也。寺之始事，以紹興二年壬子，則梁題有之，距今一百三十八年。舊爲屋數百楹，去溪干之市纔里許。即石橋東望，飛檐横脊，隱隱緑陰間，游觀者不絶。中因寺前巨浸，昔田今溪，□□□歲入浸微，官征日急，主僧困於吏，屢易屢逃，遂以他寺歲拘之。堂宇厨庫俱壞，四圍荆棘没人，牛羊出入不禁。佛殿穿漏，僅存門與中間一堂，柱皆跣立。門之西叠墼不盈丈。一僧守之，過者愴如也。余因溪橋之役，偶一至焉，僧指殘碑以告。碑之所載，即崇寧三偈是也。余素敬師名，知爲師舊宇，乃謀補葺之。第歲儉鄉貧，助施能幾。余方强勉以畢橋事，於是去難圖易，程力即功。中殿撤去榱瓦，與門一新，又增以左右翼室，兩廡東西共長三百尺。是則更造也。姑俾周阿稍完，苟焉具體而已。如師願力，諸佛護持，他日必有盡復其舊者。因書以告後之人，且并補其本末失傳之缺。是役也，始丁卯季冬，迄己巳中春，糜金錢若干。幹緣僧某，董役林校尉德政。是歲爲咸淳五年，三月，林某記。《鬳齋續集》卷一一。

潮州開元寺法堂記　咸淳五年六月

開元寺法堂，潮陽官吏祝堯之地也。寺始甚雄，中有子院三十六，紹興毀於虔寇。後雖更造，僅有佛殿、羅漢堂、三門、兩廡而已，餘皆豪民大姓據爲列肆矣，堂則無有也。虹節之禮，移於光孝。趙侯師岊曰：『嘉禮然乎哉？』請於公朝，盡復其舊以爲室，而後呼贊之儀始肅。時嘉泰甲子也。屋久而敝，壬戌之秋，颶風大作，堂仆焉，虹節之禮又移於戒壇。閱歲八，更守四，無有動念者。咸淳己巳，通守林侯實來，適行郡事。乾會、壽崇兩節禮行〔一〕，郡之簪纓緇黄咸集，騶隸縱横，肩袂交午，喧聲如虚市。侯愀然私自念曰：『祝吾君以萬壽，盛典也，一壇餘地，不盈數丈，汹涌叢錯如此，吾儕俛首，苟率以就事，非不恭乎？』於是求老緇之賢者曰惟靖，以開元致之，捐俸金百萬，俾就此役。爲屋九間，其深丈有六，廣三之。前後諸棟，皆易以石。閎杰出伉好，殖殖潭潭，觀者聳异，而民不與知。庀工於仲夏某日，越某月堂成，僧來請記。余曰：事之已廢而難復者，豈皆力不足哉？顧此念何如耳。斯堂也，上下二百年，始廢於紹興，而趙侯復之；再廢於壬戌，而林侯復之。二侯非求益於佛者也，尊莫尚於吾君，事莫嚴於誕節，即心揆禮，必肅必虔，豈非臣子所宜然哉？彼拜稽於薦嚴之所，而不病其名，汨塞於梵戒之庭，而不嫌其熡，何獨無此心乎？嗟夫！千秋立節，雖始於唐，而華封之傳，自放勛始。至如《天保》之報，壽指南山，此詩人所歌咏者。然則古今臣子，此念大抵同也。古今所同，而間或忽之，余於此能不起敬乎？抑當趙侯時，郡力方裕，其爲之也易。今朱提之繦，符移火迫，绿林之擾，桴鼓日嚴，郡之焦勞久矣，侯於此時暫領郡印，而急先及此，方之昔人，尤可敬矣，是宜書。侯名式之，字子敬，三山人，以承議郎通判軍州事。其年六月日，具位林某記。《膚齋續集》卷一一。

〔一〕兩：原無，據清抄本補。

重建永隆院記

昔達摩語梁以造寺功德爲小果有漏之因，是蓋有所諷而言也，若皆以爲可廢則誤矣。吾聞僧寺最多，十數年來，隳敗者半。有弃而不葺者，輒借達摩之説以相解，余嘗笑而閔之。咸淳初元，有僧自京圖永隆興復之事，求記於溪上。余曰：『固有能若是者耶？』院處錢湖門外，厄以融風之警，自紹定辛卯迄今餘三十年，始復其舊，皆主僧了悟獨力營之。端平甲午殿成，越七年庚子門成，又六年乙巳僧堂、厨室、兩廡成，又十年甲寅法堂成，又七年庚申鐘樓成。除一殿之費得之檀越家，餘盡出其手。悟，貧僧也，一鉢之外，非有餘貲；院無斗升歲入，食於斯者，應緣而已。積半生之勤，而就此大工役，難矣哉！此荆公所以稱慧禮爲材者與。吁，是豈獨有材者能之。余聞悟朴愿苦硬，自此院既毁已來，究竭其心，以化以勸，惡衣糲食，銖拾黍累，甘勞苦以成之。其材可能也，其心不可能也。雖然，余於是又有感矣。寺之始，實作於智燈、净琳。琳，安定府毗盧寺僧也。自吾有狄難，既遁而南。紹興己巳，初創此屋，以毗盧廨院名之，其心蓋未嘗安於此也。乾道丙戌，方請今額，殆有不獲已者矣。吾國士夫能灑新亭之泪，而未能還洛陽之鐘虡，湖山豢佚，若以爲固然。紀悟之成事，而思琳之初心，是固可美，亦有可慨者焉。此非爲悟言也，琳而可作，於斯云何。悟，四明人，今年六十有五。檀越，忠恪王節使楄也。《咸淳臨安志》卷七九。又見《西湖志》卷一〇。

壽聖禪寺記

壽聖禪寺，開山無住師懷隱所建也。寺居臨安東北，其地則仁和縣安仁里謝家塘也。始爲曠土，四無人迹，夜有异燈，鄉人謂之神火。師因經行，或指以告，師熟視，喜之，謂前臨浙江，潮汐可挹，兩山曰臨平、曰皋阜左右擁如屏，此佛地勝境也。住錫，營草庵，日夜危坐。祥光焕耀，遠近駭之。師時仰面，上見星斗，若無屋然，陰晦亦如是。聞者傳异，緇素争趣，於是木石之事興矣。經始以淳祐丁未，賜額以寶祐甲寅。勤苦二十年，而後寺之成規畢備。三門兩廡，演法有堂，庫室鐘樓，雲堂方丈，潭潭奕奕，甲於諸方。繼而皇帝本命有殿，千佛有閣，雄麗尤甚。又浚築河堤三里許，其廣三十尺。通鎮市之舟楫，便南北之往來。寺前有池，龍以時見，遂以躍龍名之，曰雨曰暘，隨禱隨應。穆陵聞而嘉之，於是明祀虹節，元命之辰，夏制始終，四季節朔，宸香必降，金帛隨頒，遂爲御前香火寺。科敷借占，有旨蠲除。寺之田山園地，其在毗陵、霅川本邑者，爲畝四千五百，歲有常賦，太傅平章魏公又奏免之。一相兩朝，共成其志，非道力有以動人，是肯輕畀哉？師再來人也，生於杭之蜀山。一爲緇衣，脅不至席。常時削髮，間有舍利出焉。激勵其徒，寒暑不少息。人無貴賤，有問者必以向上事告之，其語朴而真。破衲敗囊，不事儀飾，對境隨順，泛若無心，識真之士始知其爲有道者也。余觀自昔名山巨刹，非人不興。其始必牽茅蔭松，耕墾岩谷以自給，卒之崇檐杰閣，動千百間，鐘魚之會，其衆如雲，由燦可以來壹是。皆其德業隆重，有以自致焉，近時則未有也。若師者，非今之麟角乎？余識師三十年，每以爲可敬，持空拳，造此役，難矣哉！余既知其用心良苦，而嘉其底績於成，遂爲之志其本末云爾。《咸淳臨安志》卷八一。

西亭蘭若記　景定三年九月

西亭者，檇李僧若圭所建也，其地則船子誠師游歌舊處也。圭宗天台之學，而慕船子高風，即其故地作爲此亭，聚群衲講誦其間，冀一遇如船子者焉。四方聞而高之，爲歌咏者甚衆，而圭猶將有記焉，俾泳屬予。予曰：圭之所以慕於師者何以哉？予嘗求師之本末矣。師，蜀人也，事藥山三十年，盡得藥山之道。晚節游吴，寄以葉舟，往來華亭朱涇，自爲歌詩，時以唱咏，漁者傳而和之。既又思其學未傳也，以其意屬之道吾。道吾指夾山，即江次謁之，一語而契，乃蹴其舟，自没以化。師之自立，孤高如此，圭之所慕者何以哉？嗟夫！學伯夷之清者不必皆餓於西山，學屈原之忠者不必皆沈於汨羅。堂序雖安，居之以虚心，則猶虚舟也；軀殻雖存，視之以無我，則猶浮漚也。迎其始而知所以得，則藥山猶在也；溯其終而知所以傳，則夾山未死也，船子何人者！余素愛船子之歌，而又嘉圭之志，故爲之記且書，俾泳篆其額。泳，予子也，亦與圭爲方外交。景定三年九月。嘉慶《松江府志》卷七六，松江府學刻本。又見康熙《松江府志》卷二六。

徑山偃溪佛智禪師塔銘　咸淳四年

景定四年六月十四日，徑山佛智禪師廣聞示寂。遺奏聞，皇帝悼惜，賜錢助葬，塔在大明山下，以大明名庵〔一〕，御書其扁，且給田以食守者。嗚呼盛矣，非師能賢，穆陵豈輕畀哉！師於余爲鄉人，初得其名於鄭丞相所爲《偃溪序》。壬戌還朝，始見於京。疏眉秀目，哆口豐頤，道貌粹然，出語有味，益敬之。東澗侍郎湯公於師尤稔，每相與言其賢。方聞其病，即以書別，余與東澗俱爲文以奠之，東澗筆甚奇。南歸五載，其徒普暉來溪上乞銘。狀曰：師候官林家子，世業儒。母陳氏夢僧伽振錫入其室，娠而生師，貌與像肖，人曰僧伽再來也。劍負未言，見佛即合爪。稍長，誦書如流。年十五，父母以夙緣，俾從小父智隆於宛陵廣孝〔二〕。十八受戒具〔三〕。初謁印鐵牛，印名具眼，深奇之，曰法棟也。遍參諸老，與少室睦、無際派追隨甚久。卒嗣琰浙翁。初見於天童，針芥雖投，自知未穩〔四〕，去，再見於雙徑。翁知梅將熟矣，迎曰：『汝來耶？』一夕坐檐前，聞更三轉，將入雲堂，曳履而蹶，如夢忽醒。翼朝造室，翁舉趙州洗鉢語，師將啓吻，翁拄止之。平生疑情，篦下冰釋，機鋒自是不可當，叢林曰，有兩浙翁矣。紹定戊子，四明制閫胡公以小浄慈致之。郡有貴公謀竄寺後，時安晚當國，師以詩馳白即行，相苦留之，事遂止。無何，移住香山，相功德寺也。相還里，又移城之萬壽。貴卿名士，争先游從。晚每至忘歸，爲師作序，此時也。乙巳，雪竇虚榻，制閫顔公以師聞，如奏敕下，此山給敕自師始。上又親灑『應夢名山』四字以賜。戊申，移育王。辛亥，移浄慈。時教家有挾坐禪宗上帥，奏疏百言，條析明備，上是之，詔仍舊。時璫焰方熾，師以理折，聞者敬服。甲寅，移靈隱。丙辰〔五〕，移徑山。寺更兩燼而復，始務速成，傾漏相仍，日費苴補。師始至，歲仍儉，輟衣盂以贍來者。厨堂忽敗，撤而新，獨雄於一寺。其有爲之功不苟類此。庚申〔六〕，賜號佛智。舊莊二所，指水爲田，東餉按籍索租，害此寺二紀，師爲奏免。逾年，又以和糴病告。穆陵雅敬師，每請必俞。師雖於世泊然，而所居利興弊革，不可盡書，賢矣哉！連住八山，幾四十年，誘納其徒，證悟者衆。海東夷相叩請書沓至〔七〕，師之道化遠矣。病中危坐如常時，問疾往來，與語不倦。將終，獨以急明己事爲門人戒。侍僧求偈，麾去〔八〕，益請，書十六字而化。時方炎夏，飛霞紛紛，非積行所感乎？住世七十五年，坐五十八夏〔九〕。其壽若臘，與佛日同，金書庵名，共一『明』字，聞者异之。師襟量素宏，與人和易，所至緇徒雲集敬慕之，没齒無疾聲遽色。遇事雖劇，處之如如，不逼而成，隨願必應，他人不可學也。或疑主法過慈，其弊也弛，余曰：百丈規則嚴，南陽門户大。臨濟峻峭，雪峰粹夷。教雖不同，其道一也。師以身率，何弛云。余雖交師晚，而知師深，是宜銘。銘曰：

振錫何人，再來何故。夢覺何分，歸游何處。無爲有爲，一手呈露。全提半提，八會言句。我玩我珠，無汝喜怒。汝傳汝薪，自我來去。大明峰前，遺蜕所寓。枯木衆中，法髓誰付。金字扁題，龍君呵護。百世之藏，與龍共住〔一〇〕。《鬳齋續集》卷二一。又見《偃溪廣聞禪師語録》卷下（《續藏經》第二編第二六套第二册）。

〔一〕名：原脱，據《偃溪廣聞禪師語録》補。
〔二〕廣孝：右引作『光孝』。
〔三〕具：原作『其』，據右引改。
〔四〕穩：原作『隱』，據右引改。
〔五〕『移靈隱丙辰』五字原脱，據右引補。
〔六〕庚申：右引作『辛酉』。
〔七〕請：原作『讀』，據右引改。
〔八〕麾：原作『靡』，據右引改。
〔九〕坐：原脱，據右引補。
〔一〇〕此句之後，右引尚有『斯人也無以愧於斯銘也，斯銘也無以愧於斯人也』二句。

鼓山愚谷佛慧禪師塔銘　咸淳五年

愚谷名元智，枯禪法子，密庵二世孫也。枯禪道眼高，師初從枯禪於鳳山，叩請甚勤，禪已奇之。去而游方，謁浙翁琰於雙徑，謁少林崧於北山，留掌記，有聲稱。少林移徑山，枯禪嗣席，師喜曰：『青鳳山前事未竟，今竟矣。』禪至，仍掌記。俄而機契，萬境如如。禪移天童，甫至而寂，師往奠，有偈甚悲。其詞曰『擬擘春雲作錢楮』，傳遍諸方，曰『石屏風又題破矣』。歸留南北頗久，妙峰、石田皆以座元挽之〔一〕。石田病，貴璫當至，俾師領客。璫有數問，師與語，要而明。璫以密聞，名徹中禁。其人約師一見，師力辭之，一衆驚服。嘉熙己亥，出住吳門薦福，移翠峰，又移毗陵芙蓉，道價日隆。辭歸靈隱。寶祐某年，泉守以法石致，三夏，遷西禪。寺久廢，師興之，增築二莊海田，曰福清太寧、長樂大澤。居六年，俄退席。逾歲，帥閫竹居王公移處崱屴。甫一夏，以病告，退老東庵。咸淳丙寅正月十七日，趺坐，書偈而化，壽七十一，臘五十八。塔于鼓山南院。師生薛氏，世爲長溪儒家，廉村薛補闕之後。年十四，治書，筆穎出。非其所好，出家邑之清潭。二十受具。道貌充然，識踐兼美。渟涵愈富，退斂若虛。和而有容，犯亦不校。其所造詣，未易涯涘。余初得師於冷泉，余老溪上，師自法石北來，一見良喜，自此書問不絕。師素寡言，每見，默然以意相怡悅。余多方外友，師尤質重者也。師没三載，其門人九峰某謁銘於我，語愴然，曰：『吾無以報吾師，師不得銘，吾弗子也。』余知師之賢，而多某之義，遂爲銘曰：

欿然而虛，雖有若無，是曰愚。淡然而足，雖下不辱，是曰谷。有岃其崇，有萃其封，我志此翁。

〔一〕挽：原作『晚』，據文意改。

《膚齋續集》卷二一。又見《鼓山志》卷九。

前天竺住持同庵法師塔銘　咸淳三年

錢塘上天竺，諸教寺之冠冕也，位置其人，亦猶五山之雙徑焉。況是六龍駐蹕，大士之奉尤嚴，主席之來，必有宸命，疇咨聲望，畀予不輕，故先後相承，多其宗大尊宿。若同庵，則其一也。師諱允憲，越之暨陽劉家子。母楊氏夢僧入室而師生，以爲再來人也，少即緇之。初游育王，有老衲具眼，曰『子緣在台宗』，且教以鄉往。遂從逸堂某於西山，又從北峰某於超果。精勤十載，洞造其微。於是學侶奔趨，争就爐錘，名山虚席，迭求致焉。自台大龍，歷秀廣福，與台白蓮，遂由鄞之延慶擢主上竺，乃探名於大士得之。師嘗兩爲座元，一衆心服。居八載，軌行之化，私淑門徒；有爲之功，遍新堂宇。淳祐一再明禋，隨禱隨應，兩還左右街，穆陵特旨也。初成杰閣，以超諸有，海賜名『宸奎昭回』，亦惟師是寵。丁未季夏朔，祝香甫畢，就與清衆語違，人皆駭之。翼朝書偈趺化。留龕旬浹，危坐如生。報年六十九，夏五十三。葬寺之東。其徒以師没二十年，塔未有志，介古源清來請。余曰：佛學莫難於頓悟，台宗尤妙於講明。苟獲造其玄微，豈必離於文字？能窮玄辯，何鈔疏之俱焚；既悟此心，寧法華之自轉？即師所學，觀其終始，豈非雙修之全功、圓位之極致歟！遂爲銘曰：

南北互興空有汩，龍勝之傳佛隴出。二溪而上肅也述，玄珠相付同一佛。上竺自唐爲法窟，累朝妙選多人物。同庵八年玉柄拂，見地光明語剞劂。往來如蜕没不没，書以傳之鑱峭崒。千載宗傳指可詘，來者伊誰覓靈骨。《鬳齋續集》卷二一。

斷橋妙倫禪師塔銘

余謂富鄭公於顒華嚴，范文正於古薦福，張紫岩於杲大慧，皆以元勛大老，敬向其人，故叢林至今以爲法棟。今師之得魏公者又何遜哉！非公無以知師，而非師無以得公也。其大機大用，具在《語録》。乃爲銘曰：

斷橋之學，不以言句。傳所可傳，竹溪已序。師於叢林，末法砥柱。我觀其初，信有异趣。麻矢何疑，楞伽何悟。無準室中，不契何故。所聞何聲，始得汗去。師今何故，板鳴不住。是聲何如，必有落處。我爲此銘，來者轉注。《佛法金湯編》卷一五，續藏經第二編乙第二一套第五册。

常棐

常棐，理宗時人。

福業院記　端平三年九月

海鹽縣直社之南，去廛市遠，岡阜綿延，林坰蓄鬱，地據爽塏，有佛廬曰福業教院，釋氏所謂觀世音大士道場也。故號華嚴庵，紹興五年，僧善孚開山住持，請今額。縣之旱潦則禱於斯，疾癘則禱於斯，合妃繼似則禱於斯〔一〕，揭虔妥靈，咸若有答，龐合猥附，俯傴旅拜，日數十百人。燭炬香篆，繼晷連明；珠幡寶幢，繽紛沓襲。初，院有道法師者膜拜像前，倏獲舍利七粒，神光陸離，觀者堵集。院沿庵舊，住持净堪及哲公嘗再鳩工締造，視他精舍具體而微。寶慶丁亥，震風凌雨，板檻楹梁既朽既敗〔二〕，級磚覆瓦既圮既壞。智光主斯刹，念欲經營，而乃力弗贍。前大夫丘公來莅事，甫三日，至院，歔欷顧瞻，爰畀院南漏澤園故地，俾種蒔以斂其入。院故有田若地，白臺府蠲其稅賦，率僚佐邑民捐金施予。大殿門廡，齋堂庖湢，輪乎奂乎，不愆於素。役始紹定元年七月，迄端平三年六月。自院之立，未有盛於今日，光之力歟！惟堪也哲也，暨智光也，俱學天台教於錢塘天竺寺，寺亦大士道場。錢塘今爲行都，上自朝廷，凡有禱，爲群望先。大士之惠斯邑，其以靈於天竺者靈於福業乎？則斯院也，與宋無斁，而光之力於斯院也亦無斁哉！端平丙申重陽日。光緒《海鹽縣志》卷七。又見雍正《浙江通志》卷二二八。

〔一〕『合妃』句原脱，據《浙江通志》補。

〔二〕敗：原作『拜』，據文意改。

李曾伯

李曾伯（一一九八——一二六八），字長孺，懷州（治今河南沁陽）人，後徙居嘉興，邦彦之後。歷官通判濠州，遷軍器監主簿，添差通判鄂州、兼沿江制置副使司主管機宜文字。入爲度支郎官，授左司郎官、淮西總領。尋遷右司郎官。爲太府少卿、兼左司郎官、敕令所删修官。擢太府卿，淮東制置使、知揚州、兼淮西制置使，詔軍事便宜行之。加華文閣待制，進寶章閣直學士，權兵部尚書，加焕章閣學士。淳祐九年，以舊職知静江府、廣西經略安撫使、兼廣西轉運使。進徽猷閣學士、京湖安撫制置使、知江陵府、兼湖廣總領、京湖屯田使，進龍圖閣學士。加端明殿學士，兼夔州路策應大使。進資政殿學士，制置四川邊面，與執政恩例。尋授四川宣撫使，特賜同進士出身。召赴闕，加大學士、知福州、兼福建安撫使。辭免，以大學士提舉洞霄宫。寶祐五年，起爲湖南安撫大使、知潭州，兼節制廣南。移治静江，爲廣南制置大使、兼廣西轉運使。開慶元年，進觀文殿學士，以言者論罷。景定五年，起知慶元府、兼沿海制置使。咸淳元年褫職，四年卒。見《宋史》卷四二〇本傳，《至元嘉禾志》卷一三，《楚紀》卷五二，《可齋雜藁》卷首李杓序，《可齋續藁後》卷一〇《庚申病中作》。

泗州普照寺重修大聖殿記　淳祐三年十二月

按僧伽大士，唐龍朔中自西國來，置寺於臨淮，靈迹顯著甚异，以景龍四年三月三日於薦福寺滅度。中宗敕有司漆其色身，與置普照。國朝嚴奉尤盛，中墮夷落，茍歸職方。邊城蹂躪之餘，齊人破碎，寺亦堙圮，僅存一宇，以覆像設，壁拆屋漏，風摇雨漂，通梁空中，嵬將壓墜，萬衆無所瞻仰。前刺史窘於捍敵，束於治財，緩而不省者數政矣〔一〕。鮑侯治泗之明年，五穀穰熟，邊境用寧，既德大士之陰相，乃輟俸於其褚中，爲荒度之基，賓校民庶，胥樂檀施，庸直、陶瓦、竹木之費以緡計者二十三萬九千八百有奇，公帑之積無取也。凡爲正殿五間，東西翼屋二間，殿後爲三間，以奉白衣普陀像。殿前又益一間，又爲僧俗膜拜梵唄之所。素壁海山涌出，膠漆塈布，塑爲化人應現之像。飛檐鬥栱，摩空戛雲，旃檀沉水，彩畫裝鉸，墻壁瓦礫，化成諸天，萬人作禮，目視森聳。閏八月乙亥蕆事，九月癸亥畢工，十月戊子設無遮大會，合盱、泗兩郡軍民以落之。不可思議，甚希有也。嗚呼！兵革鬥争之禍，黔首割裂之慘，天未悔禍，其何能救！惟大雄氏以慈憫故〔二〕，廣護爾衆生於大怖畏中，爾衆生善念纔至，惡業隨滅，大士往昔過去劫，誘暴福良，德有考於是邦，盡未來世，念念相續，固應冥贊是邦之人，俾樂生興事，共爲王民，脱鞭棰刻烙之愁毒。令侯崇信展誠，以答大士之貺，亦求以惠利於泗人，豈徒爲是觀美之具而已！始侯之來也，視京庾，按營堞，料丁壯，繕防具，老練度程，百廢具興，即其餘力，尚及兹宇，謂之非才，可乎！初役予輟材以傾之，伻來謁祠，於是始爲記。侯名義，高密人。淳祐三年十二月庚寅。四庫全書珍本初集本《可齋續藁前》卷五。

〔一〕政：原作『正』，據國家圖書館藏清初影宋抄本（簡稱『清初抄本』）改。

〔二〕氏：原作『市』，據文意改。

重建仙佛神宇記

余以連歲積憂致疾，夏四月朏予告，越七旬未能復步。乃六月望，强扶病骨，登寶積山，謁玉虚祠。下瞰平陸，前此皆榛莽，眼前突兀，倏睹殿角鼎峙，中曰聖佛寺，以奉旃檀古如來。其東爲南岳忠靖王廟，其西爲紫極宫。予卧病其幾何日，而一片境界，恍如幻出，何其神也！訊之左右，曰皆都統制、御帶朱廣用以城役餘力，因民之請而成之。惟自有桂州，便有此山，不過巉岩磊砢，草木叢委，未有以發奇者。今一旦仙佛之廬與叢祠并列，岩姿罊秀，若拱若揖，永爲桂人所休，導覑之地，與此邦江山相爲長久，意者神佛司之，有待而發歟？又思戍將領兵護邊，秋而往，春而歸，視所至如傳舍，比比皆是。縱有從事築鑿工役，亦惟勉竣吾事而已。其能爲民慮者已寡，况肯致力於券外事耶！夫宫以事帝，寺以奉佛，祠以妥神，爲是役者，豈爲區區一身求福田利益哉？毋亦曰桂爲南邊會府，撫蠻控夷，於是乎在，非帝力助順，佛力擁護，神休陰佑顯相，何以保固吾圉，安輯吾民？其考極相方〔一〕，竭力崇建，良有以也。余力疾遐眺，且爲之神怡心曠，昭昭高靈，豈不來崇來下，爲邦人無窮之庇歟！朱侯此心，可無愧於幽明矣。世之苟焉職業，事而怠食，視侯寧不泚顙！余疾未差，捉筆良難，侯請識顛末甚力，又弗欲它屬，勉爲口授小史，書以畀之，亦嘉其用心焉耳。是邦元有紫極宫，久廢而今復。聖佛自唐初顯著南方，像設存西山，幾墮劫火，遷奉於此。忠靖王則衡岳之聲赫靈濯者，南人家祀户祝。侯於此外，又修仰山二神祠，作蜀三大神廟、劇佑聖殿於兹山，皆同於爲民設也，用并書之，後之人毋毁其成而議其末云。《可齋續藁前卷五。

〔一〕極：原脱，據清初抄本補。

顔汝勛

顔汝勛（一二〇五——一二九一），字元老，號一齋，長洲（今江蘇蘇州）人，直之子。以郊恩得官，歷任温州永嘉主簿，江陰知録，參兩浙轉運司帳管，改主管文字，知和州含山縣，監左藏西庫，辟淮東安撫司機宜文字，通判滁、常二州、慶元府，俱不赴，奉祠。官至朝散大夫。至元二十八年卒，年八十七。見元陸友仁《吴中舊事》。

無明慧性禪師塔銘〔一〕

此道有正脉，惟無半點氣息，其殆庶幾。知其可庶幾，謂正脉在是則妄也。迎之而不留，捨之而不遺，北雨南雲，斗移星换，忘存失照，妙亦何立？泉奔岳頂，探源皆死水；雹降青天，追踪皆客塵。擬鑿朵頤，欲噱斂色，抽關轉軸，乾坤爲之黯黑。龍天雖夙誓，呵衛終無處所。此師以手摇拽，嗚咿久之，不能自已，余知爲楊岐九世孫也。師名慧性，姓李氏，達之巴渠人也。混然其初，不以點黑污胸臆。才祝髮，束包南游，適淳熙戊申歲也。首謁佛照光，光奇之，一叩得其體。

師以無宜路益孜孜，一時昂頭驤角，揩範輝錯，頂𤶹足胝，每甘心焉。知松源岳得於密庵杰，杰得於應庵華，溯而上之，白雲東山，皆楊岐流出也。師造松源座下，奉勤給侍奔走，爲裴回咨决地。晨敲夕磕，針度綫引，尤不啣嗂於些子誵訛，師毒深矣。出世，蘄之資福，越兩年，遷智度，法社正耀，湖海翕然。歸宗開先栖賢，爲古精藍，露沐雲敷，此涌彼洽，獅子一滴，何翅散十斛驢乳。師臘高矣，奧林邃谷，將終遁矣。所至道價寶璧，宗旨淵源，大用脱軌則推出，分常之華藏半座，老作願點額於龍門。時余未識師，以《水僧骨傳》云『雪覆蘆花欲暮天，到撑没底謝郎船。離鈎三寸如何道，海底泥牛拕角牽』，則師之脉有自矣。贄參請禮，往來叩答，余不覺悚汗。撲庵居士以大根器棟此道，來守姑蘇，勉其主陽山尊相，金奏玉響，主林改色。部使者輿敬税駕於雙塔，俊衲信友，如赤子赴慈父母，賴以受用者衆。在在籌室，非時相見，靡間冰暑。闡提亦有作，室中多舉，開口不在舌頭上。大力量人爲什麽擡脚不起，大力量人爲什麽脚根下紅絲綫不斷，虎踞猊座，返擲横拈，撒火飛星，學者株守己靈，錯認鑒覺，窠臼情識，墮解脱坑，無地容錐，無錐可卓，猶未夢見在。其示衆曰：『向上一路滑，壁立萬仞嶮。石火電光鈍，定乾坤句錯。』又曰：『心路不絶，祖關不透。盡是依草，附木精靈。大法洞明，正好痛棒。狐涎螢火，望風剥落。余之恩怨，始啞者啖蘖矣。』師慨此道累卵，每哽涕，眼目護常住，口體等土木，應世如童，甘逆如飴，履實踐真，冰堅霜厲，行解相應，名之曰祖之謂也。感微疾，譚笑却藥，叩室候安，起居如常。遣某書遺某偈，誨尤渠渠於余，投筆澡浴，趺坐而逝，嘉熙改元七月二十日也，年七十六。荼毗舍利珠貫雪骨。了聰久侍師席，確志而正信，并奉鬢髮，歸故里建窣堵，庸示般若靈驗。師示何加損，以余出師門，請銘力甚。於辭受頃，不落擬議，乃銘之曰：

楊歧正脉，出廣入細。白雲東山，互換失利。彷彿依稀，終闕半偈。咄破沙盆，松源飲器。毒流至師，剔骨刳髓。嗚咿嗚咿，以手摇拽。七鎮寶坊，非即非離。有赫厥後，人自侈异。吐吞其誰？如水行地。《無明慧性禪師語録》。

〔一〕題下原署：『迪功郎、温州永嘉主簿顔汝勛撰并書。朝散郎、知信州軍州事方萬里篆額。』

周仲虎

周仲虎，理宗時人。見雍正《浙江通志》卷二三二。

靈雲寺記

距邑南六十五里，有佛刹曰靈雲。考碑石遺文，蓋唐咸通時天台有行僧過此，開山造院，至此不知凡幾歷歲月，榛成邱墟荒谷矣。然其地僻而徑幽，山静而塵絶，野芳歷亂，茂樹陰翳，清人游士接踵不絶。會陳公紹年清隱林泉，與其居處相近，見谷中地睪然而墳起，叩諸山間樵牧曰：『此古靈雲寺基也。』及登山巔，公慨然曰：『古者建道場以説法，亦轉移人心之一助。兹既荒落，吾當修復。』遂召比丘大虚等鳩工庀材，經始於嘉熙丁酉十二月十二日，訖工於淳祐辛丑之孟秋。棟宇翬飛，丹黄掩映，蓮花生焰，貝葉翻經，號曰『靈雲』，固其宜哉！雍正《浙江通志》卷二三二。

鄭大惠

鄭大惠，字子東，號谷心，台州黃岩（今浙江黃岩）人。能詩文，著有《飯牛集》。見《宋元學案補遺》卷六六，《宋詩紀事補遺》卷七四。

慶善禪寺新鐘銘 并序

有宋淳祐九年，歲次己酉，六月四日近二更初，火起西鄰，越街，首及金光明閣，延緣焚燎，殿堂廊廡、御書鐘樓，凡寺屋舍，悉遭煨燼。于時鴻鐘受大厄難，半體墜地，入土三尺。何物妖孽，挾風爲壯，煽焰肆害。吁，可畏哉！知學新昌王君華甫克知此所視□聖道場，捐財建議，選莆鄉官前嘉興府司理參軍趙君崇□、貳以鄉士葛君元善，委督起廢，至則合誠歷詢庶務，莫先於鍾，否則無以丕顯衆聽，啓迪善根。時適有僧名曰道耕，來自他山，睹境興念，自捨衣盂錢二百千，首以爲唱。於是本寺住持文郁，咨彼維那法政幹造，政則能以存淳實心，爲化導本。從而貴寓，洎及富室，在邑在野，若男若女，隨力高下，施與有差。卜以人心，罔不悲嘆。思惟昔者，不約而同，僉曰可矣，藉以告役。乃召良冶，取法梟氏。都匠宰陶，坐主經畫。群工翼謀，備循戒令。和土作範，崇甓作爐。明三昧火，煉五金齊。奮膊鼓槖，不夏而雷。以彼離坎，爲我造化。熱海内煮，涌液爀曦。沌竅旁決，溜光奪霞。人則審密，佛則護持。合宏誓願，一鑄而成。厚薄侈弇，咸中厥度。石播柞鬱，舉弗遺疵。猗歟偉哉，是大器也。居長八音，警動六時。太虚含韵，萬籟斂鳴。雖爾劫數，有成有壞，而我佛法，不增不減。今焉一旦，蒲牢復懸，三乘四天，永以助道，其義博矣。然是役也，初於瓦礫，搜拾燼餘，比舊有虧，兹募補就，共六千斤。其於工匠，與凡佐用，爲費計錢，百五十萬。嗚呼噫嘻！事不難成，而難其時，時不難逢，而難其人。幸值永嘉，林君端行。□則來宰，二三僚佐，同寅協恭，命續前緒，復出公錢。又得緇徒，克勤無退，時與人偶，訖成斯事。乃合志願，以是功德，上祝聖壽，同此鍾聲。天地并立，鍾聲無窮。又願此聲，遍周法界，天堂地獄，聞者皆覺。閲歲辛亥，冬閏十月，初旬九日，官民俱集，證明圓滿。扶老携幼，雲隘衢塞。若僧及道，爲士與女，圍繞瞻仰，或以金銀，器皿簪珥，納于大爐，無不樂助。時鄭大惠亦在會中，於是隨喜，而爲作銘。銘曰：

寺遭劫火鍾何辜，得非受形有數歟？大音不作豈終無，就其初者還厥初。陰陽爲炭天地爐，蜚廉、祝融供走趨。百煉既剛五金俱，溜液鑄成彈指餘。積累鈞石由錙銖，爾則盡性我盡模。驪龍踏頂交盤紆，鐵蛟縮索司紐樞。取法圓象垂方輿，道寓於器中則虚。動生於寂應不誣，叩隨大小聲遠舒。上達九霄下三塗，凡有知覺無賢愚。與昔所聞初無殊，善根增長罪業除。願以是功奉宸居，君臣明良文德敷。《簫》《韶》鳳儀瑞同符，律吕其和及寰區，何千萬年永基圖！《台州金石録》卷一〇。

桂正夫

桂正夫，字子中，貴溪（今江西貴溪）人，柔夫弟。嘉定鄉薦，特奏名，賜文學出身。任忻城令。見嘉靖《廣信府志》卷一三，同治《貴溪縣志》卷七之三。

題新興寺壁　淳祐八年

木在龍氏，金先填於亢，著雍涒灘，月望東壁。時雨新霽，西風增凉。閑雲未歸，悠然垂陰。黍粒登場，稻花盈疇，菽粟粲然，桑麻沃然。象山翁觀瀑半山，登舟水南，宿上清信龍虎，次於新興。究仙岩之勝，石瀨激雪，澄潭漬藍，鷺翹鳧飛，恍若圖畫。疏松翠筱，蒼苔茂草之間，石萱呈黄，金橙舒紅，被崖緣坡，爛若錦綉。輕舟危檣，笑歌相聞，聚如魚鱗，列如雁行。至其尋幽探奇，更泊互進，迭爲後先，有若偶然而相從。老者蒼顔皓髯，語高領深，少者整襟肅容，視微聽冲，莫不各適其適。予亦不知夫大小精粗、剛柔緩急之不齊也，乃俾猶子謙之、樵之、子持之分書同游者七十有八人邑姓名字於左方。乾隆《貴溪縣志》卷三一之六。

趙孟堅

趙孟堅（一一九九——一二九五），字子固，號彝齋居士，宗室，寓海鹽（今浙江海鹽）。登寶祐二年進士第，爲湖州掾，入轉運司幕。淳祐間知諸暨縣，以御史言罷歸。終提轄左帑。善畫，工詩文，著有《梅譜》《彝齋文編》。見本集及《南宋書》卷一八、《宋史翼》卷二九。

興聖寺蔬地記

嘉興興聖禪寺，實孝宗紹統同道冠德昭功哲文神武明聖成孝皇帝育聖之地也。嘉定初元，邦侯趙公希道以安僖曾孫，始奏建寺事，見大參樓公所撰碑銘爲詳。然既頻年産嗇用慳，法未大振，雲集蓋寡，用既弗給，雖巧奚運？洎寶慶丁亥秋，風水扇灾，寺益大敝。貳車任公良弼預董寺事，申請公朝求命主持，於是以冷泉上首虛堂智愚來。至之日，上漏旁穿，隳廢滋甚。愚力加振策，以經以營。逮二三年，漸漸修舉，殿宇廊廡，丈室堂寮，鼎更輪奂。飾尊像，冶洪鐘，乞蠲租産之苛擾者，亦既善矣。獨雲衲二處，齋蔬所供，無地取植，是大欠闕。粤有檀信女氏戴净覺，自號悟庵道人，偕母氏王妙真以城闉强巷地來施，廣袤十畝餘，歸我法界。遂得雲鋤露插，紫芥青菘，齏茹供須，受用俱足。愚嘉其施，求文以刻諸石。余鞅掌官事，未遑也。近從檄來歸，因謁愚及山門，則宏闢端峙，又非曩時委蛇隘束比。流虹聖地，巨扁高懸，邦侯麗畫斯揭，則知愚之勤勤斯寺〔一〕，有足尚者。侯由是加主張焉，請并紀。愚否曰：『記以蔬地名，貴專不貴廣也。』余曰：『不聞坡公參寥之辯乎？供者幻也，受者幻也，刻之者亦幻也。夫以石作供，供、受、刻皆爲幻。今捨地隸扁，皆非供乎？供皆幻，則於受地刻紀何擇？何莫非幻，亦何莫非功德？何專廣之别邪？且僧廬塔廟，塗金碧而侈浩劫者，求福田利益也。維兹發祥闡靈，實皇天降康有宋，篤生聖人，用宏中興之丕業，赫赫皇皇，軋周漢二宣而上征，則增崇而顯飾之者，爲知所尊尚，其但福田利益已哉！余既揭是意，將見樂施而至者，不但一戴也。』愚曰：『諶哉！記捨地已耳，君而推明及是，人知嚮以勸矣。』乃記。侯天姓，與蒠其名，德淵其字，太師成公之嗣。愚明之象山人，亦彼法中之精進不私者，其能爾，有以夫！《嘉業堂叢書》本《彝齋文編》卷三。

〔一〕寺：原作『時』，據影印文淵閣四庫全書本（簡稱『四庫本』）改。

重建慈恩塔院記　淳祐五年

余幼肄舉子業，周游問學諸郡，則憩天慶坊劉氏邸弦誦所。餘暇婆娑金魚池、月波樓下，慈恩塔院比賢樓側。吴省郎説所題額，及護國保民諸大道場扁，愛其書畫婉麗，駐目玩視，不能去。亦愛金魚、月波二扁篆古而隸雅。惜三者輪奂未稱景趣耳。自余隸東學，策末第，三任從官，舊游夢鬲。及兹重來，慈恩鼎新改觀，佇立唧嗟。有老衲祖輝者揖余曰：『此院以開寶年斫地得石佛、石香爐、相輪、舍利而建，蓋亦向來之佛院也。治平改今額。建炎南渡而隳，一塔亭亭獨存，餘悉就圮。余二十年竭力起廢，龕經繪藏，至庚午秋，開軒于塔北。辛丑歲，僧堂重創，大殿裝嚴，丙子至甲申而備。庫院徹蓋，鐘樓甍飛，庚子至癸卯而成。洪鍾釁冶於今春，四方建場於嗣歲。内外粗具已，方圖記刻。君周覽興概，龜趺其屬筆哉！』因喟然曰：『王荆國昔記龍興寺，謂孔氏之道易行，非若浮圖氏苦身窘形之難也，然此每失之而彼得。余前未之信也。今輝也獨能以三十年不怠志力，而中興頹圮，舊扁具在，典型不泯，而金魚、月波尺椽片瓦莫加焉。公飾故題，去舊幾相什百，此失彼得，寧不信然？其有以□之嘆，不自□□□□者，得無啓於斯言？』淳祐五年上巳日，宣教郎、知紹興府諸暨縣、主管勸農公事兼弓手寨兵軍正趙孟堅記。《至元嘉禾志》卷一八。

方岳

方岳（一一九九——一二六二），字巨山，號秋崖，徽州祁門（今安徽祁門）人。紹定五年進士，調南康軍教授。淳祐六年遷宗學博士，七年除秘書郎。適趙葵以元樞出督，辟充參議官。忤丙祠，移知南康軍，以杖舟卒忤荆帥賈似道，兩易知邵武軍。後知袁州，又忤丁大全罷歸。官終朝散大夫。景定三年卒，年六十四。岳才鋒凌厲，詩文四六不用古律，以意爲之，語或天出，尤工駢體。著《重修南北史》一百七十卷、《宗維訓録》十卷及《秋崖集》（一本題《秋崖小稿》）。見《南宋館閣續録》卷八、《宋史翼》卷一七。

狼山寺重建僧堂記

狼山面江腋海，以山水之勝望淮南，而寺又最古，异時户外之屨常滿，鐘魚鏗鍧出雲雨。獨所謂僧堂者久不葺，繩樞縻棟，懼將壓焉。率翁居無幾何，徹而新之，向之靳不捐一金者讙施惟恐後，積至三千萬，不日月而成。百楹相扶，有巖有翼，而明樓閎麗軒豁，殆與此山相雄長，蓋今之所有而昔之所無也。余聞學道者岩栖而谷處，巢跧而雪立，其木石之與居，鹿豕之與游，雖把茅蓋頭，猶以爲泰。乃今蔭華屋，連高甍，有五侯邸第，溟涬然弟之者，不趺而坐，不脅而卧，其亦有所思乎？海山茫茫，江月洸洸，率翁試嘗以余言問之。翁名慧恭，字敬可。是役也，始于端平三年十二月之戊子，成于明年嘉熙正月之己巳，而記于是年四月之壬午云。文淵閣四庫全書本《秋崖集》卷三六。

樓　袂

樓袂（一作扶），字叔茂，號梅麓，鄞縣（今浙江寧波）人，鑰孫。端平中爲沿江制置司幹官。淳祐四年知邵武。又知泰州。見袁燮撰《資政殿大學士贈少師樓公行狀》（《絜齋集》卷一一），《越中金石記》卷五。

明真講寺記

越多名山水，經晋人游覽處，又輒不同。過姚江而南，村以許稱，即元度所居里。里有古道場，道林訪許時，嘗講經地，二家金蘭，逮今語尚冰雪。坐靈源，面烏牕，一峰高入雲表，作航海者指南，舊號四明。治平中賜今額，寥寥數千載，迹昭人昏，危而不持，鼓鐘幾於泯響。嘉熙三年春，白雲堂僉舉妙銛主斯席，始至，憮然曰：『晋韵縱遠，台宗其可墜乎？廢興有時，吾惟圖其新。』首倡以躬，聞之者咸用勸助，願力宏固。不數載，化蕪礫爲寶所，内外粲整，凡教肆所當有，皆種種畫完。開門授徒，法音演暢，止者安便，觀者眩駭，莫不歆艷其成，而誇其難。噫！事無難易，存乎其人，惟尚志乃克濟。向使居其前者用心稍如銛，何至盡廢，踵其後者用心又皆如銛，此山當大振。慨世之人安陋習簡，糜爛一律，甚或瘠衆自肥，視常住爲何事，銛之事舉，其果難矣！或謂其飾塔廟，崇肖像，特爲福耳。獨不聞積土聚沙，刻雕移畫，惟植一因，皆成佛道之語，事即理也，理之所存，遍在於事，矧焦心而營，隻手而成，匪若叢林巨刹掊賦入之羨，勢家要第倚聲援之重，已信而孚於人也，則又豈不甚難矣哉！余善潛山僧文珦，道所以然，相與嘉嘆：『余未識銛，盍歸而語諸？』室廬宏矣，器用備矣，學者萃止，擷其英而教育之，毋徒爲觀美。人杰地靈，今無异昔，安知不有風期高亮之士如林公者，才藻新奇，華爛映發，十地頓悟，三乘炳然，神駿不混，凡櫪淩霄，肯作近玩，試譯厥旨，淵乎异時，艤櫂問徑，倚松斞泉，清風朗月，悠悠我思，又安知元度輩不在人間耶？光緒《餘姚縣志》卷一一，光緒二十五年刻本。又見乾隆《紹興府志》卷三九，《四明山志》卷二。

重修靈鷲興聖教寺記

樓扶

靈隱前，天竺後，名與天壤齊。介兩山間，一蘭若曰靈鷲，竇石澗泉，嵌空合流，中分而兼有之。考諸志，實維晋理法師卓錫之始。理咸和初自西天來，見兹山而驚曰：『是中天竺國靈鷲山之小嶺，不知何年飛來，佛在世日，多爲仙靈所隱，今此亦復爾耶？』乃披荆榛，乃闢梵廬，地以人而顯，至今岩以理名，訪其塔猶在。更唐表章，至吴越尊尚，至國朝駐蹕，隱、竺之價日高，而是刹幾蕪廢不治，猶齊魯之邾莒，緇素愴焉，聞於神皋。嘉熙元年秋，妙選吴僧行果主之，始至，喟然曰：『吾少長兹境，目擊而心閔之，院無大小也，人無古今也，是山則前日之舊也，吾其勉成之。』越明年，作山門，易向而南。明年，兩廡成；又明年，觀堂成。位置合宜，事可則而物皆可久也。雅靚邃修，丹碧奪目，規畫一出其手，内外備矣。始欲築丈室，建寶閣，盡挹乎四方之秀，不求諸人，而聞者樂施，不知其役，而見者興敬，於是靈鷲復粲粲。余愛山水成癖，坐冷泉，憩香林，屢嘗造其廬，月异而歲不同，難矣哉！修鱗泳波，茂樹當道，徑窈橋横，真使人意消於烟霏空際之表。吁！顛而不扶，危而不持，聖人之所深嘆，孰謂浮屠氏其專如果哉？果，北峰暮年之法子，兄事古雲晦岩，溯其源已不凡，謙而有常，其心休休。然士之寓者，客而游者，入出一待之以禮，察其色久不倦，視其橐匪有餘，此蓋有大過人者。起廢細行也，願力宏固，有家法在，遂書。

《咸淳臨安志》卷八〇。又見《西湖志》卷一二，《增修雲林寺志》卷五，《淳祐臨安志輯佚》卷三。

白雲山慈聖院圓通殿記〔一〕

淳祐四年十一月

佛心大慈悲，覺所不能覺，法施及財施，同運平等慈，普門品中無盡意，以寶珠、瓔珞，價值百千兩金，奉觀世音。佛言：『受此法施，昧者必謂之財矣。』子曰：『危而不持〔二〕，顛而不扶。』□舉世皆若人，國與天地何立！大而天下，小而一家，或空言過高於事，無□□□滋遠，坐受其弊，目擊而身安之，謂之法施，可乎？噫！事無難易，惟有志者竟成。余在明州，聞姚江之慈聖有世奇者出儒門〔三〕，作殊勝事。山窈而深，號泉石嘉處，唐閩中高僧巘雲披荆而廬，講餘，白雲時時入户。晋開運間，錫是名。四山豐茂，居民因藉以聚。國初義降、義隆又宏兹賁，治平間，賜今額。嘉定十三年，不戒于火，獨法堂及所奉大士存。後風雨漂摇，堂圮而大士像一架儼然，异哉！僉議建寶殿，十載弗成。奇自諸方回，慨然謂吾家事，竭力就古殿址作而新之。端平三年孟秋告成，高深皆十尋，廣七尋，瑞相端嚴，諸天拱護，金碧照爛，如入化城。仍塑三佛，以爲過去、見在、未來種子，觀者贊嘆於越所未有。雖然，輪奂美矣，財不勝用矣，或有問法施者，當以何荅？退行一步，安樂法也，遷善改過，懺悔法也，以至正像及末，塵塵皆净，法法總空，何必有爲而後言施。余雖未登斯山，識斯人，特知其曾參南野雲，持身玉雪潔，不肯出世，而能作出世間事，决知以財爲法，以法爲財〔四〕，運平等慈。如我所説，若猶未信，請從圓通會上更參四句：净極光通達，寂照含□□，却使觀世間，猶如夢中事。淳祐四年仲冬既望，謹記。陳□、陳溥刊。

《越中金石記》卷五。又見《兩浙金石志》卷一二，光緒《餘姚縣志》卷一一。

〔一〕題下原署：『承議郎、新權知邵武軍兼管内勸農事、借緋樓枎撰并書，少保、觀文殿大學士、醴泉觀使兼侍讀、衛國公鄭清之篆額。』

〔二〕持：原作『扶』，據《論語·季氏》改。

〔三〕出：原脱，據光緒《餘姚縣志》補。

〔四〕法：原脱，據右引補。

徐植

徐植，嘉熙中累官朝散郎、知雷州軍州事。

招提教院置田記　嘉熙四年三月

嘉興招提教院，考之紀載，則唐刺史曹君之故居也。光啓四年，捨以爲寺，敕名羅漢院。國朝治平初，改賜今額。規模雖未大，然在元祐間，名公巨卿，如荆國王公、内翰蘇公，更唱迭和，寄題静照，篇什盈軸。静照即院之一室也。能以一室聲聞京師，蓋一名刹矣。中間一罹建炎之兵火，再厄寶慶之震凌，殿堂傾圮而弗修，廊廡傾頹而弗葺。紹定壬辰，寺鄰吴供檢焕惻然動心，自捐己帑，鳩工聚材，聞者樂助。鄉僧懷敞開其端，師誼贊其成。自山門以至湢室，輪奂一新。嘉熙己亥，繼以懷禮，啓請檀那曰：『規模視昔固大矣。廣其居，無以飽其徒，可乎？』於是已施者無倦心，未施者皆興念，遂得常産，以爲香積卒歲之儲。由今而始，苾蒭之供，可以繼矣，蒲塞之饌，當不乏矣。懷禮款門求余紀之，并欲列檀那名氏，書之碑陰。余辭不獲，姑爲述其大概。既而語之曰：『師亦知夫一飽之不易得乎？夫捐金得土，以爲爾刹綿遠之利，檀那不多得也。寒耕暑耘，以應爾衆饘粥之需，農夫亦甚艱也。』師盍歸諸，語徒曰：『如來積功累行至現報身於王舍城，猶未免持鉢乞食。今之爲比丘者，顧何修而受成若是。要當審其因果，進其學業，諦想其空法，窒絶其塵念，以祈福祥，以酬施惠，庶幾可耳。毋徒曰我等瞿曇氏之種子也，法當受是。』懷禮曰：『唯。』嘉熙庚子暮春既望，朝散郎、新知雷州軍州事兼管内勸農事借紫徐植記。《至元嘉禾志》卷一八。

高斯得

高斯得（一二〇一——？），本名斯信，字不妄，號耻堂，稼子，蒲江（今四川蒲江）人。少從李坤臣學，舉紹定二年進士。父死事於沔，奉遺骸以歸，無意仕進。李心傳方修四朝史，辟爲史館校勘。屢言事，群憸悚懼，合力排擯斯得，出知嚴州。度宗即位，辟爲秘書監。度宗崩，以權兵部尚書召。擢翰林學士、知制誥兼侍讀，進端明殿學士、簽書樞密院事兼參知政事。以論賈似道誤國得罪，留夢炎乘間罷之。宋亡，隱居苕霅間而卒。著有《詩膚説》《儀禮合抄》《增損刊正杜佑通典》《徽宗長編》《孝宗繫年要録》《耻堂存稿》等。見《宋史》卷四〇九本傳。

錢塘南山開化寺記

錢塘奥區，竺乾之宫鱗萃櫛布，不可稱數也。南山之陽有寺曰開化，爰自妙智禪師慧信被遇壽星聖帝，賜對便殿，問以至事，奇珍錫予，天渥便蕃。師歸，因卓一牛鳴地爲庵，祝延曼壽，寺於是始基。嘉泰間陳淑妃尤重師，尚方之賚，視前益多，繇是遐邇慕嚮，衹金輻輳，乃拓其廬，廣盱營表，以成勝刹。請于朝，願以開化爲額，詔許之。於是其徒聞風驅錫坌至，田确而寡，餰酏不贍。嘉泰改元，慈懿太后始斥長樂餘資，命市溉田，厚其饒給，用能百年間九燈相傳，以迄于今，其勤勞亦至矣。然尚有未愜快者，處險不廠，山門卑側隘陋，與宫弗稱。太傅平章賈公聞而嘆曰：『此累聖所成就也。』捐緡市傍近地十三丈有奇徹而新之，高廊四柱，爲楹十餘，復以餘財葺繕法宇，周阿峻嚴，列楹齊同，至是秋毫無遺恨矣。落成，主僧妙行介予表弟壻御帶楊君亮節求爲之記，予謝曰：『柳柳州、蘇文忠平生喜作寺記，其深明世典，下筆沛然。予於戒壖慧户咸所未達，若之何措辭？』楊君曰：『非此之謂也，師欲得公文以侈上賜，且述締創之難，俾後來者謹乎修飾，以保守於無窮而已。』予曰：『若然者，不敢以恂愗辭。』遂書以爲記。四庫全書本《耻堂存稿》卷四。

宋理宗

宋理宗趙昀（一二〇五——一二六四），太祖十世孫，榮王希瓐子，母全氏。初名貴誠，嘉定十五年爲邵州防禦使。十七年賜今名。是年寧宗崩，丞相史彌遠與楊后貶皇子趙竑爲濟王，出居湖州，而矯詔立昀爲帝。紹定六年彌遠卒，始親政，史稱『端平更化』。端平元年，與蒙古連兵滅金，以圖收復三京。金亡，蒙古軍入洛，事釁隨起，兵連禍結，境土日蹙。開慶元年，蒙古兵圍鄂州，宰相賈似道諱言其納幣稱臣請和，僞稱獲捷。自後似道擅權，朝綱日壞，國勢益危。其在位也，史彌遠、丁大全、賈似道相繼竊弄威福，與相始終。而同時崇獎理學，黜王安石從祀孔廟，升濂、洛九儒，表彰《四書》，確立理學之統治地位。在位四十年，年號八：寶慶、紹定、端平、嘉熙、淳祐、寶祐、開慶、景定。見《宋史·理宗紀》。

仙林寺鐘銘

大塊噫嘘，震薄蓋輿。眷此洪鐘，以實出虛。欒銑其角，十分其鼓。豈有鑄鼎，牧金遺禹？博大闡繹，厚薄和鈞。上開天閫，下徹地垠。乃警聾瞶，乃割昏曉。咨爾有聞，孰不心皎？以爲有聲，匪鐘不鳴；以爲無聲，如雷如霆。作鎮梵宫，法音無際。鞏我神皋，萬有千歲〔一〕。《咸淳臨安志》卷四二。又見《西湖游覽志》卷一六。

〔一〕歲：《西湖游覽志》作『祀』。

吕沆

吕沆（一二〇五——一二八五），字叔朝，歙縣（今安徽歙縣）人，午子。端平三年銓試第一，授黄岩縣主簿，知於潛縣，通判婺州。忤賈似道居閑，後起知興國軍、全州，皆不赴。宋亡不仕，至元二十二年卒，年八十一。見《宋史》卷四〇七本傳，《新安文獻志》卷七九《吕公家傳》。

仁壽院記　至元二十二年二月

溯歙溪而西可一舍許，其南有阿蘭若，首枕金坐，依山帶溪，昉趙宋大中祥符元年。面西南向，陰陽家以爲不良于是也。嘉定丙子，僧守真徙向丙巳，然後宗風種子浸以蘩衍。余晚倦游，歸老杏城，上慕陶靖節、香山居士，與遠滿等結蓮社香火緣，洎乎所謂在家僧者。日一開士闖門願見，諏其所，則主仁義院師壽能。師曰：『吾教中以無爲法，以有爲幻，有有不有，是謂大乘。矧吾宇上接肇造，垂三百年，棟老楹欹，廩焉將壓。咸淳間先師正遠雖嘗首倡繕，欲爲而未竟此意，疇敢忘是？故我有可無，不可以無吾宇。乃紬乃繹，意匠是晝，規模位置，悉有指授。爲殿爲堂，爲廡爲廊，後闢邃□，左敞華軒，堊以墍塗，甃以陶甓，樸斫完好，構架孔碩，山藻丹雘，金碧爛如。于是栖佛有宫，護法有神。上及諸天，下距十地，莫不有像，端嚴形繪，備具備極。或跨龍鳳狻猊，或袒右服，珠琲孔雀，或跏趺生蟒，或擎杵降魔。龍威神光，森爽欲動，舉莫能殫。有識無知，罔不瞻禮。肇役咸淳五年，越宋歷元，于今且二十稔。蓋爲之以久不以暫，進之以暫不以遽，故僅卒有成。嘻，豈爲然哉？雖然，是役也，非謀人，非假檀施，吾唯纍圭黍，均委積，不有吾有以爲之。又率吾徒若富禮、德秀、衍慶、宣惠、庭翠，俾咸勤而則效之。又斥贏餘貲田畝，充常住粥莫計，庶表裏相資，庶以弗墜。昔先君左史惠幸泉石，寵賁以詩，如「寺以仁義名，當求仁義實」之句，今猶焜耀鋟刊。意公家世有夙緣，顧記之，以無忘厥始。』余矍然謝，其奚辭！今夫世之爲浮屠者，則曰：『吾無以充包笠也。』包笠蓄矣，又曰：『營巢架木，不如無心；崇飾塔廟，不如□□。浮生如寄，奚庸浪自苦？』于是聽其自起自仆，不復以爲者有之。間有知補弊葺壞之説，振錫擊鉢，打硬抄化，廣張罪福因果，以誘四方善男信女，以規取錙銖，疑亦有志。或者又明盱旋貪拳沉湎，隨日所獲，爲口體謀，于是莫之能繼而不暇以爲。今師獨能遺有散聚，勤躬疢壞，無待布施，作諸種種佛事，信超軼常浮屠氏數等。而不寧唯是，方且持律總衆，竪佛以號其徒，亦悉倒橐罄囊，唯上之爲向。且興起，且勞相之，不吝且不疑。夫其捐財樂施，似仁；糾假合之衆，而畢力一心，似義。向之切借仁義以文其名者，今將久不假歸，掩爲真有。浸浸孟氏逃楊之意，差异蹩躠跟跂，甚至搥提之爲者，不亦大可敬哉！嗚呼，若仁與義，本吾儒日用常典。士大夫平居暇日，冠圓履方，口不絶談仁義，似知實究竟處；無幾何而利心一生，雖骨肉所不遑恤者，世率有之。或兄弟也而鬩墻，或父子也而豺虎，仁義幾斯盡矣。聞師之行，不油然有覺其天者乎？師俗氏葉，里人也。敦願而儉，識高而見，真得精進心，具堅固力，宜其能此無難者。彼其離性忘形，所立之卓如此，使冠其顛，而律以吾之仁義，進進豈易量哉！吾于是重有感已，且因以諗吾黨之士云。至元二十二年歲在旃蒙作噩二月既望，前朝議大夫、知泉州事吕沆記。《竹坡類稿》卷二。

吴文震

吴文震，字硡發，番禺（今廣東廣州）人。舉紹定五年進士，試鬱林州司户，移任南恩州司法，遷新昌通判，調歸善縣令。寶祐四年，調寧越郡丞，後復攝全州、春陵，所至皆有德政。見嘉靖《欽州志》卷一，《宋詩紀事補遺》卷六八。

重修光孝寺佛殿記

釋氏以莊嚴佛土爲法門，張皇幽渺，設顯威儀，以竦瞻視。雖非瞿曇本心，其能使人因莊而興敬信，因嚴而生敬畏，亦世教之一助也。今佛廬布滿宇内，其所以奉佛最莊嚴莫出閩浙。住佛訶林號南中甲刹，雖規模廣大，而殿宇不崇，無以起人敬，像設不肅，無以起人畏。敬畏不生，□教何以中興！禪師無損，蚤游諸方〔一〕，眼界開豁，一旦歸作主人，顧瞻舊規污陋不堪，謀新。以神通妙用，一彈指頃幻出莊嚴法界。兜率天宫□□□□諸佛放大光明，十八大士現威神力，諸天梵釋，種種示現，如靈會上親侍世尊，雲幢擁瑞，寶鼎凝薰，金銀琉璃，丹雘金碧，璀璨奪目，善男信女，作禮贊嘆，昔所未有。所謂西方大聖人不言而化，蓋此謂也。因莊嚴而悟莊嚴者，釋氏之法門也；非莊嚴而成莊嚴者，釋氏之心法也。無損其識之。《廣東文徵》卷五五。

〔一〕游：原作『淤』，據文意改。

馮夢得

馮夢得，字初心，一字景説，南劍州將樂（今福建將樂）人。嘉熙二年進士。寶祐中爲臨武令。景定五年由知信州除秘書丞，兼直舍人院、兼權侍右郎官。咸淳中歷官太府少卿、給事中、試禮部尚書。嘗奏立龜山書院，扶植道學。見所撰《豫章先生遺稿序》，《南宋館閣續録》卷七，《宋史》卷八二、四一七，嘉靖《延平府志》卷一六，《宋詩紀事補遺》卷六九，光緒《湖南通志》卷二四三。

演福禪寺記　咸淳六年

恭惟皇上聖性仁孝，思皇繼述，政教肅穆，神天億寧。繇即祚以來，亦既六載，凡可以厚倫紀，發幽潛，咸用其極。其諸布善因，資冥福，惟禮制人情之中，以承先志焉。粤先皇帝在宥，以戊申年六月詔有司，備禮葬惠順貴妃賈氏於積慶山之原。蓋是山自天目蜿蜒邐迤，清淑磅礴，面金鐘，腋龍井，并湖諸峰，勢若拱揖。乃建寶坊，賜名崇恩演福教寺。越十四年壬戌，周漢國端孝公主薨。公主，妃所出也，遂祔於右。爾來若干年矣，若稽舊刻錫之，上腴資薦惠順甚備。惟端孝未果輟賜，上心慊然，及是益以吴門田五千畝，蠲其科繇，以崇先帝割愛遺育之意。始改教爲禪，宸奎昭回，煒填龍象。時太傅、平章、魏國公發大施舍，建無量福海，薝蔔林，易丈室，而東堂廡寮位内外焕列，種種嚴備，最上殊勝。法筵請衆，延領十方弘誓，圓成將邁，南北兩山，開闡無遮，續續未艾，以廣上恩。命僧可湘主寺事。一日，杖錫來謁記，合衆言曰：『爾時韋提希娑竭龍女現身净妙，住無垢世界，普發人天。我今承旨掌大總持，即無垢圓與佛三世毫刹相涵，名義吻合，端的福緣無有際斷如是，故攝末歸本，由漸而頓，願演諸法，一妙音周遍現界。夫佛廣説經法，以衆生希望煩惱不一，故爲彼异解，令離心意識，無上菩提義則不墮。今摘葉尋枝，紛籍諸境，利根蹉過，鈍根難入，如嚼鐵橛，不知毗紐。我無一切心，何用一切法。今大善知識，具大力量，成就善慧，希有功德，饒益化利，歡喜畢具。會同諸智，同一性故，無爲實相。由頓而圓，可無宣示，以永勿墜。』夢得學自孔氏，無外聞見，惟方寸心不殊三昧，諸學佛者，悟無無法，是大圓覺，如水中月不出不入，無所於名，强名曰禪。大和尚自毗婆尸祖祖相傳，迦葉微笑，不是罔人，至南能法嗣，厥徒萬億。今予大善知識，自佛地來，照見正覺，汝往攝大衆，滿體精神，方能點勘。譬如落種一旦觸發，如桶底脱，得無生息，是法界性自相應，當證上乘，如是我聞，從上訓典。儒、道、釋一理，儒門廣大平實，爲善具足，性義汝諸；佛祖偈言，在明真諦，唯無所住，而生其心，即佛心印歸哉！是爲記。《咸淳臨安志》卷七八。又見《西湖志》卷一一。

杜去輕

杜去輕，字端父，婺州金華（今浙江金華）人，旃子。有文名，工書畫，不事舉業。見元吴師道《禮部集》卷一六《杜端父墨迹》，《萬姓統譜》卷七七，《宋詩紀事補遺》卷七三，《宋元學案補遺》卷一。

興教寺祭田記　淳祐八年二月

王政不復，民不能常有其産，産之爲釋氏有者，法視官有，官有不通貿易，故久。民有不保其不貿易，故不常。由是人之欲以奉其先者，多歸産于釋子。嗚呼！浮屠氏不載於祭經，彼舍其親而奉他人，爲德固悖。今有田不以自奉其先，顧乃屬之於彼，可病也，亦可憫也。蓋人莫善于奉先，奉先莫善于能久，欲久而無其方，必度其可久者而托其久，於迹若礙，於號爲通。苟即其不可取而泯其可取，寧不廢秉彝之初心乎！秉彝所在，雖顛倒横流，終不能忘故。釋祖既以割愛辭親爲教，復力陳四恩之重也。蘭溪興教寺僧若虚與其徒普安買田歸之於院，爲其父母師長忌日之用，似之矣。院按舊記，創自唐寶正年間，去今未幾，世事幾變，遷院故如舊人，惡得不謂其可久耶？其間有擾异鱗、致靈像之傳，人又謂足以久其院者。今更爲大丞相范公祝厘之地，庭宇由是聿新，得非亦謂其可以托久乎！托久，久也；秉彝，久也。於是二者有真久存。既書人之所謂久者，又發其真久者并書之，其將有待於後人也。若虚端實真恬，不崇浮誕，别居妙智庵，人不召而自施，持銀米不盛鐶斗，稍有積，悉以奉衆。緣大丞相雅重之，其誠之感動若此，是亦有得於前所言者。其徒來具道其故，故爲之記。忌之日、田之畝見碑陰。淳祐八年二月八日。《癖齋小集》附録，南宋群賢小集本。又見光緒《蘭溪縣志》卷三。

建法堂記　淳祐十年七月

先王之教尼，人心失所係；釋氏之法怪，易於動人。於是人自怪而入釋，未問也，特以以怪而求釋者，必以入水蹈火爲神通，及冒水火而焚溺，必弃其法而不信。既失於此，又失於彼，至是茫無所係，乃一任私情之所欲爲。所入既差，其流弊甚可畏也。嗚呼！釋氏之法，恐未盡怪也。吾雖不學釋，亦嘗求其故矣。觀其立貪、嗔、痴之戒，最合道理、近人情。獨其徒謂戒之外爲神通，又謂戒爲小乘，神通爲大乘，相祖之勞，卒不知其法爾。今之挾權勢而專廪藏，啖豪富而視施予，裒星殖髪，過於市賈，其起居坐卧之所縝麗精堅，無慮不盡。至如奉事莊嚴之地，則薜壁蝸痕，風蹈雨隊，使之自知其法决不如此。蘭溪縣建福寺僧行昱，好方便三昧，悟大醫王心，拯諸有患，人不召而自施，稍積以辦衆事，其視貪、嗔、痴之戒庶幾乎！其能自知其法者乎！法堂以端平三年八月重建，又觀音、延壽、長壽及諸天等像，寺有羅漢，亡其半者數十年，堂成，像亦復新，以金璧皆稠，置唐之上，甃砌廊廡，繪彩楹題，隨力隨舉，兹不具陳，特其寺中之事，舉於外者不在此碑。案舊碑興於周顯德六年，再興於天禧二年，迄今二百餘年，未有興之者。僧行昱奮然興之，幾年不興，不足爲昱病，今昱以爲病，亦可以占其心矣。昱之徒來乞記，予懼不能發儆世語，且將自明其不隨也，故析其怪之説以叙之，復終其詞曰：只此一法，便爲此堂説法之法；若以天花亂墜、頑石點頭爲法，即爲非法。淳祐庚戌七月記。光緒《蘭溪縣志》卷三，光緒十五年刻本。

時思庵記

有僧友賢觸熱訪予京邑，援雅故而有請：『友賢高祖諱約，生六子，曰岡、最、富、皎、榮、樞，乾道間歸藏高村之原，歷六七世，子孫數百指，以儒學著於州里者項背相望，皆隱德所致也。榮爲僧，有至性，居廬終制，猶不忍亡。兄弟相謂曰：「制終而思無終，孝子執親之喪也。今榮也僧其貌而不忍弃其親，吾其忍弃榮乎！」乃命其廬曰時思庵，撥田三十畝，樵與山，蔬與園，爲單鉢僮侍之備。榮不受，曰：「僧也何以業爲！」强之曰：「設子不爲僧，能不歸此於子乎！子貌僧而行儒，吾得視子僧乎！」立書與之，嚴規式，示子孫勿畔。以時思庵入籍，榮保守惟謹，至八傳一如榮在。舊廬三圮三新，視前爲勝。顧世遠而子孫多，恐前人之澤浸微，不體時思之義，願夫子爲之記。』乃叙其巔末，而銘之曰：古者有爵有德，則官爲之置守冢。近世立庵，亦遺意也。或謂不由官，非也。官固未嘗禁人之奉先也。後之人思念及此，雖春秋代謝，百世而祖不忘也。光緒《蘭溪縣志》卷三。

周坦

周坦，字平仲，一字平父，温州永嘉（今浙江温州）人。嘉熙二年進士第一。淳祐元年以特差充鎮東軍節度判官，除正字。二年除校書郎，三年除著作佐郎，四年差知安吉州，五年除工部郎官，歷官至殿中侍御史。見《南宋館閣續録》卷七、八、九，《宋史》卷四三、四〇九、四二四，《宋歷科狀元録》卷八。

雁山普照院改惠雲院碑記

雁蕩山普照院始於吴越錢王給僧以建，其制浸備於穹嶺之原，後避虎害，遷於莒溪。徐君榮祖大父科公即其遺址修復古構，借爲養閑之所。其性僻，植松數個於楹之外。歲寒，相乎高節，扁曰『晚翠齋』。榮祖見學宫隳缺，鄉賢俱讀書本山廣巖諸庵，慨然以繼緒爲任，值摧剥者而增飾之。於嘉定十七年甲申臘月，肖宣聖像以饗之，其以新易故，亦惟以祀典當嚴爲務，會同志肄業其中。感上天垂衷，矞雲惠然，舒錦褭楠，稱其觀美，應其嘉瑞，豈曰人謀，若有神相之异者。噫，聖人之尊雖不盡繇此而盛，然必知尊聖之道而後能有爲。於此以修墜興作成式，則神之相之，信非偶然也。榮祖敏於從事，鏖戰棘闈，藏修之輩，咸賴嗣葺而得興學校，有功於斯道，感天之惠雲，故顏其院以獎芳傳，以紀成績。予聞榮祖之重爲斯舉也，以院在荒服山水窮絕之間，而學問日隆，俾崇政鄉得遂教養於縱弛之餘，而秀彥躋於顯庸，是則有益於世非小補也。《南雁蕩山志》卷九。

何欽

何欽，字無適，婺州金華（今浙江金華）人，基子。天才不群，有晋宋餘風，與王埱以風流文雅相尚，爲忘年交。善草書。見《魯齋集》卷一二《跋何無適帖》，《宋元學案》卷八二，《宋元學案補遺》卷八二。

蠲免靈芝寺和役碑　咸淳中

靈芝寺係律肆，政和間有元照師持律精苦，四方學子宗慕而來，卓爲梵宇勝會。寺有依光堂，臨據湖曲，重華屢經游幸，逮今神御崇奉惟謹。寺本吴越故苑，因産靈芝，創爲精藍，故田畝素薄，僧行凡二千指，多持缽給食。史、鄭兩丞相當國日，撥賜霅川沈氏户絶産七百畝有奇，上以充神御瓜華之用，下以備寺僧香積之羞，常賦和役供輸之餘，在寺廪者亦無幾矣。咸淳丙寅，有請於今太傅平章賈公，遂取和役蠲除之。從來竺梵憑藉國王大臣，苾蒭咸戴龍天，亦皆歡喜無量也。主僧宗印既肖公像，又叙本末，勒諸堅珉，謹拜手書其下方。《西湖志》卷一〇，雍正刻本。

歐陽守道

歐陽守道（一二〇九——一二七三），字公權。初名巽，字迂父。晚號巽齋。吉州廬陵（今江西吉安）人。少孤貧力學，以德行爲鄉郡儒宗。淳祐元年舉進士，授雩都主簿，丁母憂歸。江萬里作白鷺洲書院，首致守道爲諸生講説，吴子良又聘爲岳麓書院副山長。江萬里入爲國子祭酒，薦爲史館檢閲，召試館職，授秘書省正字。遷校書郎、兼景憲府教授，遷秘書郎。以言罷。添差通判建昌軍。遷著作佐郎、兼崇政殿説書、兼權都官郎官，遷著作郎。咸淳九年卒，年六十五。著有《易故》《巽齋文集》等。見《巽齋先生傳》（《巽齋文集》附録），文天祥《祭歐陽巽齋先生》（《文山集》卷一六），《宋史》卷四一一本傳。

袁州慈化院刻漏記

宜春郡南泉山慈化院僧道果作刻漏，請記於廬陵歐陽某，某許之，方隆暑，未能秉筆，僧五至，請益勤。座適有他客，問果曰：『爾之寺作刻漏何也？今夫刻漏内自天子之宫禁，外至於朝廷百司，若諸道州縣之治所莫不有焉，爲聽政也。昧爽櫛冠，平旦視朝，以至於嚮晦入宴息，不敢虚弃寸陰，雖夜未央，夜未艾而不知安枕之適，此臨政者之事，挈壺氏之職所以不可曠也。爾之徒所爲晝夜有事者亦簡矣，昏曉以鐘爲候，既不啻足，而又刻漏云乎哉？鷄初鳴，咸盥漱，衣冠佩帶，以適父母之所，士之家禮，禮也。日出而作，日入而息，農之田業也。昏明蚤夜之候，固不必家有刻漏矣。然而其事有常，無先後時者。爾之徒弃親從釋，非有定省之嚴，粥鼓齋魚，聞聲而食，非有耕稼之苦，而又何以刻漏爲也？』僧笑而應曰：『然誠無事乎此也？抑是問也，知刻漏之爲器矣。夫刻漏則器也，然吾昔者有悞入焉，因作以示吾之徒云爾，豈真謂昏明早夜之無辨而須此哉？』客遂請其説，僧曰：『作在我，悟在人，而焉用切言之。雖然，予亦有問乎君。夫自子至亥謂之時，自一至百謂之刻。分之者天與，抑人也？冥然而運者天也，何時與刻之知？人則巧矣，以一分之爲十二，十二各分之爲八，八而不能滿百，又分之爲初，初是皆人實分之而天何與焉？然而天冥然而運，曾無一息之差；人巧矣，而測度常失之眇忽，是何也？人之分是時刻也，豈不能以意爲之，而又何爲取信於是器之水夫？水安知時之爲刻，刻之爲一，爲百哉？然浮箭有常，誰爲之者？君亦知之乎？人惟巧故差，水惟無情故信，天之冥然而運也，水之升降流注也，其無情一也。嗚呼，孰謂有情而無情者？有情而無情，天且不遠矣，君無於我乎問也，君其問諸水。』某忻然而作曰：予不能作記，爾之言亦可書也，吾爲爾書是爲記。文淵閣四庫全書本《巽齋文集》卷一五。

螺山靈泉院記　寶祐四年

環廬陵十里，佛寺萃於西南，而東北特少。出東門，循江左達於吉水，巋然一螺山靈泉院爾。佛寺相望，或以爲民蠹；至於相去絕遠，則有山也無與養茂林，有泉也無與疏清流。山困於樵牧，水污於畎澮，而一憩之清、一酌之甘有不可得，况望登臨游賞供耳目之清致哉？然則佛寺間見於村墟烟火之外，亦好事者之所快也。螺山者宛委如螺，掘地不盈尺輒得金螺無數，大僅如珠，而形奪真。其南有井，深不盈四尺，清潔甘寒，冬夏不竭。泉旁有塔，塔旁有寺，是謂靈泉。予暇日數造焉，識其主僧曰元鑒，鑒請於予曰：『予寺之創，相傳始於東晋升平。自今日等而上之，元鑒之師曰妙心，妙心之師曰惟本，惟本之師曰宗海，四世相傳，一以修造莊嚴爲事。蓋鼎新佛殿海也，重建法堂本也，甃徑路，建山門，定光佛殿，心與鑒也。今又度弟子四人矣，使吾弟子之於我，又如我之於先師，敝者葺之，闕者增之，則兹寺與兹山兹泉遂當爲城東北之勝。然寺自始創至今無片碑，幸爲我作記，且以告後之人。』予笑曰：『寺豈托碑以久乎？升平者東晋穆帝之末年也，元年歲在丁巳，盡五年止。自元年至於今寶祐四年丙辰得四十丁巳，蓋九百年矣。九百年基址如故，天壤間如此者幾何？蓋上自天子離宫，次而王侯别墅，以至雄藩巨鎮之觀游，通津要路之館驛，計其占山水之勝，極棟宇之麗，用意之初，豈不欲貽之無窮？而其記述題咏出於名筆者何限，然遺迹之存百不一二，吊古之士訪求於黍稷茨棘間而不得，幸而得其石刻於野人，則磯漁梁、礪樵斧之餘，亦往往斷裂磨滅矣。蓋土木與翰墨兩不足恃如此爾。所謂區區之寺，當彼盛麗之時，誰復比數哉？而存至於今，何也？立不足争之所也。天下之至寶莫大乎世人之所不争，世人之不争者，世外之人乃常得而擅有之，宜乎彼有記述題咏而無救於速壞，此無片碑而無害於久存也。』鑒曰：『善哉君言！乃契於吾佛。雖然，吾久具石以候君矣，願即斯言書之，使凡讀之者悵然永慨，而於得喪少有警焉。舍愛離痴，或因君之言，則一言功德，乃勝於我修造莊嚴百千萬億分。』予曰：『諾。』是爲螺山靈泉院記。《巽齋文集》卷一七。又見民國《吉安縣志》卷七。

圓通閣記

佛之道，儒者難言之。一人佛言，衆誚且排，爲是置不復詰。億佛書具在，昔者先儒目力往往及之矣。目力未知之及，而衆誚且排之，逆畏予不知其説也，故不若相與究乖合之極而折之以公。昔者予聞先儒之説西方氣厚，故生异人，又曰佛書遠勝莊子，蓋欲取而觀之久矣，恨其徒僞益其師之説，使部帙猥多，以眩惑流俗。今年春，僧法榮者以所造圓通閣成，求文以記之。予惟圓通二字之義，圓者無滯，通者無塞，此其説未有戾於吾黨也，則遂取所謂《首楞嚴經》者讀之，既而嘆曰：彼師弟之間，難疑反復，毫厘之差有所必辨，是亦非苟然者，焉用遽非之？蓋其徒所稱阿難者，本釋迦氏之弟，慕其兄之學而學焉。兄弟之間談説圓通，一時在會者因各言所得，凡二十有五人，而觀世音獨推其初實自聞入。聞之説出，二十有五人者莫不怳然自失也。所謂聞者，以聲爲塵，以聞爲性，聲塵有起滅，聞性無存亡。曰本聞，曰聞復，曰自聞，曰反聞，斂之爲凝寂，散之爲光明。夫是以上合諸佛，與諸佛同一慈力，下合衆生，與衆生同一悲仰，語雖幻异，然其寂感之大歸亦可睹矣。彼又以爲聞也者，不依形而立，故不待生而存，不隨死而亡，此則佛之所以爲佛，而吾儒之所不屑究言也。然先正猶一言之曰：聚體知死之不亡者，可與言性，此又豈以佛嘗言之而不肯與之同邪？是則無感者性之體，能感者性之神。循有感以求無感，大虚至静，粲然吾前矣。使佛氏而不知此，固無足論；佛氏而知此，則亦豈不足驗此理之所同哉？雖然，彼所得者在不依形以立，而所失者亦不依形以立也。謂其不依形以立，而遂指身爲幻，一無所事焉，則理有大不然者矣。法榮佛者，吾亦未暇與之盡言也。嗟乎！法榮能建圓通閣矣，爾以爾師所言圓通者爲何義邪？閣中位觀世音像而嚴事之，爾以爲觀世音者得其所得，有不堅志精思而不能忘此邪？嗚呼，焉用彼之問！予方重有感也。閣在永樂寺，寺在梅山，山在廬陵縣儒行鄉，予之先祖墓三世與之鄰云。主是寺者本銓，榮其徒也。《巽齋文集》卷一七。

龍須山旃檀林記　景定三年春

龍須山法雲禪寺有堂曰旃檀林，在佛殿西，以待其徒之自遠方來者。景定三年春，主山樸庵紹月撤舊新之，屬予爲記。余聞旃檀异國之名香，佛屢稱之，其曰以赤旃檀作諸殿堂，高廣嚴好。百千比丘於其中，止謂此香木之可以立僧廬也，而諸佛中亦有旃檀香如來之號，則取其道行清潔與此香同，故以爲名。證諸《楚辭》，以香草比君子，而處之桂棟蘭橑之室，同一意也。夫佛亦寓言耳，舍其王位而自甘於寂寞無人之境，彼豈復以宫室之美累心？然自其教入中國，昧者得其莊嚴供養之説，造寺奉僧，極其侈靡，使中國多得此木，亦必舉以爲其所謂殿堂矣。農夫細民蓬茅不足以自蔽，王公大人未有以動其心者，獨於奉僧則不靳也。而僧之安居華屋，亦若固有之。嗟夫！佛之初意，其果然耶？好潔惡穢，人之同，居處所以安身，至於潔而止。若夫齋戒薰沐，使其表裏清净無垢，則佛之所以教其徒，亦猶吾儒之所謂潔其身者，明德之有馨香，果在内不在外也。紹月之語予曰：『草木猶愛臭味之同，吾林下人自謂曰苾蒭，而以旃檀林奉客，所望於來者厚矣。衆如林然，皆我氣類，勿有間之，與善人居久，而與之俱化者也。』予於是慨然有感矣。是山予之先塋在焉，展省松楸之餘，入方丈見此老，每覺清言有味，繼今又當時造兹堂，庶幾遇其自遠方來者，以觀此老者之所與友。《巽齋文集》卷一七。

富田南禪寺鐘銘

南禪師慧鑄寶鐘成，餘山歐陽巽公權甫贊嘆説偈。

佛滅度後，有以聲音，作佛事者，諸具聞性，從聲音度。此鐘靈异，能説萬法。所以者何？辟如有人，夢想顛倒，見種種惡，受種種苦，忽於夢中，得聞此鐘，恍然而覺。既夢覺已，心根清净，思惟正覺。一切正覺，從鐘聲生；一切顛倒，從鐘滅〔一〕。此人思惟，我今云何，得此快樂？是誰説法，于何聽受？了無説者，惟有此鐘，我當向鐘，旋繞禮拜。作是念已，鐘則寂然。鐘則非鐘，是我聞性。萬劫有盡，聞性不壞。諸佛神通，由聞性入。我願此鐘，盡未來際，常説此法。三界人天，以至鬼趣，聞鐘一聲，瞻仰敬禮。是鑄鐘者，即導引師。《巽齋文集》卷二六。

〔一〕據文例，『鐘』下當脱『聲』字。

蔡廷玉

蔡廷玉，黄州黄岡（今湖北黄岡）人。紹定中以戰亂，挈家寓居江上舟中，幾四十年，以貿遷鈔鹽爲生，後置田園於岳州。見所撰《崇勝寺鐘銘記》。

崇勝寺鐘銘記　咸淳九年

江河往來，船居算請鈔商蔡廷玉，祖貫淮西路黄州黄岡縣木蘭山之東天浄港人也。考君念九評事，妣親柳氏太孺人，家傳宦裔，歷世此邦。昔日紹定壬辰歲後□□□境□踐鄉閭，遂絜累偕室田氏三娘寓居江上，懋遷鹺石，爲資生計，幾四十春，荆楚江浙之間，多所涉歷。歲亦勞止，汔可小康，雖不復家山之舊，幸粗置田園於天岳之邦。非曰能之，要皆洪造之陰覆也。癸酉良月既望，艤舟自常武而下泊於君山之濱，崇勝無禪祐老一棹來訪，談邊首以化緣洪鐘爲請。因思鐘之爲物，乃香火緣中之大器，能力成之，抑亦美事，故不敢辭。不虞是夕風濤暴作，四舟之稇載者蕩然東西。翌日以次尋獲，略無毁失。中有一舟，自漂去後，越三日，忽得之君山西之中湖，意其所載，必成烏有，徐啓其扃，視其物，巋然具存。想是時也，大澤之側豈無睥睨者在，而終不敢發，若有神物之呵護其旁，危而安，失而得，造物之垂佑愈昭昭矣。後命凫氏亟鑄，以酬許心。青銅六百緡之貲，又奚敢吝！今來陰相，一鼓而成，揭鎮佛寺，碩大聲宏。穹示明鑒，□及幽明。上超考妣，下延後人。永嗣其響，大叩大鳴。銘勛自此，禄倍其榮。兹述其概，以爲歲月之識云。《八瓊室金石補正》卷一二一。又見光緒《湖南通志》卷二八三。

釋知祖

知祖，宋末岳州僧人。自題「楞伽雲溪知祖」，蓋居岳州楞伽峰（在今岳陽東南郊）雲溪寺也。見所撰《岳州洞庭君山崇勝禪寺新鑄鐘銘》。

岳州洞庭君山崇勝禪寺新鑄鐘銘〔一〕　咸淳十年四月

洞庭君山之勝聞天下，飛升秋月第一湖山拱揖於寺之左右，水雲繚繞，夐隔塵世。開慶己未火于兵，頑石老一新之，無禪相厥成，補其處。又五年，乃克大備，而洪鐘尚咽微撞。命予疏其語以求諸檀，聞見欣施。而蔡叟者願一力而成之，遂遣僧慧寧往鸚洲就善工鑄之。謂不可無紀，楞伽雲溪知祖爲之銘曰：

天岳形，枕洞庭。屹君山，萬古青。殿突兀，樓崢嶸。頑石創，無禪成。冶洪鐘，震禪扃。透幽宮，徹太清。擾蛟龍，節雲英。以眼聞，在心聽。大夢覺，群迷惺。是功德，難可名。福檀施，壽帝齡。誰表之，我作銘。

太歲甲戌咸淳拾年四月八日圓成，謹題〔二〕。《八瓊室金石補正》卷一二一。又見光緒《湖南通志》卷二八三。

〔一〕此銘與前蔡廷玉《崇勝寺鐘銘記》同鑄一鐘上。

〔二〕此後原尚有諸當事人題名等，略。

釋知祖

吴瑛

吴瑛，淳祐間人。

禪林寺記

古今以佛寺雄天下，其來尚矣。若夫崇信最堅，莫甚于晋、宋、齊、梁間。我朝以帝王道立國，豈不能人其人、火其書、廬其居耶？但不恢闡象教，蓋欲存古意云爾，非徒爲求福祉、度僧尼而已也。金陵屬邑有溧水，由北而南，忽葱蒨蒼翠，孤起於直望八十里之外者，禪林山也。山有寺，名曰禪林寺，創於唐開元二十七年，其紀纂甚詳。其碑緣石理豐潤，淳熙間，有縣宰某者欲以爲硯，遂舁而去，竟使是寺失其興創始末之由。幸釋可仁克藏其事述一編，具言師逢以武義元年祝髮後來至此山，毅然以再造爲己任。凡大殿法堂、僧寮行室、廊廡山門、鐘樓鼓架，次第補葺之。釋氏有祠，羅漢有像，設齋有所，辦供有舍，庖湢湫滫，黝堊陶甓，卒視前規悉增廣焉。是役也，始於吴王楊行密太和三年之二月，終於我宋藝祖開寶三年之五月。太平興國中，改賜慧照，今額宛然。乃今又於山之極巔壘甃浮屠，助翊寺靈，念不使終頹，擬鳩工鐫珉，以詔方來，爰狀其事，屬筆予也。予嘗陟其巔之坡，登其山之椒，拄笏凝眺，雙眸豁然，崗巒錯峙，風氣暢融。息嶺嵯峨，直聳於東南；游山突兀，環繞於西北。漾千頃琉璃於前者，楚湖也；展一簇丹青於後者，楚城也。松昂老龍，竹森祥鳳，樨彩芬芳，盼睞其間，桑陰輒徙，令人樂極生悲，吟餘感嘆。洋洋乎，烟霞痼疾泉石膏肓之興聿於斯，肯爲景物役也。嗚呼！釋家去智悟法，即空藏於斯而游息於斯，歲變月遷，天者還而人者泯，其必有慧眼者出而迴光返照矣。向時以景物役者，可同日語哉？予將於世相忘，徜徉笑傲，目參三乘禪，把握一佛二佛三四五佛之手，皈依法界於是山烟雲麓中，不亦可乎！故書於是，庶幾可以補禪林之闕，使來者略有考云。光緒《高淳縣志》卷一四，光緒七年刻本。

吴璞

釋德恢

德恢，自號復翁，淳祐間爲無錫北禪廣福禪院住持。

北禪廣福禪院復地記　淳祐十二年四月

夫仁政必自經界始，此儒者之言也。衲僧明爲而□之，不曰目擊其言，躬□其惠，有感於斯言之當，所以言之不置也。淳祐辛亥，上在宥之二十九年也。宵旰之際，垂照幽灰，考户部版籍，獨毗陵之弊壞爲甚，詔守臣溍任專以畫清井畝爲職。詔旨謂：有一赤之地則有一赤之賦，豪民占籍有至廣而匿影者，曾無圭撮之賦入官〔一〕，貧弱有産去税存之患。况自思陵南渡以來，民户率冒西北流寓爲辭據尤多，此舉行經界本旨也。若州若縣，奉承惟謹，榜諭明曉，凡有此如前所條之類，并許本主整直歸業。本寺即古鳳光寺也，崇寧間易賜今額。寺基初至廣闊〔二〕，自建炎陸兵之後，侵占殆半。德恢濫膺灑掃，適逢此千載莫遇之機，一念爰興，龍天嘿祐。今蒙鄉貴玉堂尤貳卿倡善表率，以本寺之地捨入常住。自此莫不從風而靡，達貴齊府、李府、戴宅、王宅，陸續喜捨者幾盡。

然其間有固負者堅確一意，謂初交易面得，抗此説而不□，遂使老僧不得已破無諍之戒〔三〕，經州縣陳理。續後冒占之家各已立契，承抱本寺租地錢，使久假不歸之地復入寺籍矣。德恢雖忝主席，然土木形骸之人，况本寺歷祀半千，住持者不知幾千百輩，所謂此屋閲人如傳舍，固無戀於三宿之桑〔四〕，重惟千年常住一朝僧之説，值此希闊之會，捨此不爲，復何望焉，所以只得出手，非嚚訟也。繼承此志，不毋望於後之來者〔五〕，故勒于樂石以壽其傳，并畫地形及載判使府公據，使知其本末，後之繼□□者毋以此小事忽諸。淳祐壬子四月結制日，住山復翁德恢謹識。民國《江蘇通志稿·金石》卷一八。又見《錫山景物略》卷一〇。

〔一〕撮：原缺，據《錫山景物略》補。

〔二〕廣：原缺，據右引補。

〔三〕使：原缺，據右引補。

〔四〕於：原作『棧』。三：原缺。據右引改、補。

〔五〕後：原作『該』，據文意改。

黄震

黄震（一二一三——一二八〇），字東發，號於越，慶元府慈溪（今浙江慈溪東南）人。年四十四登寶祐四年進士第，調吴縣尉。景定元年攝華亭縣，復攝長洲縣，皆有政聲。辟主管浙東提舉常平帳司文字，改辟提領鎮江轉般倉分司。擢史館檢閲，與修寧宗、理宗兩朝國史、實録。出通判廣德軍，改紹興府。咸淳七年知撫州，推行荒政，民賴以安。升提舉江西常平倉司，恤孤贍貧，全活者衆。改提點江西刑獄，決滯獄，清民訟，致豪貴怨，以讒言劾去，奉雲臺祠。賈似道罷相，以宗正寺簿召。移浙東提舉常平，升直寶章閣。宋將亡，歸寶幢山中。宋亡，餓而卒，年六十八。門人私謚曰文潔先生。震爲人清介自守，尊朱子學，輕講説，重踐履，所著有《古今紀要》十九卷（存）、《古今紀要逸編》一卷（存）、《戊辰修史傳》一卷（存）、《黄氏日鈔》九十七卷（存）。

普寧寺修造記　咸淳元年四月

我高宗再造之明年，翠華南渡，道由丹陽，嘗幸普寧寺之醫藥院宿焉。方是時，千麾萬騎濟濟騑騑，其至如歸。邑之寺蓋莫大於普寧，而寺又倚藥院爲重久矣。居無何，當建炎庚戌歲，寺俄毀于兵，存者十不能一二，遺基敗屋往往紛而爲西北流寓子孫之居，逾百年莫之復，亦正以其規模之大，故興復之難也。初，寺之藥院有工，主之者曰慈濟師、曰神濟師。歲月推遷，慈濟者久絶，院今暫爲主簿廳，惟神濟之院在。寶祐四年厘經界，寺之侵疆稍歸。神濟之法嗣曰普清，又其傳曰福山，起丁巳，訖甲子，經營再世，首尾十年，悉醫藥之贏之藏，盡以葺寺之舊。殿堂門廡、佛像輪藏，乃皆粲然復新。房院星處兩廊外者舊十有六，福山亦漸以貲復之。大聖院既復，即以還其徒，不責償焉。華嚴院雖復，訪其徒無之，則建屋七楹，將以待四方雲水僧，此其宏規義概，幾與世俗霄壤隔，而福山未嘗自言，獨貽書屬余記寺之修，曰：『皆吾先師之功。』吁，亦賢矣！然聞古者工役必書，重民力爾。方今佛屋僧廬突兀撑天者羅天下，而吾民或不得把茅以居〔一〕。彼之日豐，此之日窮，正未知其所終，雖其人之賢，尚亦何記之暇？顧余於福山之事獨自有感焉者爾。天地之造化何嘗有停息，而人事不能體之以有成者，自私心始。人心之天理亦何嘗有間斷，而私心或得雜之爲累者，自其不知所當務始。世利薰染，良心易汩，人而知所當務，亦豈易能者哉？頃余捧檄慮囚，固嘗過所謂神濟院借爲蘧廬一宿，察其事頗審。夫寺以院而興，意其院必加潔，入其寺，山門佛殿輪奐翬飛，而院則反惟廛舊之仍，師非一於公者歟？院以藥而名，意於佛不暇省，宿其地，晨香夕燈，虔誦精修，而藥則特其餘力之及，師非一於所當務者歟？師自祝髮，力守佛所謂三净戒，食枯淡，衣粗惡，平生并卧具不置，身之有皆院之有，院之有皆寺之有，而未嘗以一毫世利汩其心，師之能一於所當務者蓋以此，故其寓於醫藥者，皆慈悲之爲，而非利之規。非利之規而惟慈悲之爲，此其所以能曠然大公，以百年廢壞之常住爲己任，恢其佛之居，以爲其徒之居，而退視一室爲不足灑掃，且不自以爲也，天理之未始間斷於人心者，豈不於此猶見仿佛？造化之未始停息於天地間者，豈不於此尚足以覘其萬分之一？而世因一私之膠固，遂諉天下事於不可爲者，豈不厚誣也耶？士大夫果能出入兵刑錢穀間，一切無忘乎聖人之訓，而公爾忘私，國爾忘家，如師以一房院之力而興一寺，其功用所到，又當何如哉？此則余所深感，願從有志當世者學之也。若夫工費之若干，樂助之誰人，師自修其細於碑之陰云。咸淳元年乙丑四月庚子朔記。文淵閣四庫全書本《黄氏日鈔》卷八六。

〔一〕把：原作『遍』，據光緒本改。

大禹寺記　咸淳四年五月

淳祐初，越有清修高識之士施侯商輔忤時相去國，放浪山水。一日與余扁舟過鏡湖，上禹穴，肅拜敬觀，惟窆石尚存，可驗其爲古者碑綍之制。石有篆文，則已不可復辨。退而酌水飲泉，游所謂大禹寺，亦復弊陋，將就圮。於是相與徘徊者久之，顧山川之寂寥，感古今之异變，爲之喟然太息曰：大哉禹也！而衣冠所藏之地乃亦莫之省與？夫禹穴之名天下已幾千年，於蕭梁以後，晚立之佛寺，我固無待於彼也。然自昔聖賢，有功於一方則一方之人心不能忘，有功於天下萬世則天下萬世之心不能忘，事以時殊，制隨事立，則守墳域，禁樵牧，時泛掃，寄一寺以代古人萬家之守，亦有不容盡廢者。吴越王錢氏嘗脱兩浙於五季干戈糜爛之際，以歸有德。我宋忠厚，尚詔立寺冢旁，以慰浙人之思。况水自鴻荒無歸，而極於堯，四海一壑矣，禹也脱生民於魚鱉，開萬世以康莊。大功既成，執玉帛朝會此山之下者萬國。遐想此時，輪蹄雜遝，鬱鬱葱葱，聲教之精明，薄日月而垂宇宙者端於此乎煌煌起也。此其陵冢之繫屬人心，過錢氏幾萬萬，今其守視者顧反出錢氏下乎？方今聖世清明，慨思禹績，方將規恢萬里，而會稽幸在帝鄉，必有出而爲之經理者。越二十年，余官中都，越人前歸安令黄君岳卿俄以寺主僧惟則之工役始末來曰：『寺之昔弊者今新矣。』余問昔何以弊，今何以新，岳卿曰：『弊之者禪也。寺始於梁大同十一年，時未有所謂禪也，雖或昉以禪之萌蘖來，梁未之納也。且禪自稱教外別傳，是於佛書無證，其果爲佛與否莫知也。頃自禪日盛，而其徒嘗攘此寺以居之。禪蕩無檢律，佛其祖也，佛且爲其所呵，於寺何有？於禹之穴又何有？其寺之日以弊者勢也。惟則吾弟也。下缺。其出家守佛教慈悲不殺，而律己嚴。今太師判宗福王聞其賢，强起之，屬使守禹陵，郡以是聞之朝，而朝以是奏之皇帝，戒禪學者勿復預。惟則始得一意經營，起寶祐丙辰，訖咸淳戊辰，而寺之廬壹是更新，且視昔加宏大，寺之田凡侵疆盡歸，且謀增闢，故惟則願有記。』余曰：可也，禹之功終天地不可磨，則寺亦將與之俱不磨，况余與施侯疇昔之言驗乎？且此不特爲寺而記，爲禹記也；不特爲禹而記，爲今日之纘復禹績、有開必先記也。然安知不復有太史公不遠江淮數千里，走而探禹穴者，胡不少需以使之記，而顧以屬宵人耶？雖然，姑草以俟。咸淳四年五月吉日，慈溪黄震記。《黄氏日鈔》卷八六。

龍山壽聖寺記　咸淳四年四月

自有天地以至於今，其始無一日一事不趨於實，而天下之所資以爲天下者漸以備矣，則反又無一日不轉而趨於虚。嗚呼异哉，其殆始於周之衰乎？人之初生也，唯憂飢無以充爾，寒無以禦爾，震風霖雨無以庇，而疾痛無以治療爾。人生而漸衆，則又憂相争相奪之無以禁，相親相接之無以叙，遺忘之無以記，而交易之無以志要約爾，他豈其所預知？縱他有新奇詭异非常可喜之説，亦何救吾實利害也哉？天生時，地生財，凡可救吾實利害者，幸已無不有，而非聖人則不能致其用。聖人者作，乃教之食，教之衣，教之宫室以興其利，教之醫藥以去其害，而又教之書契，從而明三綱五常以經紀人極，凡皆人生斷斷不可一日無者也，皆實者也。自羲皇堯舜積而至成周，然後漸以大備。嘻，亦勞矣！亦至盛矣！不可復加毫末於此矣。奈之何風氣日開，人僞日滋，而議論日以勝？實之極，虛之始。時則有若莊周、列禦寇之徒，食享吾之成而不憂飢也；衣因吾之有而不憂寒也；宫居矣，不憂風雨；而疾痛有藥，不待嘗試百草之辛毒也；生長於君臣父子之常，習熟於禮樂文物之懿，而不復知其得自别於禽獸者，皆聖人之繼天立極，開太平力也。於是倨傲鮮腆，付天地萬物於一噱而戲言之，盡反天下之常以爲怪，盡嗤鄙人生之斷斷不可無者以爲不必有。竊嘗譬之，家之方興，祖父銖積，以有田廬，以知詩書，以明訓其子孫，爲子若孫者不知稼穡之艱難，乃諺既誕，反笑祖父之無聞知，起而馳馬試劍，一切從事無成，妄意神仙黄白之術，飄飄乎自謂當乘雲帝鄉，而不知家則索矣。談虛者之關世變，何以异此？後數百年而有西域佛氏之説來，其初本以慈悲不殺，戒人斷惡修善而止。未幾世降而晋，又降而元魏，莊、列之説益以泛濫，則又溢而剿入佛氏中，以其前日紛亂吾聖人之常者而紛之，謂善惡爲無二，謂有心而修善爲不可，謂無心而殺人爲無傷，以一切掃除佛氏之初説。世既日趨於虛，不惟佛之徒習之不悟，士大夫類亦浸淫其説以爲高，而世變如江河，益滔滔下矣。明溥師大成，本佛者也，一日介余同年進士徐君德玉托余記龍山壽聖寺之成，乃曰：『此吾以醫藥之贏爲之也。初，吾法海大師以醫藥濟人三衢，猶慮施之未廣也〔一〕。自吾祖保和師得寧來行都，傳吾父慧觀師正果，以至大成〔二〕，今三世皆益以醫藥濟人，而人信之，故雖不求贏而贏反多。則慨然曰：「我固以藥昌矣，如吾徒之憧憧道塗何〔三〕？」乃相地往來之衝，負山揖江，起寶祐甲寅，經營十年，以成今之屋數百楹。既又曰：「屋則可至如歸矣，如至者無以飯〔四〕，與居而守者無以衣何〔五〕？」乃買田吴門千畝，買山朱橋數百畝。既又復曰：「吾徒則安矣，如過吾前而暑渴者何？」乃又鑿井得泉，名觀音，而爲亭覆之，并使得休蔭其下〔六〕。蓋無一非醫藥之贏之爲，亦無一非醫藥濟人之心之推也。』余聞之曰：『然。師之事善矣，是足恢佛氏之初説矣。然則實理之在天下，亦豈容一日泯者哉？置之屋，附之田園，而醫藥肆之列通衢如舊，是飢必不可以無食，寒必不可以無衣，庇風雨必不可無其居，而療疾痛必不可以無藥石也。子孫三世恪守而汔于成，祖屬子孫世守之，而名之曰祝聖人壽，殿閣翬飛，齋廬冰凈，粥魚飯鼓，濟濟就列，而又托文墨以誦述之，是君臣父子之常必不可廢，禮樂文物之懿必不可缺，皆是也。自莊、列而下日趨日盛之虚，徒口説耳。如以其説也，雖士大夫亦不免淪於虚；如以其事也，雖佛氏亦終不容不歸於實，是尚不足以自反乎？抑師之得以成此者醫也。余聞佛之稱醫王、稱藥師者，非必如今神聖工巧之謂，而救人心之病之謂也。若今人心之病，孰大於談虚？試以此語療之，可乎？』咸淳四年四月二十八日，黄震謹記。《黄氏日鈔》卷八六。又見《咸淳臨安志》卷七七。

〔一〕『初吾法海』至『未廣也』：原闕，據《咸淳臨安志》補。

〔二〕『得寧來行都』至『正果以』：原闕，據右引補。

〔三〕『則慨然曰』至『道塗何』：原闕，據右引補。

〔四〕『曰屋則』至『歸矣如』：原闕，據右引補。
〔五〕何：原闕，據右引補。
〔六〕『既又復曰』至『休蔭其下』：原闕，據右引補。

紹興府重修圓通寺記　咸淳七年二月

古者有功於民則祀之，而後世佛氏之祠遍天下；古者水旱禱於山川，後世則捨而禱於佛氏之祠。夫雲出於山，龍翔於淵，斂散翕忽，生意勃焉，此百穀以之生，萬民以之育，造化之最顯見而人人之所共目，故曰鬼神者，造化之迹也，其禱之也則宜。若佛氏自謂出造化外，其於造化果何關？且曰雨曰霽，果其職乎否耶？余爲此疑久矣。及來紹興府，見圓通寺祠觀音，稱禱雨暘應輒如響，因嘗思而得其説。蓋聞四明大海中有山曰補陁，世稱爲觀音之居，凡焚香而往、航海而求者率見紫竹旃檀，見净瓶岩石，見真珠瓔珞，往往與世之祠其像者巧相合。是大海爲百川之宗，觀音爲大海神异之宗，宜雨歟，翻溟渤，雨下土；宜暘歟，捲浮雲，歸太虚，靈變應禱，理勢則然。誰謂雨暘非山川之事，而鬼神非造化之迹乎？誰謂佛氏之有觀音爲出造化外？又誰謂觀音非有功於民而祠者乎？太師判宗福王嘉其然，爲民請於朝，得度僧牒一十道，再修圓通寺，屬有德之僧曰如聞師者主之，於是寺之講堂若齋廬、若廊廡、若庫厨以至蓮之亭、柳之堤一一增新，光耀奪目，恍若補陁山神現之境移置人間世。繼自今，越之民水旱必禱者其心愈有繫屬，是皆聖天子加惠帝鄉之賜，而太師判宗福王申請之力也，詎容不書？若夫寺之創於吴越王錢氏，增大於郡太守清獻趙公，諸公貴人次第修葺，則各有古記石在。咸淳七年二月吉日，奉議郎、添差通判紹興軍府事、新差知撫州軍州事黄震記。《黄氏日鈔》卷八七。

寶慶院新建觀音殿記　德祐元年正月

青林山寶慶院創自開禧丙寅，距今德祐改元已七十年，中更大參攻愧樓公題其額，中書厚齋王公記其事，凡所以恢張藻飾之者已極名勝之選，他不俟贅辭矣。主僧曇華新造觀音殿成，介進士虞君亨父復請余爲之記，是豈可已而不已者哉？蓋聞佛氏以寂滅爲教，凡吾耳目口鼻、四肢百骸之身，與吾父母、妻子、君臣、上下之倫，及吾耕食鑿飲、生産作業，凡所藉以資生之具，盡欲屏絶之，故樹下不敢三宿，恐成恩愛，惟行道乞食，以畢餘生，一般涅槃，了無所有，此寂滅之説也。後之爲佛者不能盡然，仍奉養以愛色身，仍眷聚以伐骨肉，仍頭首綱維以效君臣上下，仍田以食，仍室以居，視世俗殆無以异，甚者視世俗反加侈大，往往與寂滅之説正相背馳，故人或得而議其後。惟觀音之在佛氏號稱大慈大悲，水旱必於此禱，疾痛必於此告，凡有求而不獲者，必於此依歸，名以靈感，人未敢議，故僧廬佛屋，千窗萬宇，必待觀音殿成然後稱大備。蓋今佛氏之號召人心莫切於觀音矣。然感人必以其身，修身必以其實，其或迹自迹，心自心，崇飾自崇飾，作爲自作爲，觀音自觀音，而我自我，則觀音於我何有哉？是必真不殺、真不貪、真不嗔、真不作諸惡、真能大慈大悲如觀音，以勸里之人皆不殺、皆不貪、皆不嗔、皆不作諸惡、皆能大慈大悲如觀音，則觀音不在觀音而在我，不在我而在衆。善人之心，譬之一水一眼、一日一月，千水千眼、千日千月，處處應現，無非觀音，豈必真珠瓔珞像設於净瓶岩石之間者爲觀音？夫然後水旱禱必應，痛苦祝必瘳，凡有求者求必獲。是信乎其靈感，是信乎足爲佛氏解後議，是信乎可無負今日建觀音殿之初意。雖然，亦豈待他求而可哉？慈悲即吾心一念之仁，在反求而廣充之爾。德祐改元年正月十三日。《黄氏日鈔》卷八八。又見成化《寧波郡志》卷九，雍正《慈溪縣志》卷一四。

釋道璨

道璨（一二一三——一二七一），字無文，俗姓陶，豫章（今江西南昌）人。早游白鹿書院，從晦静先生湯巾學，甚見稱賞。累舉進士不第，遂弃而爲僧。游歷海内外，嘗主開先、薦福諸禪剎。多與士大夫交往，張即之、方逢辰諸人甚重之。咸淳七年卒，年五十九。所著有《無文印》二十卷（存）、《柳塘外集》四卷（存）、《無文和尚語録》（存）。見李之極《無文印序》（本集卷首），及自撰《先妣贈孺人吴氏壙志》《慈觀寺記》諸文。

歸元庵記

學道無他術，欲歸元而已。人之未生，寂然本無，既生矣，强名爲有。百骸潰散，有者安在，無者自若也。認無爲有，營營生死，周流而不息。佛制八萬四千法門，不過使人歸元而已。學者求乎元也，死者歸乎元也。歸元性無二，方便有多門，所謂八萬四千云者，是豈得已哉！去薦福寺後數十百步，崇岡蜿蜒，來自風雨山。至是偃然平伏，湖開山闢，橋平岸整，浮洲回嶺與湖水相周旋，澄湛明潔如圓鏡。兩塔離立，如筆在架。雉堞横列，如屏罳，如步障。飛檲華屋奮迅出雉堞上，如揖讓升降而相顧盼者，目力所及，境界甚闊。頃有囊括封樹，開穴營巢，若己固有之。事聞有司，部使者東嘉陳公、金華王公察其狀，覆巢破穴，舉其地歸諸寺。予再住山之明年，斫石爲塔者三而屋其上，舉無住、壞衲、曹源三老遺骨藏其中，左則待住山人之來者，右則待衆僧之遷化歸焉。或問予：爾氏之學以無爲宗，今乃塔百骸於已散，豈前所謂認無爲有耶？予不答，已而歌曰：山色兮陸離，湖光兮敷腴。納天地兮庭除，付萬古兮須臾。元者何物，歸者誰歟？孰爲有耶，孰爲無乎？遼寧圖書館藏《無文印》卷三。又見文淵閣四庫全書本《柳塘外集》卷二。

景福寺輪藏記

七均師於無聲，五和主於無味，大經本於無文。言語文章，聖人不得已而有之，門人弟子尊而爲經，嚴而爲律，支而爲論，聖人之道於是衡決矣。嗟夫！三《傳》作而《春秋》散，九師興而《易》道微，何獨後世哉？函以秘之，藏以藏之，輪以轉之，介冑之士又從固守之，使學者求是道於周旋轉運之間，學聖人於口耳文辭之外，此桑林《大藏》所由作也。後世遂指爲奇貨，仰給以爲口體之養，鄭聲亂雅，滔滔者天下皆是也。作法於凉，其弊猶貪，使桑林知此，其不自悔也幾希。

景福有藏，知山本覺建也，曰景福。門臨孔道，往來如織，而晝突無烟，過者病焉。吾挾越鳳遺書以適四方，所售竭於此，蓋爲游衲一飽之地，固非貨殖自封如前者云也。嗚呼！視其所以，觀其所由，覺也其庶幾矣。雖然，陽張陰翕，無非經也；霜晴雪明，無非律也；百鳥鳴春，候蟲鳴秋，無非論也。天地一函蓋也，日月一機軸也，玲瓏八面，峭峻一方，豈曰藏之云乎？桑林往矣，吾不得而見之矣，西山多隱君子，覺持此語而問之，是耶非歟！《無文印》卷三。又見《柳塘外集》卷二。

重修寶華寺記

拙庵盛時，登其門者皆天下奇士，南昌祖標其一焉。予游四方，見前輩長者必問標無恙，予固知其爲南昌望人，未知其爲寶華徒也。歸自長安，道經是刹，留累日。門庭靖深，鼓鐘明亮，居然宿師老衲之故家也。問其廢興巔末，則曰寺基於唐，昌於五季，世异事殊，隨葺隨毁。嘉泰間，景昕始建轉輪藏經，太傅劉公嘗記之。若堂，若寢，若佛屋，若天像，若僧堂，鯨閣蓋成於祖標、祖機伯仲，絲忽無内施，毫厘無外入也。予曰是故標公舊業耶，吾固疑之矣。吾聞之頃在江湖，一錫之外無餘資，費安從出？則曰機、標世家周氏，饒於財，然知止爲居，不貪爲室，雖力竭於是無靳色也。嗚呼！賢而多財則損其志，愚而多財則益其過。予行天下，歷觀人物不以財而損益者寡矣，二師何絶人哉！淳祐甲辰，予客臨川，其徒師可、師璨以記見屬。時方有事於華岩，未暇。明年冬北歸舊廬，復使來告。予曰祖機之智慮周物，祖標之内外篤實，而又皆能斥財興役，可書也。然吾竊有請焉，林居而野處，木食而澗飲，异時所向，大乘氣象藹如也。今也丹楹刻桷，安居暇食，而吾道不及昔者，其本安在？《無文印》卷三。又見《柳塘外集》卷二。

重修普濟寺記

豫章城東出少折而北，平原沃壤，極目無界限，林隱岡伏，聚青叢碧，有寺曰『普濟』，顛末無志可考，今額治平天子所賜。予西歸時常過之，門庭闢殿，廬飾像設尊嚴，鐘閣步廊從衡數十楹，皆堅壯新好，内與外稱。時德莊以短褐肅客，因訊之曰：『予來自京師，道經諸刹，皆山荒地老，龍象丹青有愧色，是刹獨异乎昔者所見，豈寺之事力足以給寺之費歟？』曰：『非也。』『抑富家大室勇於爲善，出力以相繕修之役歟？』曰：『非也。昔我先師辛勤半世，始有此殿。未潰於成，賫志而没。德莊寸積銖累，勉卒先志，又二十年盡竟衆役，絲忽無外入也。』嗟夫！拓厥父基，號稱賢子弟者或弗克構。德莊既能述父志，又盡發所積，斥卑陋傾覆爲高明弘大，可表也已。昔人嘗謂伐德之斧斤莫如財利，若世衰俗降，民溺於貨，風靡波流，舉天下之能扼其衝者。予游四方，見役精神於貿遷化居者，鮮不聚怨植仇，群不逞之徒日夜盻盻焉，窺瞰其室，一旦瞑目牖下，紛争豪奪，甚至露不及掩并覆巢穴者有之。此無他，無義理以勝其貪與吝故也。德莊專静好修，一足不出户庭，非佛書不讀，堅忍精苦，制行如頭陀，視天地萬物無一可撓其心者，於貨利乎何有？是故殖之無心而人不以爲貪，用之有道而人不以爲吝，心和氣平，面無驕色，而人不以爲怨，予然後知義理之在人心而師友講學之功無與焉。有子志弘、妙空，皆游四方，亦既有聞而歸矣。妙空别予七年，書來西湖，屬記寺之所以成與乃祖之所以立，因感士之高明英偉者或不免伐其德於貨利之斧斤，固不若沉默淵静者見理明爲善果爲可書也。毋念爾祖，聿修厥德，予於妙空，不能忘言。

《無文印》卷三。又見《柳塘外集》卷二。

處州麗水縣寶溪濟庵記

建水自慶源龍泉掠寶溪而下，出清田，入甌江，達於海。三衢支江循遂昌松陽而東者亦會，與寶溪二水交值犄角不相下，奔放湍急，浪起欲立，舟嬰其鋒，飄蕩傾覆，如敗荷，如壞葉。祟或憑之，人舟胥溺，歲率不免。居民病之，斫石爲七級浮圖，樹溪上以壓之，祟無所逞其技，舟行安穩如平地。結庵塔下，過庚申、甲子，士女群集，誦《法華》諸經，各遂所願。欲上人師善者，捐藥石田爲常住，若稻穀，若麥，若豆，歲收若干，春秋二甲子飯誦經者以濟其先。善號同叟，吴氏子，昆弟六，夭者四，其季以貿遷永嘉。善不忍其先爲若敖氏之鬼，故托祠塔下香火，可以不朽。善歷參諸老，久同予游，别十數年，訪予東湖上，誦所以然請書之。予笑語之曰：『至柔而剛，至弱而强，水之性也。爲祟所憑，威福之柄倒持於其手，所謂强於剛者，安在依附憑托？操竊播弄以舞其怪，此鬼神之情狀也。』『昔也何來，今也何往？』善持此語扣塔而問之。曰：石苟有言，豈惟公之先由是而升，昔之逝於川者，可以濟愛欲河，可以濟陰入坑，可能濟生死海。坐五色蓮花，對紫金天人，師説極樂法，彼竊勺水以自多者，將請命於其手矣。公之施猶覆一簣於平地，爲山九仞，實自此始。精藍日以盛，福慧日以興，凡溺於聲利、溺於嗜好、溺於貪毒忌嫉者，皆將誦經而悟，聞經而覺，翛然如醉斯醒，恍然如夢斯覺，豁然如困迷途而出孔道也。公之濟豈不溥哉？《無文印》卷三。又見《柳塘外集》卷二。

慈觀寺記

予舊家柳塘上，左腋有寺曰慈觀，隱然隆起，聚青叢碧，在西疇南畝間，廢興顛末無志可考。其東北隅地勢下趨，平曠舒緩，置番湖、彭蠡爲提封。開户縱望，數百里無寸碧，風寒而氣不聚，敗屋數十椽，傾欹顛仆，與老竹相俯仰。僧之居焉者，面目無生氣。予兒時極厭其卑且陋，東游海上三十年而歸，視昔所見卑陋益甚而來有志於興起也。予眩既甚，無四方萬里志，欲庵先壟，且買田度僧，世守松檟。開慶己未，予赴開先，晨興入室問先妣無恙，與柳塘兄擁爐附火。予曰：『墓庵有田，异時必廢於子侄之手，若與慈觀廢寺奉先，可與寺久。』兄未知所以對。先妣卧榻上，遽曰：『慈觀廢甚，將安興乎？』某對曰：『自門至寢，欲皆新之。』先妣曰：『役大費廣，恐非汝所及。汝生長柳塘，果竟是役，亦吾所願者。』予他日有營，輒視先妣意可否。遂度材賦工，明年建兩廊庫堂，又明年建山門，又明年修佛殿。即舊法堂東序營壽祠，以祀笑翁、無準、痴絶三老，受業師祀室與焉。柳塘兄命家人侍先妣拈香，周視殿廡，軒眉一笑。又五年法堂始崇成，中爲普陀岩石，肖觀音大士像，樗寮張公大書『清净願海』揭諸楣間。欲再奉板輿以游，不可得矣，悲夫！予爲不敏所驅，早而從釋，去母四十餘年，近而數十里，遠而千里外，一飯不能忘母。是故灑埽應對，欲進乎學，不敢違母教也；視聽言動，欲由乎禮，不敢辱母慈也；卷舒出處，欲合乎道，不敢負母望也。尊皆行之，死而後已，求無愧於吾母而已矣。升忉利天，三月而返，佛之於母未嘗不極其至。而後之爲僧者，乃曰吾佛子矣，母猶路人也。嗚呼！天下豈有無母之國哉？納萬世學者於不孝之域，是豈佛之所以爲佛哉？予行年五十有五，築室竹下，方塘一弓在竹外纔數步，風行竹上，水光竹色，俛仰低昂，往來户牖，若供予清事者，予適焉。得侍祠以老，予志畢矣。初，番陽彭氏妙信餉予白金百二十兩，斥其半買田於寶乘常住，餘興是役，又竭四方之饋以成之，絲忽不求施也。寺之徒二，宗旋、永超。予亦度徒奉蒸嘗矣。虛名誤予，不能遂爲寺留，朝而香，夕而燈，諒予所以興寺之意，吾徒其勉諸。《無文印》卷三。又見《柳塘外集》卷二。

崇壽寺記

馬祖大寂禪師轉江西法輪，度知識八十四輩，歸宗居廬山，百丈居分寧，大梅居四明南泉，杉山居九華，得法上方，散處殘山剩水間，皆托其師以名後世。建昌崇壽其一也，創始於有唐，中興於政和，大廢於紹熙。晦庵朱公鎮南康日，檄池陽無汚任起廢事。時寺廢已久，尺土寸地，豪家挾爲己有，牢不可致。無汚奔走臺郡，衣無完縷，食無完粒，五十年盡復舊業，自寢至門，凡叢林所宜有者悉備。門臨孔道，衲子絕江涉淮泛沅渡湘者必過焉。鼓鳴飯香，衆集如雲，將迎至今無倦色。予行脚時常過之，長松大石，曾見馬祖，皆充然有知道氣象。西北用武，征調繁興，江淮間無不廢之寺，此獨完美無恙。時開慶元年秋，狂寇偷渡江許，伏黄州，十一月襲壽昌，犯興國，窺南康。豕突深入，建昌當賊衝，受禍甚烈，無汚遺迹尺寸不復存。夏四月，王師逐北，江以南無寸失，知山覺輝收合餘燼，縛茅集徒，誓圖恢復。冬十月，予致開先事，寓柳塘，覺輝欲行化四方，求予言勸發，予嘉其志果而未信其遂也。後五年予自義豐登歐阜，蹋雪下山，借榻山中，則其門屹如，其廊翼如，其堂寢館庫，沈沈渠渠，堅狀如昔而弘廣則倍於昔矣。予環視大駭，謂覺輝曰：『役如是其大也，材如是其良也，工如是其精也，异時四方之施果倍而入乎？』覺輝曰：『吾之助得二人焉，公安師祐一十二百緡〔一〕，黄龍崇元二百緡，餘則竭吾廬之入，殫吾地之出，無他也。佛未有殿，僧未有堂，吾將復即公安而圖之。』予去，覺輝遂行，又明年訪予，則曰殿已立矣。問祐所授，則獲不補忘也。覺輝寒瘁堅勁如枯株槁木，語言無枝葉，而定見遠識有非口誦詩書者所能及。方衆役未興首建，旦過後架，疏通明潔，若治己室。或謂其急人所緩，笑而不答。嗚呼，其中所存是豈易與凡子道哉！予往來閩浙，寺之徒多與之游。寺焚之三年，永訥始歸自海上，又二年一再過予柳塘，請記寺之所以重建，予心許之。今年復自廬山來東湖申前請，留數月不去。予既書而受之，且告之曰：天下事無不可爲者，蔽之一言，公而已。道喪俗壞，人懷侈心，利欲之波，溺肝挾肺如飴蜜。群居共處講明履踐利外無他營。江南山色間十寺九廢，使無明信因果之士，誰克有成？今一寺數百楹，使他人爲之，窮二三十年之力不可辦，而覺輝崇壽成於七八年之間，其受於人者僅如前所云，不過以崇壽興崇壽耳，豈有他道哉！訥持予説歸復而師，且告而徒，曰宫庭復古矣，鼓鐘復古矣，佛香僧飯復古矣，爾師爾徒可無憂矣。然時不古，道不古，人心趨向又大不古，是則可憂也。憂之如何？如馬祖大寂禪師而已矣。《無文印》卷三。又見《柳塘外集》卷二。

〔一〕一十二百：疑當作「一千二百」。

飲緑閣銘 并序

閏藏主結閣湖光山色間，請銘。予摭東坡語，扁曰『緑飲』，又從而爲之銘。銘曰：

謂緑可飲，山高奈何。山果高哉，嫩緑浮波。夜雨新霽，曉光融液。翠如潑醅，不壓自滴。倚闌一笑，和風薰人。呼吸咽嗽，百體皆春。松在屋頭，竹在屋角。招之斯來，汝酬我酢。踏月打門，客何人哉？我醉欲眠，君去勿來。《無文印》卷五。又見《柳塘外集》卷二。

薦福刻漏銘 并序

坐禪爲入道要門，緩急後先必中度，然後久之而不動。予作院以是爲先務。寺距譙樓數里，而中隔重關，風雨晦明，遲速疾徐，付之一夫之手，予病甚。比丘浄智自鑒湖山中來，爲置滴漏，爲壺五，爲籌二十有四，鳴鼓以限更，爲丁寧以節點滴，凡吐納抑縱之具以備，緩急有度，起卧有節，予之病至是而辭去。予嘉之，爲飛樓百尺，東序南向而貯焉。施雖微而所關也大，此予所以不易之也。予一再來湖寺，自門至寢無數室并不書而獨書此，可以覘予心之所存矣。銘曰：

一點一滴，神動天隨。機括自行，操之者誰？翕張夜旦，盈縮四時。千歲日至，毫髪不移。燈寒夜短，月老雲凄。咨爾學人，無怠無疲。熾然作用，一物不爲。坐以待旦，何思何惟？勿迫而激，勿荒而迷，勿拘而泥，勿肆而支。八萬塵勞，我其已之。十二時辰，我其使之。辰乎辰乎，去速來遲。更籌有語，勉而勉而。《無文印》卷六。又見《柳塘外集》卷二。

寶林土地堂鐘銘　并序

形氣斯立，神物憑之，器云敝矣，於仲乎何有？淳祐甲辰，比丘某祇領院事，作新更始，與神爲謀，作虡之器，斯古而陋，宣威乞靈，大懼弗稱，製而新之，昭神貺也。銘曰：

外圓而正，中虚而剛。有扣斯應，厥聲孔揚。聲來耳邊，耳往何處？神而明之，與聖爲度。

《無文印》卷六。又見《柳塘外集》卷二。

石霜竹崖印禪師塔銘

昔東山以白雲之道陶治天下學者，開福寧實捷出其間。沉潛博約，所挾不下三佛，而枯瘁寒瘠，剥落華滋，如冬在木杪。老拳謹握，老死不輕售，密語圓悟，似明月庵。果再傳而月林觀出，以行配道，方行吴越間，開福之門益大以肆。竹崖印師其嫡也。師諱妙印，豫章進賢萬氏子。無適俗韵，受僧學於邑之龍塘紹曇。年十六，受僧服，杖錫行四方。時去乾、淳未遠，江浙多名宿，歷叩其廬，留龍門光、痴鈍穎、浙翁琰會最久。用心良苦，而不遂其大欲，乃見月林於平江靈谷。入室次，月林問：『如何是祖師西來意？』師答云：『值甚破燈盞！』月林可其言而奇其器，朝鍛夕煉，异時所得尺短寸長，悉亡去無影像。載道而歸，無二月公住南臺，致師分座，已而復首衆岳麓。舍人張公嗣古以長沙谷山請出世，劬躬苦節，有古住山人風味。六年，侍郎余公嶸遷住石霜。湖南自無二散席，衲子悵悵無所歸宿，至是雲集，如水赴壑。未幾，建之開元、瑞之黄檗、南岳、福嚴、洪之翠崖、寶峰，聘命交至，率謝不往。徙高安洞山，行道如石霜時。樞相賈公似道鎮九江，虚東林，屈師爲廬山重，入院不兩月即去，歸卧舊業。金樞陳公韡守潭州，首以龍牙起師。未領事，易石霜，法道復大振，長松片石皆長顔色。盡發所積，築庵曰『紫霞』，爲藏焉修焉之地，侍郎楊公爲之記。時丞相趙公葵燕居里第，招師論道無虚月。寶祐二年秋，退居紫霞。明年示寂，手書四句偈云：『六十九年，一場大夢。歸去來兮，珍重珍重。』八月二十三日荼毗，牙齒數珠不壞，舍利陸離，五色相激射，塔於紫霞庵側。度小師四十餘輩。其徒惠隆以師四偈語走數千里求較於雪竇江西，復來番請予銘。予周旋諸老間，竊聞議論，謂月林制行純白，視天地萬物皆自己，思天下之人，一夫不聞道猶己負之，故善巧方便，誘之趣入，而皆粹然一出於誠。其徒未得其真，取其似焉者，嚼飯喂嬰，伊阿煦嫗，如田翁村媪，謂是足以盡先師之道。或者反是，則曰身不必修，行不必果，理欲界限不必嚴。誑言僞行，於其師之道不啻如冰炭。師與二家無所依違，謂天下無事外之理。住山二十年，所至一日必葺而不廢。唱道非不慈也，而斷之以義，非不善誘也，而臨之以正，機之峻而發於用也大，行之力而信於人也深，此其真得月林之心歟！數十年來，二浙無江西尊宿。予游京師，屢以師道望白之有位者，方將令行吴越，而師則滅矣，悲夫！銘曰：

道若大路，孔平且直。躬行實踐，無往費獲。發爲機用，如劍斯劃。溢爲棒喝，如雹斯激。厥維伊何，躬行之力。彼昏不知，以舌爲的。身違行戾，舞誑肆惑。竹崖曰嘻，其究安宅。持規挈矩，崇道尊德。莅衆行己，如臨萬敵。矯矯一節，始終不易。後五百世，古道顔色。於月林門，一直千百。用不盡施，究則無極。謂予不信，有如此石。《無文印》卷五。又見《柳塘外集》卷四。

天池雪屋韶禪師塔銘

曹洞諸老以真履實踐與道爲配，溢爲語言，葩煒流麗，如花透春色，真積力久，機動籟鳴，有不自知其所以然者。雨洗淡紅桃萼嫩，風摇淺碧柳絲輕，眼正句活，汔傳洞宗正印。甚矣，未易以語言觀也。嘉定間，净禪師唱足庵之道於天童，懼洞宗玄學或爲語言勝，以惡拳痛棒陶治學者，肆口縱談，擺落枝葉，無花滋旨味，如蒼松駕壑，風雨盤空，曹洞正宗爲之一變。天池雪屋禪師時在侍傍，親證是三昧，已而横點頭曰：『吾宗不如是，吾祖不如是也，吾其紹述宗祖乎！』宴坐天池十有八年，仰觀俯察，謂道滿天地間，陽舒陰慘，秋明春媚，皆道之所存。點染融化，活弄死語，精神百倍，而俗眼少有識之者。師諱正韶，番之干越人。父謝母柴。少從雄峰法慈祝髮，游吴越，受心要於天童，歷登諸老門以印其所得。親老，還江南。復侍香列岫，掌記疏山，聲名獵獵不可掩。文昌趙公必願以天池請出世，山高雲深，衆不及百，而職分甚修。居七年，寺毁。師不亟不徐，尋復舊觀，疏通玲瓏，悉出心畫口授，無或不强人意。築庵山阿，鑿池引泉，環以幽花細竹，夷猶其間，以遂所樂，端明厲公文翁爲扁曰『明月』。景定元年四月庚子示寂，壽五十九，臘四十，度弟子若干。其徒奉師靈骨舍利及火後頂骨、牙齒不壞者，塔於明月庵後。若鳳狀師行，請予銘。予行天下凡三十年，多交天下名尊宿，獨欠識師。東游海上，嘗閲師《兔園集》，誦其語，想見其人。自京還番，數交訊。番去廬山不遠，欲見莫能來。開先可以一見，而師滅矣。師蕭閑凝遠，有晉、唐人風味。工歌詩，托物寄興，陶寫其胸中至樂，意在言外，觀者不具眼，乃以詩家目之，是見師杜清機也。道喪千載。托於語言，紛紛末流能以語言發揮道妙者不多見。僅僅有之，而世之識真者又絶少。淡紅淺碧，眼固正矣，句固活矣，使居今之世不目爲詩家也幾希，此予之所以爲師太息也。銘曰：

洞學玄旨，日行太空。大於丹霞，盛於芙蓉。大休足庵，扶持正續。似地擎山，如石涵玉。天童長翁，初無寸長。無寸長處，萬象耿光。雪屋空寒，春行萬里。點染風華，散在百卉。大痴小黠，萃於一門。我行芳草，汝入深林。所同者道，不同者迹。捉象捉兔，各全其力。爲師滅度，指北爲南。精神照人，明月一庵。《無文印》卷五。又見《柳塘外集》卷四。

徐聞詩

徐聞詩，字子言，嘉興（今浙江嘉興）人。性穎悟，八歲通九經，紹定二年由童科擢第。淳祐中知昆山縣，寶祐中歷官朝奉郎、通判昭信軍。仕至知惠州。見《至元嘉禾志》卷一三、一五，《姑蘇志》卷四一。

本覺禪院記　寶祐三年二月

本覺創自李唐，逮今數百載。中更兵火，巋然如魯靈光之獨存，刹以古故尊。我朝熙寧間，命蜀僧文長老來此主禪席，蘇文忠公三過門而三賦詩，地以人故勝。寺距城西南不一舍，平疇迴野，一水環抱，層樓杰閣，渺立於蒼烟白葦之中，闃然有山林氣象，亦檇李之奇觀也。惟廪入素薄，歲上熟猶不足以給衆，率應緣助之。嘉熙庚子，旱魃爲虐，有司勸糴幾遍國中，寺僧竭力以應，自是饘粥弗給，緇徒星散。异時主首數更坐席，曾不待暖，叢林規矩，蕩不復存，過者惜之。淳祐辛亥，大監趙公與訔來守是邦，禮請三塔宗遠遷住兹山。始至，相其所，旁穿上漏，四壁蕭然，如逃人家。遠老願力宏深，推所以理三塔者理斯寺，爰以明年春稍募衆力，排蓬藋，葺糞壤，塞垣墻之闕嘗爲人所徑者，以杜往來。治煬竈，鑄巨鑊，斂薪米，闢一堂以聚其徒。然後聚工鳩材，葺重門步廊，法堂方丈，爲屋八十楹，蓋覆而塗塈之。又明年，鼎新長生庫廬，捐衣鉢所有，以嘗子本之入，始甃荷池，復蓮界舊觀。舟楫之敝且漏者，補之墁之。器具之垢且闕者，飾之完之。凡齋鼓鐘魚，禪床單席，靡不畢備。又明年，展闢齋堂，增高加大，上架重屋，旁建房寮，爲西廡，使與東序稱。扁其堂曰大圓覺海，寮曰妙心，於以舍群僧之焚誦與行童之侍使者。虚明軒豁，若幻成也。嗚呼，難矣哉！余嘗慨近世大禪刹號稱領袖，往往視如傳舍，占一席於偏廡，以苟朝夕。顧視囊中貲聚，足以易善地，望豐報，而心猿意馬，已坐馳於南北東西數千里之外。以故鐘鼓不鳴，庭無蓋障，不蔽風雨，金仙梵帝樓觀丹青之飾塵烟晦蒙，脱粟藜莧之供無以繼，在在皆然也。遠老攻苦食淡，銖積寸累，不以一毫私其身，勤勞三載，起廢而一新之。凡昔所有者皆具，所無者始有之，可謂能矣。今中産之家謀及一廬，斬木陶瓦，必數歲經營乃就。遠老以虚拳自奮，舉意造事，計日而成，是必有相之者。加以歲月，則金碧輝焕，照耀大千，又豈止爲一方之信向云。余故勉其進而爲之記。寶祐乙卯中和節，朝奉郎、前差通判昭信軍兼管内勸農事徐聞詩記。《至元嘉禾志》卷二二。

胡應發

胡應發，寧國府宣城（今安徽宣城）人，嘉熙進士。見乾隆《江南通志》卷一二〇。

重修保聖寺記

予昔嘗游花莊之正覺寺，見今大資吴履齋先生留題『朝游保聖暮正覺』之句。方拂塵間，有僧在旁指保聖寺，謂予曰：『是古寺也。一刹雲矗，諸房星聯。其規模雄麗，氣象軒敞，正覺寺不逮遠矣。』予聞之而足迹未暇及也。比歸自黟山，方掩關習静，忽一日有僧求謁，進而叩之，則保聖寺之普訓也。普訓之言曰：『寺始於唐之貞元，乃貫休所建也，名曰龍城。後罹兵毁，殿廡烟燼，碑碣茨棘。至乾寧之戊午，寺僧鴻朗方因其廢址結庵，鳩聚徒弟。惠勤克卒師志，殫慮畢力，發願起廢。時有信善，聞風慨施。於是殿堂再焕，像設一新。落成之歲，時南唐保大十一載也。甲乙相襲，代不乏人。鐘魚殷殷，香火綿綿，相望幾百載。大宋祥符敕賜今額，暨嘉祐三年，寺僧奉新復撤其舊而再新之。時又有檀越甘文政，啓大願力，縻金巨萬，用相厥成。凡佛殿若山門若法堂，皆經始於此。歲久弗治，屋老將壓，諸房各肩苦心，出力分構。普訓實尸法堂土木之責。尋捐盂資爲緡以千計者七，同房如造施七之六，僧耆法勤施七之一。間又勸化十方善衆，隨緣助捨，遂以淳祐乙巳之五月首建法堂五楹，甃地圬壁，十六高僧繪像森列。龕幔屏几，僅僅繕完。』普訓曰：『敢丐公文記之。』予觀今日釋徒假募緣之名，未營一椽，未蓋一瓦，持鉢四募，家至户到，雖窮檐單民，不敢以有無辭，而且因之厚自封焉，況望其以私鉢供公役哉！今觀龍城諸房，雖支分派析，至能不私其私，同心叶慮，皆以飭蠹壞起頹仆爲急，先於割己而後於取人，是則爲可記也。雖然，有説法之所，將有聽法之徒。説於斯，聽於斯，不以聲求我，以心求我，則一竹之中有般若之光息，一石之内具真如之知見，覺所未覺，觸所未觸，法相傳而燈不斷，回視前之正覺寺，不逮遠矣。光緒《高淳縣志》卷一四，光緒七年刻本。

陳宗禮

陳宗禮（？——一二七〇），字立之，號千峰，建昌軍南豐（今江西南豐）人。少貧力學。淳祐四年進士及第，調邵武軍判官，入爲國子正，遷太學博士、國子監丞，轉秘書省著作佐郎。拜太常少卿，以直寶謨閣、廣東提點刑獄進直焕章閣，遷秘書監。景定中拜侍御史，直龍圖閣、淮西轉運判官，遷刑部尚書。度宗即位，兼侍講，拜殿中侍御史。遷禮部侍郎，權禮部尚書，廣東經略安撫使兼知廣州。咸淳六年加端明殿學士，簽書樞密院事。同年以兼權參知政事致仕，尋卒，謚文定。著有《寄懷斐稿》《曲轅散木集》《兩朝奏議》《經筵講義》《經史明辨》《經史管見》《人物論》等。《宋史》卷四二一有傳。

六祖大鑒禪師殿記　咸淳五年十一月

大鑒禪師顯迹於唐，至我宋益昌。今光孝寺菩提樹是師落髮處，風幡堂是師説法處，遺迹如在，故釋子因爲祖師殿，以妥厥靈。歲久蠹生，重以鬱攸爲變，遂成荒趾。歲在己巳，住持僧祖中重新起造，既成而請記于余。余因謂：禪師以四句偈傳衣，正以菩提無樹，明鏡非臺；今爲之殿宇而加像設焉，得無惹塵埃乎？師又謂心不着法，道即通流，心若着法，乃成自縛。晨香夕燈之奉爲着法乎？爲不着法乎？請者未有以對。余語之曰：道無古今，佛無去來，謂師爲存而不没乎，自唐迄今幾七百年，世界如寒暑遷，人生如花葉换，逝水何可挽也。謂師爲没而不存乎，庭前之木幹换根存，堂中之僧貌殊性一。群瞻列跪，何見而恭敬；口誦心惟，何慕而歸依。飲水知源，自覺自悟，師豈遠乎哉！惟番禺大都會也，禪師大道場也，地大則衆雜而俗厖，道大則教行而類應。師初出遠游，而終返于是，豈無説邪？以寂照法，解炎氛毒。然則僧家爲殿以崇之，吾握筆爲汝記之，皆善緣也。咸淳五年十一月初七日，華文閣直學士、通奉大夫、廣南東路經略安撫使、馬步軍都總管、兼知廣州軍州事、兼管内勸農使陳宗禮記。朝散大夫、提舉廣南東路常平義倉茶鹽公事、兼權運判冷應澂題蓋。宣教郎、知廣州南海縣、主管勸農公事、兼弓手寨兵軍正王應麟書。建安陳士可刻。光緒《廣州府志》卷一〇二，光緒五年刻本。又見《金石苑》，《八瓊室金石補正》卷一二一。

安劉

安劉，字景周，號東山，慶元府鄞縣（今浙江寧波）人。淳祐四年進士。景定元年由太府寺丞除秘書丞，二年除淮南東路轉運判官。歷著作郎，遷金部郎官。見《南宋館閣續録》卷七，《宋元學案》卷七六，《宋元學案補遺》卷七六。

錢塘南禪資福院創建佛殿記　景定五年

高宗皇帝駐蹕錢塘，西有湖，爲群山囿，浸成福地，舊浮圖尤崇益無藝極，至盈數百區。有鮑家田最幽阻闃寂，以演佛之説爲宜。自仁師者從開封來，唯兹卓庵，遵其徒，其地猶未寺也。紹熙初，有果師見謂克增光者，會南禪敕賜資福寺以承嗣不任廢，乃益自厲，祈其額焉。主比丘戒墉惠户潔浄，以樂宫掖，向之無嫌礙。嘉定壬午，恭聖仁烈皇后灑翰錫之，是名圓庵，山門與額對映。於是鮑田寺聲洞遠邇，緣法充斥。而殿屋未飂，厥惟弗稱。今師德深喟曰：『殿以栖像，將妥之！』心遠甚。獨早夜貶穡，累銖寸而圖之，斂卷不迹權貴之門，力役不强耕作之夫。負大木、礱密石者不督而程，若出神授。殿落成，獨□余記。余曰：『是謂求福田利益者歟，柰何中人十家之産也？爾佛豈願費白日傷貨財者？』則曰：『吾仲尼未嘗厭厥居陋，而百世道益光明，宜乎惡於异端。』深輒瞠若，謂：『君自孔氏，則右其教。獨如今之儒冠，秩纔下大夫，腴田豐屋，徒以益過，子孫未聞守環堵而能棟孔子堂者，惟譏吾殿也則工。』余掩袂稱窮，無以詘，俛而第其言以爲記。《咸淳臨安志》卷八二。又見《西湖志》卷一二。

南禪資福院施田記

中國有佛氏，非其教□借不深，非是宜宅幽奥之阻絶，湫囂之聚可耳□邇都會，便游觀，非其所也。非其教是自背所師，非其所是自失所尚。吾黨何是之取，余獨有悟者。自國朝駐蹕錢塘，王氣浮於耳目，湖山南北諸峰，隨人意以若媚，四序景色易蠱諸欲，非齋心理窟，萍視俗浮，往往胥而游，游而悦，與桑濮哇俚相醉以富，不知復有静中趣也。萬有一生而静者，苟亦知之，則見田衣笠首之侣，柴立不自勝，釜塵不聊生，亦且曰寂以自苦。未究厥道，徒疢厥體，於是静者浸移於動。此關於王城雄都之習俗，常在法制勸懲維持之外。今丞相魯國公深洞流情，期於默返所性，不徇淺議，俾有以安其徒。施舍既遍寰宇，於湖山浮屠尤弗計，而南禪資福寺拜公賜其一也。蓋爲田三百畝，尼籍以歸。先是比丘尼德深實主此剎，悉力以買尹山之田，時使以闢寺址之圃，可禾可蔬，視昔稍裕。然徒日集，日懼不給。今滋飽無匱，營衛無威，障於其佛之教，殆庶乎有游而蹐，焉知醉夢軟紅之不如也。於是公之賜始大。《咸淳臨安志》卷八二。

邊明

邊明，昆山（今江蘇昆山）人，邊實兄。見邊實撰《自序》（《淳祐玉峰續志》）。

重建慧聚寺大佛寶殿碑記　寶祐六年四月

佛法自漢時入中國，暨梁而塔廟始盛。後世其徒尊事之，盛飾爲杰閣邃宇，窮奢極靡，識者尤其僭。然其爲説以慈悲爲主，持禍福兩端警世俗，使之相率爲善，是亦可尚也已。蓋人之心多好善，聞佛所説，皆大歡喜，凡土木之役，蓋有不命而願力，不祈而薦貨者。雖然，佛之興廢者天也，而興其廢者人也。名刹笋立，梵旅雲集，聞鐘魚歡齋受供，儲衣鉢厚殖生，較錐刀纖悉，甚於販夫。有能獨知所事而尊之，亦難矣。則其役之成，焉可以無紀。昆山縣治北三里，曰馬鞍山，梁天監中，吴興慧嚮禪師擁二虎卓錫此山，欲卜精舍。忽山神見影，願助鬼工千夫築殿基址。是夕，風雷震撼林木，山下人聽運石聲，詰旦而基成，廣十七丈，高一丈二尺。事聞於朝，武帝詔因地立寺，以慧聚爲額，給田與木，佐其費。佛殿僧廬，次第畢舉。寺於一邑爲勝概，而殿於一寺規模尤雄偉。騷人墨客，更唱迭和，今班班可考。寺凡兩毀於回禄，端平甲午間，佛殿盡爇，蒼崖古木，凄烟斷礎，過之者欲薙榛棘，疏瓦礫，卒以費役巨煩而止。良珙少祝髮，以浮屠教受業玆寺，慨然以興廢爲任。首己資倡好善者，叩楹棚，亦無不傾心樂施，其所謂勝因化愚、惠力攝慳者與！費且粗備，於是布衣疏食，川浮陸走，筏木陶甓，鳩工考事，梓人勤且願執役，役工訖事不嘩。即叠石舊基，架寶殿於上。其半則斷石爲柱，高與基等，凌虚矗立，飛檐外敞，丹楯環護，累棟重霤，金鋪玉題，奇巧幻出。中以奉三世佛像，旁塑文殊、普賢、迦葉、觀世音、諸大阿羅漢，妙相莊嚴。實落成於淳祐丁未九月庚申，侍郎樓公治扁曰神運大雄氏殿，今爲祝聖壽都道場。所繼又於殿左右創兩挾閣，列諸天二十位。迨寶祐甲寅，殿始畢工。余昔聞良珙行持水陸，救拔幽滯，每有響驗。空施利，供長堂，普沾聖凡無吝色。又嘗手書大華藏諸經，廣施方便，事皆隨意。前乎此，如浴院、行堂、廊廡，類悉力募造。蓋其誓願宏深故能率人，心志專一故能成事。然是役也，猶綿歷十有餘年而後就，則興廢之不易，果如此也！或語余曰：『佛經以坐禪爲上，助衆爲下。今良珙之爲是役信勞矣，至於有所動作，竭其力以疲其神，則非空寂無爲之謂也。』吁！是不然。以心傳心，先覺之不學而知也；以形化心，後覺之有待而悟也。儒家師孔子者也，琳房真館，像而事之，而後人知爲老子之學，而道德之説益明。彼見其像之設也，則肅然而敬心生，有所倚輔，以扶植其教，故能傳之數千載而不絶。然則殿之興廢，其所關者大矣。良珙來質於余，爲書其本末，而因以告吾儒之尊其師者，必若良珙而後可。良珙儒姓談氏〔一〕，嘉定縣人。寶祐六年戊午四月吉日。道光《昆新兩縣志》卷一〇。

〔一〕儒：似當作『俗』。

錢益

錢益，字良輔，廣州東莞（今廣東東莞）人。淳祐元年登進士第。調廉州鹽官，著有勞績。再調静江府簽判。府帥李曾伯薦之，淳祐六年改知贛州興國縣。見《萬姓統譜》卷二七，《桂勝》卷二，雍正《廣東通志》卷四四。

重修慧雲寺記　淳祐三年八月

慧雲寺之在寶安故庵址也。先是，僅創佛殿，餘皆綿蕞，小陋襲簡，有年于兹。僧永俊、雲應相後先至此，以增葺爲己任，協乃心力，佛殿、觀音閣、門廡畢備。予暇日過之，見其不數年間氣象改觀，叩其贏以給，而佐以趨緣之所獲，初不敢袖疏裒金也。予蓋嘉嘆久之。彼乾没寺廪以實私橐，而皇皇以求募者，聞二僧之風，亦可少愧矣。邑宰趙侯善鄘、察推張侯樸，得於見聞，喜而助之。趙侯且爲之書閣扁，是必有默當乎二賢之心。寺有鐘甚古，井泉甘洌，視諸井爲最。榕裳檜幢，青紫環合。登閣而望，則前澄江，後黄嶺，宛有塵外佳致，宜伊川於此設素饌，明道於此與子厚講論終日，而林下衲子觀定以進慧，求其境與心會，則尤莫兹若也。二僧屬予識其本末，予謂之曰：『莊嚴梵宇，固難能矣，而未可以是自足也。勇猛精進，頓悟宗旨，超然有得，絶邁等倫，斯可以無愧矣，尚勉之哉！』二僧肅容曰：『命之矣，敢蚤夜以服膺斯言。』淳祐癸丑八月朔，迪功郎錢益記。民國《東莞縣志》卷九〇。

新建圓明寺記

尼之教何所從始乎？自釋教中有所謂優婆夷，而尼之教以始。然必有其德而後可以興其教，幽閑正静尼之德。夫以閨中之身而驅馳十方之供，非資禀不渝，止於禮義，則外誘内移，而幽閑正静之德喪矣，何以興其教乎？寶安尼寺曰真乘，其來舊矣。有陳氏女兄弟慈徹、慈德，俱學爲尼，而能以德自守，别築庵以居。有毛氏者，捨地爲庵，奉大鑒禪師香火，繇是易庵之名爲六祖堂。陳氏饒於財，故其徒日以蕃，其居日以闢，尼祖傳繼之，佛殿、法堂、門廡畢備。文溪李侍郎嘗施清俸，丘權帥申聞于朝，以圓明爲寺額。前倉使吴公爲書寺扁，給以公憑，輪充甲乙，於是梵宫興建，與真乘等。真乘地居僻左，去市廛爲遠，圓明地處闤闠，取民居爲近。二者向背雖殊，而其徒優游於其中，各得以遂幽閑正静之道，則一而已矣。祖傳謁予記以識寺之巓末。予曰：『佛所謂成住壞空之刼，蓋有數存焉。寺固不能無興廢也，然教存則寺之廢者可興，德存則教之垂者不泯。顧予貧不能作祇園布施，而贈以言。倘汝之徒能存其德，守其教，則兹寺之興，超浩刼而傳無窮也。是即遺汝以不壞法云。』錢益記。民國《東莞縣志》卷九〇。

陳　著

陳著（一二一四——一二九七），字子微，號本堂。慶元府鄞縣（今浙江寧波）人。寶祐四年進士。初監饒州商税，調光州教授。景定元年任鷺洲書院山長。時賈似道當國，諷其及門，著不可。四年，賈似道買公田，著爲著作郎，上疏劾之，似道怒，斥知嘉興。咸淳四年改知嵊縣。任上獨持風裁，威令肅然。七年遷通判揚州，尋改臨安簽判，轉通判，擢太學博士。後以監察御史知台州。宋亡，隱居四明山，自號嵩溪遺耄，以甲子紀年，隱寓不臣之義。大德元年卒，年八十四。著有《本堂集》（存）、《歷代紀統》。見《寶祐四年登科録》，《宋史翼》卷二五。

天寧報恩禪寺記

四明天寧報恩禪寺，直郡治西百武而遥，基廣一頃三十畝有奇。唐大中五年振祖大師創，始號國寧，宋崇寧二年置爲崇寧萬壽，政和元年改爲天寧萬壽。法照大師法源大其規模，而毁于建炎，惟建隆間郡守錢康憲公億所建鐵塔猶存爾。後復興，其人其歲月，寺更多變，譜廢莫詳。至紹興七年改額以報恩廣孝，是年又改爲報恩光孝。及今至元丙子，可舉承乏住持。壬午春，市火，融風煽延，奄爲煨燼。過者嘻嘻，咸謂此刹罹此已矣。可舉奮而誓曰：『我必復之。』或嘻其易易，因説以廣募助爲急者。應之曰：『役甚大，用甚浩，固知其難以自足。泥然倚諸人者或僨，望諸人者吾觖，吾信吾心，吾竭吾力，隨所有次第經紀之，畢此生而已。』於是廬尋丈地來其衆于前，量所宜任，人人勵而無苟偷，事事實而無虚泛，忘寒暑，抗埃壒，日有所營，月有所建，歲有所成。積勞十年，外門、中殿、法堂、丈室，齋坐之宇，休息之寮，而觀音閣，而净土院，庖廩、湢溷、軒廊、序房，昔庫者崇，昔隘者闢，昔黯黮者爽豁。至於像設，則位置整嚴，金碧絢爛。至于梵唄〔一〕，則時節擊撞，音奏洪遠。自領此寺以來〔二〕，萃件節之餘，斥銖累之素，增置外庫，以舒經費者二；田若干畝，爲粟湖、寧海、張村莊，以裕厨供者三；創置句章鄉細石岙山若干畝，以給終歲薪蒸者一〔三〕。寺當闤闠，包笠所輳，有以待之，今可矣。平章史公弼爲大書今額，以落其成。而記未有所屬，書來，摭其始末，援夙知以請。余深嘉其能，而不無感慨。疇昔鬱攸焮禍，化城廓爲焦土三之二。以官府之風雷其令，邸第之泥沙其用，猶未能如意規復。間有之，亦苟完耳。師顧一手盡還其舊，而恢拓過之，豈徒能也哉？余熟之于耳目之接，而審其竟成事者有四：曰公，曰勤，曰和，曰密。惟公，故衆數百口，上下無扞格；惟勤，故閲十餘年，始終無間斷；惟和，故千萬人之役，皆樂于趨事，以恬以熙，而無一指之血，一跌之虞；惟密，故振厲以光其前，培衮以豐其後，皆得于不動聲色之中。然則師不幸遇寺之大變，而寺之遇師則大幸矣。世之興起已壞之業，有能如師之杰然者乎？使世之人皆如師之用心，天下事有不可辦者乎？吁！佛氏之道本空，觀師之見于應世功用，乃無毫髮非實。空非余所知，實則余能言之，于是乎書。師自號直翁云。具官陳著記。文淵閣四庫全書本《本堂集》卷四八。

〔一〕唄：原作『貝』，據文意改。
〔二〕『自』上原有『至于』二字，當是衍文，今删。又疑是『可舉』之誤。
〔三〕新：原作『新』，據文意改。

雪竇山資聖禪寺記

雪竇山秀甲四明，正峰昂首下視，臂左右引寬，抱百頃平麓之陽，資聖禪寺宅焉。山出二水，交于寺西南隅，戰險噀怒，瀉峭舞空。俯之以納奇觀，有飛雪亭。匯支澗而池，環池植美花佳木。闢其拗，延覽風月，有錦鏡橋。徑而北，陟懸崖，縱尋丈許，立萬仞表，其下群山紫翠，遠近映帶，數老松在上，多過龍迹。築危而闌檻之，以壯臨眺，有妙高臺。寺擅名勝，天鏡參錯，居者游者，如在半空五雲中，盤礴不能去。至元庚辰，師善來以宿望公選領此寺，日以葺，歲以營，氣象益以宏麗。戊子夏四月夜，寺灾風烈，不可撲滅。惟衆寮、涅盤堂存。師曰：『變酷矣！非數可諉，秖自引咎。然棟宇無常，風景故在，壞者復興，吾責矣。』即日西上，瀝苦語白之總統所，莫不感惻贊勉，捷飛公櫝，檝沮撓，蠲料斂，主張之孔力。奮然東還，誓以必辦。特燼餘，茫無費源，于是傾篋蓄，貿財轉粟，鳩梓匠，走奴隸，抗焦壒以滌瓦礫，拔絶磴以掄屋材，神氣勞魄，心計乘之。不日而伽藍祠、圓通閣、香積院、倉廩、水碓磑成。冬而大佛殿、三門、方丈成。明年而齋堂、明軒、東西廊成。又明年訖今年冬十月，而諸像設，而法堂、明覺堂，而樓館、寮序、湢溷，若梵具皆成。金碧崢嶸，鐘鼓時節。紀綱規矩之，休其徒數千指。山川草木，亦煥煥有新意。厥初罹變，議者謂非三世四世莫克規復，今而三年七越月，翕忽變化，纖悉備完，非他有繆巧也。天下事，公則立〔二〕，私則踣，勇則決，懦則貳。師以平昔服用之貲，弃擲無遺餘。以不事筋力之年，食息不便安，一念之烈，貫金石，質鬼神。人無人心則已，有心焉則人必服；事非人爲則已，有人焉則事必濟。人百其力，事倍其功，其速成也固宜。東南名刹，廢者良多：誕不事事者廢，猥自營營者廢，甚而利其灾則去者廢。以此視，何如哉！寺本唐會昌以前創，名瀑布。咸通八年更名雪竇，宋咸平二年更今額。以唐慧通禪師爲第一祖，爾後湖海稱『二覺道場』，以智覺、明覺重。紹興末毁而復，莫詳爲誰。今師之于此寺，不惟復之，而又大之矣。余家寺之近，杖屨去來爲數。于其成，往觀焉。師以記請。吁！世道流易，人事廢興，觸于中者浩浩，乃于佛者流，見如師之美迹，是不可不記。若其以行道説法爲己任，則非記寺者所及。師，郡之象山著姓樊氏子，自號石門，年今七十有六。相其役者，耆舊、僧，類有勞，而始終之者三人：允樞、宗永、如明。具官陳著記。《本堂集》卷四八。又見光緒《奉化縣志》卷一五。

〔一〕則：原作『明』，據文意改。

重修浄慈寺記

余家西蓮葉峰下，有禪刹曰浄慈。林麓茂悦，風月清美，擅里中游觀勝地。比饕者狎尸丈室，苟且暮，饜卒颺去。山空屋壓，惟殿一、閣二、鐘樓僅完，古佛殘僧，幾與狐兔争席。歲辛巳，法椿以公選住持，周視奮誓，迹其舊，而經而營；量其力，而緩而急。謂寺初興，山君發靈，日用飲食，實徼福以贍。而祠庭老且隘，所以尊本妥神，依未稱首，撤而新之。既次第重建祖堂、齋堂、庫院、庫閣，皆高亢軒豁；衆寮、客館、浴院、西廊，皆深而敞回；而便庫、堂庖若溷，則繕修覆甓，必堅必緻。四十年來，過者誰目規復？不十年，頽立廢興，於前有光。寺産素薄，非施助奚給？自忝竊者居，神罔惠顧，昔所謂世俗祈求一徑〔一〕，凄其掃影，况遺逋山積，執券索償踵相接，如承乏辦事何？法椿乃斥巾鉢儲，開人信嚮。冥冥與知，相其來，源源孰禦。調度土木，時節鐘鼓，屢更饑饉，一如平日。胸中無私，百需自應，神固弗能違也。間且并溪堤田，寬爲衆計，栽松補竹，環四山葱翠秀擢，精神運量，有餘如此。古道散，夫人隨所入用心，安問殊歸，成皆可紀。法椿功等開山，將紀其迹，不以他屬，而屬之余。然余所欲言，已有宋紹熙鄉先生端憲沈公記在〔二〕，奚庸贅？特爲書其志立事成之概云。前進士陳著記并書。《本堂集》卷五〇。又見光緒《奉化縣志》。

〔一〕徑：原作「經」，據《奉化縣志》改。

〔二〕紹熙：原作「紹興熙」。按「端獻沈公」即沈煥，據周必大所撰墓碣（《周文忠公集》卷七八），煥生于紹興九年，紹興之末纔二十三歲，乾道五年乃登進士第，則此當作「紹熙」爲是，「興」字蓋衍，今删。

新創望雲院記

四明望雲院，比丘尼净心所建也。其地負城之西，左城右隍。先是，居士吴覺清于囂塵中廬尋丈地，施湯茶，既而捨與净心，以基創院。於是周視謀惟，勇爲貿易計，寬示價償，相先樂售。深之廣之，既乃剪乃滌，搜良材，乃鳩良工，歲庚寅經始，閲三年而正殿成，明年山門成，迄壬辰而法堂、僧堂，若庫院、方丈、圓通閣，下至廊廡、庖湢皆成。於是因橋名院，奉大士以主之。初，院之建，已資有限，費用無涯，本道宣慰使左丞公同夫人陳氏歡然施捨，賴其助居多。於是於閣之上像之，爲祠以報其德。越十有三年間，金碧雲連，有山林風日，梵家百需，種種具足。穀有田，菜有圃，樵采有山，撞鐘擊鼓，巾鉢輳集。度其可者爲徒，甲乙住持，以圖永終不廢。將志其本末，轉以狀請。吁！世遠道散，浮屠氏之教，如净心者，有志操，有識略，亦胥而爲彼之歸。一念真純，不餒不跆，精神所到，功用自見，卓卓乎與其徒异。使其生於三代之前，相從於漢廣、汝墳之際，安知其不有見於彤管之書，而所見止於空門而已邪？此余於净心猶有取焉，而重爲之感，故并書之。前進士陳著記〔一〕。《本堂集》卷五〇。

〔一〕文後原注：『「轉以狀請」之下，改云：「净心鄞人，父陳氏，母葉氏，生而凝静，茹不及葷。八歲而眚，夢白衣大士授之藥而愈。感焉，發愿出家，投寶葉源禪師，祝髮受具，嚴持戒律，且精神足以發用識略，所成就者固如此。故并書之。」』

天井山報濟庵記

四明天井山有庵名報濟，主僧師錫以記請，曰：『庵建於宋淳祐間，師祖祖詔，其嗣文素，中遭訟豐，有力者乘之，空所有，庵幾廢。文素誓復其舊，而規新益力。屋日以闢，具日以備。田積至六十畝有奇，外有其徒祖可者死，捐田數畝，庵以托葬所，久而其後取以去。此其概也。』余因念於師錫，今天下形勝山林，巾鉢如雲，宅之以金碧，聲之以鐘鼓，朝夕熙恬於四明之外，亦云足矣，顧欲退然自爲一庵計，殆末之喻。答曰：『庵，吾祖祖詔創之甚勞，文素復之甚難，師錫實爲之孫，負荷之甚重，亦曰苟不自力，殆弃厥先之遺，惟便安之自擇，人其謂我何？故拳拳以守庵爲是，以記庵爲急，非有他也。』嗟乎！浮屠者流，稽天沃日，世之人方傾投艷向，而乃欲假吾儒天倫之説，家其業而子孫其傳，又欲托余之文，書庵之始末，以詔方來，是亦自有見也，不可尚乎。余又安得不有感於師錫之心哉？乃爲之記。前進士陳著記。《本堂集》卷五一。

婺州浦江縣龍德寺記

龍德寺舊名乾元，宋祥符戊申改今名。其地南則溪而江，而山，如揖如抱。北則仙姑岩，伏龍二十里，而昂其首。冠之以塔，塔有院，院之前即寺。寺始於邑人陳公譽捨墓與田，碑壞失其歲月。爾後隨經隨營，由山門而廊，而殿，而堂，與凡寺之重且要之屋咸具。嘉定辛巳，僧坦奏請金書寺額及桂堂扁，而寺以重。塔始於天聖乙丑，胡貳卿則捐銀五十萬緡創造。公譽且樂助其成。中遭寇毁，邑人朱氏與僧某修，出力重建。至寶祐甲寅，僧文豪重修。久而僧文啓率其徒妙資、文富、文廣、元悟，與公譽之後今岳教公舉，又大修之。梯其層而升高，闌其廉而護險，丹雘金碧，而後其繪事。邑人婁榮、孫凌蘭、吴幼敏隨施有差。而朱君章捐銀以飾其表。於是建圓通閣，榜曰『多寶佛塔』，小山門榜曰『龍峰塔院』。自至元癸巳，迄元貞乙未畢。岳教又捐田，歲累所入，以待續用，而塔以備。塔院與寺昔爲二，今合爲一，爲教門甲乙住持。有田一千五百餘畝，衆日不下千指，規模寬衍，氣勢聯絡，鐘魚齋粥如時，實浦江甲刹。妙資不遠千里，狀且圖來請記。余辭焉。越兩載，請益固。乃閲狀按圖而書之，并及余之所欲言。吁！世之四民之家，莫不欲爲子孫久遠地，或不旋踵，窶不自振滔滔也〔一〕。而過者誰顧？浮屠氏宫居粒食，一有未辦，則旁詢側睨，咨嗟太息，相先扶植，不極則不止。夫以寺之徒，竭其力爲寺之計，分也。邑之豪，斥其有餘，應接緣募，流俗之情也。至於達官膴仕，禄廪之所儉積，章甫縫掖，齏鹽之所苦節，亦皆歡喜傾倒，以相其後，此豈偶然之故，要必自有以動其中而莫之外耶！數百年間，屋與塔屢廢而屢修，至此而益以展拓，益以壯觀，山川井邑之形勝，寺則擅之矣。亦曰人也，有時焉。彼教之盛極於今日，豈特此寺也哉？余故備書其始末，庶後之觀世道者有考與。前進士四明陳著記。《本堂集》卷五一。

〔一〕窶：原作『簍』，據文意改。

重建西壽昌院記

郡乘：子城南一里而遥〔一〕，有甲乙住持院曰西壽昌〔二〕，宋嘉定間廢於火，而民家其基近六十年。淳祐初，僧慧通於筱墻北隅結庵曰西來〔三〕，而揭以壽昌遺額，意則有在。今至元己丑，凡廢刹皆復，此其一也。於是民徙之去，基如舊。嗣慧通者志堅，領庵之僧志西、如鑒、善誠、汝舟分庵之田半資以辦事〔四〕。乃薅乃滌，築垣以正限界，度地以定規模〔五〕，首建方丈，次法堂。閲八年，佛有殿，僧有堂，懺有所，門高而敞，廊深而静，庖湢溷皆具，而庵以其額復於院，初意得矣。志堅耄而志西承之力，狀其本末求記。吁！天下事創之非難，守之爲難，復之尤爲難。世之人，連雲棟宇，厥先祖父之所經營，所付托，天變人事之不測，不幸而瓦礫，而蕭艾，至有委之不顧，况於復乎？慧通，越人也，於壽昌非有巾鉢舊游之戀，而惻其久廢，屬其意於方來，甚於天倫宗嫡之傳，授遺繼志，安問艱難勞苦，必復而後已。然則學佛而如此，用心豈徒空也哉？王荆公謂失之此而得之彼〔六〕，亦有感於斯云。前進士陳著記。（《本堂集》卷五一。又見《敬止録》卷二六，乾隆《鄞縣志》卷二五。

〔一〕子：原作『於』，據《敬止録》改。

〔二〕有甲乙住持院曰西壽昌：原作『有院曰西壽昌甲乙住持』，據右引改。

〔三〕墻：原作『城』，據右引改。

〔四〕『善誠』原作『善乘』，『汝舟』原作『汝州』，據右引改。又《敬止録》『汝舟』在『善誠』上。

〔五〕以：原脱，據右引補。

〔六〕得之彼：原作『彼得之』，據右引乙。

天壽保國接待院記

佛氏教今爲最盛。明素多甲刹，而次第創建者，星羅棋布，聯絡諸山氣脉，以便其徒之居之游，爲無窮地。天壽保國接待院住持大逵，其一也。大逵，越之上虞人，俗姓竺，受業於里中澄然院，來明挂單萬壽寺。初，其家撥水田五十畝資其行。積之久，有築庵志。周游至鄞塘，得王姓屋數十楹并基地一十二畝，面勢爽豁，山川平遠，爲香火道場可矣。聽所欲售直以酬，乃扁曰『積慶』。像諸佛，起三浮圖，近遠歸嚮，凡百祈求萃焉。因所自有之資，推而廣之，爲田三百七十畝有奇，内捨一百畝入萬壽助經用，餘則爲本院直下子孫、甲乙住持接待往來之計。既而大逵上其事僧録司，而總統所，總統所從所請，而改今額，其有公文作證。吁！天下事，其用力也一則立，二則跆；其計慮也密則周，疏則慊。大逵自祝髮不以己自挾，即志於創建，而竟其成。不忘所本，即樂於施捨，而無難色。以若所爲，日以恢拓其事，正未可量，是可記已。書來以記屬，曰：『大逵本儒家子而從釋，斯請也幸勿辭。』余亦感其言外之意，乃爲書其概。《本堂集》卷五二。又見同治《鄞縣志》卷六八。

陳著

張茲儀

張茲儀，寶祐初爲鎮南節度。見《曹溪通志》卷三。

南華寺新建免丁庫記〔一〕　寶祐元年

萬安軍維石岩主祖通持錢五百緡，來南華祖師塔頭作大法事。南華爲刹，積歲空虚，主去權來，澇漉幾盡。惟寺之大利害者，獨衆僧免丁一事，頗涉有司，結制未講。僧官已來，取索丁輪，急如星火。堂僧禁足，主僧心移，東那西借，粗免急逼。今通岩主之錢不歸於長生庫，别立一庫，表以『免丁』，子本相生，不容他假，其錢積久，其利必博。僧不以丁而泥其迹，寺不以丁而窘于輪，可以長處安樂，長守利益也。《曹溪通志》卷三。

〔一〕題下原署作者名，注：『鎮南節度，寶祐癸丑。』

姚勉

姚勉（一二一六——一二六二），字述之，一字成一，瑞州新昌（今江西宜豐）人，寓居高安。寶祐元年中進士第一，旋遭父喪。四年，召爲秘書省正字，途聞太學生因論丁大全被逐，遂辭召上封事，復歸。吴潛入相，召爲校書郎，兼沂王邸教授、太子舍人，因講《否》卦指斥權奸，忤執政，罷歸。景定三年卒，年四十七。有《雪坡舍人集》。見胡仲雲《祭雪坡姚公文》（《雪坡舍人集》附），《宋歷科狀元録》卷八，《宋史翼》卷二九。

豫章新建净社院記

豫章胡君宏甫以書來言曰：『里有净社寺，乃古佛宫也。唐會昌時已有之。山曰長樂，寺曰長安，久矣。巨宋治平三年，始賜今名。中更兵而毁，隆興甲申，有僧曇慧、曇應者始復之，焕於其舊。曇應之徒曰了澄、了淳、了洪，皆克紹初服〔一〕。今主寺僧曰覺傳者，又了洪之嗣也。於瞿曇法外，精黄帝岐伯書，以活人爲佛事，寺之裝嚴者益偉。傳老矣，欲志其修復，莫能自謁於宗工。是寺也，某舊嘗游焉，間賦之詩。詩故在壁，不能無情也，用代覺傳請於子，願爲之記。』予復之書曰：寺之始末，與僧之能，子之書備矣，焉用贅。試相與述净社之義可乎？夫寺之所以名净社者，蓋必合净土蓮社之名而名之也。瞿曇氏言西方有净土，有蓮花。凡皈嚮其法者，死必生彼土蓮花中，以是説鼓動天下。中國人有樂其説者，結集爲蓮社，日誦佛名號，以祈生于厥土。在晋陶淵明、唐白樂天諸君子亦爲之，以是尊信日衆。夫淵明、樂天豈真不達死生晝夜之理，信此茫昧不可詰之説，而幸生此身於蓮花者哉？其意蓋有在矣。淵明之時，温、裕强臣更擅而迭霸也；樂天之時，牛、李二黨争傾而互軋也。二公也，自知不可以有爲於斯世，故一以彭澤折腰去，一以香山退老歸。當時孔孟之大學未明，無以自適其心，晦其迹，故混身於蓮社，寄情於净土，特托焉耳，豈實以爲有净土之可游，蓮花之可生哉。瞿曇氏説三乘，其上乘高妙者，超然無所染着，視所謂生净土蓮花，必曰幻化妄想，蓋心地净明，即是净土，何必西方。迴脱泥穢，即是蓮花，何必净土。何佛非我，何我非佛。生之日誦厥名，死之日冀生彼土。佛學之高者，固已默笑是説矣，况吾儒乎。吾儒之所謂净者，在《書》爲『精一執中』，在《易》爲『洗心藏密』，在《語》爲『克己復禮』，在《孟》爲『盡心知性』。所謂蓮者，在周子之説曰：『出淤泥而不染，濯清漣而不妖，中通外直，不蔓不枝，香遠益清，亭亭净植。』嗚呼，此吾之所謂净土蓮社者也。夫宏甫，吾儒之英，其必然乎予之説。苟然已，其以是爲記。傅增湘校訂豫章叢書本《雪坡舍人集》卷三六。

〔一〕『初』下原有『復』字，據文淵閣四庫全書本（簡稱『庫本』）删。

衛宗武

衛宗武（？——一二八九），字淇父，自號九山，華亭（今上海松江）人。淳祐中歷官尚書郎。開慶元年以奉議郎、監尚書六部門出知常州。終通議大夫。罷歸，閑居三十餘年，以詩文自娛。入元不仕，至元二十六年卒。著有《秋聲集》。見《秋聲集》卷首張之翰序，《重修毗陵志》卷八，《東維子集》卷二六《尚絅先生墓銘》。

慧辯圓明悟悦大師塔銘　至元十七年正月

普照宏麗雄特，甲雲間諸刹，僧之户分區錯處其間而秀偉不凡者，人固不乏。如師悟悦，蓋近世之間見者也。悟悦師佛智大師處岩，岩四世而上，修證大師可賢，賢之師智覺大師義聰，俱爲緇林翹楚。傳衣嗣法，二門獨盛。師質清氣和，敏慧得于天分。髫齔禮佛智祝髮，爲教不煩，克自勤勵，該洽内典，喜能好修，後進規爲表則。扶傾起墜，舉寺藉爲隆棟焉。初，智覺以賢首教名于時，行業未易遽數。至佛智，復鏗鏗有聲，著《縱奪章》，論權實經教，製《模象圖釋宗》，因喻三十三過，及《倒懸解答》《律宗三十七問》等作，以顯奥旨，以警群迷。遂分座杭之崇先，旋住持越廣福、吴報恩。繼被敕。專席于上都慧因。遠方學子翕至駢集，鼎新藏殿，有廢必舉。逝之日，目既暝，復起語人曰：『如來金相示現吾前，宜務進修。』已而反真，聞者竦异。悟悦親承密契，已究海印圓宗，續游諸方，參知識，問難辯議，所得洪深，猶日課誦《華嚴》，潛心覃思，索精致微而洞徹玄藴。人有勉其論著者，則曰：『師言盡矣，可無遜乎？』修證于寺之西北隅，建九品懺院，以處佛徒之寅夕禮誦修觀行者。棟宇像設肅潔峻整，淳祐戊申，以敕額扁梵修，而規制尚病于隘。師紀綱院事，嚴飭有加，供膳必謹，葷胾不敢入門閾，冰蘖自持，涓塵無染。遂儲積租羡，蓋以鉢勝，買院鄰民居廓之，創立方丈三十餘楹。堂室渠渠，崇深宏偉，中廡翼翼，庭碩軒敞。秀石清池，修叢奇植，森列映帶，灑然爲幽栖之勝。庖湢廩厠，壹皆充闢。續得臨流之地屋焉，而梵宇始廣而備。師于所業所事，可謂重規叠矩而無忝前人矣。素嗜儒書，博涉經史，亹亹形于談辯，而插架殊夥，尤于比興重加之意，一吟一咏，幽深玄遠，有昔人所不能到者。燕本越淡乎，琴聽蜜殊乎，幾無得以名之。且工書法，引筆行墨，殆將逼真歐、虞而突過懷、永。時娱閑于徽弦，寄逸于枰楸，而運軫發機，俱造其奥。以至考古博物，有來必名，人多服其精鑒焉。清致雅上，濯濯乎凡植之梧竹，顒顒乎衆羽之鵷鴻也，豈非釋流之所罕聞而僅有歟？繇是勝踐名儔，騷人墨士喜與之交，而克上承下遜，不諂不狎。昔之貴宦，今之元侯，每造其室，至于忘去，而一語不及其私。然處紛攘而無侮無拂者，侯崇敬之力也。咸淳間，柄國者有聞，諭意邀致。不得已一再往，問所欲，纖芥不以請，惟薦進名衲，以弘宗教，叢林偉之。繼而出畀省符，俾世襲梵修，以壽其傳，亦非由謁而獲。其與世接而能自立也如此。方未拓地也，于院之北甃石爲岸，累磚爲衢，徑四十餘丈，以便行者。其後復欲于西改創津梁，築堤相直，以通南北之途。度材儲具，將舉而弗果，遂用其志于及人及物，抑有可尚者焉。晚年悟諸有之本空，融三觀于一致，剋意可粲之學，使功深力到，則滿載月明之詩，豈專美昔之上人！而遽以壽終。吾見其進，未見其止，悲夫！師諱知隤，字致道，悟悦其自稱。族姓錢，邑里雲間，初賜號慧辯，加紫衣，以前朝應禱之沛恩也。續賜號圓明，以僧統敬悦名行而頒慈命也。生于嘉定己卯，歸寂于至元戊寅夏五，得年五十有九，臘四十八。孫希白，嗣師領院，克繩祖武，動無違事。且興杠濟涉，以成先志，莫不美其善繼。曾玄弘範德馨，猶習讀闍維之次，齒舌堅瑩，不泯于燼。或謂平素語不妄之驗，視嵩明教其殆庶幾。希白函灰礱石，將以至元庚辰月之朔易日之甲申，窆于祖塔之右，來請銘。予自假守歸，與師交契幾二年，談議賡酬，聽琴玩弈，情好篤密，詢遁之交不啻也。其亡，哭之慟，復以詩文寫其悲，惡得而遜？遂爲之銘曰：

雅而文，秀而實。寒露清冰，和風愛日。于祖于師，光明熙緝。噂啈飛走，妙墨精筆。雖游于藝，不流于物。晚攝諸妄，頓悅禪寂。退焉若藏，淵然以息。維塔岩岩，鼎分其一。繼繼承承，休垂罔極。文淵閣四庫全書本《秋聲集》卷五。

周方

周方（一二二六——？），字義山，建昌軍南城（今江西南城）人。年四十登寶祐四年進士。咸淳中官朝奉郎、添差浙東安撫司主管機宜文字、兼福王府教導官。見《宋寶祐四年登科録》卷二，《至元嘉禾志》卷一八。

重修興聖寺記　咸淳九年

禹薦益于天，至太祖生于汴，而後益子之孫始得以有天下。太祖薦太宗于天，至孝宗生于浙，而後太祖之子孫始得以享天下。猗歟盛哉！天爲太祖後生孝宗，故爲太宗後生高宗。高宗生與太祖同丁亥，此天心也。即位同南京，改元建炎同建隆，此聖心也，而人未之知。有臣寅亮，慨念湯緒，知天心、聖心矣，而不知紅光照室，已應於即位改元之冬，嘉禾紀瑞，又先如漢中興時矣。三后在天，世德作求，如編雅當申以《下武》之述周者。天既生孝宗于浙之右，以紹中興之烈，復生理宗于浙之左，以衍百世之祀。初，嘉定守臣希道建，淳祐守臣與訔乞扁，至是奎文樞光交焕，河漢中更。寶祐乙卯，鬱攸之灾，軍官士民衛神御惟謹。戊午，旨頒祠牒若干道爲修復計，下之郡，從嗣王師彌請也。郡未果，明年景定庚申，復以元賜命主僧净志任責，從嗣王與澤請也。申錫無疆，及爾斯所。如編頌當儕以烈祖之述商者。净志當事，自方丈法堂以内規以立。咸淳己巳，特選主首，以僧惟實當事。期年，兩廡山門以外工以備。癸酉春，奉旨安神御，又從主祀與擇請也。新廟奕奕、寢成孔安，一如祖宗制。安居粒食，優游閑暇，亦便浮屠。教夫孔曼，且碩萬民，是若理之常也。乃如之人兮，西方之人兮，同事釋氏，同師偃溪，今乃能同力以事君。惟實嘗興寺洪都，謂叶唐五百年佛讖。今乃前作後述，復百二十年潛邸盛典，至此知人心之天，即天心之天也。惟德動天，無遠弗届。如編書正，正當驗之，以益贊于禹者。謹拜手記本末，以俟編之詩書之策。朝奉郎、添差浙東安撫司主管機宜文字兼福王府教導官周方記。《至元嘉禾志》卷一八。

王　喬

王喬，字望之，淳祐間國學生。

鶴鳴里清源寺仙人洞記　淳祐六年十一月

清源寺創自盛唐，然而代有消長，匆計其幾矣。逮我大宋元祐五年庚午，妙仙和繕繼大成，益懋厥教。宣和四年壬寅，進士許公建招鶴亭於前阜，敕賜額仍之。嘉定甲申歲，許氏子鑿洞其下，名鎖雲，刻尊德性道問學兩崖，有儀圖。至淳祐六年丙午暮春，賜進士光震何公、化龍蒙公同游覽焉。乃曰：『山川雄壯，指丹青於畫圖；名義宣昭，豁見聞於陳迹，曷不志之以快□望？』因與樂庵王先生云：『郡有多鄉，罕覯鶴鳴之秀，里呈八景，孰與招鶴之靈？是宜勝償名公，大興臺榭，後之繼述者，尚其保壯於來斯。』大宋淳祐六年丙午仲冬之吉，國學生望之王喬書。萬曆《重慶府志》卷一六，萬曆三十四年刻本。

釋鑒義

鑒義，理宗時僧人，住廣東海珠慈度寺。見光緒《廣州府志》卷一〇二。

海珠慈度寺記　寶祐五年

大塊開鑿，元氣流行，穹窿雄大之爲山，宏廣博厚之爲地，凸凹爲岡阜，潤濕爲水澤，群分類聚，各安其生。海若山靈，威神輔德。嘗觀杭之飛來峰，廣之飛來殿，五羊化石，南康殞星，皆名勝之處，佛菩薩化居也。昔有人從异國來，得珠徑寸。舟歸日，珠飛入海，無所尋覓。是夜此處光怪呈露，因名海珠洲。寶祐四年，郡人文溪李左史昴英施財創寺於其上，奉佛安僧，請額海珠慈度寺，立爲甲乙住持院。在南海之外，越臺之前，舶之望墅，實州治之正印。西江之水澎湃漩洑而迴瀾，東海之潮奔趨汹涌而收浪，緑樹排秀，遠山送青。漁燈半夜，見星燈而明滅；譙樓將曉，聞畫角以悲鳴。慨嘆昏迷，其誰能悟。月皎金波，摇蕩星光，銀漢低垂，補陀瑞象，玉毫增輝，兜率紺容，妙相顯露，僧和梵唄，鐘扣鯨音，穗石福地，其名四馳。寺成而雲衲四集，遂置田土，名荒谷、下澗、朗下、麻涌、下疆、黄泥凹、東街田地、黄泥欝、種子田、官田峒等田。提舉常平司撥渡額名，河南北上渡、下渡，窑頭、横水等渡，以充晨夕香燈之用。帥閫又撥蛋民邱三、林六、郭二兒、孫一十餘人永遠充本寺灑掃之役，此皆係常住利便之事。且有生者幻生塵象中，幻居塵境上，實非久處。是亦本無今有，已有還無，斯佛語也。雲峰祖師曰：『從緣而得者始終成壞，不從緣而得者歷劫常存。』命工鎸石，以紀歲月，後昆當鑒是無忝也。僧鑒義撰。光緒《廣州府志》卷一〇二，光緒五年刻本。又見《番禺縣志》卷二九，《南海縣志》卷一二。

杜子源

杜子源，理宗時人，太學内舍正奏名進士。

衡山澄心院捨山記　寶祐四年八月

衡山於姑孰爲名山，在郡城之東六十里。山之麓古僧房曰澄心院，即故隱居院也。院即陶貞白先生書堂舊址，隱居所以賓其實也。摩挲蘚刻，謂先生樂之，墓於此山之下，翳然林莽間，鬣封纍纍，相傳爲陶氏墓，疑即其處。院平湖横具其前，鏡如也；群峰環其後，屏如也。突兀老蒼，千夫拱立，谽谺蹲伏，百鬼獻奇，雨態烟顔，月痕風調，有古意，有壯氣，有妍親娟好貌，有六律、五聲、八音錯奏樂，有萬幅□□□水墨圖。蓋□奇攬勝，據其會而專其有者也。院之東曰十保山者，民業也。其主名爲八，家者十，而氏夏氏、趙氏，陶居多焉。主□席普春立堅忍心，持因果説，日丐請於其門，善機感觸，響答翕如，共呼蒼頭，拭瓦研，磨松煤，大書爲券名氏□塗盡紙尾，杖者舉以歸普春。普春合爪稱謝再三，還以示其徒，□□慚愧不能休，亟持上□乞志章以□己，乃謁賢寓褚公坦之，圖爲世世萬佛燈計。公樂善好義，爲請於邑大夫夏公武昇公文爲□，又謂不可無以紀事，始傳不朽，介公書來謁記。辭不可。因語之曰：『汝祖師忍窮刻苦幾槁死，俱把茅蓋頭，屋百楹乎？茅蘆穴膝，坐重茵乎？深崖層巘，卓錫立道場，爲修行，爲説法耳。樵蘇之不給，蕘牧之不禁，暇憂乎哉！汝今得此山一木一石，□然清静，一啄一蹄，快哉極樂！汝能向丹□悟病死苦，粒砂入口，煩惱頓息；汝能向五井□無垢净，滴水下咽，熱沸盡洗；汝能向月池舉揚空明圓覺，不二法門，心心相印，無諸障礙，大千沙界，盡起善念，作善事，成無萬數佛子矣。不然，澗愧林慚，佛訶祖駡，奈之何！』普春唯唯而退。雖然，此瞿曇氏説也。余復於是深有感焉。貞白之在梁，藉使朝不食，夕不食，至不能出門户，有能憐而食之者乎？無也？今其讀書荒址，爲浮屠居，則有協衆心，捐一山供其香積炊者，异哉！今之不古若也。賢人才士與凡學孔氏者窶於我鄰，瘠於我里，饑餓於我土地，寸縷圭漆，靳不能割，用黄面老子法款其門，則嚮赴惟恐落人後，有能移是心，慕吾所謂道，吾徒當無拾橡實，垂鶉結僵卧雪屋下者。雖然，餓死事小，失節事大。世之賢人才士與凡學孔氏者必毋以此乞憐要官巨室，則其心泰然，其氣浩然，其體舒舒然，何往而非自得之境，奚有於普春之立心、之持説者哉！噫！一法通，萬法同，普春其毋駭余言。寶祐丙辰八月初吉謹記，太學内舍正奏名杜子源撰。民國《安徽通志稿·金石古物考》四。又見《搜古彙編》卷六二。

舒岳祥

舒岳祥（一二一九——一二九八），又作岳祥，字景薛，更字舜侯，號閬風，台州寧海（今浙江寧海）人。登寶祐四年進士第，初授奉化尉，歷幕職，官終承直郎。宋亡不仕，爲赤城書堂長，教授鄉里以終。元大德二年卒，年八十。岳祥工詩，嘗以文謁吴子良，子良奇之，以比賈誼、終軍。晚益覃思，與王應麟并以文名海内。著有《史述》《漢砭》《三史纂言》《談叢》《蓀墅稿》《避地稿》《篆畦稿》《蝶軒稿》《梧竹里稿》等，凡二百二十卷，其詩文集蓋總名《閬風集》。見元劉莊孫《舒閬風先生行狀》（嘉業堂本《閬風集》附録）。

重建台州東掖山白蓮寺記

余童冠以應鄉舉，過臨海、寧川兩界之嶺，曰桐岩，日晏則息宿於白蓮莊，至此過嶺，可半矣。地勢稍盤礴，有民廬田舍，設館埽庭以延納舉子。其倚山臨路，乃白蓮寺之莊宇也。炊黍未熟，舉子亦得而游息焉。其主莊僧頗好事，設爲書肆，凡舉業之所資用、學者之所宜有者，皆籤揭而庋列之。或就取而觀之，無拒色，亦不爲二價。澗窮壑絶，見此小佳，余嘗記之在心目也。問之居人，延袤三十里，太半白蓮之所有。余故友方沂，每與余約游東掖，惜泳道先約而長逝，余苦無僕馬之資，不能一往，至今爲恨事。庚寅秋，余目暗耳聵，方欲弃筆硯、習禪觀，有蓋蒼真逸道士葉龍起，持白蓮住持景荃書，致殷勤於余，其徒衆又狀其寺之本末，請記其偉觀。夫東掖，江南之名山，其山有白蓮、能仁二寺，白蓮又其著者也。昔智者師倡法於天台，《佛隴經論》行於天下。慶曆初，有神照法師本如誅茅結草，椎輪而建庵，綿蕝而行道，講譽風馳，座下雲集，有衆五百，遂大兹刹，聲聞天朝，錫號白蓮。歲久材腐，殆不能庇風雨。淳熙間，有法英師誓新舊觀，道足以化人，信足以服衆，仰者如山，從者若水，白蓮之譽復盛於東南，學者比之國之上庠。自經口講指畫之餘者，出游諸方，自有一種風範，人咸識之，曰：『此必自白蓮來也。』丙子兵火及之，殆刦會之有終歟！歲庚辰，荃師來莅兹山，天以法師惠兹山，其意深矣。師道行平實，講演著明，精義入神，四衆推服。顧瞻礫場，若疚在己。一念奮發，天人悲涕，陰相陽贊，不十年，一寺表裏規制如舊，而高廣有加。上方廉節，耆宿叶和，衣鉢之傾倒不吝，綹廪之出入無私，以溥容衆，以裕後人，蓋願力所至，故成此不難也。或曰：『白蓮不火也。』或曰：『法英不死也。』或曰：『法英師生長於台，受業於禪林，住白蓮十二年，而主天竺之席；荃師生長亦於台，受業於禪林，來主白蓮又將十二年矣，其建兹寺又同也，其殆前後身乎？』寺成而謀記筆於葉君，葉君曰：『我蓋蒼之觀新，得記於閬風先生，吾觀可以不毁矣。上刹東南之望也，記毋輕屬，吾試爲公請之於先生，先生樂道人之善，宜必得。』方盛暑，余亦火後寓鳳栖茇舍，道士之請如爲己請也，道士又余故考冑子補闈時所取信公子弟也，不知諸之，吐於余口。昔韓退之以不得至南昌滕王閣爲恨，而以得載名記石爲榮。余於白蓮也亦若是矣，遂摭其事實而書之，且歷叙願見而不得至之曲折。嗟夫！余之所欲訪而不得償其志者，如天台之石橋、寒岩，亦吾州之奇觀也，皆有所未暇，豈兹事分量，亦有所限哉！嗟夫！釋老二氏之并行於世也久矣，今荃師不疑葉君之异己而托之以請記，葉君亦不以荃師爲不同道而爲之請，余又不以二氏之非吾道而慨然爲之記，皆世俗所不能解也。知此，則可與言道矣。嘉業堂叢書本《閬風集》卷一一。

董楷

董楷（一二二六——？），字正翁，號克齋，台州臨海（今浙江臨海）人，亨復子，樸弟。寶祐四年登進士，時年三十一。初爲績溪簿，擢守洪州。咸淳中提舉市舶司。官至吏部郎中。師事陳器之，傳朱子之學，著有《周易傳義附録》十四卷（存）、《克齋集》。見《寶祐四年登科録》《宋元學案》卷六五、《宋史翼》卷二五、《宋詩紀事補遺》卷八四及《閬風集》卷一二《祭董正翁文》。

重興延慶寺記　咸淳六年二月

延慶寺比邱如月令其徒若虚請曰：寺址本施家瀁，隆興間僧守詳自姑蘇來，成十六觀堂，乾道始賜寺額，開禧悉蕩爲灰燼。主席迭更，或營一殿、一閣、一堂、一門，工未究，久輒淪壞。開慶己未，今住持思恭奉敕來，適大歉乏食，恭且貸且勸，施者四至，積羨餘，議修建。始庚申，迄丁卯，爲堂、爲寮、爲廡、爲厨、爲庫五百餘楹外，則作飛梁，作長生庫，作兩别業。塍田三千餘丈墾治，歲增租五百餘石。又有忠訓陳君因感夢誕男，捨所住宅，移建於寺西荒址，爲楹百餘，設諸像其中，且鬻宅買田百畝。於是規模整備，遠過昔時，是可紀已。咸淳六年二月望日。光緒《重修華亭縣志》卷二二，光緒五年刻本。

董楷

牟巘

牟巘（一二二七——一三一一），字獻之，一字獻甫，隆州井研（今四川井研）人，後徙吴興。舉進士。嘗知武岡軍，提點兩浙東路刑獄公事。在朝歷大理正、侍右郎中，累官朝奉大夫、大理少卿，以忤賈似道去官。入元不仕，閉户窮經者三十六年，至大四年卒，年八十五。巘學有所宗，爲文典實詳雅，學者稱陵陽先生。著有《陵陽集》二十四卷，又與其子應龍合撰《六經音考》。見《宋史翼》卷三四本傳及《陵陽集》内諸文，參《四庫全書總目》陵陽集條。

重修妙行院記

杭北關之外江漲橋至左家橋，有喻彌陀净公接待妙行院。净公早歲喜畫彌陀佛，無爲子楊次公呼之曰『喻彌陀』，名遂大傳。院距喻家橋甚邇，蓋以其姓姓其橋也。予异時屢至焉，比不至且久，每記無垢張公所作《窣堵銘》，其言方臘之亂，净公徑入賊壘，願以一身代一城之命，賊悚，爲少戢。夫爲善之心，勇猛堅確，而本於誠實，是能感通神明。彼盗賊之徒，雖甚悍桀，亦有人心，寧不爲之革面改圖，惟善之歸乎？况推之以造事立業，將無不可爲者。净公前後所爲，如欲飯百萬僧，乃至三百餘萬；鑿西湖多寶山爲彌勒像，又增廣其居爲殿堂樓觀，皆一念之誠實，始而終之。方其畫時，坐一净室，禪觀寂然，見阿彌院光明好像而後下筆，故所畫如所見。凡所建造，如其所畫也。事見於張忠獻、趙忠簡、張無盡之頌之贊，皆世之巨人元夫也；圓悟勤、大慧杲、真歇了亦皆敬重之〔一〕，如見在佛，則佛法中之大知證也，不亦偉歟！院更多故，久就摧圮。幼山冲公提點，早受業妙行，往來諸山，遍歷僧職，各有勞能，雅意第欲宏其祖師前規，以酬夙願而已。乃以華亭、義興兩莊八百六十餘畝，山一百五十餘畝歸之常住。一新其院，三門、藏殿、佛殿、浴室、無量壽閣，廊廡楯檻，高下曲折，奇花异卉，芳菲掩映，宛爲勝處。大開養魚池，每歲臨池放生，以申祝贊，圉圉洋洋，不可勝紀。又通船步、拓蔬圃，廣栴檀林以安挂錫。至於建菩提園，修水陸堂，由中徂外，莫不完備。祖師心傳所謂勇猛堅確而本之誠實者，朝夕奉以從事。冲公年已八十許，健强如六七十，其力足以達其所爲，用克底於成。先是，喻彌陀之寂也，張循忠烈王以文祭之。王五世孫楧，予婿也，承其先志，以來求記，戊申十一月也。余聞冲公自稱方是閑，觀其大作佛事，無負祖師之付囑，亦可以少閑矣，而猶曰未是閑也。自有此院，未始有記，真大欠闕事，必得記。方是閑也，其果遂可閑歟？予願冲公益加之意，雖休勿休，喻彌陀死而不亡，歲時來歸，顧瞻新宇，亦當欣然爲之一笑。民國十年劉承幹嘉業堂刊《陵陽先生集》卷九。

〔一〕「杲」原作「果」，「了」字原脱，據文淵閣四庫全書本（簡稱「庫本」）改、補。宗杲、清了也。

松江普照寺記

一切世間，佛法最盛。盛矣而不能不變者，數矣；變矣而不能不復者，時也。必理足以馭數而不盡諉乎數，智足以因時而不至違乎時，而其能又足以立事，式克底於成，故垂名無窮焉。普照本唐乾元元年大明寺也〔二〕，相傳爲陸氏故居。始孫吴時，陸抗封華亭，世居華谷三十五里谷水之陽，昆山之陰。時尚隸姑蘇，天寶十年，始爲縣。石晋天福五年，始創秀州，割華亭以隸。至元丁丑，升爲松江府。史傳稱陸機自孫氏之亡，退居舊里，蓋自建鄴宅歸也，普照豈非其别墅歟？自夢形黑憓，地化寶坊，舂鐘擊鼓而作佛事，此其盛之始也。會昌五年，天下僧寺皆廢，普照亦其一也。錢氏時，鎮守司空張瑗於寺後鑿河通流，寺後基去三之二矣，此其變之始也。大中十二年，良惠、元珂等再建寺。宋祥符元年，改爲普照，主僧必以學行者充。寺僧凡二百餘房，至無所容，此其變而復盛者也。建炎、紹興至淳祐戊申，屢經鬱攸，此其屢變者也。寶祐乙卯，行金再造山門，翬飛翼跂，此其屢變而復盛者也。役之大者，釋迦殿、千佛水陸院、千僧海會堂。余嘗爲記，已具載其事。它如庫廳海月堂，即高僧惠辯號海月法師也。梵修院，嘗立觀堂，即舊之五百羅漢殿也。

善住教院，即舊之東塔院也。至於圓通殿、西方殿、懺院、藏殿之類，靡不完具。鐘樓鉅鐘，聲聞五十里，而寶塔峥嶸，屹出雲表，尤爲奇觀。每歲官僚於此建道場，申祝贊，益廣善緣，爲民祈福。遇首春、仲春、仲夏、四立日，皆修期，觀誦經典，率以爲常。此皆前後諸人所共修營，或捐己資，或藉化施，或出主僧，或出徒弟。其智足因時，而能足以立事，不徒諉之數也，庶幾盛而不復變焉。前主僧佛智通悟大師子聞實相與規度協贊，其力居多。大德丁未，因來求記，非徒侈土木之盛也，以見諸人之勞，使後者考也。況佛之智慧，即吾之智慧，不如待時也。佛之能仁，即吾之能用力於仁也，豈流俗任智矜能者之比哉？銘曰：

大相國寺，并包百數。殊塗同歸，不内外故。人之觀物，必於會通。剖去藩籬，是謂大同。林林總總，普照院室。言栖爾單，幾瓶幾錫。有萬其法，各閑户牖。貫以一理，何殊已有？而今而後，闡爾宏規。洞明軒闢，盡撤己私。自然福德，遍河沙界。不可限量，亦無障礙。是爲普照，釋迦之殿。高棟插雲，邦壤攸奠。蒲牢霜吼，扶桑日出。紅光陸離，幽霧辟易。靡所不照，斯之謂普。普照之中，物無患苦。潮汐以時，亦無風灾。稻蟹日富，布施日來。稽首佛慈，其何以報？謹爾薰修，是祈是禱。悔過興善，一念猛烈。願爾衆生，永離塵劫。《陵陽先生集》卷九。

〔一〕唐：原作『堂』，據文意改。

普照千僧海會堂記

三代盛時，禮樂制度、學校倫教，修設明備，外物莫干其藩，厥後浸衰以微。東漢明帝時，竺法蘭摩騰首負《四十二章經》至白馬寺，符丈六金身之夢，上所崇信，趨者瀾倒，諸人先生徒持空言以抗，曾莫之止，日蔓月滋。唐會昌五年以前，不啻二十七萬餘僧，宋天禧以後，不啻三十九萬，何其盛也！一盛一衰，相與消長，勢使之然。昔伊川程子嘗游覺海惠林精舍，見衆衲方食，忽嘆曰：『三代威儀，盡在是矣。』彼其拜則膜拜，衣則絛衣，非可比而同之三代，程子之言顧若是，何歟？禮失必求之野，或者觀其會而得其意歟？方其于于而來，脱斐屨而升，臨席而坐，不語而食，蔬食菜羹，必祭如，必齋如，雍容可觀，古意猶有存焉者，故程子有慨於衷，不覺喟然而嘆歟？禮儀三百，威儀三千，其目繁多，要不必盡同，亦取其意之存乎古者而已。它可類推，特未知佛氏所謂三千威儀、八百細行，同乎否乎。維松江普照寺有千僧堂，自唐乾元。宋淳祐丙戌，由回禄之厄，無復舊觀。崇教六師祖祥之所建、潼川北澗之所建者，又悉爲瓦礫之場。至元丙子，萬户沙侯來鎮是邑，與慧悟興教大師某相爲倡率，首創鐘樓、庫堂、西廡，而千僧堂未遑暇也。又四年己卯，里人趙架閣施所居堂爲之。因陋就簡，意未稱，臨化之際，專以此事屬其後人。於是徒弟通辨大師，其銖積寸累，且募檀施。大德癸卯，於舊址重建其堂，完明周密，風日不到，設坐備物，使僧衆得以如法而住，繙誦經帙，下自己功夫。出則聽説法，申祝贊，功德無量。因來求文以記。逆施之人，當去未去，視彼臨化灑脱明了、一辦大事者爲何如？且强立文字，以傳久遠，海會之叢林有具眼者，不得獻笑乎？重説偈言曰：

盛哉海會，千僧之堂。是爲普照，選佛之場。其有禪客，白丹霞説。若去選官，不如選佛。霞問選佛，當在何所？選佛之堂，江西馬祖。萬中選千，千中選百。於百之中，又選其一。愈選愈少，其義伊何？人以爲少，我猶曰多。有知此堂，願發所造。窗几静深，床坐完好。夏有疏簟，冬有重席。攝衣而起，振履而出。千僧齊唱，一口百聲。千口萬聲，清徹朗朗。有大導師，默然晏坐。忽獅子吼，唤醒惛惰。聞者震越，得大警悟。須臾之頃，萬善咸具。凡諸佛子，皆得度已。稽首首照，朝夕彈指。《陵陽先生集》卷一〇。

報德院記

距松江府五十四里而近曰下横涇，時思報德懺院在焉。蓋佛氏有《大報恩》七篇，柳子厚以爲此七篇皆由孝而極其業，以儆夫世之蕩誕謾弛好違其書者。夫報恩即報德也，報其父母生成之德也。而其報德，又莫若懺罪。報德者，昊天罔極而致其時思也。懺罪者，改過遷善而致其愧悔也。

豈不五體投地，千聲齊唱，而求其罪消滅哉？院之主僧曰友歡，派出顧亭林寶林寺。自幼悔悟，聽講天竺，能背誦《法華經》，修長期觀。氣貌古樸，不事外飾，兼通《周易》，默參妙義，非苟焉者。宋咸淳辛未，易徐氏基地結庵廬，以庇風雨，以事香火，度弟子元吉、普潤等，善治生廣業。普潤習台衡教於超果，分任院事，次第而舉。歡間語吉與潤曰：『吾年七十，行且去矣，盍爲我罄衣盂，建九品觀，植净土緣，且市田爲供給，刻之石以示久遠？』元貞乙未，啓長期，申祝贊，首創三門、兩廡、僧堂。歲役未竟，大德庚子壬寅，歡與吉、普相繼示寂〔一〕。潤竭蹷嗣乃事，置法堂，砌祖塔，構鍾臺，建釋迦殿，塑左右侍從、普陀大士、羅漢、諸天，備極莊嚴。壁有金采，沼有紅渠，層閣飛檻，高切雲漢，平蕪絶島，近在目睫，殊偉莊嚴，遂爲一方勝處。先是，啓長期之歲，東北隅忽竹園産靈芝。夫竹之有筠，四時不改柯易葉，已非凡植，况靈芝煌煌，與寒光翠氣相交映發耶？衆皆嘆曰：造物者生祥下瑞，以有此芝振動時人之耳目，故一切興修有相之道，次第而成，不待懺罪，德已報矣。越至今日，咸歸功於潤焉。潤自號『澤翁』，篤實而疏通，是能盡報德之義，克與先業，盛其福澤。至大戊申春，賜金襴袈裟，號『慧元普照大師』，尤有榮耀焉。良月遠來，求文以記，予蓋不獲辭，乃銘曰：

於惟歡公，秉志夙堅。爰發宏誓，獨奮空拳。始來横涇，把茅三椽。殿堂樓觀，一旦屹然。翠樾之妙，華榜高懸。是曰時思，以報所天。報之維何？懺罪是先。誘化澆俗，崇植勝緣。姻緼和氣，芝實鍾焉。九莖三秀，衆美具全。厥在報德，其應尤專。人所創見，競誇以傳。潤也師吉，後克繼前。晨夕薰修，不懈益虔。施於弈葉，益昌以賢。如澤之潤，獲福無邊。《陵陽先生集》卷一一。

〔一〕『普』字當衍。

松江普照寺釋迦殿記

松江普照寺，陸士衡别業也〔一〕。自孫氏歸晉，兄弟入洛，以文膺事任，威聲權勢，振動當時。倚伏者相尋，曾未瞬息，已有華亭鶴唳之嘆，而其臺榭化爲像設，研席化爲梵唄，乃至今存何歟？寺北坐九峰，層巒叠嶂〔二〕，攢青擁翠，相爲蔽虧。陰陽家者流謂風氣藏聚，可安千衆，蓋特於佛僧爲宜也。唐乾元時，本號大明寺，僧雨惠嘗創釋迦如來殿。逮宋祥符間，改賜今額〔三〕。道者嚴善晢、僧宗幸、真歇，凡三度重建。淳祐戊申，厄於祝融，里人錢武翼仰之首議興造。其事未竟，子之信竭力繼之，使張彦中掌其費，僧祖鏡等佐其役。咸淳甲戌，僧惠思與武翼舊〔四〕，念不可廢前人功，亟勸率捐施以助〔五〕。殿始成，衆請行啓典〔六〕，殿畢塗墍而營像設。於是慧辨、頤慧、悟秀以白鎮守沙侯，欣然致從吏且厚施之。超益傾貲化緣〔七〕，不憚勞費，久之而就，萬瓦鴛浮，重檐翼跂，加以藻繪，金碧交輝。中設釋迦像，若左若右，分列八位，備極莊嚴，而三世如來、圓通大士、應真羅漢、諸天人之相，亦次第而成。至於琉璃無盡燈、瓜華諸供具，莫不完好。每歲州侯帥其僚屬，於此建道場，申祝贊，而禱水旱、禳風灾者亦皆至焉。夫成之難，則其傳之也必久。是役也，再見丁未，甲子復周，蓋非一手足之力，而超成其終，功尤多，可謂難矣。超既寂，其孫了聞職是熏修事，實來求文以記，曰是固所以久傳而不廢也。予聞萬形皆朽，惟理獨不朽者。而佛氏亦曰一切諸法，皆有破壞，惟有法身，常住不滅。雖與吾説若不盡同，然所謂法身，亘古今、彌宇宙，到處充滿，亦無雜壞，豈拘於形而外於理哉？區區言語文字，如浮雲，如空花，乍起乍滅，了無根蒂，反欲取其常住不滅者，托文以傳聞也。果以爲能久傳不廢也，盍亦歸諸於己而已。乃爲之贊，曰：

維我普照王，本自法身出。光明攝方寸，虚空常獨耀。盡三千大千，無限河沙界。皆佛慧照中，夫是之謂普。衆生宿業重，展轉動迷誤。願佛垂慈憫，與除諸障礙。譬如摩尼珠，炯炯照濁水。一作是念已，業去障自空。而我初不覺，心目劃開朗。稽首釋迦尊，爲我證明之。

《陵陽先生集》卷一一。

〔一〕别：原作『畢』，據庫本改。

〔二〕巒：原作『蠻』，據右引改。

〔三〕今：原作『金』，據右引改。
〔四〕僧：原作『佛』，據右引改。
〔五〕亟：原作『至』，據右引改。
〔六〕啓：原作『起』，據右引改。
〔七〕超：按此當著全稱，疑有脱文。

普照寺千佛水陸院記

普照寺自唐乾元元年至於宋，數百年矣，屢興屢廢。淳祐戊申迨今，又六十年，寺之耆宿，分任其責，山門、列廡、佛殿，次第興建。千佛水陸院，地廣費巨，衆請屬之惠慈大師志新。既領主席，於是慨然捐衣盂，營檀施。寺僧元德爲之分幹，徒弟净恩、净心、聞入爲之協贊，大作新之。始於戊戌，繼奉護持之旨，其事尤嚴。越丁未，乃來求記。予嘗記釋迦殿矣，固辭弗克，則復之曰：善必由積累而後成，佛乃曰不於一佛二佛三四五佛而種善根，已於百千萬佛而種善根，何也？夫計億兆者本於一，至寬乃所以爲至衆也。且一者何？心是也。心以方寸而總萬善，如木之有根，生意函活，千條萬幹〔一〕，聳壑昂霄，皆自此始。水陸院之義亦然。昔梁武帝嘗制《水陸儀文》，三年而成，幾三千卷。其後修設者，以十六位各分八位而爲上下，召請則通三昧。法雖簡，施則博。其上八位慈容端相，爲人敬慕；下八位殊形詭狀，爲人恐怖。有善有惡，有勸有戒。大率以懺悔爲先，有能用意猛烈，一悔之間，諸惡蕩除，衆善咸具，曷嘗不本於一哉？念惠慈於此三役，位置曲當。山門兩廊壁涌天台聖域五百高流，閣上設西方三聖，銅鑄千佛，閣下設千葉廬舍那佛，普賢、文殊二大士，左右壁涌水陸冥陽三界。像間飾以金采，眩輝衆目，輝映方池，而其池面菡萏敷披，飛檻相屬，生香不斷，疑浄土移來此地。諸佛子於焉修行，莫不超然得大自在。皆惠慈十年之間，苦心勞形之所成，然亦其胸中自來積善，如木有根，故一人所發，有此殊勝。非徒極莊嚴、事觀美也，蓋欲使生者蠲其罪業〔二〕，日增福祐，死者拔其幽滯，免墮輪迴而已。世安有一念之頃，不能感動鬼神而能普濟生靈，功德無量，遍周沙界乎？惠慈得之矣。銘曰：

我觀人心内，有善元無惡。顛迷彼佛知，往往路頭錯。爾時諸大人，一切諸菩薩。忽現善慈相，與衆共説法。法皆由心造，罪亦由心起。心起罪一空，各已得度已。衆生地獄衆，六道阿修羅。隨佛登天堂，只在一刹那。《陵陽先生集》卷一一。

〔一〕千：原作『十』，據庫本、清抄本改。
〔二〕自上句『觀』至此句『蠲』共九字原脱，據庫本補。

松江寶雲寺記

顧亭林湖在華亭東南三十五里，湖南有顧亭林，顧野王嘗居此，因以爲名，具載圖志，可覆視也。其地今爲寶雲寺。□□法雲，在顧亭林市西北，唐時有大長者吴仁約、楊師厚買地於此，立毗尼精舍使堅修。二上士入京請院名，繼遂賜名爲法雲寺。大中十三年庚辰，寺始成，猶未言顧公斷碑事。天福五年，以潦遷寺於南，石晋開運元年十二月十日始畢。□□之徒二人者，同夢金紫一偉丈夫〔一〕，云是梁朝侍郎，若有所屬然。明夕，二人又同夢其至，且告以斷碑處。晨起築舊寺基，果見巨石水次。引絙出之，已殘缺，僅有十四字，曰『寺南高基，顧野王曾於此修《輿地志》』。衆始駭愕，乃即寺東偏立祠，奉之惟恪。□乎，鬼神之情狀蓋難言矣。弗燭厥理，往往推之茫昧之域。夫精氣爲物，游魂爲變，《易大傳》之辭也。自其變者而觀之，氣有所感，形諸夢寐，如聞音聲，如見容貌。而夢則有安閑自夢者曰正夢，恐懼而夢者曰寐夢，二者固不同。彼用物精多、魂魄强，或有依憑，使人恐懼，因爲妖厲，非正也。顧公自梁、陳、隋、唐、後梁、後唐、石晋，朝代隔絶，死而不亡，發於久幽，無所恐懼，而夢近乎正者也，未可以怪誕疑之。略考其一二。西漢有馮野王，列九卿，性剛潔。顧公字希馮，蓋慕之也。晚歸陳朝，嘗撰《輿地志》三十卷，此云修志，意即其時也。陳宣帝時，除黄門侍郎，此云梁朝，不忘梁也。劉漢嘗稱天福十二年，以與石晋异，歐陽公非之，此天福五年則唐天福也。皆有關於寺及斷碑，因書之使觀者無疑焉。王金陵介甫、梅宛陵聖俞嘗有詩紀顧公遺迹，嘆其荒寒，亦不及斷碑事，蓋一時暫游，不暇考靈鑒等記耳。宋垂拱時，邑人胡彦瑫興修其寺。治平甲辰，始改法雲爲寶雲。淳祐□□、景定庚申，相繼營修，庚申之役最爲壯麗。大元升華亭爲松江。歲逾老，寺多頹圮。净月師素習台衡教，自霅慈感侍香來歸，實爲住持，再加整葺。辛丑七月□風□□□厄，罄捐己資，由中徂外，殿堂門廡，大作新之，不煩化施。但見碧風雪脊，朱甍穹礎，甃飾其垣墉，砥平其塗徑，翬飛其□□，□旦其石梁，頓异舊觀。而千石巨鍾，春容叩擊，聲震四遠，諸天人、諸菩薩、圜通大士，應真羅漢，與夫靈山一會，儼然未散。□□歡憙〔二〕，乃莊嚴其相，蠲供具以奉之，復期懺以祝之，其願力所充，有以致此。丁未臘八日，净月回來求記。夫成之難，繼之尤□，後之人尚毋忘前勞，益加持守，將使寺東顧公之香火相爲無窮焉。銘曰：

宇宙間萬法咸備，比理流通，有一無二。善教曰佛，妙用曰神，雖若不同，厥理則均。顧公有祠，寶雲是依，發幽著靈，殊途同歸。顧亭之湖，餘潤滲漉〔三〕；寶雲之雲，奇彩紛郁。灑爲法雨，普霑妙界，法與理貫，無□不□。

前朝奉大夫、大理少卿牟巘撰，集賢直學士、朝列大夫趙孟頫書，資德大夫、江浙等處行中書省右丞廉密知兒海牙篆額。至大元年五月望日，前住持釋净月立石。《宋代蜀文輯存》卷九五。

〔一〕夢：原無，據文意補。
〔二〕歡：原作『觀』，據文意改。
〔三〕漉：原作『灑』，據文意及韵改。

頤浩禪寺記

寺據澱湖之金澤，距松江七十里。宋景定初，巨族費輔之因里人吴進之之施有感于中，遂相與唇商齒確，買其族廬，始創經堂，以庋大藏。命道崇主之，躬泛掃，延方來，晨光夕照，不輟繙閲。又以如信踐履真實，俾貳厥事。崇既没，信繼之，水蘖口體，竭蹶經營，爽塏其地之隘陋者，澄駛其水之卑窪者，審曲面勢，鳩工飭材，弃其舊而新是圖。至元戊子，建大雄殿，構三門，翼兩廡，樓閣堂室，丹堊璀燦，像設宏麗，香燈煒燁。凡寒燠宴息之處，儲峙之器，靡所不備，過者忻然。元貞改元，被旨升院爲寺。越五年而信殁，今住持清林寶月大師志圓踵其後。又明年，得旨甲乙流傳而明滿總寺事。耆舊明壽等合志卒力，復大闢山門，建圓通殿，冶洪鍾，登簨虡。又六年，建毗盧閣，奉千佛，顯賢劫應世之次第。至大初，廣庖湢。明年，拓方丈。即其後簣土爲阜，絫石爲峰，以壯形勢，增羡膏腴，汰除磽瘠，以永其贍。閲歷歲月，厎績于成。圓狀其事求予記，予語之曰：佛氏清净之教雄冠九流，揭雲漢而昭日星，莫不知其高遠也。因果之衡平吞三世，凜雪霜而瑩冰玉，莫不知其暴白也。雲仍守之，恒務清白，故能風動遐邇，澤及幽明，大厦干霄，大田無税，蓋有以也。苟或專口體之安，放戒條之峻，不希冀于正覺者，得無愧乎！而今而後，夕惕朝兢，頤神養浩，潛修密證，使重玄之化永永常住，殆其庶乎！若曰以志養氣，以氣養勇，塞乎天地之間而爲頤浩者，此余子輿氏之言，不復爲上人道也。《宋代蜀文輯存》卷九五。

野翁禪師塔銘

始予聞野翁爲《本論》，疑焉。及觀其所謂本，則曰『吾宗本漕溪，漕溪本達摩，心傳面命，具有先後，其傳愈遠，支派互分，然本未嘗不一也。』野翁一本乎禪，故有此論。且深以競華逐末爲世戒，在其法中，庶乎知本矣，其何疑於是？野翁之葬且三四年，其徒即是、因是來自鄞越〔一〕，以覺恩上人所次遺事，求銘厥藏。按師諱炳同〔二〕，野翁字也，越新昌張氏。生嘉定癸未，年十一出家，投邑之大明寺僧大轟爲師。端平乙未，祝髮受戒。夙具聰敏，有志於道，負笈從台東掖憲法師習天台教〔三〕。居數歲，弃所習，復從大轟。大轟課之特嚴，其長而克有成者，轟之教也。端、嘉以來，吾蜀痴絶冲公、無準範公倡道東南，學者傾嚮，皆願爲之徒。師首從痴絶於天童〔四〕，一見刮目。坐數歲，有大警發，乃之徑山見無準。時問道者肩相摩，師年最少，機最捷，無準亦驟進之。又數歲，往造大慈濟大川。之宣明，舉臘月火燒山話擬對，竹篦杖之〔五〕，當下有省，因留不去。川本靈隱〔六〕，以爲書記，力辭，且薦歸雲度、禪雲盛有詞藻，人多師焉，讓焉。後掌記。履齋吴公判郡，知其人，俾出世。自大慈遷延壽，又遷香山。越丙子，屏迹雪竇，静閲世故。會杖錫遜席，不得避，一住十二年，靡懷不在鄉里。剡川自更兵火，積骸滿野，即收聚焚化，殆有萬數。設水陸大齋於石佛寺前，廣爲説戒，惠及枯骨矣。山多虎豹〔七〕，人家小兒，横遭咀咋，作《驅虎行》〔八〕，聲其惡而去之。虎岩靈隱願以師補藏，至則大新僧堂及諸寮舍，學徒四來，振起遁庵、密庵時氣象。無錫官河，客舟一日而覆，溺者三十八人。師憫之，斫石爲尊勝幢六級，其長一尋有半，自爲銘，刻而立之洲渚之上，施食設以拔沉冤。三年東歸，游雙徑、雲峰，有遁堂舍蓋意。亟微服還杖錫，扁其室曰『晚泊』，閉户書《法華經》，有『老來非厭客，静裏欲書經』之句。雪竇虚席，衆謂無以易師，因共舉師。育王亦争欲得師，不能奪。寺榜『應夢名山』，昭陵所感，穆陵所書，號爲勝處。師益喜得此，雖歲苦缺食，兩持鉢浙右，不憚也。用賓禮延致東岩石公，相得歡甚。它日行寺東偏，岩謂師：『盍遂即此營菟裘？』既成，家性存之巽書『寄幻』二字揭之。挹乳峰珠樹雪瀑，映帶左右，師往來游憩，禪宴其間，隨化委順，意甚自適。壬寅八月十一日，升堂語衆，勸厲極慈切，蓋自别也。衆請留偈，笑而不答，至夕而逝。越七日，奉全身葬寄幻，遂塔焉。壽八十，臘六十八。度弟子若干人。師爲人寬厚篤實，病者與藥〔九〕，貧者周之，隨意作佛事。不藏人善，片言隻字，稱道不容口。文集十卷，該淹經史，詩偈尤灑落。每升座記禪人騷語，聯絡貫穿，總爲一説，而條分縷析，各中肯綮，頗效痴絶云。如周伯弜、家則堂、文本心、黄東發、舒閬風，咸與之游。予謂：『野翁立談不忘本，臨行不留偈，遺戒不荼毗，塔而銘之，豈師意乎？』其徒曰：『是之謂寄幻。』銘曰：

一切世界，及一切法，無有堅固，幻依幻滅。幻既俱空，所寄何地？而復於何，寄於所寄。幻則非寄，寄則非幻，强立名字，未離二患。欲問寄幻，寄幻久寂，瀑流千丈，雪峰之側。幻爲奇觀，砰處濺雹，凡有耳目，如夢斯覺。乃刻堅珉，與寄幻對。幻身何在？法身不壞。

《陵陽先生集》卷二四。又見《雪竇寺志》卷六上。

〔一〕因：原作『即』，據庫本改。

〔二〕炳同：原作『烟』，據《新續高僧傳四集》卷六一《釋炳同傳》改。

〔三〕從：原作『徙』，據庫本、傅增湘校勘本（簡稱『傅校本』）改。

〔四〕天童：原作『道童』，不可通，按痴絶道冲嘗住持鄞縣天童寺，此當爲『天童』之誤，據改。

〔五〕杖：原作『桂』，據庫本改。

〔六〕『本』字疑誤。

〔七〕豹：原作『暴』，據庫本改。

〔八〕作驅虎行：原作『虎驅行』，據庫本、國家圖書館所藏清抄本（簡稱『清抄本』）改。

〔九〕藥：原作『樂』，據庫本改。

龍源禪師塔銘

道場山龍源禪師既寂之五年，爲乙巳七月。其記室懷珠裒次遺事，偕其徒希渭來，求銘心源之塔。予尚記歲甲午，訪師雲峰，留三日，窮極幽討，意甚樂。又七年，與今翰林修撰鄧善之再至焉。師喜見顏間，舍予高閣，煮茗話舊，夜無倦色。明日下山，握手若不能釋，不料遂爲死别也。留耕先生王公伯文，先朝名執政，與先存齋忠義相期，議論同，肝膽同，而予亦復交其子若侄。師蓋公之族也，故惓惓於予者如此，銘可辭乎？師諱介清，龍源號也，世福州長溪。祖諱一夔，古田縣尉。父良輔，知黄岩縣。母蔡氏，素好善，嘗夢神人介而進一子，曰：『是善知識，當生爾家。』果娠而生。師幼不茹葷，年七歲，喜看佛書，長益通悟，泛覽經史百氏。父知其不凡，俾出家于郡之雪峰。居半載，行脚出飛鳶嶺，抵義興法藏，得度於一峰齊禪師。年十五，薙髮受具戒，遂遍參諸方。是時静慈石帆衍、靈隱退耕寧、徑山虚堂愚〔一〕，皆明師宿德，争欲致之。師頎然山立，舉動雍容，言旨閑雅，志不苟從。適游吳興道場，東叟穎以爲典賓。繼東叟者無等融，即請師爲内記，力辭。絶江過育王，謁寂窗照禪師。入室有契，以爲侍香，次掌藏鑰。寂窗自枯禪，枯禪自密庵，得其傳受，皆南閩偉人。師世出四明壽國，遷開壽。有史督相之子州尹，見師行解相應〔二〕，捨開壽行府與師營菟裘，曰四明蘭若，爲終隱計。未幾，道場虚席，兩浙諸山舉師錫來此山。蓋唐刹，自熙寧間，大蘇公游道場諸詩一出，名愈重，五山由此，其選不輕畀也。丙子，劫火洞然，化爲瓦礫。迨乙酉，凡十年，舊觀未還。師既至，慨然以起廢自任。首建大佛寶殿，金碧輝煌，像設華好。次建觀音藏殿，摹大藏經五千四十八卷，及旃檀林列。翠閣、蒙堂、法堂、僧堂等之。鐘鼓法器，由中徂外，焕然一新。四方衲子聞師之風，挑囊負鉢，袂屬肩摩，雲歸霞集。於是聲達帝庭，欽奉綸言，賜金襴袈裟，敬受法旨，加號『佛海性空』，庶少答其道心。精勤之所成也。辛丑六月三日，忽示微疾，索浴凈髮，書偈曰：『佛坐有書劫，我坐十七年。説甚生死義，古今無後先。』翛然而逝。時當庚伏，停龕七日，神色不變，闍維後頂骨牙齒數珠不壞者三。壽六十三，臘四十八。度弟子一百五十餘人，今住崇恩士洵爲之上首。寺初無三塔，師以爲慊，間語其徒士芝等圖之。乃捐己財，買朱氏山，於寺之東創建三塔，且力請爲師壽塔于其旁。庵廬既成，師扁之曰『心源』。芝等又集衣資，買田以供香燈之費。俾行者職灑掃，滿三歲則推其名次之居首者度以爲僧，而禮當代住持以改名，改名已，復禮塔爲師。其規約如此，至是遂瘞焉。世率謂種種佛事，皆有爲法，此未足論龍源。然龍源建立，亦因其時之所可爲，而盡其力之所當爲，非爲己而爲也，故終歲有爲而未始有爲。如必爲此而爲法，一切諉之不爲，則澄觀師之僧伽塔，昌黎公何以稱其『公才吏用之過人』，而以其靈骨以老，而爲之嘆惜耶？師之願力亦宏矣。銘曰：

留耕之裔，密庵之傳，燕坐雲峰，十有七年。應緣而出，緣盡而逝，居然一旦，冰解蟬蜕。吾性本空，無亡與存，是爲佛海，龍源之源。酌之不竭，無古與今，是爲龍源，方寸之心。乃營三塔，而四其三，是爲真宅，心源之庵。各自道場，無乎不在，處處光滿，亦無雜壞。維爾子孫，視我刻辭，如未見師，自源求之。《陵陽先生集》卷二四。又見《龍源介清和尚語録》附録。

〔一〕徑山：原作『往山』，據庫本改。

〔二〕解：原作『觧』，據庫本改。

東皋友山恭和尚塔銘

四明慈溪福昌院友山和尚之塔久未銘，壬寅秋，雲門恩上人録其行實與其宗旨，自集賢趙侯子昂所來，求文以刻。柳子厚嘗謂葬大浮圖得用碑。晉、宋多法，梁多禪，唐多律。而所銘南岳諸律師，頗病夫言禪者不徵旁行，拘則泥物，誕則離真，真離誕益勝。若深有取於律，必將用毗尼爲室宇，而慧爲户，由定發慧，一歸真源，無大小乘也。其闡揚龍樹之道、南岳天台之教甚大，顧余未之學。或曰：此吾法中艮其背，其道光明，蓋戒定慧是。雖然，何以銘友山？按狀，師名智恭，字季禮，友山其自號，慈溪陸氏子。陸故大族，母周感夢而娠。生嘉定丙子，早孤，母改適王氏，挈以俱。性聰悟，稍長誦書，輒能記。惟喜啖茹。止庵文喆師在德潤湖華嚴院，持律甚精，往依焉，服勤不懈。年二十，祝髮受其戒，日以律爲務，能通旨義。淳祐初，更從佛光晦岩照公于南湖延慶覆講，有機辨，不滯文字，乃入觀室。居三年，與儕輩十人者然指禱旱，輒得大雨。歸，結茅董孝子祠後，以便養母。堪笑翁頗相規切，用其語，即邑之東皋創精廬爲接待，飲食藥物百須具，往來者賴之，因以誘進初學，無不滿意。後愈開斥，遂爲福昌縣院，尊止庵第一開山，示不忘本也。有良田若干頃，歲用平斛入其租，使佃自概量。嘗有刻石于題，曰『入門不問方隅，托鉢不限鐘鼓』，用心平廣類若此。時出游諸方，遍如禪老，多所悟入，卒定宗旨，嗣佛光。咸淳中，白雲堂舉鄞之布金，則力辭弗就。自是數載，益疏外務，恨山不深、林不密，焚香嘿坐，唯茗是事。修比僧使過而禮之，號以法惠，招以悟真，而師泊然無意於世矣。戊子歸老于庵墓，廬曰『冢間』。育王珙公遺詩曰：『聞得去年交院事，世間誰識老師心？』友山得之，意殊喜。癸巳九月，從容示病，越五日，書偈逝去。闍維齒不壞，即塔于冢間，在華嶼湖之右。臘五十八，壽七十八。度弟子宗要、宗孟若干人。宗要，侄，初傳業，能守者也。友山恬静安詳，舉止中度，雖棕鞋布裰，而精神照人，不可塵滓，未嘗有瞋怒。好拯饑周乏，繕舟梁，治道路，以作佛事。華璵白龍祠久圮敝，則新而大之。平生交游，多名勝士。晚歲修廬山蓮社故事，舉小彌陁懺勸同社，簡而易行，僧俗樂從，皆書某曰蓮公，標名録間，爲五字詩，有金碑點示。及惟心觀、起教觀二義，人皆抄傳，曰東山韓僧亦知問經歸敬焉。昔我先人存齋翁善佛光，當時弟子如友山者殆不可復得。慈感少愚，同門也，實與恩上人胥趣銘。恩亦辯博，有信行。銘曰：

止吾師也，山吾友也。吾以爲歸，與吾同體。非山非止，是曰真依。華璵之湖，冢間之塔。龍護持之，山空月明。無法可說，龍之聽之。《陵陽先生集》卷二四。

繆君寶

繆君寶，宋末信州上饒（今江西上饒）人。見《至順鎮江志》卷九。

重修報恩光孝禪寺記

鶴林山報恩光孝禪寺，古竹林寺也。訂之圖諜，宋高祖微時，嘗游息寺中，既即位，改曰鶴林。至唐開元，法照師來主法席，始爲禪寺。咸通十一年，夾山會師繇此往參船子和尚，故寺有夾山大室。紹興天子思報祐陵罔極之德，乃易今額。自時厥後，住持事非有道行不在選。咸淳丙寅，古鏡師慶清自當塗隱静山來居之。其始至也，事廢不舉，地茀不芟，棟扶梁柱，垣斷級墮，乃銖積顆聚，以事營繕，勿勤檀施。甫期年，葺三門，經藏、佛殿及諸像設費甚夥，衆以爲難，師曰：『未也。』明年，寢堂丈室，祠宇寮院，軒楹欄楯，器具床座，莫不畢葺。又明年，爲庫爲廡，爲庖爲湢，爲圊爲廬，爲垣爲逵術，百役踵興。惟善法堂，大役也，未易謀，師慨然曰：『舍是弗圖，吾則不武。』乃倒囊鉢，鳩工選材，悉力竭作，未一年而堂成。郡牧總卿趙公嘉其志，特書

『天雨寶華』四大字。于是樓閣殿廡，空翔地涌，耽耽奕奕，殆無遺功矣。予聞而异之。夫自浮屠氏之説以誘脅世俗，疏抄筆勾，名曰化緣，降氣低色，何异道乞。甚者攫資施之入而厚私槖，尚肯散其所聚哉！清師之風，固可以愧其徒也。《至順鎮江志》卷九。

常楙

常楙（？——一二八二），字長孺，臨邛（今四川邛崍）人。同曾孫。淳祐七年，舉進士，調常熟尉。歷臨安通判，知廣德軍，拜監察御史，兩浙轉運使，遷户部侍郎，知平江府，改浙東安撫使。德祐元年拜吏部尚書，二年拜參知政事。至元十九年卒。《宋史》卷四二一有傳。

宋敕賜半塘壽聖院記　咸淳六年七月

凡物有形，必有終弊。自古聖賢之傳，非皆托於物，固能無窮也。『爲善之堅，堅于金石』，予嘗味斯言，善之足以垂後。如日不滅，如海不竭，豈但好修君子然哉！佛自漢入中國，歷魏、周迄唐，幾廢興矣，然教視羽流爲盛，前輩所謂以空化執，以福利化欲，以緣業化妄，以地獄化愚，要皆導性之本善，陰助政刑所不及，是故其教能持久，更千變而弗昧，良有以夫。吴門之西半塘有寺，曰壽聖。蓋自東晋因誦經童子有冢，賜材建塔院。至我國朝治平賜今額。固雖中毁於建炎，隨復於紹興，上下千餘載，甲乙相承。逮僧清一，益能繼述興修，燈燈接焰。儀曹且申明傳帖之旨下之郡，以推此意於石。人知愈遠彌存，寺之壽其傳也，不知所以壽其壽也。其壽也，名以『壽聖』，又將使君國與天同壽也，得非修佛善道，道久化成固爾歟？吁！爲善最樂，謚彼堅于金石之訓，於斯益信。朝奉大夫、集英殿修撰、知平江軍府、兼管内勸農營田事、節制許浦水軍常楙撰。時咸淳六年庚午中元日記。《吴都法乘》卷一〇上之下。又見民國《吴縣志》卷三八。

孫喆

孫喆，咸淳時人。

明因寺記　咸淳六年四月

越之上虞〔一〕，距縣東十餘里，有地名竹橋，有井曰梅仙，子真常汲以煉丹。起自漢代，考之圖經，即今明因院，舊號福泉。其地東接娥江之勝，南通古剡之幽，烏膽峰嵯峨乎其後，蘿岩山揖遜乎其前。左鄰白水，右帶青烟。山川之氣，融結於此，居然名刹也。宋寶祐間，比邱壽昌智份革而新之，開修門徑，展拓規模，棟梁宗桷之撓折者，蓋瓦級磚之殘缺者，悉殫厥心力而更焉。堂舍整齊，廊廡修直，實出於前後唱導之誠。爰勒珉石，以示將來。咸淳六年四月八日撰。雍正《浙江通志》卷二三一。又見《四明山志》卷二，光緒《上虞縣志》卷三九，光緒《上虞縣志校續》卷四二。

〔一〕越之：原脱，據光緒《上虞縣志》補。

家之巽

家之巽，字志行，號性存子。眉州眉山（今四川眉山）人，寓吴興。第進士。景定初爲承事郎、沿江制置司幹辦公事。三年，爲臨安縣令，歷臨安府通判。官至朝請大夫。入元。見《景定建康志》卷二三，《吴都法乘》卷五下、卷一〇上之下，《宋詩紀事》卷七七，《宋詩紀事小傳補正》卷四。

徑山興聖萬壽禪寺重建碑　至元三十年

徑山名爲天下東南第一釋寺，寺何以重？以道重也。蓋自唐世，至人指徑以知津，神龍奉地以啓宇，异僧輩出，駐錫譚道，顧盼叱咤，明心闡性，超越生死，足以指南禪流，莆勺真乘。見知累朝，醲恩渥賜，龍文虹氣，照耀林谷，尚矣。馴至近代，崇極而圮，變故凡五，一毁於慶元己未，住持元聰新之；兩灾于紹定癸巳、淳祐壬寅，師範載營之；又厄於至元乙亥。更二住山，而雲峰師妙高至，披榛掃礫，竭蹷重建，粤五期，寺如舊，輪奂過侈。己丑正月，刹那復燼，寺衆駭懼，師喟然曰：『吾宿生負此山，吾償之。吾不憂亡寺，憂諸人不解狗子無佛性耳。』衆悚然。林棲庵潛，法社如故，擇人受事，度材慮庸，瘠己首公，再捐衣盂，施者踵至。及更舊規，匯大殿爲龍淵，而從殿稍北，直池南爲照殿，潮音之堂，丈室正寢，無垢不動，二軒東西對扁。遷大覺寮於布金，移祖庭復歸於宴坐峰上，宅毗盧頂，靈澤祠宇，下瞰幽竇。翼以廊廡，綱維職掌，雲棲前序，行署賓館，庖湢帑廩，多所更定。寬平深穩，倍勝疇昔，僮隸工藝，咸有寧棲。寺東剗積壤爲三門，選佛場最後建，益壯麗。範鍾千石，像設嚴具，金碧交絢，如在佛國。朝家欽崇護持，恩禮有加。壬辰十月落成，爲屋千楹，計工百萬，皆有奇。創祝厘庫，市蘇湖田，歲閲藏典，效華封，上衍帝祝，其羸接待雲水。其徒宣力者，淳暢、法瑞、心開也。師雖治土木，而晨夕唱道，雲衲奔湊，瓶錫兀兀，宴若無事。甫十年間，兩建巨刹，如探諸懷，功亦偉矣。論者或曰：佛果靈耶？九十年而五隳其宫也，隨仆隨起，易於折枝，又何神耶？吁！是一諦義，學者未之思耳。天下莫大乎道，而物爲小，莫壽乎道，而物爲夭。天地、山川、人物、宫室，何莫非物，何莫非道？道即理，理即釋氏之禪，非耶？物有器形，理超器形；物有數量，理無數量；物有成毁，理無成毁。未有天地，此理先具；人物銷盡，此理固存。常人見物不見理，聖賢見理即見物，無在而無不在，物物而不物于物。主宰群動，圓裹十方，不假一木，不煩一斤，不動道場。清浄法棲，瞠乎儼乎，常在目睫，兵戈不能斬殺，水火不能焚溺。施者何施，受者何受，毁者何怒，營者何求？彼假借之云，半千之期，何异鷽鴳之量大鵬，井蛙之議海若也哉！癸巳四月，師過予，以寺碑請，且作别語甚异。未幾，師果示寂。弟子正宗、宗岳、清泰，耆舊行哲，奉遺言，申前請益力。予事理學，不解禪義，理者天下公共，非釋氏得私也。乃具著于篇，而重宣偈言：

吾觀世間物，有相皆幻妄，空華及空果，起滅相輪迴。惟有金剛身，遍滿于法界，得大堅固力，常住永不墮。云何衆寶山，諸佛演法地，人天所聚會，而現五衰相。世尊説經教，天地及日月，凡麗四大者，時皆有劫壞。其間有一寶，不屬諸有形，湛如太虚空，皆爲萬象主。萬形皆有盡，而此獨不朽，强名理與道，而宇曰禪那。非性亦非相，而不離性相；非空亦非有，亦不厭空有。不生故不滅，誰捨復誰取。是故觀此山，不落成壞境。何處四禪天，即此伽藍是。佛子净覺場，了達無上義。能證無住法，即見常住性。以此祝聖人，等物無量壽。下及恒沙衆，同住安樂國。云何得福多，非幻不滅故。《徑山志》卷七。

高峰大師塔銘

夫子之道，不憤悱則不啓發；瞿曇之道，不勇猛則不精進。道固未易知也。古之釋子山栖林巢，草衣木食，死灰墻壁，其身心而不悔者，爲一大事耳。後之真能爲大事者，千萬人一人，高峰是已。師名原妙，吴江徐氏子，母夢癯僧而娩。幼嗜趺坐，稍長，從嘉禾密印寺老宿法住出家，習天台教。不契，入净慈，立死限學禪，脅不席，食不味。見斷橋倫，令參生從何來，死從何去。見雪岩欽，令參狗子無佛性，且問『誰拖汝死屍來』，應聲即棒。嘗疑萬法歸一，一歸何處，見《雙徑五祖真贊》，疑始泮。從欽南明，欽申前問，師喝，欽拈杖，師把住云：『今日打某甲不得。』拂袖徑出，翌旦，欽又問『萬法歸一』話，師云：『狗舐熱油鐺。』自此當機不遜。尋過雪竇，見西江謀、希叟曇，復從欽雪之道場。欽時居立僧與偕赴天寧，欲浼以事，掩耳不顧。欽嘗問：『日間浩浩，作得主麼？』師云：『作得主。』『夢中如何？』云：『作得主。』『正睡着時無夢想見聞，主在甚處？』師無語。欽囑云：『從今不責汝學佛學法，只飢飯困眠，纔覺抖擻精神，看此際主人翁竟何在。』師益警省。咸淳丙寅冬，入龍鬚山，卧薪飯松，風鏖日搏，誓欲一著子明白。粤五載，中夜推枕，墮地有聲，廓然大悟。會積雪，路絶數日，人謂師死矣。雪霽，宴坐如初。甲戌，遷武康雙髻峰。德祐丙子春，大兵至，師絶食兼旬，危坐不動。事定，户屨紛至。己卯春，避入西天目之師子岩，即石洞營小室丈許，榜曰『死關』。悉屏給侍服用，破甕爲鐺，并日一食。洞梯山以升，弟子罕面，共築師子院以居。有三關語示衆云：『大徹底人，本脱生死。因甚命根，不斷佛祖。公案只是一個道理，因甚有明與不明。大修行人，當遵佛行，因甚不守毗尼？』弗契，即拒户不納。會欽寄竹篦拂子法語，瓣香拈出，道價日隆，遠方异域，問道踵接。運副鶴沙瞿君霆發敬慕師，一見機契，即捨田莊爲供，師辭不受。君捨心益堅，俾其徒以田别建二刹，食卜蓮華，跪岩可十里。請於官，扁『大覺禪寺』，以祖擁攝寺事。乙未子月二十七日，師忽書二真軸，以後事囑明初、祖雍。臘朔上堂云：『西峰三十年，妄談般若，罪犯彌天。末後一句，不敢累及平人。自領去也，大衆還有知落處者麽？』良久云：『毫厘有差，天地懸隔。』別書偈云：『來不入死關，去不出死關。鐵蛇鑽入海，撞倒須彌山。』泊然而逝。庚申，奉遺命全歸死關。師嘉熙戊戌三月二十三日生，壽五十八，臘四十三。弟子百人，受戒請益者萬數。遠近奔赴，燃香頂臂，慟哭填咽。師清明枯淡，篤志求道，頓悟之後，屏居窮山，跬步不出，内心無喘，外息諸緣，欣然自得。爲人至慈，勤懇誨人，善語和易，或繼以泣。及至室中行祖令，鞭策龍象，盡情勘核，絲粟無貸。嘗戒學者：『今人負一知半解，不能了徹，參徒一詰，茫然莫辨邪正，句來句去，如手搏兒，蓋得處鹵莽故也。直須大徹，親見親證，明得差別智，方解勘辨，殺活機用。』險峻不可凑泊如此。尤矜細行，崇戒律，雖創兩刹，目未嘗睹。師行解真實，名震江湖，識與不識，皆手額贊嘆曰：『古佛善知識也！』余弱冠從無準翁游，師準孫也，創院立莊，兩囑以記。心降久矣，諸徒持事狀求銘，烏得辭？銘曰：

高峰屹立，祖孫一律，妙年求道，力久真積。空山夜澄，撲地枕聲，玄關劃開，宇宙斬新。萬法歸一，一歸何處，熱油一句，大地起舞。西峰死肩，餘三十齡，雲包雪笠，朋來于門。一絲不挂，萬仞如壁，近不可泊，遠不可即。斷衲子命，了佛祖心，手抉重雲，霽月千林。鐵蛇入海，虚空百碎，我作銘詩，無在不在。

前朝請大夫、眉山家之巽撰。《吴都法乘》卷五下。又見《高峰禪師語録》附録，《莫干山志》卷五，道光《武康縣志》卷二二。

李春叟

李春叟，字子先，號梅外處士，廣州東莞（今廣東東莞）人。景定二年舉特奏名，再以經明行修薦，授肇慶府司理，遷德慶府教授。除軍器大監。元兵入侵，欲剿東莞，春叟往謁其帥，以死争之，遂已。所著有《論語傳説》《咏歸集》。見《東莞遺民録》下《李春叟傳》《廣東文徵》作者傳。

慶林寺陳氏捨田記

慶林寺爲祝聖道場所，比邱大衆結香火緣，闍梨鐘響，攝衣升堂坐，喫常住飯，净洗鉢盂，果腹而去。幾劫修來，受兹供養。我佛弟子能三箧繞肚，空心坐佛否？諸佛禪通，能以虚空中推轉食輪，化大地作香積厨否？世尊尚爾乞食，何况汝等比邱僧。夏禁足，獨口不可禁，街坊持鉢，繞城市化齋糧，作諸佛供。飢來喫飯，不免口腹累人，非藉十萬檀越發大願力，這一粒米甚處得來？靖康場李公元亨，故昭州恭城縣尉孫也，嘗發大悲心，捐己田百畝餘入寺供僧。陳大孺即李公再世孫婦也，積善好施，未瞑目前，囑其子割先疇以附益之，志未竟，不幸而殁。厥子羅州李君彦忠遂撥捨田五十畝歸之寺，以成母志。一門三世，齊發肯心，同栽善果。如是布施，宜受如是果報。萬口贊嘆，諸佛護念，子子孫孫福德無量。或曰：衆生以有欲故貪，貪故吝，惟西之法以三途六道欺庸嚇愚，故貪者畏怖，吝者喜捨。予答之曰：世尊有言：滿世界七寶布施，是爲福德，非福德，惟佛非誑，俗迷人自不見如來耳。李君奉母命增種福田，蓋自孝念中來，亦豈受誑誘求利益者？然施心不可無，亦不可有。無則貪着，有則住相，佛法所謂不住相布施，利益一切衆生，功德不可思議。如是我聞，悟向上義，爲叢林大衆下一轉語，回施羅州居士。居士合掌點頭曰：善哉，善哉！請書之以勸來者。《東莞遺民録》卷二。又見《廣東文徵》。

劉辰翁

劉辰翁（一二三二——一二九七），字會孟，號須溪，吉州廬陵（今江西吉安）人。少補太學生，景定三年第進士。以親老請爲濂溪書院山長。江萬里、陳宜中薦居史館，除太學博士，皆固辭。宋亡，遂不復出。當賈似道當國，辰翁對策極言時弊，以是得鯁直名，文章亦見重于世。元大德元年卒，年六十六。好評點詩文，多達數十種。著有《須溪集》。見《南宋書》卷六三，《宋史翼》卷三五，《宋季忠義録》卷一六，《宋元學案》卷八八。

建昌軍普潤寺記

普潤廢，普潤興，君子以爲天道，而佛之説從是勝焉，是豈不亦有人事哉？寺創五代時，在江南爲小，在盱爲盛，在其鄉爲尤盛。當其盛時，非有彌天釋嗣祖印傳四方也，直據上腴，席美蔭，撞鐘而食利，死孝生怖，信耳。昌黎氏廬居之，直道未試，乃有富民邇封，狡焉藉是日闢而有之，擴如也。由五季歷治平，由治平錫普潤，至嘉定而廢。當其廢時，雖欲爲其守家不可得也，詎謂七八十年，老僧猶存，拄錫而起。向之主人墳荒而鬼餓，乃其頹梁壞礎，猶寺故物，去宅爲田，亦無慮數姓，俯拾如初。平疇蒼莽之間，一日萬瓦，烟霏雲合，隨取隨足。四野遺民聞鼓聲而嘆，微佛力不至是。嗟乎！吾儕小人營闤廬以避寒暑，長數年積材木，治基址，大略具矣。獨謹時日，審面向，人獻其良，洎欲就而身不待。二千石之居、百里之國，稽赤籍，避清議，或坐視棟橈，避堂而去，以遺後人。甚至無忌憚者掃焉飾焉，塗未乾而植壞。此寺一隅又山水深處。有大比丘曰燈雪壁，住鳳山城中有年，爲諸方所仰，故法施衆，法施衆，故授業廣。由燈得大，大曰無外，見謂魁梧，有演儼風，故能力復其舊。由大得聞，聞吾鄉人，遇燈撫憐，超悟頓异。由聞得智，智者聞弟，自是子子孫孫爲鳳山别出。此則今之普潤，非昔之普潤也。所謂人事也，其爲之易也，成之美也，燈故也，佛何有焉。或曰：佛力吾不論，且其荒草野田，建大宫室，復爲荒草野田，在太虚亦一息耳。風輪變壞，文獻皆空，悟塵影之何緣，撫人間者如彼，而能從力所及，轉爲盛麗，將未忘情者亦如太虚不能不有物乎？此其爲持幻之幻，則誠有礙然者矣。雖然，礙者何也？去礙爲通，通亦礙也。竺深道人游於朱門，或問之，答曰：『君自見其朱門，我自如游蓬户。』人能以蓬户之見視之，則是寺也，猶如未有物時，而亦何礙之有？雖然，亦屬覺礙，謂夫以朱門爲蓬户，則朱門者猶在也。若生長朱門，則美者自不知其美已。又以朱門視朱門則無之，非我亦無入而不自得已。故高屐忘形，未忘乎屐也；鳥窠離患，未離乎窠也。舜居深山之中，與木石居，與鹿豕游，其所以异於深山之野人者幾希，及爲天子，被袗衣，鼓琴二女，果舜未嘗异也。使當爲天子之時，而必易地而爲野人之事，則亦與其心著物、其人改操者無异。今夫普潤之當復也，則復普潤者其所也，亦所謂佛法也。燈固通乎儒者，故以儒者喻之。文淵閣四庫全書本《須溪集》卷一。

龍須禪寺記

未至龍須，蒼翠逼人；至其下，獺徑如縈，并山委蛇，長亭四三，又屢憩而後能至。入山門，匾碣横縱，無非李梁溪者，使人徘徊遠想，如見同時。此則過江以來封殖位置之舊也。自龍須重修，改步旁通，促數武，蹴爲亭，廢徑荒蕪甚密深，游者及門而盡，而亦無所得矣。壑翁之來，夢僧數百繞床如林，三夢三轉。一日登山植杖，見遷塔焉，井塌草生，喟然曰：『六百七十年於此矣，播之新塘斯慘。』亟構故基，復爲普通歸僧骨焉。自是爲普濟修白雲爲山門，古路栽松道迎，甃如修鱗。復亭山光，望招雲，立參柏，榜龍須，佳處迤邐可畫。已而及祖師伽藍、大小山門，復梁溪諸匾。已而及行堂浴院、山前會所。最後徹大殿新之，罄空買田，爲燈長明，則住山之九年己丑十有二月也。壑翁之言曰：『吾所至如以身爲常住，遍廬山間，間華亭上，上住且十山，大者如能仁起廢羅漢，莊嚴玉澗之橋，大林華光之閣，靈湯鐘樓藏殿，南禪昭慶法堂佛堂。雖辛勤建立無數，而未嘗留一字其處。兹山之修復淺矣，記復何爲？不記，古人之迹滅。凡余之所爲皆古也，不記又將遷。』余曰：須吾鄉也，非爲師記也，亦不能不爲師記也。士大夫建一祠，修一塾，類以爲先賢不世之業，傳圖經，著碑些。少年經營州縣，豈無遺愛如桐鄉，名聲如潁川者，稍易他處，則不可復勉强。此老出，即爲人鴻冥雪印，皆如撞千石鐘，樹五丈旗，事大心勞。既成去，之江還浙，倦，晚栖須山，復何如香爐一峰、湖邊一小寺，而眷焉用之，如栖賢、萬杉、南禪、北禪。吾行諸方，穹龜昂然，負石如山，就而讀之，稱意希有。師於平生不立片石，豈獨賢於求名者而已？作所無作，作亦非礙也。宇宙之道，惟因爲無窮。昔之門焉捷徑者，豈不欲便且利後人哉？古今成敗若此多矣，大空大巧，莫非理勢之自然，雖吾爲記，豈能增益於師之所無？言語文字之在天地，猶天地之在目前，隨其心量，滿足常新。即羅漢見身，則不知有靈湯矣；及至華亭，又不知有廬山矣。須山雖小，華亭、廬山一時俱失。凡吾所作，亦復如是。惟泉石之光，草木之香，去之千里，摩挲蘇刻，甘潤頤舌，蓋穆如清風者，世未嘗絶所謂法事也。是諸法事全提千古，不知誰爲，而於其間仁仁知知不屬一法，是亦名爲無所得法。知此，則靈湯以來無記有記，何待龍須而記始出。問記如何，亦無一字，何以故？無作意故，不知所説故。雖然，不可以莫之戒也。自吾行須山，千章如雲，藤蘿蔽天，再過呀然，三過襟見時矣。今壑翁興葺大備，種植方新，來者豈不可以已乎？木之存者如古人，小者不百年，又未得爲材也，謹毋曰來者笑人無能，而且旦焉夢之且診。《須溪集》卷一。

空相院記

佛以一麻一麥興，而爲其徒者皆安受人施，至撞鐘伐鼓，列食萬鉢，號稱禪林。其下者猶説緣説果，致俗傾信，如食租衣税，又不耕食，又不幸水旱，然猶不失業。未有受田於人而空奪於官府，幾廢寺不贍，日求於無何有以待還定者二十有七年，如吾廬陵曲瀨之空相院者。至其克復舊物，則又難於天雨而苦於日闢矣。蓋彼失而我復之爲戒，後人雖欲不記，不可得也。院不知起何年，而賜額治平；又不知何年何許蕭氏舍田百石。人世長短不可知，以三十年爲一世，計僧幾臘，蕭幾世，絶續又未可知。會有他楊攘袂起曰：『吾祖嘗施是，敢以上學官而增貢士莊籍。』繇是没入如卷地盡。院於此時，所有獨治平額耳。有僧紹隆得大法，忍甘受其苦，爰貸爰粥，慨然曰：『吾屋不修且廢。』衆謂無田不廢亦廢，歲敝歲修，萬緣難備，僧佛共依，指廪何俟。起戊午，歷丙子，而貢士莊亦廢。廢且十年，隆冒霜露，敝衣縷，頂天而額地，曰：『士復安取此！』郡以例如其請，歸之，甫前年乙酉事也。壁則故壁，而隆亦老且病矣，懲曰：『是田也，壞於寺兄弟之不協，而後間者托焉，非施奪异也。』乃合雲散，收雁序，戒尚臘白，傳次燈葉，混然大同，業習一空。又以其銖積衆施者爲田可八十石合於前，如干不私。其更事老人顧而嘆曰：『施易得也，耕易穫也，孰能饑腹以待人之餘飽？孰能取之其懷而不墮甑弃以及此？』須溪居士問之，笑曰：『然，然非也。衆生壽者必起於人我，我故彼，彼非我，不争故我爲患。若平其心以平不平之物，似矣。平者其誰與？非我之我與？今夫得田以遺子孫，惟恐其不多也，是衆生相也；又惟恐其不久也，是壽者相也。當其得時，貪認己有，展轉必至，諸將并生，如爾所争，復從舍起，今復誰舍？斛百幾何，代閲廢興，指冢爲薪，芳臭同盡。長荒凉乏絶而不困者獨此心耳，而此心亦我也。夫知物之空矣，而我猶在也。是田也，非我則不復。未復我責，既復我忘，蕭然付之，無町無畦，見争者之非我。』既又慊然曰：『由我而復，則亦未忘之我也。夫知我之空矣，而空空者猶在也。』於是老隆失然而起曰：『院名空相，非空空相，法法皆盡，惟記獨存。是空空已，空相不空。』居士點頭：如是如是。《須溪集》卷一。

多寶院記

業識貪爲第一，而佛號多寶莊嚴色身，非大貪何？云何化誨能使衆生見寶不貪？即佛即貪，是大方便。當知不貪不在貪外，譬如渴水少飲愈渴，置諸河邊恣得盡，否則彼飲量有盡還已。又如少年羅求美色，不知厭足，佛見是人無可諫救，即爲女子，從彼願欲，世間絶世得未曾有，罷精竭富，不念更求。一旦病弊色衰，鬒變而可惡，穢甚如濃血，逃避影絶，畏見鬼疰，生計困乏，追尤積怨，身病耗憊，展轉自憐，念佛求救。聞是女死不能復，顧以其纏染，焚之野外，但見火蓮中擁妙質飛烟而去，萬口贊嘆。於是少年悼痛悔悟，方知色空。色空即佛，而此悟性即在迷處。若使如來如出山時，形體枯瘁，是同貧子，人見嘔噦，誰肯高屋奉如兜率？諸言寶者皆屬地上，如其天上，一物應無。佛幻世人，示紫金光，備諸异相，瓔珞華鬘，山河棟宇，類是世間難得之寶。遂使國王太子回視己有，歉然自喪，雖空國捨施，不見有益。一世安庸瞻相羡慕，顛倒夢想，忽然反悟佛亦是空，如意大珠只在衣内，身是寶中，無物非寶，欣喜滿足，方便第一。一切衆生未識即貪，識已如常。如大富人不數府庫，多故如常，當其如常，即貪即佛。廬陵白沙有寺濱江，古額曰再興，在唐曰多寶。嘗爲灰埃，無復有佛僧可度者。忠簡公族求吾先師歐陽巽翁作疏重興，精邃勝前，崇遠增修，高堂廣倍。凡十八年辛勤願力，求記歲月。夫鎮圭九鼎，神禹之所不能藏，帝王之所不能守也，彼以位爲寶耳。失其寶者未聞復得寶也。佛以無位之尊，兼衆人之富，長曠大劫，不見乏絶，由其蕭然得之無用，是以常有之也。何必佛，僧者出於其家，常芘蓬蓽，而床闕足，安知三門廣厦，不見寒暑。一日居之禪林，高明萬間，出有鐘鼓，入有泉石，披磨衲，浴香霧，然視其色，求其心，遇其四方，常如有所不足，貪故也。嗚呼！孰知其如有不足者即不貪之本耶？何則？

彼視其所居猶過客，雖飛來絶境，猶以爲非我有也。以其非我有而游世間，世間猶足戀耶？今之多寶者爲金爲碧矣，來者羨之以爲好矣，居者不知也，不知至矣。彼見其爲寶者固礙，以爲不足寶者亦礙。其惟不居而亦不去，物雖寶，寶雖多，不礙也。海在天地間，大者龍珠夜光，小者珊瑚成林，古今無窮。佛法，海也，而求者不之此而之彼，及其居於此者又有所不居，則其心之所欲有大於海矣，而亦不知其誰之寶也？蓋宇宙以來若此者多矣。《須溪集》卷一。

南岡寺藏記

欲離諸相而求空相，猶蜕衣而後悟四體之本無，屏塵而後識明鏡之不染。空雖非境，實不離境。苟知空之即我，即我即佛，非我無佛，自飛潛動植皆熾然爲我而作佛事，亦猶莊嚴諸好無不可愛，又焉有礙？我游南岡，見古大藏瓠落如海，想見盛時滉蕩華光，電柱二龍，委蛇廣博，頽崩岌嶫，轉動豪縱，自在空闊，方還目怒視。南岡語我是嘗有异，相傳夜光去復來者，後亦如前。厥或疑問有是事否，余曰：顧虎頭以痴入神，當其得意，反覆畫耳，雖未點睛，猶欲飛去。况殫精刻削，憑虚示現，亦與女媧摶土范人之形，以至神明聖智。彼華藏諸佛如是如是，有差别否？或又問曰：是何不去？余謂女非龍，安知龍？彼其天飛雲騰，變化不測，而謂是形體之區區者爲之乎？九淵之沈潛不知何時起，而不動且不躁也，此其藏神精妙，微視六合，乃亦與土木無异。喑嗚欠噫，志動氣隨，蓋神游九天之上，而九淵之塊然者固自若也。龍耶非耶？我夢彼夢，無諸捏怪。今人語神异則如龍極矣，不知龍之爲物，有甚不得志者。雷風之驅馳，江湖之局蹙，爲鱗爲介，豈可與吾等逍遥人間世同日語哉？吾意其願爲此龍長守藏而不可得，而子顧欲其去耶？雖然，自其光怪變异以來，已入諸趣，惟其能超，是以不去。而或病其不去也，吾請有以喻子。嘗試以宇宙而觀之，昔之蜕者飛者，王封而廟食者，其猶有存焉者乎？毋亦與人類同盡也。使其不盡，則其年壽卵育亦且動於滿盈而不可爲數。是龍也，在鐘鼓之間，不變不去，無往無來，謂爲無所得亦可，謂爲得法實無所得亦可。南岡喟然曰：『吾安能有法以及此龍哉？吾昔者欲縮而小之，賴公之言，此龍得展布其體，至今有餘地也，而吾力亦從是憊矣。吾亦欲爲此龍之痴而不可得也。此龍在我法中復逃一劫。』余嘆曰：『壞固劫也，修亦劫也。古人於一藏地復著四藏地，故地大於水，旁足迴旋。修不能不壞，壞不容不修。復有吝於力而狹於材，未可知，而此龍無轉身處矣。』能曰：『奈何？』『吾爲爾記之，則爲修第二藏以至於無窮，如是如是。』前年過仰山，不留藏，問何故，欽爲吾言：『龍畏地動。』吾笑謂欽：『是龍猶轉此境不過耶？』遂持此轉作《南岡藏記》，亦如説法。能謝曰：『點睛竟。』《須溪集》卷一。

善寂大城記

雪岩老禪與鐵船瘦師繙經之次，指其中善寂大城者示之曰：『是宜名歸藏之墟。』鐵船欣然歸志其處，而求文爲記曰：『記即銘，我城就，瘦且滅，吾如鳩摩什不自醫也。』余謝曰：『奚病？病而病，病乃益病也。大塊者虛空之疣贅也，人又疣贅大塊者也。故衆濁聚爲瘦，雖惡，是焉得而去諸。一日潰然瓜爛疈裂，還與大塊者同於虛空。昔吾有患，今有何患？幻身報盡，得大法身。此則懸瓠之所不能怒，宿瘤之所不能羞也。彼畏景而求去，猶奉恫而圖存，雖非學佛，同以爲惑，况其學佛！夫行者欲休，負者欲釋，懷甕盎之大戚而墮甑去之，似矣，乃復爲城以處之，爲記以銘之，其來也有是耶？無是耶？不可得而知也。有名耶？有姓耶？不可得而知也。逝將去矣，眷焉回顧，猶剖之以爲尊，而封之以爲雨。我以城雉爲害，女胡不以城甓爲礙？彼不可去，此獨不當去耶？』船曰：『不然，吾之生也中土，中土此城也。自吾行於世，三里城，七里郭，而不爲限。則夫游於大荒，大荒猶是也；出乎壙埌〔一〕，壙埌猶是也。吾形軀之不校，而地上者顧區區吾目中耶？城誠陋矣，中五之一，小九之一，復何以异此？方其未爲此也，自某至某，且不知其爲何。無城無我，世無天地，我可不生。由天地有安成，由安成有瀘溪王氏，而我爲之族。自族出家，而王於是絶，絶而復瘦，則吾屬於瘦。蓋不佛不我而入於物，物一病也。吾醫四方，有可爲者，有不可爲者。忘可爲也，潰不可爲也。潰而保，猶城而守。吾不城彼而城此，猶不爲漚而爲幻，孰非幻也？天者地之城也，人者天之城也。我以實際語空，而夫子以空際語實。』笑曰：『以爲不可爲而必爲，於此猶未滅。求滅未滅，求滅亦妄也。吾聞汝人多癭，未嘗以爲病也。見有延鶴頸而高結喉者焉，則必以爲怪矣，是不求滅也。苟至於不求滅，則滅矣癭且不能爲之害，城者亦不能爲之礙矣。萬古一寂也，一寂即萬古也，寂滅爲樂，不在乎滅不滅，是謂善寂。』師名復濟，吾號癭師。癭不常有，有之常無聞。生予之名，則不必死辭其累，然亦離乎彼而立於獨矣。彼無此累，亦無此名。或曰，濟師連於頰也，贅也，非癭也。余笑曰：癭亦贅耳，贅小癭也，癭大癭也。楓有癭，藤有癭，菜亦有癭，豈皆繫於頸耶？凡長髭、白足、赤眼、矮師，亦以异得名耳，贅非所以名也，鐵船癭蓋大可名。《須溪集》卷一。

〔一〕壙埌：原作『壙垠』。按《莊子·應帝王》曰『壙埌之野』，《釋文》引崔氏云：壙埌猶曠蕩也。埌音浪。『垠』爲『埌』之誤。

永慶寺記

謂佛以離日用爲道，著虛空爲性，則佛亦將笑之。故千餘年間，稍知道識性者必以禪爲晚合，非其涉閲究竟，有出於吾心之所同然者，則雖父兄師友莫能强也。若蕭氏之子從則，年甚少，趣甚高，獨以其餘力起廢寺，如館幽客；既成過之，亦若觀他人有而已無與者。此由禪悟夙契，得之本然，不然，孰無事而勸主張是？吾以世外觀出世，聞是言也，隱几而笑，亦爲欣然。是爲永慶禪寺，在永新城中縣西南，唐名新興。有銅佛金光，應真感夢，藏輪自轉。圖經云，乃至元丁丑之毁，邑無靈光，棋路草青。又十三四年，而僧遠來插竹。遠無求於則，則亦無求於佛，彼實不知其何緣。然披榛而起，明日而呼吸合，荒度改圖，既除數尺，乃與古基四履不失尺寸，類非人力勉强如此。由是樹法座，樓方丈，與華光之堂、羅漢之閣，崛然不三月而就。雖續成宿構，待歲而舉，亦未易至此。使俟他日，由径及門，見者矯然。盛哉，亦舊所未睹也！余謂是間有邑以來，未嘗有陵谷之變如此其極者；而諸方建立歲异，亦未見有掃地勃興如此其易者。此一人之力也，而非一人之力也。如以爲一人之力，則吾與有焉。蓋昔者井田之世，吾與子并耕乎百畝，今其入於十百千萬且不可知，此則禄之所不能均，物之所不能齊也。世壞佛興，損此益彼，我則何事於斯，而施亦等矣，庸詎知吾之有力不勝於子之無心者乎？抑語稍闊，當斯邑盛時，高者擬封君，下者擅鄉井，使推此心以及舉火之士，則起在此，敢煩他人？必不至食有魚而出無車也。使推此心以舒其國之難，則牧也輸財助邊，乃出於人情之藹然不自已者，亦何至舍其金玉而窖其粟也？吾以世法閲世間，而有以識斯人之不可及矣。悲夫！難卒者業也，有終身而不能成一日之事者，有數世而不能繼前人之志者。許玄度以後身緋衣補浮圖，是兩身浮圖半也。夫得用一世衆人所不及之力，以爲其當身之美且完，雖前古猶難之。吾又以佛法撫世間，而有以知其福之過人也遠矣。雖然，盡大地如忉利兜率，皆人天小果，向非此語一掃而空，則其所修崇者峥嶸，皆在胸次，亦可謂塞乎天地之間矣。彼梁武區區賴是而後悟，今從則蕭然不由聞見，舍所嘗舍，不惟財粟塵也，刹亦塵也，即有功業大於天地，天地亦塵也。兹非儒者之所謂過化者乎？人能知塵之爲量大於天地，則知空之爲性亦不能離於日用矣。吾以言語文字爲施，故竭所見以告從則，猶如從則於永慶之爲。蓋鳶飛魚躍，在在見之矣。或曰：『從則嘗見子乎？』曰：『不識。』『曷求記？』曰：『識未悟，不識者識。』《須溪集》卷一。

南康軍昭忠禪寺記

往余從廬山公於緑野，門徑蕭然，望春流數百步外，樓殿峨峨，舊祇園寺也。時公罷政府，國朝恩例厚臣子，寵靈其先，則即近寺賜功德院，改寺額，而公之先太師墓距今第三里而近，故祇園至是爲昭忠。昭忠云者，景定元二間也。余往還日涉，獨未嘗過溪一至所謂昭忠者，謂當崇麗大刹也。後十有八年，以負土之役再至同野，徘徊且久，步昭忠落日。及門門廢，升堂堂壞，風廊雨立，僧飢佛黨，旁無寸垣，光際湖外。蓋戎馬劫灰，累年於此，必盡廢乃止。會公之子鎬説衰入燕，有蜀僧文舉從之，杖錫北來，望昭忠住焉。余勞苦之曰：『自上都過河涉淮，渡浙江，歷重湖，可無愁絶勝處過此耶？』舉笑曰：『吾惟慕文忠名賢，以至此也，且北方隆震旦以此。』他日鎬以書來求記於余，曰：『甚念昭忠。蓋名爲功德之舊而不敢忘，既舍田若干，又助財粟若干重修，某某願有記。』余以所見荒凉，驚异歡喜，即爲之記，不待攷。爾時祇園且安在，遍大地佛身，而祇園在彼猶在此。祇園在此，即雙樹亦在此。然是園也，昔者無一椽一瓦、一草一木，不知何人辛苦自營，乃能積日幾年，重樓複殿，撞鐘建鼓，長廊高座，千燈分譜，萬法雲會，遂爲都昌禪林。彼此比於山南山北，愈小見尊，則浮屠之業極此矣。孰知數代之遠，百年之後，鍾爲异人，起爲名家，貴爲元宰，壽爲耆英，死爲姱節，乃在東家之近，培塿之旁。方其退然與樵夫野叟樂阡陌、守墳墓，過長門而不入，豈嘗睥睨及此，而昔之爲此者乃若與國家中興氣數名節合而有待，又何其盛也。嗚呼！吾欲以前日爲盛耶，則盛者若此矣。吾見馬蹄獸迹，梁空木壞，龍象凄然，雖昭文地宅，林殘磵絶，升其堂者俛今仰古，人亡迹熄，而流涕繼之矣。夫其盛也若此，則今之修者其於木石之間、山川之外猶足久存耶？是雖世外之人，無與於得喪，而悲傷感慨，終已不能無情者以此，况彼得不謂之愈衰耶？夫其衰也，雖欲復爲祇園不可得也。以吾之盛者托於彼，以子孫絶續爲不足恃，以君臣會遇得於丕顯休命爲不世，又以大文之可傳者爲不朽，萬一其出於荒田野草，猶可以有考於此也。悲夫！法法有壞，昭忠之忠也不磨，不磨則不係於祇園之廢興，必將與文忠爲終始。凡天地之間，忠臣孝子、人心天理，其或者有考於此，而有所不忍廢也，則斯文也，其亦不可以已夫。《須溪集》卷三。

吉州重修大中祥符禪寺記

佛滅度後二千二百六十年，爲大曠劫來未曾有曠劫，上自羲農堯舜聖賢文獻、神明帝胄、王侯列國、仙真海岳、三宫九廟、玉堂金門、臺省館學、上林邸第、州縣亭驛、庠塾禮殿、園池故家、田廬丘壟，斷烟廢址，荒墟殘照，以至無有區宇。情識沉淪迹絶，雖如天竺、靈隱、净慈、徑山諸大寶刹，漂摇慘愴，晝無游者。祥符此時在吾城中號第一禪，又自往年圮壞欲盡，齋厨網空，堂序矗塵，頹廊蕭然，不待兵興，無復起理。有大比丘寶龍居會自岳來歸，推重教席，入門而嘆鄉閭古寺凋敝至此。會當干戈，南北縱横，歲儉人飢，豪右衰落，施者猶丐，工價騰涌，官無閭廬，敗不遑救；又於其間樓船駕海，斬伐百祀，六合爲爐，鐵牡欲飛。祥符此時乃能新成，晃如湖山。起自衡檐，以栖過笠。中建雲林，開合萬衆。道人高坐，風幡堂堂。梵僧來禮，初見儀矩。鐘樓藏殿，壞無不舉，金晶碧映。塔崇故本，侵者歸疆；壁涌諸天，燈徹内外。用意久遠，積銖纍息，傳之千燈。丙子庚辰，工費萬億，不知昔者祥符盛時亦如是否？於是觀者贊嘆疑怪，會雖宏願，以何化力，時絀舉贏，舍舊圖新於滅劫末，鬱爲莊嚴，是大希有。求記於余。余曰：盛衰反復之變，天也。蓋故老嘗言，過江前城内外惟開元并圓通塔院、藏院爲一，而祥符直慈恩之羅漢一院耳。計其初基，墻垣繚繞，鼓鐘鏗鞫，高下相應，縈城帶圃，鱗襲霧合，何其壯也。衣冠僑寓以來，蝸争蟻附，侵爲世業，横列萬間，佛且餘幾。甚者寺田千石，擅入一姓，蒼頭廬兒，犴吠高閎，零丁食鉢，仰哺而蹴，與薄貸而厚責。當其時，雖把茅蓋佛不可得，於是亦幾年矣。佛者下於凡民之間，以不争爲業，而儒代斥之爲名高，官淫用之如贅附，孰知好還之故。其事烈，其言長，吾以世外觀人間，意天之厭是人也而既久矣。朋黨也而清流，清談也而横議，忿消世短，事快國亡。吾以一寺之區區言之，而讀吾記者可以三太息而垂涕矣。天何分於彼此，佛何與於榮衰，雖世界起滅，因緣受報，皆由一念相續。幻空空盡，彼其不壞者不在此，而狂華倒見，從斷執常，則亦達者之所隱笑耳。世之變也，有過其舊者，有不如舊者。舊有因有改，若大中祥符之寺，則莫之改也，而物有改之者矣。蘇明允記其鄉圓覺院，慨然有感於楚漢之際曰：季布之忠於楚也，雖不如陳、韓之先覺，而比丁公之貳則爲愈。夫其記圓覺也而及此，爲不切。吾取以記大中祥符，大中祥符則然。《須溪集》卷四。又見同治《廬陵縣志》卷四五。

吉州能仁寺重修記

往時春游出半蘇堤，過鳳山，能仁止觀道場在二園間，古木蕭然，前塵自消。余時過詩人堂下，曳倦入寺，尋山谷留題，徘徊受禪師井塔久之，聞塔下泉聲泠然，乃能去。後數年過之，則荒苔路斷，種爲墓林，山門晝扃，鐘鼓弗考，僧散莫居。又二十餘年而德祐初元，融堂冲師拾於衆人之所不取，蓬累處焉。余乃避亂禱張祠，識之頹檐之下。衣弊履穿，賓主不備，然空空有意興復，首以記請。余甚嘉而狂之，爲舉荆公《龍興寺記》語爲笑。出寺門，見斷經幢草間，摩娑彷佛認唐咸通字，嘆興廢之去來，托浮沉於俯仰，茫然知復來者之何如，而惓焉圖余以不朽也。然自是有城西來者，言能仁再造，棟宇日盛，衣冠時至，贊嘆佳勝，篇咏不絶。惟余想見舊處，凄其如初。會去年采菊至林下，師坐堂上，汲止觀泉，煮羅漢手，植雨供余。迴廊蜿蜒，重檐静深，龍象從容，樓閣飛動，憑欄草竹，猶有佳色。念往時徵記，以爲戲論，今而余諾之有宿責。蓋爲之周遭徙倚，舉目蒼然，彼汪堤與會園復安知其至此。因問師以何佛力，建此勝事。師曰：『吾空鉢入山，視諸山藏薄，寺又日蹙。昔在景祐，本公則有若應真堂化供〔一〕。吾何佛力之有，惟是先疇之不腆以誨瀋汁〔二〕，一二居士剖田勸相，地靈悔禍，侵疆來歸，人持華嚴，選入吾社。陵遷谷滿，粥熟魚清，祠山其頹，復創金碧。吾能勤能儉，而不能者時時自當爾，如雪地麥，如山頂泉。』善哉乎冲！往時士大夫爲縣，或始至一郡，必曰不可爲，即小腆如出己力，厚秩以邀之，峻遷以答之，猶有赴北門而怨南山者。而釋氏之徒以攻苦出願力，撥亂起廢寺，俛然若有迫而爲之，雖歲增千柱，日食萬指，亦以爲吾道。蓋是無能名，無實功，無盡分也，則凡能言者愧是矣。驛傳傾，田賦陷，貨來積，府藏虛，徒飛書倚牘，携上聽，市衆援。死之日，墓有諛，史有謚，蓋知者以爲民賊，而論者以爲人才。吾非厚自毀而尊异彼也，言之何及。將以泄吾心所甚憤，而激來世以所可羞，庶幾虛僞省而真實見。如冲才，使冠巾與人間事，吾豈憂殘敝與凋乏哉！一廢一興，必有痛壞千古者，而後識吾言之悲也。盡大地皆佛心，則皆能仁也。而儒者以仁爲公、爲覺、爲愛、爲當理而無私心之謂，講焉而未已，而皆其似也。若未有文字之先，既有天地之後，豈可以一言盡哉！既有天地，無一物而非仁，未有文字，無一事而非仁。不知全體，則質之手足，證之一果一核，自以爲似，而其實愈遠。惟佛以不能爲能，而吾以無不能爲能。以無不能爲能，則雖堯舜有所不能矣。前所陳者皆能也，而未至於無能也。無能者不在是，無能者無不能也。師於是勞勤七年矣，山前後應復者無不復，應有者無不有。又種松竹坪，甃古路，蟠青翳密，位置亭次，映帶八泉，將復爲禪林勝處。而退然不自以爲能事，方卷卷焉理詩人堂，表山谷祠。余問師修復至此備矣，止觀塔安在，師從坐起立，目光炯然。《須溪集》卷四。又見同治《廬陵縣志》卷四五，民國《吉安縣志》卷七。

〔一〕『堂』下原衍一『堂』字，據《吉安縣志》删。

〔二〕汁：右引作『洋』。

南岡禪寺記

山起於空虚，微塵不息，一下一高。其奮爲東山也，勢至已不可遏，然猶坡陁宛延平田廣澤之間，憩焉爲南岡。岡隆隆爲寺，寺於治平間爲禪。山田百餘，視吉文諸禪尤下。余游玉笥，西歸宿焉。寺創如新，完且弗飾，門徑荒唐，松竹手植。戢戢老能，披蓁藿説法，殘僧數鉢，視如叢林，方規隱然。余周回太息，國無喬木久矣，高陵下谷，望而蒼然者必寺，而兹寺亦翦無幾。舊惟一藏，龍光出焉。想見盛時，參差曲折，暉映宏稱，然循其初則皆幻也。繇山有木，繇寺有鐘，鐘鳴法食，窗列葱翠，比於萬石之家，千室之邑，種種贍足，祖孫不替，孰知一麻一麥建立次第哉！世教滅亡，而山間林下以西，笑興慮亡，不增益盛麗，獨此莽蒼，初見成立，而能力亦少極矣。鄉非此僧用意於衆人之所不視，豈復有寺哉！而能方戚然，惟一大藏未了，不爲能事。余笑曰：『人苦不自足，方其爲荒丘敗屋也，欲求佛不漏不可得。今横膝敷坐長廊，轉目見在，豈不十七八，何不安意慰志，如是如是可矣，尚皇皇南岡！』曰：『吾法以不住相布施，故爾。』余曰：『不然。譬如馳求徑行，萬里無有住處，以爲不住，已改住法，以住爲利。况住亦礙，不住亦礙，礙在不住。吾不住者不離於住，吾住常住，住即不住。如江行船，身在船中，隨住即住，而此船者實未嘗住。』於是長老從坐起曰：『信如君言，即今南岡爲有佛處，爲無佛處？』彼露柱者實代余對，余指曰：『住住！』師能，吾城中龍氏，號明知大師，説佛法甚辨，余故喜言之云爾。寺修於五星聚前，記成於五星聚後三月，又六月爲中元乙酉，并書。《須溪集》卷四。又見光緒《吉水縣志》卷一四。

武功寺記

佛入中國，以其勤苦無聊之説，本非人情所嘗習而堪之者，又儒者講師縱横演譯，凡數十百萬言，雖才智辨士猶有不能盡通其意，然依稀料想，若有若亡，至二千年不晦，則亦不可謂無其理也。乃有聖惠西來，不立文字，庶幾一返之性，而分宗异解，類爲不可測知，斷句半句，光怪隱顯，教意不傳，而其傳復有甚於教。其難知難言，遠而至於不知不言，無可授受，此宜曠劫不一遇，而頓超代起，又未嘗無其人也。亦猶吾儒起六經傳疏專門之後，遇大人先生獨取四書，深極性命，而記問疏於六經，語録多於傳疏。今言性者人可以爲聖，而聖者亦不過如其人而止，若由聖至神，猶從有入無，直當置於不道。此其爲實踐之學，其未嘗學者，亦能訾輕前聞。上清談而次科舉，故爲六經者少，而爲四書者皆其徒也。文武并墜，訟止奪銷，於是老山林、困時命者始嗒然有意於廣聞見，合經史，乃异乎曩時鋪答問而拾闕略者。其或者世道之將盛歟？未可知也。惟是七八年來，釋業彌天，建爲官師，禪衣而夾駝。又有北來高僧兜離旁行，一字萬言，諉曰扶教，而陵世狎俗，舞經斥戒，蕩然游人間，意非復凡律所可係縻。雖其寵光辟易，方興甚盛，而不能不與其教异，則雖其徒病之，亦莫得而掩也。比是而觀，則此一時也，儒者之廢固未嘗不進；彼一時也，禪與教之失豈不猶可以爲得與？然吾聞長沙王聖與言，環吉、袁、潭三州八百里有武功山，山深絕無人之境，有僧志一猛獸之與居，枯木之與徒，創爲道場，一作一息，視如叢林，雖開創甚不暇給，不廢是事。嗟乎！禪之不禪，其已久矣。北非無宗也，其渡蘆君子之國，九州之外，萬一有其人焉，而亦不可見矣。是佛最盛時，而禪學往往而絕也。江湖閩浙之間，寺以千數，吾豈敢復望大乘氣哉？而况崇酒肉以爲常，混色空以爲達，一興一壞，過習惡薰，於此有人焉，爲是寺，存是道，豈獨今日之所少而北方之所無也？而欲爲禪林之科舉乎，雖大如徑山，高如雪峰，吾猶以爲隘也；將爲禪林之四書乎，雖辨如維摩，論如大慧，吾必謂之儒矣。寺在葛仙峰下，左飛瀑，右石江，匯爲三潭，龍居之。沿流隱見獅子、香爐、乳香諸峰在水口。經始於己卯春，爲雨華堂，其爲藏、爲殿、爲門也不日成。『是獨法堂數間耳，先爲記可乎？』余應曰可。或又曰：『見諸？如之何未見如見？』余不應，舉手而畫曰『一』。又曰：『一乎師乎？抑别有指乎？』余不應，且不畫。非不畫也，乃不知畫之所起。於是或人悟，悟而稽首，以是傳。《須溪集》卷四。

戒岡重興院記

天下名山必歸禪林，如封建大國。鐘聞數里，僧徒千百，會食一處，高下萬間，王侯貴人，賜金上腴，奔走飾奉，香霏設浴。南北宗枝，縱横訶詆，見稱冢嗣，枕經而卧，名滿京浙。荒州僻壤，誅鋤苫蓋，群居鹿豕，羸垢雜翳。身兼土木，霜朝露夕，堅苦誦習，小心戒行。節食賦工，高像出檐，亦極一時之力。乃有隙光破陋，觸礙成機，超然獨悟，更在諸方之外，無聞之表，任心直致。回視叢林墮落，高座刮席，然後知燕姬趙女，不必勝於浣溪，孫略、齊韜，不能名於背水，又未可以地望尊，語録惑也。二十年前，西湖鄉僧盧求吾志三塔，笑不與，復不自意爲安成西戒岡山重興律院發其狂言至此。院淳熙間有瀘溪王氏僧道清以醫名，有艮齋謝公諤書『重興』，而莫知其所起，無圖牒，無碑志。清以嘉定賜號慈濟大師。大師傳獻可，可傳志寧，寧傳師聖，聖傳德顯，顯傳幼聰，聰傳復濟，皆名醫而顯。近年重建法堂與聖所，爲門廡殿閣稱，求予書『慈濟堂』，且記。慈濟，著清也。佛爲大醫王，方便救世，醫能得其慈心，何所不濟。是間七世專門名科，四望迎致，不知愈所常苦，淳熙至今當復幾千百人。大者施田，小者獻供，從食得衣，以儉至餘。日興歲造，如負急償，積久同新，愧後掩前。第如所就，亦自難事，施益廣，醫益聖，又寧止此。予因記是本末，喟然而嘆曰：賈夫販子，千金小腆，有不肥嗜其欲、取饜其事者乎？同居圮半坐，傲風雨，券分庶孽，臨終執手，猶有平生辛苦之恨。而况醫之爲得，比於計功受賞，孰非己自能致？雖僧俗誓异，福報事長，非其自請，亦復誰能勸？是彼所謂當然者，且奈何哉？王孫虜寧弃其女而不分富，長者必求其子而後與，未必非夫世之所謂當然者也。人何能七世一心，七世一心而日入於盛，難也；七世一心而不忘其所本始，又難也。平居誦習師説，不惑异端，宫之所以北面而不耗、而不蠹、而不困，以爲禽犢則幸甚，尚望其日闢歲種，禄且庇於雲來？抑彼佛有言，兔不興角哉。嗚呼！吾爲是屢嘆矣。吾爲吾教罪人矣，然使是醫也返而得其無病之病焉，又返而得其所謂絶再蘇者焉，則非佛非祖，吾亦以爲可矣，是諸山者豈不亦以予爲罪哉！《須溪集》卷五。

趙字夫

趙字夫，宗室，廣平郡王德隆七世孫，彦俛子，居瑞州（治今江西高安）。咸淳間爲郴州郴縣主簿。見《宋史》卷二三六、《宗室世系表》二二及所撰《郴州上仙寺記》。

郴州上仙寺記　咸淳十年正月

上仙寺宇，住持妙齊所葺也。予始簿，便嘉其名，既而沿檄寓其寺。境幽而清，宇宏而潔。叢基而殿，修廊翼翼，涉級而臺，層樓頂頂，丹青金碧焕如也。貝書蓮軸，寶閣貯之，圓頂方袍，精舍居之，烟雲岩麓閴如也。山色到窗，泉聲到床，風鈴夜響，烟鐘曉撞。耳猿鳥之鳴，心菊蘭之香，樂景勝之瀟洒，忘塵土之劻勷。予喜修葺有條，經營有方。公餘遍閲，乃知扁其殿者，郴使君王公槦也；扁其門者，節判任公閲也；始事而爲之疏引者，前令君趙公必大也；率事而塗丹雘，從更其成者，綉使李公夢庚、予鄉先達易公子炎也。駭而審山之僧曰：『何以得此於諸君哉？』妙齊聞言，蹙額而進曰：『前乎此時，風檜淒淒，棟壓栖栖，佛有蓋頭之茅，僧無置身之廬。妙齊刻志竭忱，鑽刺於諸君子之門，日累月積，聚毛成裘，逾二十年，以迄于成。今僧其衣，佛其師，而廣厦渠渠，皆諸君子衣被之及也，容諼乎！山僧方懼歲月將深，至泯其德而弗之彰，願公記之，以諗來者。』故爲之書其顛末。時咸淳甲戌正月上元日也。萬曆《郴州志》卷一二，天一閣藏明代地方志選刊本。

李居仁

李居仁，字師吕，號五松，宋末人。元初，與王沂孫、周密、張炎等宋遺民十三人以詞唱和，集爲《樂府補題》一卷（存）。見該書署名。

祇園寺記

釋氏稱給孤園，祇陀太子之園也。以黄金布地，得八十畝，施爲寺。南朝散騎常侍施所居爲寺〔一〕，名孤園，其心必有契於祇陀之心而以名寺耶？不然，則他人以其事符於施給孤園之事，而以寺名耶？抑猛之名多載儒典。予嘗求猛之行，夏月不驅蚊，恐去已嗇親。夫愛親好善也，崇釋好善也，若猛信善人矣，施所居爲寺，宜乎有其事也。復聞猛好道術，回豫章江急莫可濟，畫水成陸路而行。夫猛好道學長生也，好釋求不死也，若猛者釋道兼好者焉，施所居爲寺，宜乎有其事也。寺在陳隋間規模壯麗，棲僧半千。唐初有徹道師者，脱俗其間，宗風大振，實居猛之居。既而以人夥務繁，無以成學，乃作别室於北山麓，今上方院也。廣明間巢寇作，寺弛僧絶，惟上方克存無恙。宋咸淳年，僧有名能、名門、名輝者，欲興其廢，共力爲之，遂募緣於鄉之巨室，銖積寸累，成五十餘楹，亦以猛之址也。工畢請記于余，余嘗閲郡乘，知寺肇於猛，故不辭而書之。《吴都文粹續集》卷三三。又見《吴都法乘》卷一〇下，《具區志》卷一〇，道光《蘇州府志》卷四一。

〔一〕『散騎常侍』下當脱『吴猛』二字。猛，東晋人，《晋書》卷九五有傳。

李念祖

李念祖，宋末人，生平不詳。按《姑蘇志》卷二三載李念祖寶祐中知平江府長洲縣，或即此人。

智林寺道一火蓮記　咸淳十年

火蓮因緣，昔陶善繼嘗記之。其辭曰：『讀浮圖書，知祖師西來，或拈花，或面壁，不立階梯，不立文字，單傳直指，寶鏡當軒。然後成佛作祖，闡大機，提大用，虚空現前，活卓卓地，蓋不可以有心知，不可以無心得也。又閲高僧諸傳，見其鐵石脊梁，瀾翻舌本，回天輪，轉地軸，指南作北，截鐵斬釘，然後燈燈相承，八字打開，千差坐斷，一塵不染，萬法流通，蓋又不可以智慧求，不可以寂滅默也。昔鳩摩什生龜兹，而宏法于秦，義契佛心，證登四果，焚身之日，舌不焦爛。法進，梁州張掖人，少以苦行聞，晚割肉療飢者，闍維七日而舌不壞，建三層塔以藏之。又有火燼而一指不受燃者，又有生而黑脊，火後白皙者，又有闍維烟成五色良久而生异香者。如此等類，不可概舉。大抵行成于身，道堅于心，故能出生死，絶知見，超凡聖。適來適去，透聲透色，風鳴谷應，水到渠成，自有不期然而然者。是豈有心無心、智慧寂默者之所能致力哉！嗟夫！佛道陵夷，聲實俱泯，處頽波横流中而能水不濡、火不焦者，誠不多得也。講師道一，俗姓陶氏，生長蘇臺，受業智林。一錫一瓶，隨緣作主，聞聲悟道，見色明心，拈本分于鈴鎚，作自己之生活，得失俱喪，是非兩忘，納須彌于芥子，擲大千于方外。曹溪滴水、臨濟風聲既斷而復續者，微吾師，其誰與歸？師生世七十有一年，以壬寅十一月十二日預寫偈頌，端坐而逝。越十有六日闍維，天氣晴燠，送千餘人，群鶴翔空，隨龕飛舞。又明日，弟子收骨散之，惟舌根不灰，宛如蓮花，敷榮七葉，真罕見也。弟子五人乃藏其舌花于一室，崇奉香燈，今凡二十八載矣。其高足定復慮久湮没，置之塔，以詔後來。求余記顛末，見父子瓣香之義。余曰：生滅滅已，寂滅爲樂。透徹宗師，如擊石火，如閃電光，所謂一條白練赤灑灑地去，未嘗不欲影滅迹絶。師有知者也，亦豈欲以遺骸餘骴夸示于人哉！雖然，靈臺虚寂，歷劫不磨，烈焰光中，法身常住，此又非凡眼之所能測知也。師遺世偈曰：「踏破玉峰山，惟心其净土。」師其知之矣。』此陶筆發明其指者也，已勒堅珉。由嘉定己巳而來六十有六載，中毁于數。今雲孫良蜜欲再鑱石以壽其傳，囑余書，更下一轉語。嗟乎！師往矣。火蓮，色相也，不以色相觀，斯知其爲法相之形見也，初未易假物以莊嚴之也。經不云乎：『莊嚴佛土，即非莊嚴，是名莊嚴。』又曰：『不應住色生心，應生無所住心。』作如是見，則真有得于火蓮之本體，如月當天，余何言哉！《海虞文徵》卷一四。又見《虞邑遺文録》卷一。

陳　夆

陳夆，字肇方，一字偉節，饒州（治今江西鄱陽）人。咸淳元年進士及第，調滁州司户參軍。改荆闖糧料院。調朐山主簿。制置使印應雷辟入幕。德祐元年秋，授南安軍教授，不就，還家。謝枋得起兵，拔入幕府。益王即位，遷太府丞、領江東安撫使。出上饒，接應郡縣，兵敗被執，遁去。後三年復起兵，尋敗，入積烟山中自刎死。有《鶴心集》。《宋史》卷四五四有傳。

重修石建寺碑記　咸淳六年

咸淳庚午秋，石建寺僧大靖揚其師祖如鎬中興之績，介石張公程命請記於予。靖之言曰：『寺肇自唐光化中，熙寧時李日新重建之。歷年多，屋老且壓，賴同里長者之力，寺得不廢。我祖住持發宏願，嘉熙庚子構法堂，壬寅構鐘樓飯堂，癸卯構中門，丙午構大雄殿，甲寅構明閣等樓及聖僧兩廡。凡十有五載乃成，以俟來哲請記焉。』靖之來也，予嘉其意之誠，則告之曰：『中興美名也，而中者末之漸，興者衰之復，日中則昃，陽極而陰，理固然也。矧釋氏處四民之外，不自食其力，得之易，守之難，寧知其難歟？老石蹲虎泉如建瓴，青山白雲，截斷世諦。請諸佛子入是關，視予記而熟讀，寧爾猷，毋縛爾律；出是關，顧予記而深思，謹爾行，毋破爾戒。毋爲如鎬羞，使中興之美常保，則斯記其有助乎。』道光《（江西）東鄉縣志》卷末，道光三年增刻本。

何夢桂

何夢桂（一二三九——？），幼名應祈，字申甫，後改名，更字岩叟，號潛齋。嚴州淳安（今浙江淳安西）人。咸淳元年進士及第，授文林郎、台州軍事判官。尋改太學録，遷博士，通判吉州。入爲太學博士、監察御史，遷軍器監。帝昺即位，爲太府卿、大理寺卿，引疾去。至元初，授江西儒學提舉，不赴，著書自娱。有《易衍》《大學説》《中庸致用》《潛齋文集》等。見本集卷一〇《王石澗臨清詩稿跋》，何淳《何先生家傳》（《潛齋集》附録）。

南山天寧禪寺山門記

南山天寧禪寺堂頭無竭禪師如川主席此山之八年，重作山門，大書特書曰『華嚴法界』。書者何？所以大其門也。門大，則其華於佛之居與僧之堂若室也可知已。世謂佛善爲大言以聳動一世，然觀其徒之果於事爲，有的然可稱者，非夸語也。古今言教門者有三，曰儒曰釋曰老。儒自羲軒至孔氏，與天地并立，老氏中出，釋最後。二氏宜非儒抗也，然自近世以來，釋氏之宫滿天下，老氏半之，儒之宮若州若縣各一而已，儒已不競於二氏矣。至元一統，獨推釋氏爲三家首，紺園貝宇，日新月盛，宏杰詭偉，蔚炳麗靡，陟其門者將目眩氣奪，儒者尚敢望其彷佛哉！雖老氏之徒亦將自遜其不逮矣。豈西方之教果優於洙泗之仁義禮樂歟？抑其徒代有能者以興起其法，而孔氏之後獨無其人歟？抑亦拘於世與化，而有不得不然者歟？不然，何以釋氏之獨盛，而軼出於儒與老若是也？師既以扁屬余書，識復求記，以昭不朽。師也，蚤契佛乘，智慧而材幹，有功於其教門也固宜。他日而子孫有問作門者誰，余固不得以没師之實也。百世而下，或於今之世與教而將有考焉者，欲弗記得乎？門作於至元甲申冬十二月，越二年丙戌秋八月既望始記，遲之也。文淵閣四庫全書本《潛齋集》卷八。

白雲山法華院記

天地萬類，一性而已；人物萬形，一心而已；宇宙萬古，一佛而已。性外無心，心外無佛，圓顱方趾，耳目口鼻，佛蓋天地間一人耳。造物怒流，萬生錯錯，含靈蠢動，惟人最靈。天地此性，即人此性；佛有此心，即人此心。見性即見心，見心即見佛，心無二心，故佛無二佛。人見過去七佛，見在十佛，未來千佛萬佛億佛，遂謂佛异，不知七佛一佛，十佛一佛，千萬億佛亦一佛而已。人欲見佛，見心即是，何以故？以心見佛故。衹此一心，照天照地，照古照今，生法生〔一〕，心滅法滅。心清净，故佛應心現；心塵垢，故佛隨心隱。文佛涅槃，心佛固在。迦葉後至，達摩西來，遞傳心印，燈燈見佛，在夷夷見，在狄狄見，在中國中國見，佛固未嘗往也。世謂佛入滅後不復見佛，亦謗佛甚矣。佛之徒不善見佛，指丈六土偶爲佛身，是以色相見佛；指布地黄金爲佛主，是以緣相見佛。不知佛以無爲法，世間一切有相可作可壞，故此佛身佛土有力者能作之，有力者能壞之，而固不可常也。至於佛之不生不滅，不垢不净，大包六合，細入塵微，諸相俱空，真常獨立者，固人人之所同得，亦人人之所同見。若執我見人見，終不足以見佛。且以千百億化身而謂之佛，有人信得一佛能化爲千百億佛，則於一刹那間佛當隨處應化，則亦當有千百億人於一刹那間隨處見佛。若復千百億人認千百億佛説，言我佛非彼，彼佛非我，無有是處。譬猶東海見水，曰與西海异，西海之見亦復如是，不知水本一水，彼妄見者認水爲二。燕人見月，曰與越人异，越人之見亦復如是，不知月本一月，彼病見者指月爲二。而况佛説四大部洲，東佛于逮，西瞿耶尼，南閻浮提，北鬱單越，盡諸國土所有，其人如恒河沙數，人見一佛，亦復如恒河沙，見人人异，又豈特見水與見月者之异而已哉！建德之慈順鄉曰某里，古無佛寺，歲時水旱疾沴、生死福禍，民之禬且禱者無所於托，衆謂非宜。鄉士王一桂、王某諗于衆，將創置焉，度地於白雲山之阿。方範土葺木，衆歡喜踴躍，輸財若力，不日竣事。請於僧司，得兜率子院廢額曰法華。南北諸山主僧爲之開堂設法，竟，請記於余。余按郡圖志，睦諸寺自宋升平迄宋南渡紹興凡百三十有九，隸此邑者三十八，其在此鄉者五，今益其一，固未見其羸也，或者駭焉。原晋以上州未始有一寺，佛非昔無；迨宋以來累百累千，佛非今有。其後遞興不知其幾，佛非加多；遞仆不知其幾，佛非加少。而况來者之興仆未可知也，而或者駭之，非真見佛者也。使真見佛，則地獄天宫均爲佛國，無明真如等爲佛乘，將大千世界無處無佛，一切衆生無人非佛，而佛奚彼此之擇哉？同見見佛，名爲正見；异見見佛，名爲邪見。余非學佛者也，然直信己心與佛不异，敢以聞諸佛者，試以告之佛之徒，遂爲記。至元戊子四月日，何某記。《潜齋集》卷八。

〔一〕生法生：似當作『心生法生』。

安禪寺記

安禪寺比丘思如師以至元乙酉作觀音閣成，後幾年遠來乞記，曰：『此某與某之徒所以莊嚴佛土如此，事已迹陳，懼至湮没，願得一言以傳末世，何如？』余曰：『可也，然所傳不易也。』師曰：『豈以一閣爲不足傳歟？顧所乞亦不獨此閣是爲也。窮山蘭若，屋且餘百楹，殿堂樓閣門窗房霤翼翼，土木雕繪金碧熠熠，鐘鼓魚板樅樅，皆四方檀施與吾徒桑門捐貲出力，而後成此。儻按其顛末而惠識諸碣石，庶有傳乎。請數其概。寺蓋肇基於蕭梁大同之二年，於今蓋八百載餘矣。宋咸淳己巳，悉燔於火，焦土餘燼，露宿草栖，蔑如也。賴好施者倡義，與衆共圖之。明年始成佛殿，旁附庫堂，巋然離立而已。又明年，始塑佛像，他事蓋未遑也。又明年壬申，成鐘樓。又五年至元丙子，成山門。又十六年辛卯，成僧堂，旁翼接待雲水室，樓上范金爲豐鐘一，閣上幻木爲大權菩薩像二十。凡若此者，大之興廢，小之成毁，願大書特書，使來者有所考證。』余聞其言而嘉之曰：『甚哉，師之有志於傳也！抑余竊有感焉者何也？師，佛之徒也，佛以空爲宗，空則萬法俱空，山河大地抑空華爾，室廬諸所有物寄於山河大地，等爲空華。復計其初爲平野荒草，俄爲棟宇榱桷，中爲煨燼瓦礫，終復爲棟宇榱桷，猶是空華。亂起亂滅，於太虚空中，無有實相。况天地劫運，流變無極，而獨不向胡僧問昆明池底事耶？大劫小劫，同歸變壞，爲此世間微塵諸相，疇非空華？誰實作者，誰實居者，誰實施者，誰實受者？取作者、施者，是有我相；取居者、受者，是有人相。人我俱空，誰實爲主？乃欲托言語以傳不朽，是倚言語之獨不爲空華起滅也，雖記何爲？』師矍然起曰：『我聞佛説空亦如是，抑聞世出世間固有不空者在也。君其與我記諸，將留所謂不空者與此山無窮。』余曰：『善，可記也。』佛殿庫堂，蓋葉浩首出囊橐與衆協成者也。觀音閣直佛殿後下以爲法堂，蓋思如與其徒惟新、净惠共輟衣鉢構架，復藉衆緣以卒成者也。法堂前爲亭，穿殿門，揭板署額，出思如己費。僧堂三門，扁曰選佛場，接待室一門，扁曰栖雲，思如買民屋，藉衆力徙置。鐘樓，俞某妻徐氏出奩資獨成。山門，洪氏捐木，僧惟新、道人朱覺崧鳩衆竣事。大權像，行者袁静因捐己及募衆圓成。記畢授師，師踴躍作禮曰：『若此傳矣。』至元壬辰春二月日。

《潛齋集》卷八。

寶積院白雲堂圓常閣記

自釋氏法入中國，而梵刹浮屠遍天下。大悲大士，佛法中龍象一人也，見釋迦猶見大士，安有二乎哉？近江南多崇大悲像，若堂與閣，比比有焉。或疑大士與如來爲二，不知釋迦牟尼名毗盧遮那，遍在一切處，大弟子有三，曰觀世音，曰文殊師利，曰普賢。觀音耳宗，文殊眼宗，普賢心宗，各得如來一體，亦遍在一切處。夫苟一切皆遍，將大地微塵處處見之，蓋即心即佛，佛無二心，即心無二佛也。至於三十二應、十四無畏施、四不思議，由其説若恢誕詭怪，然其願力深，法力普，隨心赴感，皆大悲之應迹爾；若堂若閣，而爲千首千目手像，又其迹之迹者也。世之人見其迹者或寡，况能知其悲觀净觀、妙音潮音之所以迹者哉！寶積山有僧戒月，作大悲閣於院之西偏白雲堂上，如法莊嚴，婆羅門信士女咸施舍樂成之。復鳩田七十餘畝以贍香水，祈男女悉如願。蓋其融形復聞，明照無二，特其三昧妙力變現之一端耳。若其普門示現，將窮恒沙算數之所不及，大悲可勝量哉！戒月心純直，行修潔，爲過去尊宿普無方嗣法孫，故能信受聞思修，而爲檀波羅信向如此。曩介無方乞記，未暇，兹無方圓寂，復因梅谷張震請不置，不得遜，爲之記以歸。若贊嘆大悲，窮辯不能盡，其於無方宿緣固在，猶若見於三摩提地、净土國中也。大德元年丁酉歲秋星夕記。《潛齋集》卷九。

石余亨

石余亨，字成己，號休休翁，又號遁翁，紹興府新昌（今浙江新昌）人。石氏世代講學，余亨守其先緒，以文行見稱于時。咸淳四年登進士第，官鄞、衢二州。見宋將亡，弃官去，隱于沃洲。見萬曆《新昌縣志》卷一一，《宋元學案》卷七七，雍正《浙江通志》卷一二九。

慈聖寺耆舊捨飛泉田記　咸淳十年十月

慈聖寺在天台萬山中，去余家五十里而近。一日，住持僧道□謁余而請曰：『初，吾山禪寺也，□始於天聖之七年，當嘉定之十六年始改建寺。土瘠而資單，地僻而施絶，歲久屋老，傾圮弗治，幾廢矣。寺之僧智通精密堅苦，常出力經紀，弗避燥濕寒暑，遂以得疾，則曰：「吾身病矣，心固未病也。」爲之益力，自淳祐之八年鳩良材，新棟宇，範金合土，肖諸鬼神像。苟全矣，則與弟子端楷者曰：「吾寺粗立，寺之力未裕，且建且復廢矣。」於是悉取橐中之餘，以其俗之姓買在本都飛泉田，旋積歲租，增置丘段，以入於寺。著其約曰：「歲别儲其所入，以待屋之弊而時葺之外，皆不得妄移一錢。」欲來者之知本末也，願得君記。』余慨然曰：『若通與楷者，賢於其徒矣。异時余聞人有能言慈聖之事者，曰某曰某，住持入寺，本以資易帖利，其餘席卷去矣。曰僧以饑貸某家穀，計百償之，室垂罄矣。舍非他有奇巧，而能扶植於垂壞，去宿蠹而新是圖，賢也。佛之徒固非崇宫室，誇靡麗，然有弗給則必四出，齊民皆厭薄之，與足不越户限，惟規其衣食之贏否，率能有成，又賢也。夫人之情苟計旦暮，今能計其久，使有恃而弗墜，又賢也。抑余又有感焉，禪寺被天下，列職而趨走者相望，其壞而不能葺，葺而不成，成而不能久，善慮而自力不私，其儔幾人？苟有其人矣，不忌其成而聽其爲者幾人？嗟夫，可嘆哉！世之儒者多詆佛氏之學，韓退之欲廬其居，及從觀之營浮圖，則又賦詩夸詡之，蓋其學者之才，類有不可掩者，而退之亦有不能不爲之喜然。余於智通之事，不得而略也，遂與爲記，且使讀吾文者皆知所警焉。若田之頃畝若干，則列碑陰云。咸淳甲戌十月朔旦，迪功郎、新寶應軍歲學教授石余亨記。朝奉大夫、權户部尚書兼詳定敕令官、浙西安撫制置使、兼知臨安府曾淵子篆蓋。當寺僧端楷集元章米芾書。《天台山志》卷二〇。

鄭思肖

鄭思肖（一二四一——一三一八），字所南，號憶翁（一作億翁），又號三外野人，福州連江（今福建連江）人，寓居吴縣（今江蘇蘇州）。鄭起子。爲太學上舍生，嘗應博學宏詞科。元兵南下，扣閽上書，辭切直，忤當路，不報。宋亡隱居，改今名，及字與號皆示不忘於宋。坐卧不北向，扁其室曰『本穴世界』，隱指『大宋』也。歲時伏臘輒野哭南拜，聞北語必掩耳疾走。精繪墨蘭，國亡後，爲蘭不畫土，意謂宋朝疆土已爲元人所奪。嘗謀舉事討元復宋，未果。無妻無子，鬱鬱而終。卒於元延祐五年，年七十八。著作存世者有《心史》七卷、《文集》一卷、《一百二十圖詩》一卷、《錦錢餘笑》一卷、《太極祭煉内法》三卷。見正德《姑蘇志》卷五五及所撰諸文。

十方禪刹僧堂記〔一〕

我三十年來，幅巾藜杖，獨行獨往、獨坐獨卧、獨吟獨醉、獨往獨來古闔廬城。每一至於萬壽、承天、虎丘諸禪刹之間，必喟然嘆曰：『我生也晚，惜乎不見古尊宿法席隆盛之時。』向者徑山、靈隱、天童、净慈、育王、中竺、雪峰、雪竇、蔣山、道場、能仁、東林、仰山、黄龍、開先、百丈、雙林、鼓山、大溈、石霜、西禪、保寧、疏山、金山、焦山、何山、夾山、福嚴、圓通、江心、大慈、華藏，名刹百餘，皆爲法窟。大刹禪單近千數，小刹禪單亦不少。凡古尊宿之行道也，一語一默，一動一静，無非舉唱向上，巴鼻了當。衲子命根，多有死其心於一坐宴間，而笑罵於佛祖之上者，如在世外，受清净福。自不肯飲酒，自不肯茹腥，自不肯私庖私啖，自不肯私富私居，自不肯傲慢，恣縱所爲野氣。如一水庵、岳松源、冲痴絶、範無準、觀月林、開無門諸老禪，據師位，皆孤硬有惡辣手，皆講叢林規矩。不許看經看册，不許偶語雜事，晝夜趺坐，密如列笋，盡命參究，咸有覺觸，是以頗多龍象，堪以負荷法門。夫何今者爐冷鎧輕，不足以煅煉法器，飯糲食惡，不足以供養大衆？常住昧於收支，過於撙節，斡衲子□中食爲囊橐計、爲結托計、爲自醉醲飽鮮計，比比皆然。致使十方衲子，東馳西走，竟無可放包參請之地。昔不憂飯，今憂無飯；昔不憂師，今憂無師。江南禪教諸刹，連年遭水遭荒，常住逋訟窘迫，處處閉僧堂并數年，可去者去，不可活者丐借獨爨，偷救殘命，如失母兒，無所依附。先是三十年來，争奪住持，耗常住，竭私蓄，弄貧買勝，無辜争訟，亦多摧挫費耗，失僧儀落業〔二〕，共撥因果，大爲時俗變壞。江南十方叢林古意，今盡不存，竟無十方本色衲子，處處僧亦皆少，逆料此後法門愈其難矣！世人意馬惡業，易於跌蕩，後於薙髮，背古悦新，競舞魔怪，叛於正法。我欲痛説，不忍筆之。昔黄面老子嘗懸記末法僧門流弊，不幸身親見此。間有清素純正辦道之士，叱爲怪物，罵之『何苦自取桎梏其身』。苦者益苦，頗難于獨立，堅抱舊心，固無摇動。彼偷心未歇者，亦從而得志，逞盲辦以當宗乘，笑守古戒爲不脱灑，自誑自尊，鼓無明火，入骨愛財，富者愈富，念念謀僧官，買大住持，營私室爲俗窟，生親子爲徒弟，業重魔熾，浮於俗人。苦哉！痛哉！絶不念黄面老子正爲何事出世，百丈禪師亦何爲而作僧堂！爰自少室、曹溪，多居律寺别院，説法尚苟簡，雜居無倫；唐代宗末，百丈始發廣大心，别創禪居、立法堂、立僧堂，又置十務以處主事者。清規一出，法度咸新，素無蒙堂、無前資、無單寮、無退居方丈、無塔頭庵院。其曰禪僧無高下，但依入堂次第，同一堂而處。進則始出位，盡力爲衆；退則仍屈己，栖身於衆。三條椽下，七尺單前，一切不顧，寧肯犯人苗稼，爲衆所擯笑？又況百丈以前，天下苦無多寺院，而辦道之士，多無地栖禪，率是獨隱深山窮谷，刀耕火種，而自食其力，身其勞苦，則心不純一，豈不願得一單自如〔三〕，將安其身而遠於役，可移其心而專於道？百丈之惠可謂至矣！有志氣者，可以安禪，可以共住，可以同參，可以交相淬礪，可以交相鼓唱，可以交相行道。照耀山林，大衆群然，一時一一坐破蒲團，我心亦足慶快。我成道，大衆不成道，我不願獨先成道；我安，大衆不安，我決不敢獨安。昔創此僧堂，爲大衆設，非使我獨安於辦道也。安其身，所以安其心；安其心，所以安其道。苟不安於道，則不安於心；不安於心，則不安於身；不安於身，則心生萬夢，失却自己，何以爲佛法棟梁？何以爲衆生表率？僧固亦人也，爲其清浄慈悲，了達自心，而得僧之名；若以落鬚髮、披袈裟爲僧，九間萬椽、百席千單爲僧堂〔四〕，此世間見也。誠不曾聞往昔之時，千岩萬壑之中，古尊宿行道之處，萬錫飛來，如龍走空，雖現頭角，不露爪甲，劃破虚廓，别爲一道，不涉世人衆生行處，萬刹日月出没其中，八面風雲變化於外，無所之所，不住而住。争奈有目者不能見，有足者莫能入，是誰之過與！倘能飽食終日，無所用其心，恐亦可以消檀施一盂飯，然未廣大也。必有大心大士，與大衆同生死、同粥飯、同行住坐卧、同開此心本然無盡廣大之天，一一盡蓋覆三千大千世界，方始與黄面老子吐一口氣。何期末法叢林凋零若此，思之駭然，安得不泪下如雨！我老矣，死矣，誓當重出頭來，以大力量於無盡無盡百千萬億大衆僧海中，推出無量無量劫前古佛，剖開自心無盡廣大法門，大告報一一無盡衆生塵刹、一一三千大千世界，若是大心大士，便請各各歸堂去，快哉快哉！第佛法至此亟矣，必先速得數十人肉身大士，大闡神通，應化天下諸刹，使一切衲子外不壞於一毫賄賂酷虐，内不犯於一塵淫殺貪傲，其不遵黄面老子《遺教經》最後教誨之意者，不得名曰僧，然後却與之論世尊拈花、迦葉微笑之宗風。佛法其興乎！我今苦告諸佛子，各各述入大回心三昧。但言之至此，我亦罔知所措，諸佛菩薩寧不動心焉？我遂嘔我心中無忱聲，而爲誓，銘之曰《十方禪刹僧堂記》。四部叢刊續編影印清林佶抄本《鄭所南先生文集》。

〔一〕知不足齋叢書本（簡稱『知不足齋本』）有題注：『一名《佛法正論》。』

〔二〕僧：原作『傳』，據知不足齋本改。

〔三〕自：原缺，據右引補。

〔四〕百席千單：原無，據右引補。

葉謙

葉謙，度宗時信州貴溪（今江西貴溪）人。繼善子。

明因教院記

蘭江之瑞山有山而院者三：東曰廣嚴，中曰無垢，明因枕其西，林壑尤邃。山之穴於其中可二百餘丈，宅幽而勢阻。沿麓而上，古木千章，堅篘萬個，環翠交陰。日月吐吞，雲烟偃薄，居其下者漫不知寒暑。嘗試登而覽焉，高出雲端，下瞯泉流，挹山光之迴旋，莅群木之俯仰。人迹罕至，鳥鳴更幽。精藍勝概，信未有出其右者。光緒《蘭溪縣志》卷三，光緒十五年刻本。

參考文獻

《金石續編》，臺灣新文豐出版公司石刻史料新編本。
《（江西）東鄉縣志》，道光三年增刻本。
《（江西）龍泉縣志》，乾隆三十六年刻本。
《（浙江）龍泉縣志》，光緒二年刻本。
《阿育王山志》。
《安徽通志稿》，民國二十三年石印本。
《八代文鈔》。
《八瓊室金石補正》。
《保定府志》，光緒年間刻本。
《寶豐縣志》，嘉慶二年刻本。
《寶晋英光集》。
《寶慶會稽續志》。

《寶雲振祖集》。
《北磵集》，文淵閣四庫全書本。
《北山小集》。
《本省齋文稿》。
《本堂集》，文淵閣四庫全書本。
《栟櫚集》。
《補續芝園集》。
《曹溪通志》。
《長興集》。
《長子縣志》，光緒八年刻本。
《常山貞石志》，臺灣新文豐出版公司石刻史料新編本。
《常熟縣志》，康熙二十六年刻本。
《陳亮集》。
《陳眉公先生訂正丹淵集》，四部叢刊影印明毛氏汲古閣刊本。
《成都文類》。

《誠齋集》，四部叢刊影宋抄本。
《澄城縣志》。
《耻堂存稿》，四庫全書本。
《赤城志》，台州叢書本。
《敕建浄慈寺志》。
《崇仁縣志》，同治十二年刻本。
《崇文總目》。
《崇陽縣志》，同治五年刻本。
《仇悆傳》。
《處州府志》。
《淳祐臨安志》。
《淳祐臨安志輯逸》，光緒二十六年刊本。
《慈溪縣志》，雍正九年刻本。
《慈溪縣志》，光緒二十五年刻本。
《滁川足徵録》。

《大佛頂首楞嚴經疏解蒙鈔》。
《大慧普覺禪師語録》。
《大足石刻内容總録》。
《丹陽集》。
《丹淵集》。
《澹齋集》，文淵閣四庫全書本。
《定川遺書》。
《定襄金石考》。
《東莞遺民録》。
《東牟集》。
《東甌金石志》。
《東塘集》，文淵閣四庫全書本。
《東陽縣志》，道光十二年刻本。
《都官集》，民國三年南城李氏宜秋館刻本。
《蠹齋鉛刀編》，影印文淵閣四庫全書本。

《鄂國金佗稡編》，元至正二十三年刻、明印本。
《二十史朔閏表》。
《伐檀集》，光緒二十年義寧州署刊本。
《法華文句》。
《法華玄義》。
《番禺縣志》。
《范忠宣公集》，宣統重雕歲寒堂本。
《方輿勝覽》。
《方舟集》，影印文淵閣四庫全書本。
《斐然集》，影印文淵閣四庫全書本。
《汾陽縣金石類編》，民國年間刊本。
《豐干拾得詩》，四部叢刊本。
《佛法金湯編》。
《佛祖歷代通載》，日本大正新修大藏經本。
《浮山志》，同治年間刻本。

《浮沚集》。
《福鼎縣志》，嘉慶十一年刻本。
《福建通志》。
《福山縣志稿》，民國二十年鉛印本。
《撫州府志》，光緒二年刻本。
《阜陽縣志》，道光九年刊本。
《贛縣志》，同治十一年刊本。
《贛州府志》，同治十二年刊本。
《高淳縣志》，光緒七年刻本。
《高峰禪師語録》。
《攻愧集》，武英殿聚珍本。
《宫教集》。
《鞏縣志》，民國二十六年涇川圖書館刊本。
《姑溪居士文集》。
《古今圖書集成》。

《古今游名山記》。
《鼓山志》，乾隆年間刻本。
《灌園集》。
《廣東文徵》，民國三十七年鉛印本。
《廣信府志》，康熙五十二年刻本。
《廣雁蕩山志》。
《廣州府志》，光緒五年刻本。
《桂林石刻》。
《國朝二百家名賢文粹》。
《海昌備志》，道光二十七年刻本。
《海長老塔銘記》。
《海寧州志》，乾隆四十一年刻本。
《海寧州志稿》。
《海虞文徵》。
《海州直隸州志》，嘉慶十六年刻本。

《漢濱集》，影印文淵閣四庫全書本。
《漢南郡志》，康熙二十八年刻本。
《杭州上天竺講寺志》，武林掌故叢編本。
《合州志》，乾隆五十四年刻本。
《河東先生集》，上海涵芬樓影印舊抄本。
《鶴林集》，文淵閣四庫全書本。
《洪文敏公集》，國家圖書館藏宋嘉定。
《鴻慶居士文集》。
《後村先生大全集》，四部叢刊初編本。
《後山居士文集》。
《胡澹庵先生文集》，道光十三年胡文思重刊本。
《胡正惠公集》。
《湖北通志》，民國十年刻本。
《湖北通志·金石志》，民國二十三年上海商務印書館影印本。
《湖南通志》。

《湖州府志》，同治十三年刻本。
《澉墅關志》，嘉靖十六年刊本。
《華嚴經决疑論》。
《皇朝文鑒》。
《黄氏日鈔》，文淵閣四庫全書本。
《黄岩縣志》，光緒三年刻本。
《會稽掇英總集》。
《慧因寺志》，武林掌故叢編本。
《嘉定赤城志》。
《嘉禾金石志》。
《嘉禾志》。
《嘉泰普燈録》。
《嘉業堂叢書》。
《簡州志》，咸豐三年刻本。
《江寧金石記》。

《江蘇通志稿》。
《介休縣志》，嘉慶二十四年刻本。
《金華文徵》。
《金陵梵刹志》。
《金石萃編》。
《金石苑》。
《金佗稡編》。
《金溪縣志》。
《荆川稗編》。
《荆溪外紀》。
《涇縣志》，嘉慶十一年刻本。
《涇縣志》，民國年間刻本。
《景定建康志》，文淵閣四庫全書本。
《净德集》，文津閣四庫全書本。
《徑山志》。

《敬鄉録》。
《敬止録》。
《九華集》，文淵閣四庫全書本。
《九疑山志》，康熙二年刻本。
《橘洲文集》，禪門逸書初編本。
《句容金石記》。
《具區志》，康熙二十八年刻本。
《柯山集》。
《可齋續藁前》，四庫全書珍本初集本。
《括蒼金石志補遺》。
《栝蒼金石志》。
《蘭溪縣志》，光緒十五年刻本。
《閬風集》，嘉業堂叢書本。
《溧水縣志》，光緒九年刻本。
《蓮峰集》，文淵閣四庫全書本。

《梁溪集》。
《梁溪遺稿》，錫山尤氏叢刊集本。
《兩浙金石志》。
《兩浙金石志補遺》。
《林縣志》，石刻史料新編本。
《臨安志輯逸》，武林掌故叢書本。
《臨川先生文集》，四部叢刊初編影印明嘉靖撫州刻本。
《陵川縣志》，乾隆四十四年刻本。
《陵陽先生集》，民國十年劉承幹嘉業堂刊。
《柳塘外集》，文淵閣四庫全書本。
《龍源介清和尚語録》。
《隴右金石録》。
《盧陵周益國文忠集》，道光二十八年刊本。
《盧溪文集》。
《欒城集》。

《螺溪振祖集》，日本大正新修大藏經本。
《羅鄂州小集》，粤雅堂叢書本。
《羅浮野録》。
《羅山縣志》，乾隆十一年刻本。
《羅郢州遺文》，粤雅堂叢書本。
《漫塘集》，影印文淵閣四庫全書本。
《鄮峰真隱漫録》，影印文淵閣四庫全書本。
《梅溪先生後集》，四部叢刊初編影印明正編者五年刊本。
《蒙齋集》，文淵閣四庫全書本。
《密庵感杰禪師語録》。
《密庵和尚語録》。
《新修合川縣志》，民國十年刻本。
《閩中金石略》。
《名山勝概記》。
《明覺禪師語録》。

《明州阿育王山志》。

《洛水集》。

《摩訶止觀》。

《莫干山志》。

《牟平縣志》，民國二十五年鉛印本。

《穆參軍集》，文淵閣四庫全書本。

《南安府志》，同治七年刻本。

《南豐縣志》，同治十年刻本。

《南海縣志》。

《南澗甲乙稿》，影印文淵閣四庫全書本。

《南宋群賢小集》。

《南宋文録録》。

《南潯石刻文考》。

《南雁蕩山志》。

《南陽集》，文淵閣四庫全書本。

《歐陽文忠公集》。
《盤洲文集》，四部叢刊本。
《彭城集》，武英殿聚珍版書本。
《癖齋小集》，南宋群賢小集本。
《平園續稿》。
《平齋集》，四部叢刊續編本。
《浦江縣志》，光緒二十二年刻本。
《祁陽縣志》，同治九年刻本。
《齊雲山志》，萬曆年間刻本。
《潛齋集》，文淵閣四庫全書本。
《秋聲集》，文淵閣四庫全書本。
《曲江縣志》，光緒元年刻本。
《全蜀藝文志》。
《全唐文》。
《全宋文》。

《人天寶鑒》。
《三台縣志》。
《山東通志》。
《山谷全書·正集》。
《山右石刻叢編》，臺灣新文豐出版公司石刻史料新編本。
《山左金石志》。
《上天竺講寺志》。
《沈氏三先生文集》，光緒二十二年浙江書局刻本。
《省齋文稿》。
《聖宋文海》。
《十二硯齋金石過眼録》。
《石門文字禪》。
《舒懶堂詩文存》。
《蜀藻幽勝録》。
《蜀中廣記》。

《水心文集》，光緒八年刻本。
《四川歷代碑刻》。
《四明叢書》。
《四明山志》。
《四明圖經》。
《四明文獻考》。
《四明續志》。
《四明尊者教行録》。
《松江府志》，嘉慶松江府學刻本。
《松江府志》，康熙二年刻本。
《松陽縣志》。
《松隱文集》，嘉業堂叢書本。
《松垣文集》。
《嵩山集》，文淵閣四庫全書本。
《嵩山文集》。

《宋代蜀文輯存》。
《宋景文集》，湖北先正遺書本。
《宋人集·無爲集》。
《宋史·藝文志》。
《宋元憲集》，文淵閣四庫全書本。
《搜古彙編》。
《蘇老泉先生全集》。
《蘇魏公文集》，道光二十二年校刊本。
《蘇文忠公全集》。
《蘇學士文集》，四部叢刊影印清康熙中徐惇復刊本。
《台州金石録》。
《太白山齋遺稿》，道光四年翻明本。
《太原縣志》。
《唐文續拾》，中華書局影印本。
《陶山集》。

《天聖廣燈録》。
《天台三聖二和詩集》。
《天台山志》。
《天童寺志》。
《苕溪集》。
《銅梁縣志》，光緒元年刻本。
《潼川府志》，乾隆五十一年刻本。
《網山集》，影印文淵閣四庫全書本。
《渭南文集》。
《魏文節遺書》。
《温國文正司馬公文集》，四部叢刊初編影印宋紹興刻本。
《文恭集》，文淵閣四庫全書本。
《文獻通考》。
《文莊集》，四庫全書珍本。
《吴都法乘》，民國二十五年據舊抄本。

《吴都文粹》，無錫孫氏小緑天閣抄本。
《吴都文粹續集》。
《吴郡志》。
《吴縣志》，民國二十二年鉛印本。
《無明慧性禪師語録》。
《無文印》，遼寧圖書館藏。
《武林梵志》。
《武林金石記》。
《武溪集》，成化九年蘇韡刊本。
《武夷新集》，嘉慶十六年刊本。
《西安縣志》，嘉慶十六年刊本。
《西湖游覽志》。
《西湖志》，雍正年間刻本。
《西天目祖山志》。
《錫山景物略》。

《歙縣金石志》。
《閑居編》。
《獻醜集》。
《湘山事狀全集》。
《湘鄉縣志》，同治十三年刊本。
《祥符縣志》，乾隆年間刻本。
《小畜集》。
《斜川集》。
《新會縣志》，道光二十一年刻本。
《新續高僧傳》。
《鐔津文集》。
《修武縣志》，道光十九年刊本。
《須溪集》，文淵閣四庫全書本。
《徐公文集》，徐乃昌影宋明州刻本。
《徐氏家集七種·蜀皐存稿》。

《續藏經》。

《續古逸叢書》。

《雪竇寺志》。

《雪坡舍人集》，傅增湘校訂豫章叢書本。

《雪山集》，文淵閣四庫全書本。

《巽齋文集》，文淵閣四庫全書本。

《延祐四明志》，文源閣四庫全書本。

《嚴陵集》。

《偃師金石遺文補録》。

《偃溪廣聞禪師語録》。

《演山集》。

《鷹齋續集》，文淵閣四庫全書本。

《楊龜山先生集》，康熙四十六年重刻本。

《宜春縣志》，道光三年刻本。

《宜黄縣志》，同治十年刻本。

《彝齋文編》。
《益都金石記》。
《益都縣圖志》，光緒三十三年刻本。
《義寧州志》。
《鄞縣志》，乾隆五十三年刻本。
《隱居通議》。
《永樂大典》。
《于湖居士文集》。
《虞邑遺文録》。
《餘姚縣志》，光緒二十五年刻本。
《輿地紀勝》。
《玉山縣志》，同治十二年刻本。
《淵鑑類函》。
《元豐類稿》。
《圓宗文類》。

《緣督集》，文淵閣四庫全書二十卷本。
《越中金石記》。
《粤西文載》。
《粤西金石略》。
《樂邦文類》，日本大正新修大藏經本。
《樂清縣志》，永樂年間刻本。
《樂全集》，四庫全書珍本。
《芸庵類稿》。
《雲巢編》。
《雲和縣志》，同治三年續修刻本。
《雲臺新志》，道光十六年刻本。
《雲卧紀談》。
《雲莊集》，豫章叢書本。
《增修登州府志》，光緒七年刻本。
《增修雲林寺志》。

《彰明縣志》，同治十三年刻本。
《趙清獻公集》，康熙中南陽趙用楝刊本。
《浙江通志》，影印文淵閣四庫全書本。
《鎮海縣志》，光緒五年刻本。
《正宗語録》。
《鄭所南先生文集》，四部叢刊續編影印清林佶抄本。
《芝苑遺編》。
《直講李先生文集》，四部叢刊影印明成化左贊刻本。
《至大金陵新志》。
《至順鎮江志》。
《至元嘉禾志》，影印文淵閣四庫全書本。
《中江縣志》，乾隆五十二年刻本。
《中江縣志》，民國十九年鉛印本。
《重慶府志》，萬曆三十四年刻本。
《重修鄠縣志》，民國二十二年西安酉山書局鉛印本。

《重修華亭縣志》，光緒五年刻本。
《重修嘉善縣志》，光緒二十年刻本康熙。
《重修琴川志》，宛委别藏本。
《重修曲陽縣志》，光緒三十年刻本。
《重修揚州府志》，嘉慶十五年刊本。
《竹坡類稿》。
《竹溪先生文集》。
《燭湖集》，影印文淵閣四庫全書本。
《莊簡集》。
《拙軒集》，影印文淵閣四庫全書本。
《緇門警訓》。
《自得慧暉禪師語録》。
《祖英集》，四部叢刊續編本。
寶祐《重修琴川志》。
成化《寧波郡志》。

大德《昌國州圖志》，咸豐四年刻本。
道光《東陽縣志》，民國三年東陽商務石印公司石印本。
道光《昆新兩縣志》。
道光《蓬溪志》。
道光《蘇州府志》。
道光《泰州志》。
道光《武康縣志》。
道光《永州府志》。
光緒《常昭合志稿》。
光緒《城固縣志》。
光緒《定海廳志》。
光緒《奉化縣志》。
光緒《甘肅新通志》，宣統元年刻本。
光緒《高淳縣志》，光緒七年刻本。
光緒《海鹽縣志》。

光緒《吉水縣志》。
光緒《嘉興府志》。
光緒《井研縣志》。
光緒《蘭溪縣志》。
光緒《南昌文徵》，民國二十四年鉛印本。
光緒《寧遠縣志》。
光緒《浦江縣志》，民國五年刊本。
光緒《曲江縣志》。
光緒《上虞縣志》。
光緒《上虞縣志校續》。
光緒《蘇州府志》。
光緒《餘姚縣志》。
光緒《資州志》。
弘治《徽州府志》。
嘉靖《海寧縣志》，光緒二十四年刻本。

嘉靖《建陽縣志》。
嘉慶《峨眉縣志》。
嘉慶《廣東通志》。
嘉慶《廣西通志》。
嘉慶《涇縣志》。
嘉慶《臨桂縣志》。
嘉慶《龍回縣志》。
嘉慶《石門縣志》。
嘉慶《四川通志》。
嘉慶《餘杭縣志》。
嘉慶《重修揚州府志》。
康熙《常熟縣志》。
康熙《漢南郡志》。
康熙《建安縣志》。
康熙《建寧府志》。

康熙《錢塘縣志》。
康熙《松江府志》。
隆慶《永州府志》。
民國《安徽通志稿·金石古物考》。
民國《東莞縣志》。
民國《海寧州志稿》。
民國《杭州府志》。
民國《吉安縣志》。
民國《簡陽縣志·詩文存》。
民國《臨海縣志》。
民國《廬山志》。
民國《平陽縣志》。
民國《中江縣志》。
乾隆《成縣新志》。
乾隆《廣雁蕩山志》。

乾隆《貴溪縣志》。
乾隆《海寧州志》。
乾隆《南昌府志》。
乾隆《南鄭縣志》。
乾隆《紹興府志》。
乾隆《鄞縣志》。
紹熙《雲間志》。
同治《德化縣志》。
同治《湖州府志》。
同治《九江府志》
同治《臨川縣志》。
同治《廬陵縣志》。
同治《祁門縣志》。
同治《韶州府志》。
同治《武階備志》。

同治《宜黄縣志》，同治十年刻本。
同治《義寧州志》。
同治《鄞縣志》，光緒三年刻本。
同治《玉山縣志》。
萬曆《郴州志》，天一閣藏明代地方志選刊本。
萬曆《崇德縣志》。
萬曆《杭州府志》。
萬曆《秀水縣志》。
咸淳《臨安志》。
咸豐《重修梓潼志》。
咸豐《資陽縣志》。
雍正《慈溪縣志》。
雍正《江南通志》。
雍正《江西通志》。
雍正《陝西通志》。

永樂《樂清縣志》，天一閣藏明代地方志選刊本。
正德《姑蘇志》。
周治《永州府志》，道光八年刊本。